西洋哲學史

傅偉勳 著

三民書局

自 序

　　本書是一部批評性質的西洋哲學史 (a critical history of western philosophy)，特從現代哲學的嶄新觀點剖示自泰利斯至黑格爾為止的西方哲學問題發展動向，且對各家各派的哲學思想予以一種內在的批判。作者始終認為，哲學史絕對不是純然蒐編既有哲學理論的普通意義的歷史。哲學史概念的把握，乃是哲學探求的一種極其重要而不可或缺的思維訓練。通過哲學史的鑽研，我們能夠培養足以包容及超克前哲思想的新觀點、新理路，且能揚棄我們自己可能具有著的褊狹固陋的觀念與思想。

　　由於篇幅與時間所限，本書暫時寫到黑格爾哲學為止。作者另外計劃撰著一部《現代歐美哲學主潮》(*Main Currents in Contemporary Western Philosophy*)，盼於不久的將來問世，以為本書之續卷。

結婚週年紀念日傅偉勳於國立臺灣大學哲學系

西洋哲學史

目　次

第一部　古代希臘哲學

第二部　中世耶教哲學

第三部　近代歐洲哲學

緒論　哲學史概念

　　在一切既成學問之中，最難下一明確界說的，莫過於向被號稱「學問之王」而艱深無比的哲學這一門學問。有人以為「哲學是科學之科學，宗教之宗教，藝術之藝術」。亦有人說「哲學是探求根本原理之學」。這種說法過於寬泛而缺乏具體而明白的義蘊，仍不能令人當下理解哲學究竟為何。我們通透哲學史的發展概念之後，不難體會到，哲學不論就其性質、內容、方法甚或研究對象而言，可以說是百家眾說層出不窮，互相對立而莫衷一是。譬如現象學宗師胡塞爾規定哲學為能予具現嚴密學理念的現象學，狄爾泰則以解釋學 (Hermeneutik)的方法處理一般精神科學、生命體驗、文化構造甚或世界觀類型等問題；前者主張絕對主義的理性哲學，後者則通過歷史的探求偏向哲學的相對主義。由此看來，兩者對於哲學所抱有的根本見解相距不啻千里。又如洛克乃至休姆的英國經驗論者專以經驗事實為哲學研究的主要對象，採用的是心理學的方法。至於笛卡兒乃至萊布尼茲的大陸理性論者則以人類理性的思維活動為哲學的主要關心所在，且以數學的甚或邏輯的方法構築理性主義的思想體系。在現代哲學主潮之中，卡納普、艾爾等人所代表的邏輯實證論排拒任何不具「認知意義」的哲學思想（尤其傳統形上學），視如幻想的遊戲。至於實存哲學家雅斯帕斯與海德格卻將形上學看成哲學思索的最後歸宿，而不忌憚於使用反乎形式邏輯的實存分析法，其所建立的哲學語言如依邏輯實證論的檢證原則予以衡量，直是一種詩的語言，無權擅稱正宗哲學。以上只不過是隨便舉出極端對立的哲學見解，藉以證示難於尋獲放諸四海而皆準的哲學定義。

　　作者在此無意提出個人對於「哲學」一辭的固定界說。不過，從整個（西洋）哲學史的發展觀點來說，我們不妨簡單地規定「哲學即不外是哲學史」。如果我們認為任何哲學家的哲學理念皆多少具有獨斷的意味，而不能真正給予我們哲學的本來義蘊，我們最後只有訴諸哲學史的概念，強調「哲學即是哲學史」的看法了。作者所要提醒讀者注意的是，當作者說「哲學即是哲學史」之時，

必需預設一個條件。這就是說，「只有從（西洋）哲學史的發展觀點」(only from the standpoint of the historical development of western philosophy)，我們才可規定「哲學即是哲學史」；否則易於滋生誤解，說是此一規定具有語病，不合邏輯了。

云何「哲學即不外是哲學史」？我們的原意是說，我們既無法在任何哲學大家或哲學學派覓出客觀適切的哲學理念，我們惟有通過整個（西洋）哲學史概念的把握，才能深切地理解到（西洋）哲學的可能義蘊。當我們說要把握哲學史的概念之時，我們並不是在一味蒐編歷史上已經產生過的各家各派的哲學思想，且以記誦諸般哲學的理論事實為哲學史的唯一的最大能事。這種哲學史的理解方式最是淺陋不過。自從黑格爾首次倡導「歷史的意識」(historical consciousness) 理念以來，一般西方哲學家已能注意到諸般哲學思想的歷史聯貫性問題。欲將哲學還元而為嚴密科學的英國哲學家羅素可做一個例證。羅素曾在第二次大戰期間撰著一部《西洋哲學史》(A History of Western Philosophy)，戰後又出版過一部通俗化的《西方之智慧》(The Wisdom of the West)。同時，他又著有《我的哲學發展》(My Philosophical Development)，可見他未忽視哲學思維的歷史發展線索問題。哲學史的研究旨趣，首在通過諸般哲學思想的根本知解，而將哲學史上的各家哲學貫穿而為具有一種內在關聯性甚或內在必然性的哲學問題發展系列，從中把握前哲的思想意義、影響、以及內在的理論困難，且從後哲的問題提出與思想展開更進一步地理解後哲如何超克了前哲的哲學思想之中所存在著的理論難題，如此特就縱的發展側面透示哲學的真正而主要的問題所在。由是哲學史與哲學導論可以說是姊妹學科，後者專就橫的展現側面直接剖示諸般哲學問題，因此二者構成相輔相成的關係。

為了具體地了解哲學思維發展的內在關聯性，我們下面不妨舉出若干史例。譬如在泰利斯乃至阿納克西米尼斯的埃歐尼亞學派的自然哲學發展歷程上，世界原質問題形成此派哲學的主要探求對象，我們可從實際產生過的思想內容挖掘出一道理路（理論的發展線索）或者內在關聯出來。從水（泰利斯）到「非

限定者」（阿納克西曼得），從「非限定者」到空氣（阿納克西米尼斯）的理論發展顯然有一思想的聯貫性存在著，這些原來的哲學家或意識到，或未曾充分意識到所潛在著的該派理路。無論如何，哲學史家的首要課題便是要把潛在著的內在思想關聯發掘出來，而予有系統的理論反省。再如蘇格拉底的客觀真理的探求，通過柏拉圖的形相論而至亞里斯多德的邏輯與形上學，亦顯現著一條理性主義的理路。蘇氏通過哲學問題的對答層層尋求固定不移的德性概念，於此已蘊含著一種存在學的奠基思想。蘇氏理路經由柏氏辯證法的層層拓深，終於形成了四層存在構造之說。亞氏本著「吾愛吾師，吾更愛真理」的探求精神再修正了柏氏形相義蘊，構築而成理網密密的存在層級體系，於此理性主義的思想發展乃暫告了一個段落。哲學史家的任務，並不在乎平排處理蘇、柏、亞三氏的思想內容，而是要從整個歷史的發展觀點根本地把握上述三家之間所可能存在著的哲學問題或哲學理念的關聯線索。又以英國古典經驗論的思想發展為例，從洛克定立心物實體概念到巴克萊對於物質實體概念的批判，再從巴克萊的心靈實體理論到休姆對於一切實體概念的徹底解消，顯可依從「經驗論原則」的援用與廓清內在地發現具有前後嚴密關聯的經驗論理路。這種理路的探現，乃是哲學史家所應具備的基本技能。從哲學問題的歷史聯貫性透視哲學的可能義蘊，乍見之下似是迂迴煩瑣，事實上卻能收到豐碩的思維成果。

　　或有人問：「如謂專就哲學問題的歷史發展觀點可以規定哲學即不外是哲學史，則豈不迫使以探求絕對永恆的真理為己任的哲學自體墮到一種相對主義的境地，無由決定任何哲學思想的孰是孰非？」從表面上看，把哲學看成哲學史的發展歷程，似有此一難題存在。作者雖然承認在哲學史的研究之中，始終可能存在著哲學的相對主義化的理論危機，但從哲學史的根本義諦著眼，這種相對主義的論調只不過是片面而杞憂的說法而已。為了破除相對主義的陋見，作者願藉中世紀以來的「永恆哲學」(philosophiaperennis) 理念予以澄清哲學史的概念問題。

　　所謂「永恆哲學」，簡單地說，乃意謂著永恆存在而綿延不斷的哲學真理而

言。此一名辭淵源於優古比奴斯 (Steuchus Eugubinus) 在 1540 年所問世的《永恆哲學論》(De philosophia perenn) 一書，而為一般新經院哲學家所喜於使用。他們從聖多瑪斯的著作之中選拔若干形上學的根本命題，經由教皇的同意，在 1914 年正式宣佈為永不可疑的絕對真理。我們可以擴大原有的「永恆哲學」的涵義，在不偏袒任何家派的哲學主張的條件下，理解「永恆哲學」為一種自古以來一切哲學家們所夢寐以求的唯一真理自體。我們可藉圓形的譬喻說，「永恆哲學」有如圓形的圓心，而為哲學思索的究極歸趨所在；至於哲學史上承先啟後的現實分殊的哲學思想有如圓形的圓周，構成探求「永恆哲學」的無限的邊緣性觀點。任一哲學觀點皆從特定的角度挖掘絕對無限的「永恆哲學」的真理寶藏。正因每一哲學觀點皆彰顯出「永恆哲學」的微小真理，故具存在理由與存在價值。圓周乃由無限的點所構成，意謂著無限可能的哲學思想之產生，或是哲學史的無限發展可能性。《史記·太史公自序》第七十所云「天下一致而百慮，同歸而殊塗」一語正適用於「永恆哲學」與諸般哲學思想的相互關係。哲學史上的各家各派的哲學是「百慮」，是「殊塗」，「永恆哲學」自體則是「一致」，是「同歸」。不過我們應予注意的是，「永恆哲學」不必是確實存在著，但可視如一切哲學思維所欲實現的永不可臻的理想。「永恆哲學」既是永不可臻的真理理想，任何哲學皆無權自稱之為唯一絕對的真理本身。但這並不等於說任何哲學只具相對的理論價值，而無所謂客觀真確的真理規準可言。我們如果只因「永恆哲學」的理想永不可臻，而放棄追求絕對真理規準的探求精神，則無異是跟從普羅塔哥拉斯一派的主觀主義甚或懷疑主義，斷念人類知識的存立可能了。作者所以鄭重提出「永恆哲學」之說，不外是要說明哲學史的研究決不至於逼迫學者陷入主觀相對的真理觀，反能磨鍊學者的哲學思維，針對已往的哲學問題發展能予客觀的洞察與「內在的批判」(internal criticism)，從中揚棄前哲的思想而創造更深廣而又更精確的獨特理路，俾使探索「永恆哲學」理想的觀點或角度更能增多，更加豐富。如就整部哲學史的發展來看，任一既成哲學思想只具一種歷史的相對意義。但就每一哲學思想的體系構造而言，每一哲學

在其本身之中常是構成絕對意義的思維形態，而以一種論理 (logos) 貫穿整個體系。此乃特就足以造成哲學主潮的西方第一流哲學家的思維形態來說。汎論理主義者黑格爾與現象學者胡塞爾可為兩大佳例。兩者皆曾建立就其哲學本身具有絕對意義的哲學體系，而以「六經皆我註解」的態度理解本身以外的各家哲學。尤其黑格爾在《哲學史講義》三卷之中使用獨自的辯證法論理解釋自泰利斯至薛陵為止的西方哲學發展歷程的「內在必然性」，而以自己的哲學為「哲學之哲學」，至高無上，不可推移。我們鑽研了黑格爾的主著如《精神現象學》、《大論理學》、以及《哲學體系綱要》，不得不驚嘆於黑氏體系之絕對完密而廣大悉備。然而通過到現代哲學為止的西洋哲學史的一番研究之後，我們又不難看出黑格爾哲學所呈現著的難題與局限性，且從黑格爾學派解體之後的百家爭鳴狀態可以理解到揚棄黑氏體系的種種可能理路了。故從哲學史的觀點予以評衡，黑格爾的哲學亦不過是海水之一漚，實不足以稱孤道寡而唯我獨尊。就其本身而言，黑格爾哲學即是具現「永恆哲學」理念的絕對真理；但就哲學史的發展而言，他的哲學只可說是從一特定的角度彰顯「永恆哲學」的相對性理論了。我們對於其他西方哲學大師，亦可作如是觀。

　　據上所述，我們不難了解，哲學史乃是人類理性對於人存在本身與世界整體所曾踐行的，哲學的認識活動的發展歷程。我們若欲進一步把握哲學史的根本概念，還須通透各家各派的哲學思想的根本原理，而後貫穿前後相繼的哲學思想的根本原理的內在關聯性。作者願藉柯陵烏德 (R. G. Collingwood) 所創設的「絕對預設」(absolute presuppositions) 一辭以替代「根本原理」這個名辭，因為前者的使用更可避免理論的獨斷意味❶。我們理解任何哲學大師的思想骨幹，最重要的關鍵是在我們是否通過原典的研讀，徹底把握了該一哲學的絕對預設或根本原理。譬如在近八百頁的康德《純粹理性批判》之中「先驗的統覺」與「物自體」的兩大概念同時構成康德知識論的絕對預設。然而為要把握此一絕對預設，必須精勤鑽研該書，方有所得。

---

❶　關於「絕對預設」或「根本原理」的闡釋，可以參閱本書第二部第一章。

　　依據上述的絕對預設概念，我們可以規定：「哲學史本質上是哲學思維的絕
對預設不斷修正改變的一部歷史」。舉例來說，蘇格拉底畢生探求「什麼是德」，
然而未獲最後的固定結論；換言之，蘇格拉底未曾發現他的哲學思想的絕對預
設。柏拉圖開拓了蘇氏思想之中可能蘊藏著的存在學奠基理路，構成形相論主
張，而具現了蘇氏探求客觀真理規準的夙願。柏氏存在學的絕對預設即是所謂
「善之形相」，而為究極存在原理。亞里斯多德揚棄了柏氏形相之說，構築亞氏
獨自的形上學體系，於此體系之中「形相之形相」或即上帝與「原初質料」形
成兩大絕對預設。我們可從上述三大家的思維發展明白看出具有存在學意義的
絕對預設的理論形成與批判性的修正成果。由是可知，哲學史的研究實有助於
我們把握絕對預設的發展概念。又如在近代理性論思潮之中，首先有笛卡兒的
心物二元論的體系構築。笛氏哲學就其理論出發點言，自我意識作用（主體）
的定立原是絕對預設；而當笛氏論證上帝存在之後，上帝概念取代了自我意識
作用的阿基米德式基點，形成笛氏形上學的真正的絕對預設。然而笛氏上帝只
扮演了「傀儡神性」的角色，對於他的心物二元論所內存著的難題無法承擔解
決的責任。由此可見，笛氏哲學困難重重，超克笛氏的思想難題的最後決策只
有訴諸絕對預設的適當修正了。機會因論者格林克斯、萬有在神論者馬爾布蘭
西與汎神論者斯賓諾莎，乃從各自的觀點分別修正了笛氏心物二元論的絕對預
設。譬如在斯賓諾莎的形上學體系之中，上帝或即「能產的自然」是唯一的絕
對預設，保證人與宇宙的必然秩序完整無缺。斯氏藉此汎神論意義的上帝概念
揚棄了笛卡兒哲學的難題。理性論思潮發展而至萊布尼茲，又批判了斯氏的靜
態形上學無補於瞬息萬變的現象說明；同時為了調和機械論與目的論的兩大觀
點，徹底揚棄了斯氏汎神論，而代之以一種動態的單子論體系。斯、萊二氏的
哲學的絕對預設雖然都是上帝概念，但在萊氏哲學之中，上帝乃是「單子之單
子」，而為創造無限的單子連續層級與保證宇宙能量恆存的永恆主宰，而不再是
斯氏所理解的一種「形上學的空無」概念了。從蘇格拉底到萊布尼茲的上述哲
學家們都是遵循理性主義理路的主要代表，各有各的絕對預設。但就整個理性

主義思潮而言，巴門尼得斯所首倡的「存在與思維一致性原則」可以說是貫穿理性主義哲學理路的究極絕對預設。此一原則通過德國觀念論思潮而至黑格爾的汎論理主義體系，乃獲登峰造極的思維表現。據此例示，我們敢於斷言，有了哲學史概念的把握能力之後，再去從頭研究各家各派的哲學思想，確可收到事半功倍之效。

　　在西洋哲學史上首次把握哲學史的概念，同時主張哲學史應成立為哲學的一個主要研究部門的哲學家，是十九世紀的德國觀念論者黑格爾。不過哲學史的記述工作，探其始源，可以溯至西元前第四世紀的亞里斯多德。他在《形上學》卷一之中根據四原因說批判地論述泰利斯乃至柏拉圖的自然哲學理論發展，該卷實可視如原始的一部哲學史書。然而亞氏當時，歷史的意識尚未萌芽，亞氏本人恐怕沒有真正意識到哲學思維的歷史聯貫性問題。亞氏之後，在西元前第 3 世紀前半曾出現了狄歐格訥斯・拉爾醍峨斯 (Diogenēs Laërtius) 的一部敘述古代希臘哲學的列傳體哲學史，叫做《哲學家列傳》(*Bioi kai gnōmai tōn en philosophia eudokimēsantōn*)。此書網羅泰利斯到他為止的幾乎所有的古希臘哲學家傳記與思想，而為現存最古的哲學史文獻，極具重要的價值。從早期耶教教父時期到近世初期，也曾經產生了有關哲學史記述的斷簡零篇。到了十七世紀，斯丹利 (T. Stanley) 正式使用哲學史的名稱，而在 1655 年出版一部《哲學史》(*The History of Philosophy*)。十八世紀的德國耶拿大學教授布魯卡 (J. J. Brucker) 亦曾精研哲學史，在 1742–44 年之間撰成前後五卷的《批評的哲學史》(*Historica critica philosophiae*)。到了十九世紀，黑格爾通過辯證法的哲學思維首次統一地把握了他以前的諸般哲學思想的歷史發展理念，而從獨自的絕對觀念論觀點，將哲學史圖式化為一種概念思維的自我展開或是絕對精神的自我展現歷程。黑氏對於哲學史的整理工作終於形成《哲學史講義》(*Vorlesung über die Geschichte der Philosophie*) 三卷。同時，他對哲學史的概念亦有表現獨特見解的底稿或講義，死後經由弟子的整理，編成一部《哲學史導論》(*Einleitung in die Geschichte der Philosophie*) ❷。黑格爾以後，哲學史的研究盛極一時，而

產生過空前未有的第一流哲學史家,此些哲學史家多係德國當時的各大學教授。首先我們應舉希維格勒 (Albert Schwegler) 的《哲學史》(*Geschichte der Philosophie*)❸,從黑格爾式的觀點解釋西方哲學的發展歷程,簡易清楚,可供翻閱。柏林大學教授厄爾特曼 (J. H. Erdmann) 著有《哲學史綱要》(*Grundriss der Geschichte der Philosophie*),亦享盛名。另一柏林大學教授傑勒 (Eduard Zeller) 則是首屈一指的希臘哲學史家,著有《希臘人之哲學》(*Die Philosophie der Griechen*),共分六大卷,至今仍是最具權威的希臘哲學史名著。傑氏又有一部深入淺出的《希臘哲學史綱要》,風行歐、美各國,英譯本係出於帕爾瑪 (L. R. Palmer) 之手。海德堡大學教授費雪 (Kuno Fischer) 曾以二十五年 (1852–77) 工夫撰著卷帙浩繁的《近代哲學史》(*Geschichte der neueren Philosophie*)。費氏高弟文得爾班 (Wilhelm Windelband) 繼續拓深哲學史的概念,而在劃時代的哲學史名著《哲學史教本》(*Lehrbuch der Geschichte der Philosophie*) 之中徹底把握到哲學問題的內在關聯線索,直至今日始終成為無與倫比的第一流哲學史著作。文氏另外著有《古代哲學史》與《近代哲學史》,亦係標準之作;尤其後者係文氏而立之年所問世的處女作,文筆流暢,才情煥發,讀之有如一部小說,極富啟迪性價值。此外,宇伯威克 (F. Überweg) 所編著的《哲學史綱要》亦係極具參考價值的古典著作。

　　除了德國的哲學史家之外,其他各國亦曾出現了若干權威性的哲學史家。在英國,目前最有成就的哲學史家應指卡普爾斯頓 (F. Copleston) 神父,所著《哲學史》(*A History of Philosophy*) 一書已問世的共有七卷,據謂尚有二卷在不久的將來可告完成(編按:卷八與卷九已分別於 1966 與 1975 年出版)。此書以淺顯易懂的英文撰成,雖有過詳之嫌,如能通讀數次,當可獲益不少。在法國,布列葉 (E. Bréhier) 的《哲學史》(*Historie de la philosophie*) 七卷亦極有名。丹麥哲學史家霍甫丁 (H. Höffding) 所著《近代哲學史》二卷曾由邁爾 (B. E.

---

❷　關於黑氏對於哲學史的見解,參照本書〈黑格爾〉一章。

❸　此書雖有英譯,現已絕版,不易購得。

Meyer) 譯成英文，通行各國，實為一部不可多得的近代哲學史專著。

以上只討論了一般哲學史的代表作品。哲學史除了可以分成古代哲學史、中世哲學史、近代哲學史、甚至現代哲學史等斷代史以外，還可從專題史的觀點構成知識論史、形上學史、倫理學史、價值論史等等，譬如卡西勒 (E. Cassirer) 的《近代哲學與科學中的知識問題》(*Das Erkenntnis Problem in der Philosophie und Wissenschaft der neueren Zeit*) 三卷，西濟威克 (Henry Sidgwick) 的《倫理學史》(*History of Ethics*)，波桑奎 (B. Bosanquet) 的《美學史》(*A History of Aesthetic*)、蕭爾茲 (H. Scholz) 的《邏輯史》(*Geschichte der Logik*) 等是。

關於如何研究哲學史的問題，作者願就個人幾年來的心得提供一些研究步驟與方法。作者願意建議讀者，通讀本書幾次之後，能夠進而讀通文得爾班的《哲學史教本》，當可獲得初步的哲學史概念。霍甫丁、卡普爾斯頓等家的哲學史著作容易購得，如無閒暇，不必全讀，但可置在身邊，俾供隨時翻閱之用。依作者之見，哲學史書不必涉獵太多，如能精通兩三種，即應開始有系統地精讀哲學古典名著。作者認為如能大致讀完下列原典，已具哲學史家的幼苗資格，而對哲學史概念的把握亦可獲致個人的訣竅了。這些原典是：狄爾斯所編纂的《蘇格拉底以前的哲學家斷簡集粹》(尤須精讀《巴門尼得斯》與原子論者的斷簡)，柏拉圖《對話錄》(最好讀完《柏氏全集》)，亞里斯多德的《邏輯著作》、《形上學》與《倫理學》，聖奧古斯丁的《懺悔錄》與《上帝之城》，聖多瑪斯的《神學大全》(可讀重要部份)，伽利略的《新科學對話》與《天文學對話》，牛頓的《自然哲學之數學原理》，笛卡兒的《方法導論》與《沈思六章》，斯賓諾莎的《倫理學》，萊布尼茲的《單子論》與有關方法論的論文或書簡，培根的《新工具》，洛克的《人類悟性論》，巴克萊的《人類知識原理》，休姆的《人性論》，康德的三大批判書，費希特的《全知識學基礎論》，黑格爾的《精神現象學》、《大論理學》、《哲學體系綱要》、《歷史哲學》與《哲學史導論》。以上只提到了黑格爾為止的哲學古典名著。黑氏以後的哲學極其複雜，暫不討論。其

實讀者若能真正通讀一次上述原著，必可培養出一種哲學思維的習慣，久而久之，自然能夠貫通哲學問題的發展線索，而獲獨自的哲學史概念了。

第一部　古代希臘哲學

在「哲學以前」(before philosophy) 的階段，人類所曾創造而成的精神產品包括神話、單純的宗教意識、巫術、以及專為日常實用構劃出來的原始生活技術。然而這些哲學以前的精神產品，仍然只是人類精神對於外在宇宙的直接反應而已，還不能形成一種高度理性化的理論反省。原始社會的人類對於宇宙人生最初產生驚訝好奇之感或恐怖畏懼之情。由於驚訝好奇之感，人類漸有探求宇宙奧秘的求知欲望；同時為了實際需要漸漸對於原有生活技術予以初步的理論改良。埃及三角洲一帶所曾產生的巫術、測量術、具象性的幾何、三角術等都是停留在「前學問性」階段的文化產品。由於恐怖畏懼之情而有內在體驗之深化，或憑縱橫馳騁的想像力表現而為深具象徵意義的宇宙開闢神話（譬諸古埃及神話），或提升深邃的生命感受而為絕對無待的宗教境界（譬諸《舊約全書》所記載的古代猶太宗教意識）。然而在古代民族之中，獨獨希臘民族深具高度的思辨能力，能予超升常識人的未經反省的感覺經驗；通過知性的探求或理論的奠基純化現實經驗與情意感受，建構而為初具「學問性」(Wissenschaftlichkeit) 楷模的一種哲學思想。「西方哲學之父」泰利斯便是首次提出哲學的正宗問題——「存在為何」(Was ist Sein)，且充分發揮了理性思辨之能事的第一位希臘哲學家。在亞里斯多德以前，一切學問尚未分化，哲學即是指謂學問本身。因此，古希臘哲學家可以說是名副其實的（廣義的）「愛智者」(Philosophos)。

第一章　宇宙論時期
——自然存在問題——

　　古希臘哲學家，除了詭智學派與蘇格拉底以外，多以「存在為何」為所最關心的哲學課題。換言之，古希臘哲學根本上呈現而為「存在學」(ontology or science of being)。亞里斯多德曾在《形上學》卷七說：「『存在為何』，亦即『實體為何』此一問題，不論古今，永被設定為探求的對象」(1028b3)。亞氏此語足以代表一般希臘哲學的探求趨尚，我們亦可藉此規定古希臘哲學的特徵為一種宇宙中心（主義）的思想形態。

　　「存在」（英 being，德 Sein，法 être，拉 esse，希 on 或 eon）一辭，涵義甚廣，如就存在的領域言，可以分為論理的存在、數理的存在、物理的存在、社會的存在、人格的存在等等，若就存在的樣相言，又有可能的存在、現實的存在、必然的存在與偶然的存在之分。我們如果專就傳統存在學的觀點剖視「存在」一辭，大致可以析出以下三種基本概念。⑴「存在」指謂「存在者」（希臘字源為 onta，德文為 Seiendes），意即現象界的一切現實存在事物，譬諸日月星辰、花草鳥獸等等，乃是具體地存在著的個別經驗對象。⑵「存在」又指謂著「存在性」（希臘字源為 ousia，德文為 Seinheit），意即一切個別存在者所以如此存在著的根本存在性格。從存在學的觀點來說，「存在性」的把握較諸具象的「存在者」更為重要。一般西方形上學家層層挖深「存在」義蘊，志在尋覓「存在」的絕對根源，此不外是對於所謂「存在性」的一種探索。此一探索理路是由巴門尼得斯首先開拓的。⑶「存在」是「真理」(alētheia) 或即存在之論理的彰顯。由於西方形上學家常分實在與假相或本體與現象，因此「存在」與「真理」具有密切的內在關聯。惟有通過「真理」，我們才能透過表象的存在彰顯真實的存在或即存在自體。存在之真理亦即指謂存在的論理 (logos) 構造。存在自體的發現即不外是尋獲存在真理之光，而真理之尋獲卻須藉諸理性的思辨反省。因此之故，巴門尼得斯以來所謂「思維（認知）與存在一致性原則」一直成為

西方形上學的根本原則。此一原則不但支配了柏拉圖與亞里斯多德的形上學，更通過了中世耶教哲學，一直貫穿到近代理性論的形上學體系，而在德國觀念論者黑格爾的汎論理主義形上學獲得最高的思想表現。

　　宇宙論時期的希臘哲學家們所傾力探討的哲學問題始終集中在「自然存在」(physis) 或即「外在世界」(the external world)。他們所提出的問題，統而言之，即是「一與多」的問題，或即「差別相中的統一性」(unity-in-difference) 問題。這就是說，他們想要通過玄學的思辨發現外在宇宙的根本物質構造究竟是什麼。他們偶爾也會省察人存在本身的問題，然而當時人類本身的自我意識仍未發展，還不能儼然劃分精神與物質或自我與非我；物我如此混然融洽，因此無以產生人存在問題的可能。不過人類感覺經驗與理性之間的關係問題卻成他們所曾注意的一項原始的知識論課題。

　　除了宇宙原質問題之外，宇宙論時期的哲學家們還關心到管制宇宙一切存在者生滅變化的自然法則的存在問題，而形成了所謂「科學」宇宙論 ("scientific" cosmology) 的開端。

第一節　埃歐尼亞學派
(The Ionian School)

　　埃歐尼亞 (Ionia) 地方是古代希臘在小亞細亞沿海一帶所佔有的希臘殖民地。這一帶地方正是東西早期文明交流之處，產生過荷馬的兩大史詩，也產生了希臘最早的三位哲學家泰利斯、阿納克西曼得與阿納克西米尼斯。埃歐尼亞地方的首都稱為米利都 (Miletus)，而此三位宇宙論者又是米利都市民，因此埃歐尼亞學派又可稱為米利都學派。他們抱著自由探討而不具偏見武斷的學問精神，首次嘗試純粹知識的探求工作，開創一條希臘哲學之路。

一、泰利斯

　　根據亞里斯多德的記述，我們可以歸納泰利斯 (Thales, 624?–546? B.C.) 的

思想為下列三點：

㈠宇宙的本源或根本物質為水，水是觸發一切存在者生成變化的唯一實在。如同一個骰子，投出而現種種不同數目，又如木材，製造而成桌椅床櫃等等；後者為前者的現實變形或樣相，前者則為多樣變化中的太元或質料。亞氏稱此根本物質概念為萬事萬物的「質料因」或「物質因」(material cause)。水既為唯一實在，必須永恆存在而不變不滅。泰利斯所以規定水為唯一根本的存在，或如亞氏所云，蓋因觀察萬物的滋養質與種子皆有濕氣之故。泰氏對於萬物本源所作的推測，如就今日物理科學觀點來說，未免荒誕無稽。無論如何，泰氏能予設定「一切存在者之根柢究有何種實在」的哲學問題，而開拓物質因的探索理路，已足令人嘆服。泰氏以及其他早期的希臘宇宙論者對於宇宙實在的探求，多半採取以下兩種方法的結合：⑴實地的經驗觀察；⑵哲學的思辨工夫。尤其當時的自然哲學家們所慣用的哲學思辨，乃屬一種形上學的直觀，他們同時使用所謂「圖像語言」(pictorial language) 記述經由直觀所獲致的結論。在宇宙論時期，除了少數的哲學家如巴門尼得斯與齊諾等外，其餘的哲學思辨工夫極其缺少論理的反省；換言之，形上學的直觀始終較諸論理的思維更佔優勢。

㈡泰利斯以及當時的一般希臘人認為自然本身能夠自動生成變化；自然運動的原因，來自自然本身的「生命」(zōē)，運動者即是有生命者。泰氏猜測，萬物本源的水所以能夠變化而為萬物，乃是由於水本身具有一種生氣活潑的生命原理。亞里斯多德在《靈魂論》中敘述，泰氏因信宇宙之中有所謂靈魂的存在，故而主張「萬物充滿著諸神」。這種生命原理遍在於萬事萬物的看法，在哲學上特稱之為「物活觀」(hylozoism)。不過泰氏本人尚未意識及於生命與無生命或精神與物質的根本差異性。

㈢地球猶如圓木，飄浮水上。泰氏的地球觀可能受過來自近東一帶的宇宙開闢神話的直接影響。

泰氏思想的最大缺陷是在對於規定萬物本源為根本實在所採取的探求步驟，太過單純幼稚，主觀的猜測勝過嚴密的思考。最早期的一般自然哲學家所

具有著的理論缺點，與此亦相類似。再者，泰氏只論物質因問題，無暇顧及原質展現而為宇宙萬物的「動力因」(efficient cause) 問題。此一問題乃由泰氏以後的自然哲學家逐步解決。

二、阿納克西曼得

阿納克西曼得 (Anaximander, 610?–546? B.C.) 對於泰利斯規定水為萬物原質，稍加論理的反省，認為萬物若係根本物質的變形或樣相，則此原質按理必非任何能被限定的事物。換言之，根本物質的概念本身應是一種不被限定的存在自體，否則無由稱為唯一實在。由是阿氏規定原質為所謂「無限者」或即「非限定者」(to apeiron)。

關於阿氏「非限定者」的原質概念，我們應予闡明以下幾點：(1)「無限者」或「非限定者」所具無限性的意義，不是抽象的或概念化的，而是仍具物質的、空間的性質。阿氏所理解的「無限者」還未除卻經由直觀所得的物象性質。(2)阿氏認為此「無限者」包含無數的世界，這些無數的世界不斷創生，不斷毀滅，永恆變化不絕。學者對於無量數世界的解釋不一，勃納特 (J. Burnet) 主張阿氏的原意是說，無數世界同時存在。至於傑勒 (E. Zeller) 以及多數希臘哲學專家則解釋為繼起性的，也就是說，前一世界消滅之時，即有後一世界接著產生。據傑氏之說，阿氏所以有如此看法，乃是由於後者深信，有限的世界越分而有冒犯行為，觸怒了復讎女神美尼西斯的緣故。古希臘人有一所謂「正義」(dikē) 的概念，視為「共同體」(polis) 的基礎。正義關涉分配 (nemō)，如有不認命接受命運女神所攤派的應得分量 (moira) 而踰越本分者則是一種不正或僭越 (hybris)。阿氏據此解釋了世界的生滅問題。埃歐尼亞哲學家們都有理解自然界為晝夜、冬夏、醒睡、生死等對立鬥爭的生成過程。尤其阿氏援用正義概念到自然界生成變化的現象：譬諸夏生，乃不外是熱與乾蠶食冷與濕（對立者）的權限的結果；至於夏滅，則是對於此種僭越的懲罰或賠償。阿氏《斷簡‧一》說：「無限者是存在事物的根源質料；存在事物因它而能存在，而當毀滅之時，

又依必然性復歸根源；這是由於它們依照時間的安排，相互報償各自的僭越之故❶。」此《斷簡》中所謂「必然性」，已涵攝著一切存在者應予遵循的自然生成法則。由此可知，在阿氏的形上學已有探尋宇宙必然法則的「科學」宇宙論建構的原始企圖。⑶阿氏「無限者」，不但在時空上（量上）不具任何界限，同時在質的方面亦無界限可言。因此，「無限者」既然不是地水火風四元的任何一元，也不是某些學者所說，係水與空氣或空氣與火的中間者，更且不是四元的混合物。總之，「無限者」是不被特殊物質所限定的根本物質。⑷「無限者」因是根本物質，阿氏規定它為不死不滅。

嚴格地說，「無限者」只是存在著，而不是生成著，因為一有生成，即失「無限者」的本來性格。不過阿氏依從泰利斯式的自然概念（物活觀），准許「無限者」以永劫的運動。此所謂永劫運動乃是一種「分離」(ekkrisis, apokrisis)，「無限者」首先分離而成兩種對立之物，宇宙生成由此開始。分離以後，熱者上升而為火，包蔽冷者濕者，冷者因受周圍熱火燻蒸，而為空氣與蒸汽，其餘則變為水。水又受火罩乾熱而變為地。火罩經由空氣切成火輪，而為日月星辰等天體。我們所以能見天體，乃因氣層有小孔或洞口之故；洞口翕闢而有日蝕月蝕以及太陰的盈虛消長。阿氏認為地處宇宙中心，為一圓柱形物，而非球形。

阿氏又據適者生存之理，提出最原始的進化理論。阿氏認為地之產生，乃因水被火燻乾而成，因此推斷，當水漸乾涸而為陸地之後，能夠適應陸地環境的水棲動物終得繼續生存，轉變而為陸地動物。人類的祖先原屬一種魚類。

阿氏是西方哲學家中第一位嘗試對於宇宙與人類的創生予以合理化解釋的宇宙論者。即使他那宇宙論的構想既不完整又不盡合理，但就整個自然哲學的規模來看，卻是早期宇宙論者之中玄學的想像最為豐富的一位。

❶　古希臘哲學家的斷簡編號，概依狄爾斯 (H. Diels) 所編《蘇格拉底以前的哲學家斷簡集粹》，英譯書名為 *Ancilla of the Pre-Socratic Philosophers*，係 K. Freeman 所譯，牛津出版。

三、阿納克西米尼斯

阿納克西米尼斯 (Anaximenes, 588?–524? B.C.) 與泰利斯一樣，亦將具體有限的存在者視如萬物原質；不過阿氏認為根本物質不是水，而是空氣。乍見之下，他的物質因說似較阿納克西曼得稍有遜色，但他卻有一套理由支持「原質應為空氣」的理論。

第一、他以為泰氏規定水為原質的一大理由是在水的可動性，故能變為萬事萬物。設若可動性為原質的根本性格之一，則空氣豈不較水更富於可動性？蓋因空氣可以變化而為濕氣蒸汽等等，水與地的產生，不難由此導出。其實阿氏此一說法，若從今日的科學觀點言之，並無任何理論根據。可動性的比較只是相對的，空氣既可冷卻而為水，水亦可經加熱而變為空氣。以可動性為原質的根本性格，於理似欠妥當。

第二、阿氏或許承認，阿納克西曼得以「無限者」為原質，似有論理的根據，惟不合乎當時一般希臘人所具有著的具象性直觀的思考習性。古希臘人具有高度的形上學直觀能力，故於存在之探求，經常賦予實在或原質以一種形體性質❷。因此，阿納克西米尼斯雖在一方面繼承原質不被限定的思想，另一方面卻仍踏襲泰利斯理路，認為原質應屬直觀的對象；如此綜合了後者的直觀性（限定性）概念與前者的論理性（無限性）概念。空氣在量上較水更無際限，能夠包容水與地等，另一方面它是直觀的對象，故又多少具有限定意義。如用黑格爾辯證法的用語來說，空氣概念是水（正）與無限者（反）的對立概念被揚棄而形成的綜合概念。

第三、阿氏所提出的另一理由，是在空氣為生命原理這個事實。譬就日常經驗而言，呼吸現象決定生命的延續與否。根據這種經驗，古希臘人很自然地把「氣息」(pneūma) 當做生命原理 (psychē) 看待。小宇宙（人存在）既是如此，類比地說，整個宇宙亦必是如此。因此他說：「我們的靈魂是空氣 (aer)，

---

❷　柏拉圖「形相」(eidos) 一辭亦有可視的原像或原型之義。

它支持著我們；同樣地，氣息或空氣包圍著整個宇宙」（《斷簡・二》）。阿氏此一看法，與古印度人將 ātman（呼吸、靈魂、自我等義）看成宇宙的存在根源或唯一實在（大梵）的說法，極有異曲同工之妙。

　　阿納克西米尼斯亦與阿納克西曼得相同，設法說明空氣變為萬物的生成過程。他說一切存在事物的產生，最初是由空氣的兩種根源作用所引起的。一是所謂濃化或即凝聚化 (pyknōsis)，原與冷卻無異；按照空氣的濃化程度如何，逐次生出風、雲、水、地、崖石等物。另一則是稀化或即熱化 (manōsis)，產生熱火，而後再有日月星辰的產生。阿氏濃化與稀化的生成原理無疑是阿納克西曼得的「分離」原理更進一步的具體化思想發展。阿氏濃化、稀化之說，也可能根據開口吹手則熱、閉口吹手則冷的實地經驗類推而形成的。

　　埃歐尼亞學派的思想發展到了阿納克西米尼斯終告結束。此派哲學家首次提出物質因問題。阿納克西曼得與阿納克西米尼斯二者亦論及生成運動問題，然因執守物活觀，未能徹底分辨物質因與動力因的殊異。

第二節　畢達哥拉斯學派
(The Pythagoreans School)

　　畢達哥拉斯學派是畢達哥拉斯 (Pythagoras, 570–495 B.C.) 在義大利南部所開創的宗教團契，也是一種學術團體。畢氏生在撒摩斯 (Samos) 島，早年遊學埃及等地，後來移居南義大利的克羅屯 (Croton) 地方，創立該一學派，同時成為貴族主義黨派的中堅；終受民主主義黨派的迫害，逃往美達彭蒂恩 (Metapontum)，鬱鬱而死。此一教派到了西元前 440 年開始失勢，但其學說卻予柏拉圖以莫大的影響。由於此派採取秘教形式，畢達哥拉斯本人與他弟子的業績與學說無從辨別。畢氏之外，還有兩位亦享盛名，一是菲羅勞斯 (Philolaus, 470–385 B.C.)，另一是阿爾基塔斯 (Archytas, 400–350 B.C.)，都有斷簡留傳下來。

　　畢達哥拉斯是天才的理論家，將數學從日常實用解放出來，使其保持純粹

的學問性格，同時把它看做淨魂的一種手段。畢氏又是一位卓越的宗教家，追求靈魂與肉體分離的解脫 (lysis) 之道。他結合了上述的數學與宗教，終以 theōria（理論的觀照或愛智，亦即哲學）為至高無上的靈魂淨化 (katharsis)。畢氏是規定愛智為哲學首要本質的第一位哲學家。他曾藉用當時的奧林匹亞運動比賽為喻，分人存在為三類：第一類是好營利者，有如賽場裡的小販；第二類是好名譽者，猶如參加比賽的選手；第三類是愛好智慧或理論者，亦即哲學家，如同賽場中的觀客。惟有最後一類的人才是最高而能獲得淨福的人。畢氏此說似乎影響了柏拉圖的靈魂三分說以及亞里斯多德的生活三階段說。畢氏所提倡的最高理論觀照包括音樂與數學。

㈠靈魂論　畢氏教團所供奉的主神原是太陽神阿波羅 (Apollo)，而非酒神狄歐尼梭斯 (Dionysus)。不過此派的宗教思想在許多方面類似奧爾斐 (Orphic) 教團的教義。大致說來，此派是一種宗教改革的教派，繼承了奧爾斐教團的輪迴轉生之說，認為靈魂本具神性，因罪受罰，繫於肉體之獄。菲羅勞斯的《斷簡·十四》說：「靈魂因受懲罰，繫縛於肉體，有如葬於墓中，被葬在肉體之中。」換言之，肉體 (sōma) 即是靈魂的墓誌 (sēma)。據齊諾菲尼斯《斷簡·七》的記載，畢氏曾有一次聽到小狗哀叫之聲，勸人停止打狗。他說從小狗的哀叫，他已知悉該狗原是他的平生好友的靈魂所寄寓之身。畢氏教團的宗教教義便是設法免於輪迴轉生之苦，而獲徹底的靈魂解脫。此派設有一種「畢達哥拉斯的生活法」(Pythagoreios tropos tou biou)，規定種種戒律，禁忌，以及淨化儀式；同時要求教徒「服從神性」(akolouthein tōi theōi)。畢氏宗教所不同於埃歐尼亞學派的一點，是在前者曾受酒神祭典中神人合一的神秘體驗、靈肉對立以及靈魂解放等宗教思想的影響，而有出世主義性格；至於後者則專奉荷馬式的阿波羅神教，較具現世主義的特徵。埃歐尼亞學派甚至以水或空氣為神，頗有反宗教的傾向。

㈡數論　畢達哥拉斯學派的數論最值得注意的一點是數的形像性。他們站在古希臘人特有的直觀立場，將數看成具有非抽象性的一種形像 (eidos,

schēma) 存在。我們如就純粹的理論觀點予以考察，不難看出他們所理解的數
學並未具備嚴密性格，頂多只是一種圖像化的幾何學而已。他們認為，所謂單
位乃是空間上具有大小的點❸，有如弈石 (psēphos)。如此，他們使用點所湊成
的種種圖形表現數的形像性。他們認為 10 是最完全的數，且用著名的「三角
數」(tetraktys) 圖形代表 10 的數目。三角數包括 3、6、10、15、21……等自然
數。又有所謂「正方數」(tetragōnoi)，包括 4、9、16……等數。至於所謂「長
方數」(heteromēkeis)，則包括有 6、12、20……等自然數的系列。我們可藉下
圖予以表示：

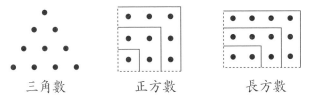

三角數　　　　　正方數　　　　　長方數

　　由於此派藉諸具象的點表現單位，故只能夠建立局限在自然數範圍的數學
理論；無理數的出現終必迫使此派揚棄圖像性的數學理論了。他們雖然通過音
階理論的研究，發現了等差中項、等比中項與調和中項等比例要素，藉以勉強
解決無理數的難題（譬如 $\sqrt{2}$ 為 1 與 2 的等比中項）；但其解決方式繁煩而有
限制。

　　畢達哥拉斯學派的數論極具神秘主義的思想色彩。譬如他們以 4 為正義，
5 為結婚，6 為靈魂，7 為理性或健康，8 為愛情或賢明。又以 1 為理性（不變
之故），以 2 為俗見（變化之故）。奇數與偶數的對立，亦是限定 (peras) 與無限
定 (apeiron) 的對立。一切數是奇數與偶數或限定者與非限定者兩種對立物的調
和或綜合的結果。菲羅勞斯甚至以限定為 1，無限定為 2，數為綜合二者的 3，
空間為 4（空間由點、線、面、體四者形成之故），自然界為 5（自然由地、
水、火、風、以太五者構成之故），生命為 6（因具六種形態之故），理性為 7
（位於生命之上故），愛情、智慧與預知為 8，最後以 10 為包攝一切的最完全

❸　　在歐幾里得幾何學中，點是只具位置而無大小者。

之數。上述數理思想雖過份單純幼稚，但因對於柏拉圖的「形相數」思想影響甚鉅，從哲學史的觀點來說，不容輕予忽視。

　　㈢存在論　如謂埃歐尼亞學派從質料側面探求存在的根源，則畢達哥拉斯學派所發現者，卻是屬於形式側面的一種數理存在。此派存在論首先定立所謂「萬物是數」的根本命題。亞里斯多德在《形上學》卷一中說，此一命題意謂著萬物是由數所形成的；換言之，數為萬物的根本成素或即質料。由此可見，此派以數為萬物質料因的看法，可能受過埃歐尼亞學派的思想影響。嚴格地說，此所謂數應意謂著亞里斯多德所說的「形相因」或「形式因」(formal cause)；萬物乃模仿數或以數為原型而形成。在柏拉圖的四層存在構造論中，第三層存在為數理存在，與最高一層的形相世界合稱叡智界。由是可知，畢達哥拉斯學派的數理存在論對於柏氏思想的影響實不可謂不大。

　　㈣天文說　畢達哥拉斯認為宇宙最初只存在著無際涯的空氣或氣息 (pneūma)，從中產生太一或即「中心火」(to meson pyr) 的天體。日月星辰則是通過空氣層的孔漏出而成的火輪。後來此派天文學又有理論上的修正，認為宇宙中心有所謂「中心火」，中心火與地球之間有所謂對地星。地球係一球形，然後依離心次序而有月、太陽、金星、水星、火星、木星與土星等行星，宇宙最外一層則為恆星天。一切天體運轉之時產生美妙的音響，構成一種天體的調和 (harmony of the spheres)。他們特別指出，平均、秩序與調和為宇宙的三大基調。

　　此派天文思想，由於亞里斯多德與托勒密 (Ptolemy) 所倡地球中心說的理論阻力，一直未為世人注意。直至文藝復興時期，哥白尼與克卜勒等第一流的天文學家開始接受此派天文理論的啟導，終於奠定了太陽中心說，從而打破了古代與中世的有限宇宙觀。

第三節　赫拉克里特斯

　　古希臘人探求自然問題，多從兩大側面分別著手，一為「存在」(ousia)，

一為「生成」(genesis)。赫拉克里特斯 (Heraclitus, 535?–475? B.C.) 是專就存在者的生成側面把握自然存在義蘊的第一位哲學家。

㈠根本實在　赫氏規定根本物質為一種永劫的靈火 (pyr aeizōon)。他說：「這個有秩序的世界，既不為神，亦不為人所創造，它在過去、現在以及未來始終是依從準繩點燃及熄滅的永恆靈火」(《斷簡‧三十》)。他以火為原質，主要的理由仍是在乎火的可動性；從燃燒現象不難揣知，萬物經常自火產生，亦不斷復歸於火。火生萬物，萬物歸火，有如物品與黃金之間的交換 (antamoibē) 關係 (《斷簡‧九十》)。從火生水，由水生地的方向為下降之道 (hodos katō)；從地變水，由水變火的方向則為上升之道 (hodos anō)。他稱水之變火為蒸發 (《斷簡‧十二》)，由蒸發而生的熱氣則視如火或生命。生命——睡眠——死亡的現象系列與火——水——地的生成系列類比地存在著。他從酒醉現象推測，睡眠與死亡乃是濕氣增加所致；反之，覺醒與生命則是基於乾燥與火之增加。他說：「乾燥的生命或靈魂是最有智慧且最善良的」(《斷簡‧一一八》)。

㈡萬物流轉 (panta rhei)　如上所述，火為萬物的根源；此活生生的靈火永遠運動變化著。火既是原質 (archē)，又是萬物生成變化之理 (logos)。他說：「濯足流水，水非前水」(《斷簡‧十二》)。一切都在生成變化過程之中。「下降之道與上升之道原是一般無二」(《斷簡‧六十》)。「晝夜同一無分」(《斷簡‧五十七》)。赫氏認為萬物的生成變化，乃是「存在」與「非存在」的矛盾鬥爭中所顯現出來的相關性綜合；萬物之生與死，始與終，醒與睡等，即不外是萬物流轉的兩種根本方式。每一生成變化皆是矛盾對立的緊張的調和，在萬物鬥爭衝突的過程表現對立物的統一。因此他說：「鬥爭為萬事萬物之王之父」(《斷簡‧五十三》)。一切皆如水流，瞬息萬變，惟有生成變化的普遍法則永恆不變。火一方面是原質，是生命；另一方面又是理性，亦即生成法則本身。「上帝是白晝又是黑夜，是冬而又是夏，是戰爭而又是和平，是飽滿而又是飢荒」(《斷簡‧六十七》)。上帝是一切矛盾鬥爭著的對立物之統一法則，亦指謂著永劫的靈火。由是可知，赫氏的火，多義不一。赫氏萬物流轉之說乃是繼承阿納克西曼得所

開始的宇宙論思想而形成的一種「時間的論理」或即「生成的論理」，實有別於畢達哥拉斯學派所倡導的「空間的論理」。赫氏生成法則的理念可以說是西方人探求自然法則性的最原始的思想產品。

赫氏萬物流轉說的真諦在乎捨生成變化本身，無由發現真實存在。換言之，現象即是實在，萬物即是靈火，兩者雖有體相之分，其實本是一而二，二而一者。站在經驗現象立場謂之萬物，站在永恆法則立場則謂之火，原不外是一體兩面之看法。赫氏遠在兩千餘年以前，已能如此把握宇宙現象，實為難能可貴。萬物流轉之說亦與佛家「諸行無常，諸法無我」之說極其類似，惟後者的旨趣在乎生命的解脫，赫氏則純就自然本身作一知性的探求；東西哲學家在思維形態上的根本差異，由此可以窺見一斑❹。赫氏之說不但對於柏拉圖形相論留下深遠的影響，直到十九世紀黑格爾的辯證法體系與尼采的「永劫回歸」思想，仍可隱約見出赫拉克里特斯哲學的陳跡。

---

❹　古希臘哲學用語之中，logos 一辭最為重要，有如儒家的「仁」，道家的「道」，佛家的「法」。logos 的動詞 (legein) 字根 leg- 原意謂著「收集」或「搜羅」，由此引伸而有「數算」、「枚舉」(katalegein)、「言談」之義。名詞化了的 logos 亦隨著原有動詞的種種義涵而具有「蒐集」、「計算」、「目錄」(katalogos)、「話語」、「說明」等義。更由於希臘精神的逐步合理化，logos 一辭也漸帶有更多且更重要的意義。例如「話語」關涉話語的對象，故衍生「事象自體」之義。從赫拉克里特斯到亞里斯多德，logos 的義蘊代代深化，乃產生了（支配萬物的）「法則」，（通過思索的結果所獲得的有關事物的）「根據」或「理由」，（數學上的）「比例」，（規定事物相互關係的）「尺度」或「準繩」，「思考能力」，「理性」，「人類精神」，「思維內容」，「論理」，「定義」，「語言」，「文法」，「學問」等等豐富多彩的新義出來。到了希臘化時期，斯多噶學派以 logos 為合目的地支配宇宙生成的法則甚或神性。原始基督教接受希臘哲學的思想洗禮之後，在《新約全書》以及一般早期耶教神學書籍之中處處應用該一字辭。〈約翰福音〉首章首節最有名的一句——「太初有道 (logos)，道與上帝同在，道就是上帝」，可為最佳例證。不過在《新約全書》之中所使用的 logos 一辭，多指謂著神對世人所啟示的神性語言，而與古希臘人的原義出入甚多。

㈢人存在理論　在最早期的宇宙論者之中，赫氏算是對於人存在問題抱有極大關心的一位。第一，埃歐尼亞人喜好事實的觀察與記述，赫氏則反對博學多聞而無智慧（《斷簡‧一二九》）。他說：「博學多聞並不能與人以理解力」（四十）。其次，他強調了人存在的自覺意義，此與真正的智慧息息相關。「我探求著我自己」（《斷簡‧一〇一》）。「一切人都可以有認識自己以及依照中庸適度踐行的能力」（《斷簡‧一一六》）。他是第一位啟導「實踐智」(phronēsis) 的概念，且將此一概念視為「智慧」(sophia) 的實存哲學家。第三，靈魂概念所以在赫氏思想之中佔有重要的地位，可能是由於他受了奧爾斐宗教影響的緣故。他說：「你決無法發現靈魂的界限：靈魂有其深刻的法則或論理 (logos)」（《斷簡‧四十五》）。第四，法則或論理不但可以通過自我探求而在靈魂深處發現出來，法則更是（希臘）城邦 (polis) 的論理或即共同體的共同精神。赫氏在此所理解的 logos 乃指共同體或城邦的 nomos （律法、制度、習慣等義）而言。他說：「人民應如為了保衛城牆一樣，而為律法打仗」（《斷簡‧四十四》）。赫氏卻不因此以為，城邦的統一不許鬥爭。他說：「應知戰爭是普遍的，鬥爭即是正義，萬物乃因鬥爭與必然性而生」（《斷簡‧八十》）。法則 (logos) 的深邃義蘊表現在這種對立鬥爭之中。赫氏之說，似乎已孕育著援用生成法則解釋人類社會、國家與歷史的形成的一種思想胎動。

第四節　伊利亞學派
(The Eleatic School)

嚴密地說，伊利亞學派並不包括齊諾菲尼斯在內，因為他與該派祖師巴門尼得斯之間的思想關聯不甚明顯，直至今日，一般希臘哲學史家仍無共同一致的解釋。然而依作者之見，齊氏單一神論思想，多少接近巴氏「存在」概念的義蘊，似乎仍可劃入這個學派，而為此派的最早先驅。伊利亞 (Elea) 是南義大利的小城，此派宗師巴門尼得斯及其高弟齊諾都是伊利亞人，此派乃有伊利亞學派之稱。此派哲學家否定生成變化，專就存在的存在性與論理性掘發存在

義蘊。

一、齊諾菲尼斯

就第一義言，齊諾菲尼斯 (Xenophanes, 580?–480? B.C.) 原是以社會改革與宗教改革為己任的憂國詩人，而非正宗的哲學家。他生在埃歐尼亞地方的可羅豐 (Colophon)，是否去過伊利亞城，無從考證。我們頂多只能推測，巴門尼得斯的存在論可能淵源乎齊氏而已。

齊氏宗教思想，在消極方面表現反擬人論論調，在積極方面則為一種單一神論，以替代傳統的希臘多神教信仰。他始終認為，希臘同胞道德腐化的原因應該歸諸荷馬與赫西歐德 (Hesiod) 兩大詩人所倡導的擬人觀的多神教 (anthropomorphic polytheism) 信仰。齊氏《斷簡·十一》至《斷簡·十六》公然提出了齊氏堅決反對擬人論思想的理由。他說，此類詩人常把竊盜、通姦、欺詐等等卑賤可恥的罪惡歸諸諸神身上，乃是由於諸神擬人化的謬見而來。設若人可憑藉幻想創造擬人化的諸神，則「衣希歐匹亞人的諸神就具有獅子鼻與黑髮，而斯雷西亞人會說他們的諸神具有灰色的眼睛與紅色的頭髮」（《斷簡·十六》）了。以此類推，牛馬獅子若能描繪諸神形像，則諸神豈不變成具有牛馬獅子等模樣的獸神，而喪失神所應有的尊嚴與完善？齊氏所獲致的結論是，社會改革的基礎在乎宗教改革；惟有單一神論才是真實的宗教，擬人論的多神教是社會道德淪落的根源。

齊氏《斷簡·二十三》說：「在諸神與人類之間，有一最偉大的神，祂的身體與精神與人毫無相似之處」。這顯然是一種單一神論 (monotheism) 的思想。齊氏此說，頗合乎一般宗教思想的發展趨勢。誠如現代印度哲學家拉達克利西南 (S. Radhakrishnan) 所說，古代民族起初信奉多神教，由於人類逐漸要求宇宙主宰為獨一無二的全知全能而完善完美的神性，乃有單一神論的興起，終於淘汰多神論的信仰。如果進而對於單一神論予以哲學的思辨反省，則又易於形成一元論 (monism) 的觀點❺。齊諾菲尼斯的單一神論到巴門尼得斯存在一元論的

思想發展，正可援用拉氏之說予以適切的解釋。

　　然而齊氏所云上帝，究竟指謂著什麼？事實上由於齊氏《斷簡》過短，難於判定齊氏上帝的義涵；學者對此問題議論紛歧，無法獲取任何定論。按照亞里斯多德的論述，「齊諾菲尼斯說，太一 (The One) 即是上帝」（《形上學・卷一》，986b）。亞氏弟子希歐弗拉斯特斯 (Theophrastus) 則謂，齊氏上帝為「一而一切者」(to hen kai pan)。合此二說，則齊氏所謂上帝應是等於宇宙的統一整體，而非超越性的神格。據此我們似可標稱齊氏思想為一種汎神論 (pantheism) 主張。齊氏說：「祂始終停留在同一地方，從不移動；在不同時候改變祂的位置，對祂並不配適」（《斷簡・二十六》）。這句斷簡似乎已孕育著巴門尼得斯的不變不動的「存在」概念。上帝又與人有極大差別，因為「神是全眼全思全耳」（《斷簡・二十四》），祂能隨心所欲統馭宇宙的一切。上帝不但不變不動，且不可分，永恆寧靜而無罣礙。上帝又是萬事萬物的第一原因，因為「祂以心中的思想，毫不費力地促成萬物的運動」（《斷簡・二十五》）。由此似乎可以推斷，上帝又具超越性格。然而上帝的「內在性」(immanence) 與「超越性」(transcendence) 二者之間不可兩立；但在齊氏《斷簡》之中無從窺知明確的說明。如就超越神論的觀點而論，齊氏上帝並不內在乎宇宙之中，頗為接近亞里斯多德的「原動者」(the prime mover) 思想。若就汎神論立場而言，「萬有是一」(all is one)，而與古印度人的梵我一如論具有異曲同工之妙，同時預取了巴門尼得斯的存在論主張。正如亞里斯多德所說，動力因的概念到了阿納克撒哥拉斯，才有了真正的理論展開；因此在齊氏當時可能仍未產生超越神的第一原因（動力因）思想。作者主張，齊氏宗教思想基本上是建立在汎神論的骨架上面。只有通過此一解釋，我們才能將他劃入伊利亞學派之中，而為該派的開山祖師。

---

❺　參閱拉氏與摩爾教授所合編的《印度哲學資料集粹》(*A Source Book in Indian Philosophy*) 一書之中拉氏本人的引論。

二、巴門尼得斯

據《哲學家列傳》(*Lives of Famous Philosophers*) 的作者狄歐格訥斯 (Diogenēs Laërtius) 的記載，巴門尼得斯 (Parmenides, 544?–501? B.C.) 本屬畢達哥拉斯學派，後來逐步展開自己的哲學，終於放棄了該派思想。巴氏著有韻文詩《自然論》，除了序詩，全篇分為〈真理之道〉(The Way of Truth) 或即〈確信之道〉(The Way of Persuasion)，以及〈俗見之道〉(The Way of Opinion) 或即〈宛似之道〉(The Way of Seeming) 兩大部份。序詩敘及一位青年（巴門尼得斯自己）乘坐馬車，而由幾個女神充當御者，沿一大道向前奔馳。不久之後駕至復讎女神狄克所守衛著的大門。諸女神苦苦懇求狄克敞開大門，而後駕駛馬車飛向白晝之國。於是光明女神教示巴氏兩條殊途。

第一條是真理之道。只有「有」或「存在」存在著，換言之，「有」或「存在」不可能不存在；至於所謂「非有」或「非存在」則決不可能存在 (The one way, that it is and cannot not be, is the path of Persuasion, for it attends upon Truth; the other, that it is not and needs must not be, that…is a path altogether unthinkable.)。此道以「有」或「存在」為唯一的思維 (nous) 對象，或即唯一可言詮 (logos) 的對象；至於「非有」或「非存在」既不能思維，亦不可言詮。可思維性與可存在性乃屬同一件事。巴氏此一主張構成了哲學史上著名的「存在與思維（認知）一致性原則」(the principle of the identity of being and knowing)。另一條路是俗見之道，視「有」或「存在」如「非有」或「非存在」，而以「非有」或「非存在」誤為「有」或「存在」。「非有」原是空名 (epea) 或名目 (onoma) 而已，俗見之道誤將其與實在混為一談，有如盲聾混淆「有」與「非有」，時而視如同一，時而看做別異。俗見之道就是「雙頭怪物」(dikranoi) 的立場。

巴門尼得斯徹底反對生成變化的存在可能，因為所謂生成無時無刻不在變動，彼時的「有」，忽又變成此刻的「非有」；故在生成變化過程之中無從發現

任何「實在」意義。巴氏可以說是哲學史上首次儼予劃分感覺與理性，假相與實在，或生成與存在的存在論者。巴氏認為，眼前所接觸著的生成世界乃是虛幻的「非有」世界，生滅無常，不可捉摸；「有」與「非有」混然無分，論理上顯出矛盾。因此經驗現象是舛謬的根源，存在之「真理」(alētheia) 必須緣乎超越感官知覺的理性思維才有彰顯的可能。真實的「有」或「存在」必經理性的叡智作用方可認知與言詮。巴氏此一觀點一直支配了柏拉圖、亞里斯多德，乃至近代理性論與德國觀念論的根本理路，在西方哲學史上極其重要。

　　從巴氏哲學詩的敘述，我們可以歸納出以下四種「存在」性格：(1)「存在」只是存在著，它是不生不滅，不分過、現、未而存在著；換言之，「存在」具有永劫的現存性（無時間性）。「有」不能來自「非有」，因為「無不能生有」(Ex nihilo nihil fit)，我們總不能說過去未曾存在過的，忽爾變成「存在」。我們亦不能說，「有」從「有」中產生，因為此不過是一種「同語反復」(tautology)，畢竟等於肯定「有」或「存在」自體的永恆現存性。(2)巴氏規定「存在」為不可分割的連續性整體，個別的「有」（假有）與個別的「有」（假有）銜接而成連續不可分的大充實 (empleon) 體。論理地說，個別的「有」可以全部解消而為「存在」自體。世界只是獨一無二的「存在」本身的大充實體而已。「空虛」既是「非有」，必不可能存在。(3)既無「空虛」或「空間」存在，「有」必是不變不動者，因為運動變化必須預設「空虛」或「空間」的存在。世界既是等於「有」的大充實體，當不能有運動變化的現象。(4)巴氏並不以為「有」或「存在」是完全抽象而無形態的實在，反而認為它是一種有限的球形。在「有」的大充實體中，我們不能說某一方向或部份的「有」多於另一方向或部份的「有」；只有球形足以滿足充實性與完全性的要求，因此「存在」必是有限的球形。巴氏此說，充分表現了古希臘人善用直觀的思維方式。

　　總之，「存在」是不生不滅、不變不動、唯一不可分，連續而成有限球形的大充實體。我們無法越出「存在」領域設想任何「非有」的存在，後者的概念本身已否定了它本身的存在可能。位置變化，性質變化等等生滅現象只是世人

誤以為真理的一種「名目」而已。

　　我們再就「存在」(eon) 一辭挖深巴氏「存在」義蘊，可以析出以下三種「存在」側面：(1)巴氏「存在」概念仍然具有（自然學的）存在者的側面，可以特稱「物理的存在」。正如其他早期宇宙論者分別規定實在為水、空氣、火等原質，巴氏「存在」亦未完全脫離特定存在者（物理存在）的性格。由於「存在」自體一方面是與「空虛」對立著的大充實體，另一方面又是有限的球形，「存在」也者仍不過是一種具有自然形態性的存在者而已。巴氏雖然志在澄清「存在」的最高抽象概念，亦即「論理的存在」，然因巴氏的思維方式仍挾帶著一種形上學的直觀，終不能從「存在」概念完全排除感性的側面。無怪乎亞里斯多德批評巴氏說，後者只知承認「感覺的存在」，而不知所謂「存在自體」。英國學者勃納特亦據此解釋巴氏為唯物論之父。我們不得不承認，在巴氏的存在論中的確蘊藏著發展成為唯物論的一種原始理論線索。(2)其次，巴氏「存在」概念同時具有形上學的（尤指存在學的）側面。據此，「存在」不是存在者，而是「存在自體」；不是可感覺者，而是可思維者；不是感性的存在（現實存在），而是論理的存在（必然存在）。巴氏最大的思想貢獻，在乎挖掘一切存在個物所以如此存在著的根本存在性格。從他對於「存在」概念的析理，不難看出，他已半意識地援用同一律或矛盾律廓清「存在」一辭的純粹義蘊。如果他能貫徹他那「存在之論理」，當可獲得超越感性實質的最高「純有」(pure being) 概念。巴氏在《斷簡》第五所提出的「存在與思維一致性原則」必須依從上述觀點才能獲得真正的理解。西方哲學主潮之中，觀念論或理性論思潮的思想幼苗可以推溯到巴氏「存在」義蘊的第二側面。我們甚至可以說，巴氏是「存在學」(ontologia) 的創始者，他的存在論通過柏拉圖的形相論與亞里斯多德的第一哲學，給予西方正統哲學思想以決定性的影響。黑格爾的辯證法論理學首就「存在」範疇予以思索，規定「存在」為直接無規定的純有概念；黑氏整個絕對觀念論體系乃是徹底發揮巴氏原則的最高表現。(3)巴氏「存在」概念又具知識論的側面。「存在」彰顯而為「真理」自體，與俗見互相對立。德國學者萊因哈特

(Karl Reinhardt) 主張，巴氏的本來面目應是最初的邏輯家與知識論者；巴氏的最大功績是在闡明，只有依從同一律與矛盾律踐行理性的思維，才能獲得「真理」。萊氏此一解釋可能太過近代化，巴氏原意是否如此，實難斷定。我們頂多只能說，在巴氏的「存在」概念分析之中，已有同一律矛盾律等邏輯法則的思想胎動；但這不等於說，巴氏已有意識地專門處理思維法則的邏輯問題。

　　儘管巴氏否定生成變化，他卻不得不說明眼前假相（感性世界）緣何而有。按照上述兩條殊途之說，承認生成變化或經驗現象的見地，屬於俗見之道。巴氏所謂「俗見」，乃是背反矛盾律的見解，以「有」為「非有」，混淆實在與假相之別。巴氏的「俗見」可能模仿埃歐尼亞學派抑或畢達哥拉斯學派的說法，把生成變化講成一種對立物的混合 (mixis)。譬如火（光）與闇，熱與冷等等對立，混合而成現實的假相世界。混合物（現實存在事物）不是實在本身，而是人所附加的名目而已。巴氏說：「依照俗見，事物曾如此創生，現在如是，此後亦將生滅。世人對於此類事物各加特定的名號」（《斷簡·十九》）。

　　無論巴氏如何說明生成變化的問題，他的最後結論仍是：生成變化是假相，亦即「非有」。換言之，巴氏哲學放棄了生成變化的結果，終於陷入一種「世界否定論」或「無世界論」(acosmism) 的思想死角。這是巴氏存在論最大的理論瑕疵。巴氏以後的自然哲學發展趨向，大體分成兩條理路：一是以齊諾、美利梭斯為主的伊利亞學派哲學家繼續發揮以及修正巴氏存在論，但與巴氏相同，不予考慮生成因素；另一是多元論者接受巴氏「存在」之說與赫氏「生成」理論，努力綜合「自然」本身的兩大側面，開拓了一條新的自然哲學理路。

　　已如上述，巴氏「存在」一辭可能包括物質的、觀念的、與概念的三大側面，可以說是後來唯物論、觀念論與邏輯思想的濫觴。不過巴氏本人並未意識及於「存在」一辭可能涵蘊著的分殊意義。斯塔斯 (W. T. Stace) 在《批評的希臘哲學史》中論巴門尼得斯的哲學說：「這裡歷史的批判的第一個責任就是不要讓後來的思想附加到巴氏身上去。此外，歷史學者在這裡還有一個同等重要的責任，那就是要在巴氏思想的混沌狀態中，尋出更高級的思想的萌芽，認清他

暗中所摸索的是什麼，闡明他模糊的見解，顯出他隱晦的意思，藉以明白他的學說內容，而辨別孰為有價值的，孰為不足取的，無關宏旨的」（中譯本，臺灣商務印書館，第 41 頁）。哲學史上經常產生這種現象：一個哲學家可能提出了一兩項真正的哲學課題，但因時代的限制（譬如固定的哲學語言還未創造，科學的研究成果不足供應哲學的思索等等），或因個人能力的極限，無法圓滿解決原有課題，終將哲學思索停頓在某一階段，卻留下了若干可能的解決線索，而讓後來的哲學家繼續探索下去。在古希臘哲學的發展過程當中，巴門尼得斯與蘇格拉底兩人都是顯著的例證。上面已經暗示，繼承巴氏「存在」思想的是齊諾等伊利亞學派圈內哲學家；打開唯物論側面（物理存在）的是多元論者。至於巴氏本來意圖，可能是要建立一套觀念論體系，而以邏輯法則（同一律、矛盾律）為方法論的奠基。柏拉圖與亞里斯多德的形上學便是充分發揮巴氏觀念論理路的豐碩成果。巴氏「存在」一辭，按理應屬一種範疇或根本概念，但在巴氏《斷簡》之中尋找不出如此明顯的意義。恐怕巴氏本人也不十分了解到「存在」一辭可能孕育著的種種義蘊。當一個哲學家本身的思想體系不夠精熟或具幾條可能理路時，哲學史家常從後來的哲學發展趨勢回過頭來解釋原有哲學家可能抱有著的思想線索。哲學史家需有這種歷史的意識 (historical consciousness)。

三、齊　諾

齊諾 (Zeno, 490?–430? B.C.) 哲學的目的是在繼承巴門尼得斯存在論理路，搬出一套維護巴氏理論的理由或根據。齊氏所關心的是一種論理的反省甚或方法論的奠基，設法提出巴氏「存在」必為絕對單一，不變不動的有效論證。巴氏解釋「存在」義蘊時，所採取的是直接法，從「存在」自體導出「存在」性格。齊氏的論證方式則是一種間接法，暫且假定反論（可能論敵的主張）為正確無誤的前提，而後由此前提逐步推衍，導出兩種邏輯上互為矛盾而不能兩立的結論；依此證明該前提（反論）不能成立，而顯示自家論點之為是。這種方

法在邏輯上稱為「歸謬法」(reductio ad absurdum)。亞里斯多德則稱齊諾的論證方式為「辯證術」或「問答法」(dialektikē)。所謂辯證，原意謂著討論或對答，後來引伸而有揭穿對方的立論所內含著的矛盾的意義。齊諾辯證術的論理基礎來自巴氏所發現的「相矛盾者不可能存在，亦不可能思維」的論理。上述辯證術近則化入蘇格拉底的對話術，柏拉圖《國家》以及《巴門尼得斯》中所驅使的辯證法；遠則影響康德先驗辯證論中「二律背反」(Antinomie) 的論理，乃至黑格爾的辯證法思想。齊諾在方法論史上的不朽功績，實在值得大書特書。

　　齊氏歸謬法的援用集中在雜多的否定與運動的否定兩項；消極地破除雜多與運動的可存在性與可思維性，積極地論證「存在」概念的唯一性（統一性）與不變性（不動性）。

　　㈠駁多

　　⑴設若「存在」或「有」為多，則「有」於大小既是無限大，又是無限小。一切雜多必由定數的「單位」所構成，而真實的「單位」應是不可再分者。然而不可再分者沒有大小可言，如此不可再分的「單位」如何加多或如何減少，總是空無一片，故就大小而言，只是無限小。其次，無大小者不能存在，「單位」若要存在，必須具有大小。然而具有大小者按理可以無限分割，則「單位」本身應由具有大小的無數「單位」構成。由此看來，「有」於大小又是無限地大。多「有」是無限大，同時又是無限小，概念上已顯矛盾，故無多「有」的存在可能。誠如巴氏所倡，「有」只是「有」，絕對單一，而非雜多。

　　齊諾此一論證，在語意學上犯有「歧義性」(ambiguity) 的謬誤，一方面將「單位」看成不可再分者（大小幾等於零），另一方面又規定為具有大小者（大小不等於零）。齊氏藉此駁多，可謂幾近詭辯。「單位」有否大小，可否分為極微等問題，後來在康德第二類（量的）二律背反理論再度出現，然在論理上較諸齊氏之說更為扣緊。

　　⑵設若「有」為雜多，則於數量既是有限又是無限。如果多「有」存在，則必不多不少，恰如其多。換言之，「多」是一個確定的數，亦即有限的數。其

次，多「有」又可分為無窮次數，因為個別「有」與個別「有」間需有區別兩者的第三個別「有」。如此類推，多「有」的組成份子應為無限的數。多「有」在數量上有限而又無限，實不合乎矛盾律的要求，故不可能存在。「有」必須是「一」。齊氏此一論證仍近詭辯，不難尋出理論破綻。

㈡駁動

亞里斯多德《自然學》(*Physica*) 卷六章九載有齊諾否定運動的四大論證。第一與第二論證所依據的是，線不可能是點的集合；第三與第四論證則是基於「時間不是瞬間之集合」的論理。

⑴從賽跑起點到達終點，需先跑完全程之半，為要到達中點，又需跑完起點與中點之間的距離之半；如此類推，跑道無限分半的結果，按理無法以有限的時間跑完全程或無限的空間之點。更進一步來說，賽跑者一步都跑不得。

⑵神行太保與烏龜：希臘神話中的神行太保阿奇里斯 (Achilles) 一輩子跑不過行動遲鈍的烏龜。當阿奇里斯跑到烏龜原來的起點時，烏龜已向前面走了些許；等到前者趕上，後者又已前進了一些。如此類推，即使理論上兩者之間的相隔距離可能不斷減少，然而始終不等於零。換言之，神行太保永遠追不上烏龜。第一論證的距離涉及線的平分，故有一定比例，在此論證之中則是不定。

⑶一個物體在同一時間不能停留在兩個地方。飛箭在每一瞬間佔有同一位置，故在飛行時的各個時點（剎那），箭矢必在靜止狀態，累加每一剎那間的「靜止」，結果仍是「靜止」而已。因而飛箭並不在飛。感覺上的運動變化只是假相（真相的外觀），事實上沒有所謂運動。

⑷由於亞里斯多德對於此一論證的敘述過於簡短而曖昧，我們無法完全理解齊諾的原有論旨。第四論證大體上是說，設有運動，則有任意時間等於其兩倍時間的一種矛盾產生，故不可能有物體的運動。根據亞里斯多德的說法，齊諾第四論證的謬誤在乎未予區別絕對運動與相對運動的一種論過。然而齊諾原意是否符合亞氏的敘述，有待商榷❻。

---

❻　卡普爾斯頓 (F. Copleston)《哲學史》卷一第 57 頁載有較為詳細具體的論證內容，可

　　齊諾的辯證術多半憑藉「無限可分性」的矛盾論理。我們已經說過，齊諾駁多論證，錯在詞義雙關。至於駁動論證，欲從理論上破除齊氏論點，並非易事；這要牽涉到數學上的「無限」(infinity)、「無限級數」(infinite series) 與「連續性」(continuity) 等問題，而此類數學概念的真正理解，還是到了近世數學才開始的❼。所謂「齊諾的弔詭論法」(Zeno's Paradox) 曾使不少哲學家與數學家絞盡腦汁，痛感解決「無限」問題的必要。著名哲學家如柏格森，如羅素，都曾提出反證駁斥齊諾理論之失。羅素所著《外在世界之知識》(*Our Knowledge of the External World*) 一書之中，第六章後半專門反駁齊諾的弔詭論法，言之有理，可供參閱（該書第 130–143 頁）。又，1961 年所出版的阿波斯特爾 (T. M. Apostol)《微積分》(*Calculus*) 卷一亦有一段專從無限級數的總和論及齊諾之說，解析簡明，亦可翻閱（該卷第 410–414 頁）。

　　站在「比較邏輯」(comparative logic) 的觀點來看，《莊子‧天下》所載惠施十事與辯者之言二十一事，其中若干論題頗為接近齊氏之說。這些辯士的活動年代約與齊諾相若，論法亦如出一轍，不得不令人感嘆東、西論理之巧合。譬如「一尺之棰，日取其半，萬世不竭」一事所指涉者，實與齊諾第一駁動論證無殊。又如「飛鳥之影未嘗動也」與「鏃矢之疾而有不行不止之時」等二事，論旨亦與齊氏之說異曲同工。尤其「不行不止」之論兼顧鏃矢之形（靜止）與勢（運動）的兩個側面，似較齊諾的片面論理更為優越。可惜的是，單從這些辯者之言無從探悉他們原有的論理。《莊子‧天下》所記載的只是立論，而沒有意識化了的嚴密論證形式，不及齊諾歸謬法之齊全。

四、美利梭斯

　　伊利亞學派的另一健將美利梭斯 (Melissus, 480?–400? B.C.)，亦如齊諾，遵

　　供參閱。

❼　照羅素所說，上述問題通過十九世紀數學家甘多爾 (G. Cantor) 的研究，始獲初步的理論解決。

循巴門尼得斯「肯認存在，否定生成」的理路繼續發展。但在方法論上則異乎齊諾的間接法，而採用直接法；乃從「存在」(eon) 概念直接演繹可能的思想結論，且對巴氏「存在」一辭略予理論上的修正。美氏的理論修正大致可分兩點：

㈠巴氏主張「存在」應為有限而成球形。設若「存在」具此性格，則不得不認許有限球形之外，有所謂「空虛」的存在。然而「空虛」也者，原不過是「非有」，不具存在根據。既然如此，巴氏有限球形的「存在」概念顯有矛盾。美氏的結論是，「有」或「存在」必是無限者。《斷簡‧三》說：「正如『存在』永恆現存著，它必須也是無限者」。由是可知，美氏的存在無限論實為巴門尼得斯主義的徹底化工作。在這一點，美氏可能受過阿納克西曼得的「無限者」思想的影響。美利梭斯修正有限球形的「存在」為「無限者」的結果，同時否定了巴氏「存在」概念的形像性，理論上較巴門尼得斯更進了一步。他說：「設若『有』存在著，它必須是太一；設若它是太一，它必不能具有形體。但如它有體積厚度，就有部份，從而不再是太一」(《斷簡‧九》)。

㈡當巴門尼得斯規定「存在」為唯一無二之時，他所強調的是量的側面。美氏進而規定，「存在」於性質亦無差別可言。因此，美氏否定性質的變化，而擴大了巴氏「存在」的不變不動之義。美利梭斯所謂「存在」，乃為無限等質，不生不滅，無始無終，且無形體的「太一」。

美氏所倡「存在」等質性的看法，已預取了後來原子論者的根本論點，只是前者採取一元論見地，後者則主張一種量的多元論思想罷了。

第五節　質的多元論
(Qualitative Pluralism)

通過巴門尼得斯對於「存在」義蘊的廓清，「存在」與「生成」之間的矛盾對立逐漸明顯化起來。伊利亞學派以外的宇宙論者多半企圖綜合巴氏「存在」思想與赫拉克里特斯的「生成」理論，藉以建立更為統一完整的自然哲學。這些哲學家包括質的多元論者恩培多克利斯與阿納克撒哥拉斯，以及量的多元論

者路西帕斯與德謨克利特斯。他們一方面承認巴氏「存在」為不生不滅的恆存者，另一方面卻否定了「存在」的唯一性與不動性，因而定立多數而能運動的「存在」要素，且以「存在」要素的結合與分離重新解釋自然的生成問題。首先，恩培多克利斯規定地水火風四大為根本「存在」要素。然而數量有限的多元論解釋不了雜多無窮的生成變化，於是又有數量無限的多元論思想產生。後者又可分為二途：一是強調質差的種子說，由阿納克撒哥拉斯所倡導，另一是否定質差的量化多元論或即原子論，以路西帕斯與德謨克利特斯為主要代表。我們在這一節裡，先就質的多元論作一論述。

一、恩培多克利斯

對於恩培多克利斯 (Empedocles, 493?–433? B.C.) 的思想影響最深的先哲共有巴門尼得斯、赫拉克里特斯與畢達哥拉斯三位，尤以巴氏的影響最為顯著。恩氏生前著有兩篇韻文詩，〈自然論〉(On Nature) 與〈淨魂論〉(Purifications)。關於他的生涯，曾有不少傳說，多半荒誕不經，不足憑信。〈自然論〉專就自然宇宙給予物理的解釋，而未涉及靈魂問題；至於〈淨魂論〉則依據畢達哥拉斯式的輪迴轉生信仰抒發己見。一般學者對此二篇詩文之間的思想關聯問題，意見不一，有人認為恩氏同時具有不甚兩立的有關自然與靈魂的思想，也有人以為上述兩篇應屬不同的思想階段。

㈠四根或四元　恩氏亦如巴門尼得斯，承認「存在」只是「存在」，無有生滅。然而恩氏進一步認為，一種物質不能變成另一物質，譬如火不能變水，地不能化氣。因此，恩氏不再執守存在一元論觀點，反將「存在」拆散而為多元而有質差的「存在」要素。恩氏「發現」元素的辦法極其簡單，既不經過顯微鏡的精密觀察，亦不藉諸科學實驗，但憑感官知覺分辨日常習見的地水火風四種物質，特稱之為「萬物之四根」(rhizōmata)。四根或四元雖是不生不滅，但性質互異：火溫暖而光明，風（空氣）流動而透明，水則暗而冷，至於地則重而堅（《斷簡‧二十一》）。每一「根元」本身量上可分，但具同質，否則不為同

根。由於「根元」在性質上不可再分為更微小的「根元」，故又稱為「元素」
(stoicheion, elementum)。

　　㈡混合與分離　恩氏遵循巴氏之說，認為所謂生成變化本不存在，只不過
是人所附加的空名或假相，生滅現象實際上是四根的「混合」(mixis) 與「分
離」(diallaxis) 而已。他在《斷簡‧二十三》舉出畫家繪圖的例子說，畫家能用
幾種不同的原色，按照適當比例予以混合，繪成樹木、男女、禽獸、魚類、諸
神等等世界萬物的形像。我們同樣可以類推，四種元素亦以種種比例混合而成
雜多無窮的現實事物。四根結合之時，俗見稱為「生成」；分離之時，則稱「消
滅」。恩氏的「混合之比例」(logos tēs mixeōs) 思想或許受過畢達哥拉斯學派的
影響，而有「形式因」的萌芽跡象。《斷簡‧九十六》說，地 2 水 2 火 4 的比例
可結合為骨頭；《斷簡‧九十八》則說，四元大致均勻攤配，則生血與肉等。至
於四根的混合如何形成的問題，恩氏答謂：「元素互相鑽入對方，而在不同時間
產生不同事物」（《斷簡‧十七》）。亞里斯多德在《生滅論》中解釋「互相鑽入」
(di' allēlōn theonta) 的意義說，元素量上可分，由微小分子所形成，此種分子以
「元素片」(aporroai) 姿態從元素或混合物飛散出來。所謂混合是由某元素片鑽
入其他元素的空隙或即「通路」(poroi) 而成立的；此即「元素互相鑽入對方」
一語的原意。某一事物的元素與另一事物的空隙配適與否，端視兩種事物是否
類似而定。因此甜抓甜，苦趨苦，酸向酸，熱牽熱（《斷簡‧九十》）。所謂同類
相牽引的原理乃以元素片（飛散物）與空隙間的配適關係為基礎。

　　㈢愛憎與世界四期　上述配適關係僅能說明同類相牽引的原理，依據這種
關係只能成立同類元素的結合，但不足以說明異類元素結合的原由。為此，恩
氏另外定立結合的原因為「愛」(Philotēs)，分離的原因為「憎」(Neikos) 或
「爭」(Kotos)（《斷簡‧十七》與《斷簡‧二十一》）。如用亞里斯多德四原因
說❽的專門術語予以說明，則恩氏「萬物四根」，即是所謂質料因，「混合的比
例」乃為形相因，至於「愛」與「憎」則不外是運動因或動力因。赫拉克里特

❽　關於四原因說，參閱本書〈亞里斯多德〉章中〈形上學〉一節。

斯以前的宇宙論者解釋自然的生成變化時，從未考慮動力因問題；由於他們多半抱有物活論思想，無法從物質本身區別出運動的原因。恩氏與阿納克撒哥拉斯可以說是首倡運動因的自然哲學家。不過，恩氏仍以「愛」與「憎」為具有形體的物質。從《斷簡‧十七》可以窺知，「憎」在重量與四根相埒，「愛」的寬度則與四根同長。無論如何，恩氏劃出運動因一項，俾與物質元素有所區別，不能不說是思想上的一大進步。

　　如此，「愛」使異類元素結合，「憎」則分離「愛」所結合而成的存在事物。恩氏更以為，「愛」與「憎」交替支配世界的循環生滅（《斷簡‧十七》與《斷簡‧二十六》）。恩氏的世界周期循環說以世界的生滅程序為周而復始的四大時期。在第一期，宇宙是巴門尼得斯所謂的球 (Sphairos)，四元因「愛」而完全結合為混沌一團。可是密佈在此球周圍的「憎」或「鬥爭」開始侵入球中，逐漸趕逐「愛」於球外；這是第二期。由於「愛」未全部離去，在第二期的四元既有分離，又有結合。等到第三期來臨，「憎」已完全得勢，而「愛」遂被摒除淨盡。在這時期，異類元素完全分離，依據同類相引原理的自由活動，乃有各種元素集團互相對峙的局面，水歸水，火歸火，氣歸氣，地歸地。到了第四期，「愛」又恢復原有力量，開始放逐「憎」於球外，而重歸第一期的舊勢。因為我們的世界乃由四元的離合相互形成，當然不是歸屬完全結合的第一期，亦不屬於全部分離的第三期。單從恩氏《斷簡》無從推定我們的世界究屬第二期抑屬第四期，亞里斯多德則猜測應屬第二期。

　　依據後人的記述，恩氏似乎以為，從原始的宇宙球演化而成現存世界的歷程之中，空氣首先分離而出，然後按照火、地、水的次序一一分離。水是由於地的急速回轉而從地裡擠壓出來的，因此海洋又稱「地汗」。空氣隨伴少量的火，下降而生上下兩個半球，上半球是火，下半球則由空氣與少量的火所形成。上半球所過剩的火壓迫窟窿而破壞了天界的均衡，於是產生回轉運動。恩氏據此解釋晝夜產生的由來。如上所述，恩氏的宇宙演化論缺乏科學的理論根據，多半只是萬物四根說加上個人的玄想所構成的一種宇宙詩罷了。

㈣靈魂論　在〈自然論〉中，靈魂不過是四元的混合，與肉體同生共死。但在〈淨魂論〉，恩氏信奉奧爾斐、畢達哥拉斯一系的宗教思想，認為靈魂由於犯罪，在永劫歲月裡挨受輪迴轉生的痛苦。靈魂從神領受肉體的無緣衣物（《斷簡·一二六》），不但寄寓人的身體，也命定要投生於動植物中（《斷簡·一二七》）。恩氏自己也慨嘆說，他因曾經聽從狂暴的「憎」，被神放逐而遭飄蕩輪迴之苦（《斷簡·一一五》）。恩氏自述自己曾是男孩，少女，植物，無言的海鳥（《斷簡·一一七》）。他將充滿罪惡的現世看成悲哀之谷或苦惱之地（《斷簡·一二一》與《斷簡·一四一》）。他也跟從奧爾斐、畢達哥拉斯宗派的解脫之道，倡導淨化與禁欲。〈淨魂論〉中的靈魂輪迴說充滿悲觀論調，實與〈自然論〉中的自然哲學，幾無思想上的調和。

恩氏亦有一種有關感覺知覺的理論，大體是說，不斷地從外界事物飛散出來的元素片與我們感官所具有的空隙大小配適之時，元素片與感官裡面的同類元素能有接觸，而生感覺。這是一種同類相感的說法。譬如視覺是由瞳孔中的水火與外物的水火相接而生。再者，感覺與「思維」(noēma) 或知識無甚區別，因為思維亦如感覺，乃由同類元素結合而生之者。

二、阿納克撒哥拉斯

阿納克撒哥拉斯 (Anaxagoras, 500?–428? B.C.) 生在小亞細亞地方的克拉蘇美尼 (Clazomenae)。據亞里斯多德的記載，他比恩培多克利斯年紀較大，但其思想醞釀則較恩氏為遲。阿氏生活史上最值得注目的一件事是,他曾離開故土,遷居雅典。從此希臘哲學的重心漸由希臘殖民地移至希臘本土,尤其雅典城終於成為古代希臘的思想文化中心。他在雅典結識各界名流,尤與政治家柏里克利斯 (Pericles)、悲劇作家優里比狄斯 (Euripides) 私交甚密。據傳柏氏政敵曾以褻瀆神明的罪名彈劾阿氏,控告後者宣言日月只是赤熱的巨石,觸犯希臘的民間信仰。阿氏可能獲得柏氏旁助,幸免受刑,而逃出雅典,回到小亞細亞。雅典市民阿爾克勞斯 (Archelaus) 曾受阿氏思想的薰陶,繼承後者的學派,而對蘇

格拉底的自然研究極有影響。阿納克撒哥拉斯寓居雅典時期，著有一冊小書，售與該城市民閱讀，現已失傳；所留傳下來的只是若干斷簡而已。

由於阿氏出生在小亞細亞，他自然受過埃歐尼亞文化的影響。他的自然哲學顯有阿納克西曼得的宇宙論陳跡，至於奧爾斐宗教對他的影響似乎並不存在。與阿氏思想最有內在關聯的仍是巴門尼得斯的存在論。

㈠萬物種子　阿納克撒哥拉斯亦如巴門尼得斯，主張「有」或「存在」的恆存性與不變性。他說：「萬物既不增亦不減，（量上）永遠如此」（《斷簡‧五》）。但他又與恩氏具有同樣的意圖，欲從「存在」觀點解釋「生成」問題，因而否定了「有」的唯一性，採取多元論的立場。恩氏曾經根據熱冷乾濕的質差定立地水火風四根，阿氏卻以現實存在事物具有無限質差，認為「有」在數量上應是無限，終於定立所謂「萬物種子」(spermata pantōn chrēmatōn)，這些無數的「萬物種子」各具形體、色彩、香味等等質的差異（《斷簡‧四》）。

阿氏所以定立無數「種子」的存在，乃是基於以下的奇妙理由。他曾提出一個問題說，「毛髮為何來自非毛髮，肉自非肉生出？」（《斷簡‧十》）當我們喝水或吃水果之後，為何此類食物會在我們身上生長決不同於原有食物的肉、骨、髮、血等等各種身體組織？既如巴門尼得斯所云，從無不能生有，唯一可能的解釋是，在原有食物之中早已蘊藏著後來生長出來的肉骨髮血。阿氏據此推論：「一切在一切之中」（《斷簡‧六》），或「在一切之中有一切之每一成份」（《斷簡‧十一》）。上述命題指謂種子的無數，亦同時主張「有」的連續性。

㈡結合與分離　我們如果承認一切在一切之中，則又如何區別一種存在者與另一存在者？阿氏回答說，某種事物所具有著的稱呼，乃是基於該一事物所含有的無限種子之中數量最為優越（成份最多）的種子而來。本來，任一事物皆包含著一切存在著的種子；但因人類感覺微弱，不易判別真實（《斷簡‧二十一》），我們只能辨認量上優越的種子，藉此稱呼事物為甲為乙。是故甲物與乙物的主要區別端在種子的結合形式如何；所謂甲生乙滅不外是說種子的結合形式有所變化。阿氏亦如恩培多克利斯，認為生成變化只不過是「名稱」，是「假

相」；此一看法乃是伊利亞學派的思想餘響。《斷簡・十七》說：「希臘人有一不正確的信仰，認有生成消滅的存在。其實沒有一件事物生成或消滅，只有存在事物的混合與分離而已。如果世人稱呼生成為混合，消滅為分離，這就正確無誤了」。由此可見，阿氏論調幾與恩氏之說前後如出一轍；所不同的是阿氏首次提出「叡智」概念為根源的動力因，理論上超克了恩氏的自然哲學。

㈢叡智　正如恩培多克利斯定立「愛」與「憎」，而為促使不動的四元結合與分離的動力因；阿納克撒哥拉斯也為同一理論需要，更進一步提出「叡智」（nous，或譯「精神」，抑譯「理性」）概念為種子的結合與分離的動力因。恩氏的宇宙生成論以四元完全混合而為圓滿的球，來說明宇宙的原初狀態。阿氏可能受了恩氏影響，也認為一切種子最初混合而為無限大的「混沌」(migma)。種子既是巴門尼得斯式的「有」，應是不變不動，因此不能自生運動❾。然而一切種子同樣配佈著的大混沌中，須有某種運動作用才能說明種子混合狀態的改變或即宇宙的生滅現象。於是阿氏另外定立了「叡智」為動力因，至於「萬物種子」則為質料因。阿氏可以說是希臘哲學史上首先有意識地劃分精神與物質的差異的第一位思想家。阿氏描述宇宙開闢的情景說，原始混沌的某一小點經由「叡智」作用而起所謂「回旋運動」(perichōrēsis)，有如水上波紋，漸次擴佈四方。依照運動的速差，濃者、濕者、冷者、暗者、重者由於運動遲鈍，集合在今日所謂地（球），至於輕者、熱者、乾者、明者則飛至遙遠之處，形成以太天空（《斷簡・十五》）。

然而阿氏提出「叡智」或「精神」而為種子動力因的理由何在？單就阿氏《斷簡》而言，我們無從探悉真正的理由如何。不過作者認為斯塔斯教授在《批評的希臘哲學史》中所提出的解釋，可以說是最為精闢的推測。他說：「這似乎是由於他（阿氏）看見宇宙之中所顯示的計劃、秩序、美與調和，而被感動。他以為這些現象決不能僅乎以盲目的動力來說明的。這個世界顯然是一個受著

---

❾　巴氏以後，物活論再也不能存在，惟有另尋一種動力因，才能超克巴氏「存在」思想。

合理的支配的世界，而向著一個確定的目的趨進。大自然裡面所顯示的手段和目的臻合巧妙，其證例是不勝指數的，世界之中分明寓有整個的計劃和目的」（中譯本，臺灣商務印書館，第 77 頁）。至於精神與物質如何區別的問題，我們可以根據《斷簡‧十二》歸納出「叡智」的三大特點。⑴純然無雜 (amigēs)：「一切在一切之中」本是阿氏思想的根本命題，但是「叡智」並不包括在內；精神獨立自存，與物分離，毫不具有任何物性。⑵支配 (kratein)：「叡智」決不分有任何物性成份，故有資格支配萬物，使之運動變化。⑶認識 (gnōmē)：「叡智」不但以純然無雜的姿態促成物質運動，更且具有一種認識力量。阿氏說：「……叡智認識一切混合者與分離者。一切未來的事物，過去存在而現已消滅的事物，以及此刻存在著的事物，叡智皆予安排秩序……」（《斷簡‧十二》，此斷簡表現著阿氏思想的精華部份）。「叡智」既是能予認識以及安排物質宇宙，當以善與美為宇宙目的，促使物質宇宙形成整然有序、調和合理的生成歷程。由此看來，阿氏「叡智」概念又涵蘊著「目的因」(final cause) 的意義。

　　然而我們不能據此斷言，阿氏藉用「叡智」概念樹立了目的論的 (teleological) 思想體系。第一，我們應予注意，阿氏「叡智」仍是籠統曖昧的概念，他沒有進而說明它的具體特性，也沒有像後來的柏拉圖或亞里斯多德，將精神分化為理性、氣概、情欲等形態甚或純化之為「主動的理性」。我們頂多只能說，當阿氏主張「叡智」或「精神」促成一切生物的生存活動之時，此所謂「精神」極其類似亞里斯多德的植物靈魂甚或動物靈魂。第二，阿氏所謂「叡智」，誠如斯塔斯所指出，「乃是形成世界而非創造世界」。「叡智」只是對於已存在著的物質混沌狀態安排之以特定的秩序而已。因此，他所說的「叡智」決非耶教所謂上帝——兼為質料因與動力因的全知全能者。再者，阿氏規定「叡智」為「萬物之中最稀薄者」(the finest of all things) 時，「叡智」仍具最小限度的形像性質，雖則阿氏另又聲明「叡智」純然無雜。我們不妨猜測，阿氏本人雖已半意識到精神層域的存在，但因處在當時希臘人通過具象性直觀所反映的思想氣氛下，無法擺脫抽象概念（諸如「數」、「存在」、「精神」等概念）圖像

化 (pictorialization) 的思維方式。我們甚至可以說，阿氏仍在唯物論與唯心論、目的論與機械論的十字路口徘徊掙扎。斯塔斯堅決反對勃納特等學者解釋阿氏「叡智」屬於一種物質的實體力量，而主張「阿氏的叡智是一非實體的無形相的原理，實在沒有錯誤」（中譯本，臺灣商務印書館，第 79 頁），論調似乎稍過偏激。我們如果設身處地理解阿氏的思想處境，則應承認阿氏的「叡智」概念不夠精純。這原不是阿氏本人之過，我們應知，以當時希臘人尚未明分心物的一種思維形態來說，阿氏能予提出「叡智」之說而自具象性直觀立場設法掙脫出來，已可說是思想史上的不朽貢獻了。斯塔斯對於阿氏此一貢獻所附加的說明倒是頗具見地。他說：「第一期的希臘思想著重外面的世界的，企圖求得宇宙的說明，尚不知道內觀自省。自阿氏之叡智出現，於是希臘哲學遂發生了一個大轉變，由宇宙論時期進入了精神反省的研究時期。從此以後，精神便成了哲學上一個重要問題」（中譯本，臺灣商務印書館，第 82 頁）。

　　阿氏援用「叡智」說明萬物最初的生成運動之後，將它拋棄，存而不論，而使回旋運動以後的物質宇宙完全失去精神力量干預的跡象。這是阿氏「叡智」理論的另一瑕疵，而他所以徘徊在目的論與機械論的十字路口的理由之一，亦在於此。難怪柏拉圖在《費多》(*Phaedo*) 中藉用蘇格拉底的口吻說，蘇氏聽人論及阿氏著作中關於精神安排一切的一節敘述，總以為阿氏能夠繼續賦予有關宇宙秩序化與合理化的說明；然而後來讀到阿氏搬出以空氣、以太、水等奇妙原因之時，頓然感到失望云云（《費多》，97b8）。至於亞里斯多德，則雖承認阿氏以「叡智」為萬物動力因，遠較胡扯的前人更為清醒（《形上學·卷一·章四》，984b15）；但在另一方面則儼予批評說：「阿納克撒哥拉斯視叡智為解圍的神力或即傀儡神性 (deus ex machina)，藉以說明世界的形成，當他無法解釋一件事物從何原因必然產生之時，他隨時隨地拖進叡智；但在其他場合，他卻寧用其他原因說明事物的原由，而不肯援用叡智加以說明」（《形上學·卷一·章四》，985a18）。阿氏如此把「叡智」鎖入保險櫃中的結果，原可發展著的目的論（趨向）無形中又轉為一種變相的機械論了。

　　最後，由於他將「叡智」視為純然無雜的動力因，粗略地分開精神與物質的兩大領域，進而假定兩者自無始以來並時存在，好似兩種獨立的究極原理；致使他的整套自然哲學理論陷於不可調和的二元論 (dualism) 難局，情形正與近世哲學家笛卡兒所倡心物二元論的困難彷彿。在阿氏思想之中，唯物論與唯心論的兩條思維線索同時存在，阿氏自己無力澄清他真正的立場為何；於此不難窺見阿氏哲學的理論限制與可能發展的潛在理路。

　　㈣世界的形成　阿納克撒哥拉斯對於世界形成的敘述，散見於《斷簡》各處，大致可分兩個階段。在第一階段，已如上述，無限種子混合而為一大混沌，通過叡智作用，在某一小點產生回旋運動。稀薄的、熱的、明的、乾的種子逐漸集中到世界周圍而形成火或以太，至於性質與之相反的種子則集中在世界中央而構成空氣。到了第二階段，雲從空氣分離，而後水從雲，地又從水逐次分離。地因冷氣影響又將崖石分離出來。我們於此可以看出阿納克西米尼斯對他的思想影響。阿氏所謂天體，包括日月，皆不外是赤熱的巨石。

　　阿氏又有對於生物與心理方面的原始性理論，在此一概省略。他對倫理宗教等問題似未予以任何哲學的反省。阿氏人格可以說是具有阿波羅式理智的埃歐尼亞人之代表性典型，很配稱為「自然學者的無神論者」(physikos asebēs)。

第六節　量的多元論
(Quantitative Pluralism)

　　量的多元論又稱原子論 (atomism)，開創此派的祖師是路西帕斯 (Leucippus, 480?–? B.C.)。路氏生平不詳，大概是與恩培多克利斯以及阿納克撒哥拉斯同一時代的人物。據傳路氏生在阿布德拉 (Abdera) 地方，著有《宇宙大秩序》(*The Great World Order*) 一書以及一篇〈精神論〉(On Mind)，但皆散佚不存。路氏弟子德謨克利特斯 (Democritus, 460–370 B.C.) 亦生於同地，曾經遊歷列國，探求知識。德氏著作等身，涉及倫理學、自然哲學、數學、音樂、魔術、格言等等，然而只有狄爾斯所收錄的三百零九則斷簡留傳至今。路、德二

氏各對原子論思想的貢獻如何很難明予分辨。據一般學者的意見，原子論的根本要義多半來自路西帕斯；不過德氏曾將路氏原子論發揮光大，另外自創有關感覺、靈魂、知識、倫理等問題的哲學思想，而使此派學說更臻完密。

一、路西帕斯

路西帕斯雖然承認伊利亞學派的存在論言之成理，以「空虛」為「非有」，故無雜多與運動的可能。但在另一方面路氏又同時肯定感覺經驗的存在權利，終不得不從嶄新角度解釋雜多與運動如何可能的問題。路氏所建立的新觀點無異承認了「空虛」有其某種存在意義。換言之，「空虛」雖然不是物性存在，卻必須是一種特殊意義的「存在」。德謨克利特斯《斷簡・一五六》的著名之語：「非有與有同樣存在」(Naught exists just as much as aught)，充分表現著此一學派的根本立場。原子論者的自然哲學乃是調和巴門尼得斯存在論與赫拉克里特斯生成觀的思想結晶。原子論的最大特色是在逐漸淘汰質的多元論觀點，且通過「量的還元法」(method of quantitative reduction) 重新考察自然宇宙的物質構造與生成變化。量的還元法是科學家處理蕪雜的宇宙現象最有成效的簡化手續；在古希臘時代，原子論者已能預取此種觀點與方法，實屬難能可貴。希臘自然哲學發展而至原子論者，才真正完成了機械主義宇宙觀與唯物論的思想體系，而為近世物理科學的理論先驅。

㈠原子與空虛　路氏揚棄了質的多元論立場，純就量差觀點分化巴門尼得斯的「存在」為無數的同質元素，特稱之為「原子」(atomoi)。理論上原子雖是數學地可分，路氏卻規定它為物理地（自然學地）不可再分的根本元素。設若原子可以再分，則如齊諾的辯證法所指出，由於無限分割的結果，原子豈不變成空無所有的「非有」？

路氏所謂原子，只有量差，而無性質上的殊異。原子之間的差異 (diaphora) 可以舉出以下四點：⑴原子之間的根本差異是在「形態」(rhysmos)。此種形態的差異應是無限的，譬諸有角無角、曲直、凹凸、滑不滑、有鉤與否

等是。只有承認無限的形態差異，才能說明雜多的自然現象。⑵有時原子的形態相同，「次序」(diathigē) 卻可能相異，譬諸 AN 與 NA 等是。⑶即使原子的形態與次序沒有差別，卻可能有「姿勢」(tropē) 不同的情形產生，譬諸 A 與 A 或 N 與 N 等是。⑷最後，原子雖是物理地不可再分，但可數學地再分，故在原子之間又有「大小」(megethos) 相異的可能。理論上我們雖可容許與宇宙本身同樣大小的原子存在，路氏卻認為，原子事實上的大小是到幾乎不能感知的程度。

綜上所述，原子所具有的量差性格，可以歸諸形態、次序、姿勢與大小四種，這些都是屬於幾何學的擴延 (extension) 性格。四者之中，次序與姿勢顯然依存形態而成立，因此形態成為原子之間最根本的差異所在，有時原子竟稱「形態」。關於路氏原子是否具有重量 (baros) 的問題，學者意見紛紜，莫衷一是。傑勒一派主張路氏原子具有重量，勃納特等人則堅決否認此說。恐怕路氏本人並未考慮到重量問題，此一問題可能到了採用原子理論的伊比鳩魯❿，才正式提出。不過，原子論者雖未提及原子的重量性格，卻因設想「空虛」的存在，規定原子有一與「空虛」區別出來的自然學的特性，叫做「不可入性」(nastotēs)。

原子論者認為，所謂生滅交替（質的變化）或增減等自然變化，皆是緣乎原子所具形態、次序、姿勢與大小的差異性而形成的。換言之，生成與消滅是由形態的結合與分離而成立，交替是因姿勢與次序的變化而存在，至於增減則不外是原子的附加與去除現象而已。原子論者為了說明原子的變化活動，更預設了「空虛」或即「空間」；「空虛」是「非有」，但以非「有」的形式而存在。因此，路氏弟子德謨克利特斯主張：「只有原子與空虛真正存在」(Atoms and void alone exist in reality)（《斷簡·九》）。通過原子論者的自然探求，在西方哲學史與科學史上首次出現了完全捨離物性意義的所謂「空間」的概念。

㈡世界的形成　關於原子在「空虛」中的運動真因以及原子最初運動之時

❿　伊氏主張原子具有重量，乃是為了提出原子運動的理論根據。

採取何種形態，路、德二氏似皆未予明確的解釋。不過由於原子與「空虛」的區別端在前者的充實性或不可入性，兩者的對立可以說是一種抵抗與非抵抗的對立。因此，他們可能設想，最穩原子在周遭的「空虛」之中隨處亂撞，朝向四方任意活動。勃納特說：「最穩當的解釋是，他們所謂的運動僅是一種任意的混亂的運動❶。」原子的最初活動既是如此，乃導致了原子與原子之間的碰撞衝突，更引起了一大漩渦。此一回旋運動乃是世界生成的始源。我們於此可以窺見阿納克撒哥拉斯對於原子論者的思想影響。

大型原子較小型原子多具衝突抵抗的可能性，因此前者的運動易被中和，運動速度逐漸減低；小且圓形的原子則繼續維持原來的速度。如此，大型原子漸次集中漩渦的中心，小型原子則向外方運動。尤其構成熱火的最小最圓的原子朝向漩渦的最外一層運動。同時，大小與形態相同的原子集團互相聚合，不相同的原子集團則相反地彼此分離，終於產生地水火風的四元。路氏似將同類相聚的原理喻如一種篩分工作；德氏則進一步喻為種子篩分之後豆與豆或米與米等相互聚集的過程，他又藉用波浪進退的譬喻說明同類相聚之理，蓋因海邊波浪亦使長石與圓石個別類聚之故（《斷簡‧一六四》）。

原子論者認為一切運動的產生皆依必然的趨勢，決無偶然可言。路氏所留傳的唯一斷簡說：「無一事物生於偶然，一切事物按照理由（根據）與必然性發生」。原子論者決不同意有原子的動力因，因為一切生滅變化的現象原不過是盲目的機械的必然因素所決定的。此一機械論的見解已孕育著一種把握宇宙根本法則的思想幼苗。原子論者並且依據機械論的唯物論觀點反對當時流行著的民間宗教與諸神存在的信仰。德氏認為，神的信仰是人類對於火山、地震、彗星、隕石等異常現象抱有恐懼心理而產生的。因此，原子論者是徹底的無神論者。

---

❶　這種推測是根據德謨克利特斯比喻構成靈魂的原子為日光中的光塵而來，因為光塵可在任一方向運動之故。

二、德謨克利特斯

　　路西帕斯所創立的原子論繼由他的弟子德謨克利特斯拓深傳佈，不過德氏所處的時代已不再是自然哲學時期，而是屬於探求人存在問題的人事論時期了。德氏已從自然哲學的純粹探求轉移他的興趣，開始關心行為實踐問題，以及他的同鄉前輩普羅塔哥拉斯這位詭智學派祖師所開拓的知識問題。下面分為靈魂、感覺、知識、倫理等四項逐一論介。

　　㈠靈魂　依照德氏的見解，「靈魂」(psychē) 即不外是賦予人存在以生命的一種原理，生命更意謂著運動。因此德氏更將靈魂視為寄寓一切生物，使其生存活動的運動原理。靈魂的原子必須富於可動性。德氏規定靈魂的原子為（大小）最微細、（形態）最圓的火原子。此種原子猶如光塵，到處浮游「空虛」之中。經由呼吸作用，浮游空中的火原子常被攝入體內。身體對於火原子而言，是一種容器 (skēnos)，火原子則遍在於容器各處。德氏並且以為，呼吸作用的持續意謂著生命的延續，呼吸的停止則是生命的結束，亦即死亡。

　　㈡感覺　德氏對於感覺一般的說明，仍然採取原子論的唯物論見地。所謂感覺，是由外界原子影響靈魂原子而產生；換言之，乃是由於這些原子之間的主動與被動作用而生。當構成外界事物且表現外物特性的原子或「像」(deikelon) 從外物發散出來，經過感官「通路」進入體內，而與靈魂原子互相接觸之時，即有感覺產生。德氏對於感覺發生過程的說明，顯然根據恩培多克利斯的「元素片」與「通路」理論，再經原子論的思維過濾而形成。

　　關於分殊感覺的問題，德氏始終藉諸原子之間的幾何學的差異予以說明。例如味覺的差異原是接觸舌頭的原子在形態上所顯現的差異；又如觸覺的變化亦可通過原子的形態與大小而獲適當的解釋。再如色彩，德氏視白、黑、紅、綠等色為四原色，各種原色的色度因原子的次序與姿勢而有區別；至於其他顏色，則由四原色的種種混合而生。如此，只有原子所具幾何學的差異才是客觀的差異，色、味、嗅等分殊感覺則不過是客觀的實在通過感官顯現出來的主觀

現象罷了。德氏說：「甜因慣俗 (nomos) 而存在，苦或色彩亦然；只有原子與空虛真正存在」(《斷簡‧九》)。德氏顯然使用「慣俗」與「自然」(physis) 的對立概念表現主觀（感覺）與客觀（原子與空間）的基本差別。德氏此說只需推進一步，即可形成近世科學家與英國古典經驗論者洛克所倡導的所謂「初性次性兩橛觀」了。

　　㈢知識　德氏所以鄙視感覺，乃是由於它是一種主觀性現象，而非真正的知識。他說：「我們實際上一無所知，蓋因知識處於深淵之故」(《斷簡‧一一七》)。此語顯然意謂著我們只憑感覺無法獲致客觀的真理。德氏進而分別兩種知識，藉以對付普羅塔哥拉斯所提出的知識難題。他說：「有兩種知識，一是正宗的（真正的）知識 (hē gnēsiē gnōmē)，另一是私生子的（非真實的）知識 (hē skotiē gnōmē)。視覺、聽覺、嗅覺、味覺、觸覺等一切感覺屬於後者。正宗知識則與之有別。當私生子的知識無能為力，而有精細考察的需要之時，正宗知識可以應付有術」(《斷簡‧十一》)。然而依照德氏唯物論觀點，他只能藉用身體作用說明所謂正宗知識為何。亞里斯多德評述德氏知識論說，德氏因將知識視如一種身體作用，故事實上未予儼分知識與感覺的根本殊異。勃納特解釋說，體內的靈魂原子不經感官的媒介，直接與外界原子接觸之時構成知識作用；勃氏此一解釋亦不過是揣測之詞而已。大體說來，德氏所謂知識不外是一種共通感覺，而有別於主觀的分殊感覺。

　　㈣倫理　狄爾斯所收錄的德氏三百零九則斷簡之中，有關倫理問題的斷簡佔去泰半；由是可知，德氏已經漸離宇宙論時期，而對人存在問題表示極大的關心。德氏認為：「有益與無益的規準在乎快 (terpsis) 與不快 (aterpsiē)」(《斷簡‧一八八》)。又說：「人過他的一生，最好的辦法是儘多愉快，儘少苦惱」(《斷簡‧一八九》)。據此不難看出，德氏倫理觀具有一種快樂主義的性格。不過他的快樂主義不即等於世俗的享樂主義；毋寧說是屬於一種精神方面的「幸福主義」(eudaemonism)。德氏自謂：「幸福與否，乃屬靈魂之事」(《斷簡‧一七〇》)；又謂：「幸福並不存乎一群家畜抑或黃金之中，靈魂才是神靈

(daimon) 的寓所」（《斷簡‧一七一》）。在古代希臘的日常用語之中，eudamonia 一辭原意謂著幸運或世俗的財富；同時又有個人因「善的神靈」(eudaimon) 守護而獲幸福之義。此辭在德氏倫理說中意義更加深化，意指精神的一種淨福狀態。從蘇格拉底至亞里斯多德的倫理思想，該辭的義蘊終被提升而為最高善或理性的觀照生活。

據上所述，德氏所謂生活的目的完全在乎幸福或精神的愉悅 (euthymiē)。他更以為，這種精神狀態應是精神獲有均衡 (symmetria) 或調和 (harmonia) 的狀態。德氏所云幸福，已很接近後來伊比鳩魯學派所倡導的心靈平靜或不動搖 (ataraxia) 狀態。因此他對嫉妒、野心等等過激的情意衝動 (pathos) 不予承認任何價值意義（參閱《斷簡》以下諸則：一九一、二一九、二二七、二二四）。德氏同時強調節制與適度的必要。據說他在〈快活論〉一篇小著道出下面一段開場白：「想要保持心靈平靜的人，不論是在公私兩面，不應參與過多的活動；無論作些什麼活動，不應踰越自己的能力與素質的範圍。……合理的適度勝於過度」（《斷簡‧三》）。又說：「人生短促而充滿著許多災難困苦，達觀者能滿足於適度的需要，而不奢望其他」（《斷簡‧二八五》）。德氏深深體會到，為要維持精神的均衡狀態，知識的協助不可或缺。他說：「錯誤的原因在乎對於更善者的無知」（《斷簡‧八十三》）。又說：「無知者 (anoēmones) 的生活毫無快活可言」（《斷簡‧二〇〇》）。接著又說：「無知者只懂得追求沒有快樂的長壽」（《斷簡‧二〇一》）。德氏以(1)幸福為生活目的的幸福主義，與(2)強調知識的必要而將罪惡與無知視為同一的主知主義 (intellectualism) 等兩點看法，頗與蘇格拉底之說類似。兩位哲人又極推重公共生活的意義。德氏認為沒有益友的生活不具價值（《斷簡‧九十九》），又以為「治理良善的國家是最大的保護，包羅一切；國家安康，一切安康；國家腐敗，一切也就腐敗」（《斷簡‧二五二》）。不過德氏更強調著超越希臘城邦的一種世界公民的 (cosmopolitan) 理想。

第二章　人事論時期
——人存在問題——

第一節　從自然存在到人存在的問題轉移

在宇宙論時期，哲學家們所探求的根本對象主在物質宇宙或即自然存在。如用亞里斯多德四原因說解釋宇宙論時期的思想發展，我們可以說，埃歐尼亞學派所發現的是原質或物質因問題。畢達哥拉斯學派則從另一側面尋出形式因或數理存在。巴門尼得斯則專事探討論理存在的義蘊。巴氏「存在」，就其論理構造言，是形相因，就其有限球形的形體性言，又是質料因。至於赫拉克里特斯則從生成側面直接觀察經驗現象，理出萬物流轉的必然法則，且視火為萬物生成的物質因。自恩培多克利斯所開始的多元論者分別謀求巴、赫二氏思想的綜合統一，而以四根、萬物種子甚或原子為唯一的實在（物質因）。阿納克撒哥拉斯尤其提出「叡智」概念為動力因，此一概念同時暗示著目的因的思想線索。然而存在的彰顯或生成法則的發現，不外指謂「真理」(alētheia) 的探求，而存在真理的探求又須預設「論理」(logos) 問題的解決，此一論理問題自然關涉人存在本身的理性作用、思維形式以及知識形成等嶄新課題。由是自然存在問題的探求暫告一個段落，哲學思維的興趣乃逐漸轉向語言、文法、修辭、知識、法律、歷史、習俗、倫理、宗教甚至音樂等人存在本身的問題了。詭智學派(The Sophists) 的抬頭與活躍，正象徵著希臘人開始關心且鑽研人事論問題的一種時代精神。然而詭智學派多半斤斤於文法與修辭的研究，未予積極地展開真理自體的探求。蘇格拉底的早年曾在詭智學派的圈內暗中摸索，不久掙脫該派的思想桎梏，專就客觀知識的成立與真理的規準問題潛心思索，而在人事論時期的哲學家中奠定獨一無二的思想地位。柏拉圖的對話術 (dialogos) 或亞里斯多德的三段論法 (syllogismos) 乃是承繼蘇氏主知主義的論理探求深化而成的方法論或思維法則。

　　詭智學派處理人存在問題，未及明辨人與自然的根本差異。直到蘇格拉底，才真正開始挖掘人存在的義蘊，特以靈魂的關懷規定人存在的本質。蘇氏據此建立獨特的倫理觀，而將原具（外在的）技術、技能意義的 aretē 一辭拓深而為（內在靈魂的）德性之義。蘇氏此說一直影響柏、亞二氏的靈魂論與倫理學，通過理性 (logos) 規定的深化，終於確立了理性主義的理路。

　　另一方面，人存在的存在性又通過共同體側面獲得新的規定。詭智學派已首先注意到有關共同體精神的教育 (paideia) 問題，而蘇格拉底、柏拉圖與亞里斯多德三位也都是第一流的教育家。蘇、柏二氏執守全體主義立場，通過社會倫理討論政治與教育的問題；至於亞氏，則已染有個人主義色彩，在共同體問題方面已顯現著移向希臘化時期的過渡思想形態。

　　人事論時期的思想特徵可以藉諸以下若干希臘語辭表現出來：logos（論理、理性、語言、理論），nomos（習俗、律法、人事），psychē（靈魂、生命），aretē（技能、卓越性質、德性），paideia（教育、訓導、矯正），polis（城邦、國家、共同體）。廣義地說，人事論時期可以包括柏拉圖與亞里斯多德。然而柏、亞二氏的思想體系博大閎深，我們另外各闢一章詳為論述。我們在此只就狹義的人事論時期，專述詭智學派，蘇格拉底，以及小蘇格拉底學派的哲學思想。

第二節　詭智學派（辯士派）

　　關於詭智學派抬頭的時代背景，可以舉出下列數端：

　　㈠希臘自然哲學發展而至西元前第五世紀中葉，已漸喪失原有的獨創精神，一般宇宙論者只在重覆已成定型的自然哲學理論。同時希臘思想家們也發現到，自然研究的原有題材過於狹隘而有限制，惟有扭轉整個探求方向，才能開拓更新更多的哲學課題，隨著人存在問題（知識、語言、論理等）的探討，可能催生自然研究的嶄新線索。詭智學派正是自然哲學的探求面臨危機之時，應運而生的時代寵兒。

　　㈡其次，由於當時一般希臘城邦（尤其雅典一帶）日益繁榮，漸有職能分

工的趨勢產生，隨著各種學藝技術也紛紛獨立分化。舉例來說，醫術方面產生了「醫學之父」希波克拉特斯 (Hippocrates)；歷史方面則有赫羅多特斯 (Herodotus) 的《歷史》(*Historiai*) 與蘇西狄德斯 (Thucydides) 關於伯羅奔尼撒戰爭的記載；數學方面也有伊諾皮德斯等專家的出現；至於天文，梅頓曾改革了當時雅典的日曆。其他如音樂、體育、農業、兵法、戲劇、彫刻、烹飪等等，都有行家產生。這些特殊科學及技術的分化發達同時刺激了希臘人對於諸般技藝之方法的反省，而有所謂技術論或方法論的產生。詭智學派也隨著時代的趨尚，特以文法與修辭的教師身份參與了各種學術文化的活動。

㈢波斯戰爭以後，希臘人的政治與社會生活日日擴張繁雜。尤其因為希臘城邦與東方各地之間的交通日形頻繁，促使希臘人大開眼界。通過形形色色不同的社會習俗的考察，希臘人逐漸對於傳統的民間風俗、宗教、倫理、律法等等有所檢討。以文化教育為己任的詭智學派自然在社會各層形成了一股思想的勢力。

㈣實際生活上的種種需要也是刺激當時希臘人特別關心人存在問題的一大因素。到了西元前第五世紀中葉，世襲貴族政治已經滅跡；代之而起的是從雅典所開始的民主政治。在民主政治制度下，各種實際政治技能，諸如演講、修辭、法律等等，皆需一批具有專門知識的學者加以指導。詭智學派乃是以教師姿態出現於雅典街頭，而專以傳授知識為生的一群學者階級。他們教育一般青年子弟，如何能在法庭獲得勝訴，如何在政壇上發揮雄辯才華，如何通過語言的洗鍊而在公共生活裡成功立足。由於詭智學派教師們的一番努力，修辭、文法、辯論術等語言技能各成一種學科，而為一般雅典青年的主要學習課程。中世紀教育史上著名的三大學科 (trivium) 制度，亦即文法、辯論與修辭，論其始源，不能不歸諸詭智學派的功勞。

下面我們選出幾位詭智學派的佼佼者予以逐一論介。

一、普羅塔哥拉斯

普羅塔哥拉斯 (Protagoras of Abdera, 484?–411 B.C.) 不但開辦了詭智學派的文化事業，同時也是該學派中最重要的一位哲學家。據傳普氏在三十歲左右曾以詭智學派教師身份遊歷希臘各地，教導一般青年，贏得世人的讚辭。西元前 411 年，他在雅典被控無神論之罪，乃設法逃亡他邦，中途因船沈沒，溺死海中❶。普氏著有《真理》(Alētheia)、《論神》、《反駁論》(Antilogiōn) 等書，均已散佚，只有少數斷簡留傳至今。

普氏思想基本上是建立在所謂「人存在尺度命題」(Homo-Mensura-Satz) 上面。他說：「人為萬物的尺度或權衡，對於存在者是如此，對於非存在者亦是如此」(《斷簡‧一》)。然而此所謂人，究指（主觀的）個人或係人存在全體？設若人指人存在全體，或即超越個人主觀的理性存在者，則普氏命題已很接近康德先驗觀念論的立場。不過依據柏拉圖幾篇對話錄中有關普氏命題的評述，普氏命題中的人存在似指（主觀的）個人而言。因此，普氏命題的原意可以解釋為一種感覺主義、主觀主義甚至相對主義的觀點。

從感覺主義的觀點而言，呈現在個人感官前面的經驗現象，一概具有感覺的實在性。感覺的實在性因人因境而異，外物本身並無任何客觀的規定可言。由於普氏堅持感覺主義立場，他將一切判斷視為感覺判斷；據此他同時否定了任何客觀的真理。從這感覺主義的真理論可以導出三種結論出來：⑴一切判斷既有真理，任何微弱無力的議論皆可通過表現上的粉飾說服對方。以「強化微弱議論」為標語的雄辯術或修辭術 (rhetorikē) 因之得以成立。⑵一切判斷既是真理，又是謬誤。換言之，普氏認許兩論 (pissoi logoi) 命題——「對於任何事物，同時成立互相對立的兩種判斷」——可以成立。據此我們可藉反駁術 (antilogikē) 或爭論術 (eristikē) 以替代客觀真理的探求。⑶一切判斷既同時是真是偽，則不外是說真偽的區別不可能存在。由是普氏無法承認真理的任何規準。

❶　勃納特根據柏拉圖的記述，研判此不過是一種傳說，不合史實。

不過普氏承認判斷雖無真偽之別，卻有善惡好壞之別。換言之，真理的規準最後是在有用與否。例如蜂蜜對於常人是甜而可口，對於某種病人則為苦澀不堪。由是可知，普氏真理論乃是一種實用主義，或是功利主義；亦可說是常識主義，因為判斷之有用與否，端在常識人的多數裁決。普氏似乎認為，真理既是相對主觀，常識人的一般觀點可以採為比較「可靠」的取捨標準。

普氏以後的詭智學派哲學家卻濫用了普氏所建立的感覺主義真理論，在理論側面化雄辯術為無謂的「詭辯奪理」(sophistry)，在實踐側面則極力破壞道德、法律、習慣以及宗教等各種文化價值，終於導致懷疑主義甚或虛無主義的境地。普氏本人在實踐方面並不如此極端，他對青年子弟諄諄教導有關公私雙方的種種德智，尤在國家倫理方面倡導廉恥 (aidōs) 與正義 (dikē) 等德性。可見他對當時的倫理習俗仍很尊重。

普氏對於既成宗教的看法，可從《斷簡》窺知一斑。他說：「關於諸神，我不能知曉祂們究竟是否存在，也無法知道祂們的形狀像個什麼。阻礙我們獲得這類知識的因素甚多，例如這種對象的曖昧費解以及人生的短促等等」(《斷簡·四》)。換言之，普氏在宗教上是個不可知主義者 (agnosticist)。

二、果加斯

果加斯 (Gorgias, 483?–375? B.C.) 在年少時師事恩培多克利斯，學習自然哲學與雄辯術。據說他也從齊諾學得一套辯證術。果氏曾在雅典以優雅華麗的雄辯技巧與文筆贏得雅典人士的讚賞。又以詭智學派學者身份遍遊希臘各地，獲得豐富可觀的報酬。果氏著有《自然論》以及一本有關修辭術的手冊。果氏專以修辭術為自己的本行技術，從他開始，詭智學派的特色漸趨顯明，乃以文字魔術的玩弄替代客觀真理的探求。

果氏在哲學史上以否定人類知識的懷疑論者著名。他在知識論方面，可以說是一個絕對的懷疑論者 (absolute scepticist)。他在《自然論》中提出三大命題，且予詳細的論證。這些論證出現在西元後三百年左右懷疑論者塞克特斯

(Sextus Empiricus) 的一部著作之中。果氏的三大命題是：⑴一切都不存在；⑵即使有所謂存在，亦不可認知；⑶即使可以認知，亦不能傳達（《斷簡‧三》）。

為要證明第一命題，果氏似曾援用齊諾的辯證術。只是果氏使用辯證術的用意是在純然利用語言上的可能矛盾宣揚懷疑論調，否認知識的成立，從而標榜修辭術為唯一有力的利器。如有所謂「有」或「存在」，則必來自「有」或「非有」。無中不能生有，故非來自「非有」。如說來自「有」或「存在」，則「有」必屬被造或恆久不變等二者之一。設「有」來自前面之「有」，仍只是「有」，故非被造。若是恆久不變，則無「有」的開端，沒有開端的「有」如何而得存在？「有」既不被創造，亦非恆久不變，則獲唯一可能的結論：「有」不存在，或即無一事物存在著。

至於第二命題的論證，果氏首先接受普羅塔哥拉斯的感覺主義，而將感覺與知識視如同一。隨即根據感覺的主觀殊異性，否認存在的認知。果氏自謂：「與感官知覺相反而又當做如感官知覺般的正確規準的純粹精神，只不過是一種神話」（《斷簡‧三》）。

第三命題更是申述感覺與知識一般無二的說法，推論對於「有」或「存在」的主觀感覺無法傳與他人。再者，傳達需藉語言文字等手段，更減殺了原有的感官知覺。無論如何，知識的傳遞決不可能。

果氏利用上述詭辯，破壞了知識的可能性與真理的規準性，終以修辭術替代客觀知識。然而詭智學派的語言濫用，容易滋生弊端。此種詭辯的理論如應用到實踐問題，則有懷疑甚或破壞宗教、倫理、法律、習俗等等文化形態的不良效果產生。後期詭智學派的實際言行便是最好的佐證。我們不得不承認此派學者在希臘文化史上所踐行的種種啟蒙事業，諸如修辭學的創立、語言文法的改良、教育的普及、諸般人事問題的探討等等，曾有不朽的貢獻。然而在另一方面，一般詭智學派的辯士徒事破壞傳統觀念或文化構造，而不知積極地探求並建設合乎新時代要求且有客觀規準的新觀念、新思想。誠如斯塔斯所指出：「詭智學派哲學家於承認主觀的權力之中，卻全然抹殺了客觀的權力，這實在

是他們的錯誤。因為真理是不能不說具有客觀的存在的,無論我想它或不想它,真理總不因此而改變的。他們雖然一點也不錯,看出了真理和道德若要對我有效,必須由我承認,自我而發,決不能從外而強加於我;然而他們卻專重我的偶然的特別的質素,我的衝動情感和感覺,把這些當做真理和道德的基礎,而不知存於我的普遍的質素,我的理性,才是真理和道德的根本,於此便存著他們的錯誤」(中譯本,臺灣商務印書館,第 98 頁)。詭智學派所犯的錯誤需由曾受此派的思想薰陶,但能進而探求真理的客觀規準的「一顆偉大的心靈」(a great mind) 予以揚棄超克。這顆偉大的心靈就是蘇格拉底。

三、其他詭智學派的辯士

除了上述普、果二位主將之外,當時以詭智學派辯士享有盛名的,還有希比亞斯 (Hippias) 與普羅狄克斯 (Prodicus) 兩人。希氏為一百科全書家,精通天文、音韻、歷史等等諸般學藝,且對記憶術的發明與求積曲線問題的解決貢獻良多。他在政治、法律方面的思想極具世界主義的傾向。

至於普羅狄克斯的學術貢獻,大致可以舉出三點:(1)在文法方面明予區分同義字語。(2)對於既成宗教採取人為 (nomos) 的解釋觀點。他說,太古時代的人類崇拜日月河泉以及其他對於人類生活有用的自然事物,且信奉為神 (《斷簡·五》)。(3)在倫理方面,他曾訓戒奢侈淫亂,讚揚克己節制的美德。他又勸導世人不必懼怕死之來臨:因在世時,死未駕到,死亡之時,人已不在。這種勸人不必畏死的論調後來又在伊比鳩魯的處世思想重現一次。

在後期的詭智學派健將之中,波羅斯 (Polus)、卡里克利斯 (Callicles) 以及斯拉西瑪卡斯 (Thrasymachus) 三人的思想大致相同,在柏拉圖《對話錄》裡都有詳實的敘述。他們力言自然 (physis) 對於人為 (nomos) 的優越性;前者專指天賦、素質與衝動,後者則指成文法、習俗與既成宗教等等。他們主張權力欲 (pheonexia) 的自然衝動應該任其自由擴張,稟賦優越的強者應該支配弱者,且應享有較多的利益,這才合乎自然之理。斯氏在柏拉圖《國家》卷一中尤其強

調「強權即是公理」(might is right)。據此他說，馬其頓地方的暴虐僭主阿爾奎勞斯是世上最幸福的人；為了這種幸福的實現，修辭術是最有力的利器。

第三節　蘇格拉底

關於蘇格拉底 (Socrates, 470–399 B.C.) 的生活和思想，最能提供我們根本資料的是齊諾芬 (Xenophon)、柏拉圖與亞里斯多德三家。齊氏著有《回憶錄》(*Memorabilia*) 一書，平實記述蘇格拉底的生活斷片。齊氏所述，雖有通俗之嫌，大體上尚能符合事實。他從功利主義的觀點理解蘇格拉底為一位倫理實踐家。柏拉圖《對話錄》中的蘇格拉底則多少帶有理想化色彩，難於分辨本來面目的蘇格拉底與柏拉圖式的蘇格拉底。學者對此辯論不休，迄無定見。著名的柏拉圖專家泰勒 (A. E. Taylor) 甚至肯定柏拉圖的中期對話錄仍是蘇氏思想的表現，且以蘇格拉底為形相論的創始者。我們所能大致確定的是，柏拉圖的早期對話錄，如《自辯》(*Apology*)、《克利多》(*Crito*)、《拉克斯》(*Laches*) 等篇比較如實記載蘇格拉底的哲學思想。至於亞里斯多德的敘述，則多從論理探求的側面，視蘇格拉底如邏輯專家，認為定義法與歸納法的發明應屬蘇氏的功績（參閱《形上學・卷八・章三》）。

㈠生涯　關於蘇氏之父是否為一個彫刻匠，至今仍是疑問；不過他的母親曾是能幹的助產婦，則為確鑿的事實。蘇氏娶妻甚晚，一般傳說其妻克散蒂琵是個悍婦，並不可靠。蘇格拉底的七十年生涯，若以他在三十五至四十歲之間所遇到的德爾斐 (Delphi) 神諭事件為界，可以劃分前後二期。前期的蘇格拉底是理論哲學家，後期的他則是實踐性的倫理學家，可稱之為「街頭哲學家」。

我們對於蘇氏前期的生活，不具詳實的記錄。我們只知蘇氏在青年時代曾從事於自然研究，而與阿爾克勞斯以及畢達哥拉斯學派有過密切的接觸。其次，蘇格拉底亦曾研究論理問題。西元前 450 年左右，他在雅典與巴門尼得斯及其高弟齊諾有過思想上的談論。他從伊利亞哲學家學到了一種假設的方法。我們甚至可以說，蘇氏的方法不外是繼續發展齊諾辯證術的思維成果。另一方面，

蘇氏與當時的詭智學派辯士之間也有親密的交往，尤其普羅塔哥拉斯對於蘇氏的思想發展可能有過重要的影響。大體上說，蘇氏從此派所學到的是修辭文法等語言技術與文化習俗方面的實際知識。

至於宗教方面的教養，據說蘇氏自幼便有聽取一種神秘的戴摩尼昂(daimonion) 之聲，故常陷於默禱或精神恍惚的狀態。傳說蘇氏在坡提戴亞戰役從軍時，曾有一次自某日清晨至翌日清晨，始終默念不動，最後朝向冉冉上升的旭日祈禱片刻，而後離開原地。戴摩尼昂之聲可能只是蘇氏內心或良心之聲，警告蘇氏謹慎行事；亦可能是奧爾斐宗教所予蘇氏的一種神秘性靈感。「靈魂」概念所以成為蘇氏思想的根本概念，似與奧爾斐——畢達哥拉斯一系——的神秘宗教體驗極有內在關聯。

德爾斐神殿的一件奇事形成了決定蘇氏生活與思想的轉捩點。一日，熱愛蘇氏人格的青年凱利賈在德爾斐祈求神諭，世上有否聰慧超過蘇格拉底的人。神殿女巫所傳的神諭是，蘇格拉底是世上最有智慧的人。虔誠而又謙虛的蘇格拉底聞此神諭，頗為驚訝。他雖不能置信，亦不敢推定神諭只是謊言。於是蘇氏開始一一訪問雅典當時的社會賢達，欲從問答探尋神諭的旨意究竟何在。與各界名流互相問答的結果，終使蘇氏獲一滿意的答案。蘇氏發現到，他所訪問過的政治家、詩人、藝術家等流原與自己一樣，皆是無知之人；連他在內，本無所謂真正聰慧的人。神諭所啟示者，不過是說，蘇氏不像他人，以無知為知而自滿自傲；反而虛心承認自己本來的無知，對於智慧或知識表示絕對誠實的態度。換言之，神諭所以褒揚蘇氏為天下第一智者，原是由於蘇氏具有「無知之知」。從此以後，蘇氏開始出入雅典街頭巷尾，自以勸導同胞自覺自己的無知與關懷自己的靈魂為畢生使命。由於蘇氏揭發各界社會人士的無知底細，可能得罪了不少有權有勢的雅典市民。況且在政治上，蘇氏痛責當時弊端百出的「民主政治」，標榜一種貴族政體，更是加深了一般市民對於他的惡劣印象。

西元前 399 年，米勒特斯等三位雅典市民以下列罪名控訴蘇格拉底：「腐化雅典市民，同時不信仰國家所遵奉的希臘諸神而反信新的戴摩尼昂❷。」其實

這不過是表面上的理由，真實的控訴理由乃與蘇氏公然反對當時腐化的「民主政治」作風有關。然而蘇氏在法庭上披露自己平日所思所信，毫無妥協意向，觸怒了庭上裁判官們，終以三百六十一票對一百四十票判決蘇氏的死刑。坐牢期間，蘇氏仍與一班愛慕他的友朋弟子侃侃談論靈魂的不朽與人生的智慧等問題。蘇氏不聽眾友勸告而設法逃奔他邦，反而堅持服從國法的道理，終於從容服毒，溘然長逝。蘇氏最後的遺言是：「克利特（弟子名）啊，我還向醫神阿斯克利披亞斯欠一隻雞，請你代為獻奉，不要忘掉❸。」

㈡思想　蘇格拉底所最關心的哲學問題乃是所謂「靈魂的關懷」(epimeleia psychēs)，希求靈魂更趨於善。他站在理性主義的立場，認為靈魂的核心在乎理性 (logos)，而理性固有的功能則在對於善惡培養深邃的智慧。因此，靈魂關懷的真諦即不外是追求或愛好 (philein) 能予分辨善惡的高度智慧 (sophia)，俾便圓現靈魂之德 (aretē)。這就是蘇氏所理解的「哲學」(philosophia) 的根本義諦。換言之，哲學就是人存在生活的至善之道，亦即人類理性所欲獲致的客觀知識，尤其善惡方面的實踐性知識。在柏拉圖《饗宴》中，蘇氏藉用女祭司狄奧蒂瑪 (Diotima) 之語規定哲學家之愛為一種對於智慧的思慕 (erōs)。真理探求者處於智慧與無知二者之間，而以中間者身份追求不朽的智慧或絕對圓滿的知識❹。沒有人不關懷自己的靈魂，靈魂的關懷亦不外是至善生活的探求；為了能過至善生活，我們務須預備有關至善生活的根本知識。哲學思索的最後目標是在獲得這種獨一無二的知識自體。蘇格拉底是西方哲學史上首次明予界說哲學為「愛慕智慧」(love of wisdom) 的偉大思想家。

蘇格拉底與詭智學派最大的思想差異，是在後者執守感覺主義或即主觀主義的真理論，而把真理問題解消而為常識問題甚或修辭問題；蘇氏則通過理性

---

❷　參閱柏拉圖《自辯》。

❸　參閱柏拉圖《費多》。

❹　蘇氏所謂知識，並非外在的科學知識或實際生活技術，而是意謂著與靈魂的關懷息息相關的倫理實踐的內在知識，於此知識與智慧二語義蘊幾同。

作用探討客觀的真理或即概念的 (conceptual) 知識。蘇氏尤其關心各種倫理之德的真確義蘊以及客觀的道德法則。蘇格拉底經常藉用對話或問答層層掘發「何為德？」（柏拉圖《普羅塔哥拉斯》、《米諾》、《國家》）、「何為勇敢？」（《拉克斯》）、「何為節制？」（《卡爾米得斯》）、「何為虔誠？」（《優西弗龍》）、「何為友誼？」（《利西斯》）、「何為正義？」（《國家》、《果加斯》等篇）、「何為美？」（《費德拉斯》、《希比亞斯第一》等篇）、「何為不朽？」（《費多》）等等名辭的固有義蘊。蘇氏對於此類價值概念的探求工作，多半沒有獲致決定性的結論。然而重要的是，蘇氏深信此類概念必須有其客觀真確的定義，否則人類生活的一切倫理實踐無由建立適切可循的行為規準。蘇氏以為，設若一切概念，一切德目，皆如詭智學派所云，只是相對主觀甚或權宜方便的，則因缺乏任何客觀可靠的真理準繩，一切思想文化乃至行為實踐豈不導致真偽不分、善惡無別的混亂狀態？客觀的真理規準，尤其是關涉人存在靈魂問題的善惡概念，必須儼然存在，只要我們抱著無比的智慧之愛追求探索，總有豁然貫通、自證自得的一天。蘇格拉底哲學思想的偉大，就在他能以身作則，通過畢生的真理探求歷程，對於後代啟發：中間者形態的哲學思索 (Philosophieren) 遠比結論形態的哲學 (Philosophie) 更富意義與價值。

　　蘇氏為了獲取諸般德性的客觀義蘊所採取的方法，是一種所謂「問答法」，或即「對話術」(dialogos)。蘇氏認為，惟有通過理性存在者的共同思索或討論，才能逐步發現客觀真確的德性概念及其界說。因此他在日常生活之中時與弟子們或一般雅典市民進行問答式的哲學思索。譬以「何為勇敢」的題材來說，蘇氏本著「無知之知」的探求精神，先讓對方提出初步的界說，而後經過一番共同的理性反省，揚棄原初的界說；如此步步逼緊問題核心，修正再修正，創獲再創獲，隨著思維的深化層層導出更客觀更普遍的「勇敢」義蘊❺。蘇氏的問答法首先假設對方的立論成立，而後通過該一立論所衍生的自然結論，尋出論理的矛盾，因之修正原有假設，企獲更高層次的理性概念。蘇氏方法故又稱

---

❺　參閱柏拉圖《拉克斯》。

為假設法，亦稱辯證法 (dialectic)。蘇氏此一方法，無疑地深受齊諾辯證術的理論影響。由於蘇氏之母曾是助產士，蘇氏亦將自己喻如思想上的助產醫師，旁助思想問答的對方產生更新更真的思想嬰兒。因此蘇氏方法亦可比喻之為一種「助產術」(maieutikē)。哲學思索應從現實性出發，對話的開端也就始於日常事例。然而對話的目標是在獲致普遍定義或真理規準，自始至終需有理性的思維穿梭其間。亞里斯多德對於蘇氏方法賦予很高的評價，說：「歸納論證與普遍定義二者（的發明與使用）應歸功於蘇格拉底」（參閱《形上學》，1078b28-9）；如就上述之說而言，可謂評價透闢。

蘇氏對於普遍定義或客觀概念的探求工作，可能預設某種存在學的奠基理論；換言之，蘇氏的探求，乃是一種「發現」(discovery)，而非「發明」(invention)。供給我們此一理解的線索的，是柏拉圖《米諾》中蘇格拉底所倡導的「知識即回憶」說。該篇敘述蘇氏曾經旁助友人的童僕「自動」算出有關幾何圖形的面積問題，從而證明知識原是生前的「回憶」(anamunēsis)。據此，他的助產術則不過是協助他人取回此種回憶的催生工作而已 ❻。蘇氏或因不擅長於純粹思辨的功夫，或因專心探討倫理實踐問題，並未徹底考察存在學的奠基可能性，只是留下了若干潛在著的發展線索而已。蘇氏弟子柏拉圖乃繼承了此一可能的理路，終於展開規模宏偉的形相論體系，而為普遍概念或理性真理的存在學奠基理論。

與「知識即回憶」說具有關聯性的是蘇氏對於靈魂不朽的信仰。蘇氏此一信仰曾受奧爾斐一系的宗教思想的影響，同時混有蘇氏本人的宗教體驗。只是蘇氏對於靈魂超升之後的彼岸世界有何觀念，並不十分明瞭。柏拉圖在《費多》、《費德拉斯》以及《國家》等篇所提出的幾種關於靈魂不朽的論證很可能是柏氏對於蘇氏不朽信念予以合理化的思維成果。

蘇格拉底強調客觀知識為行為實踐唯一可靠的手段，並且進而主張「知德

---

❻　此處所云知識，特指純然理性的知識，亦即概念知識，而有別於感性經驗。蘇氏當然不致承認感覺經驗亦屬生前的回憶。

合一」之說，認為所謂「德」根本上只是「知識」(epistēmē)。因為既沒有人不關懷自己的靈魂，一定不會具有知識而做壞事；沒有人故意去為非作歹，作歹的人只是無知。所謂有智慧的人，即是知道什麼是對且願實踐什麼是對的人。柏拉圖《普羅塔哥拉斯》記載著蘇氏「德即是知」(virtue is knowledge) 的見解，如：「一切皆是知識——正義、節制、勇敢等等無不皆然」(《普羅塔哥拉斯》，361b)；又如：「德與智慧一般無二，邪惡的根源乃是無知」(《普羅塔哥拉斯》，360d)。這 種 觀 點，在 哲 學 史 上 特 稱 之 為「倫 理 的 主 知 主 義」(ethical intellectualism)；理性主義者或觀念論者多半喜歡採取這種觀點。蘇氏似乎以為，就德之分化機能而言，可有正義、虔誠、勇敢、節制等等分殊德目；若就德之統一整體而言，不外指謂智慧本身。由於蘇氏極力主張，一個人只要知道什麼是善，就必然為善，而決不為惡；他的主知主義理論，乍見之下似與日常實際事例不太吻合。蘇格拉底說：「世上沒有自願作惡之人」(《普羅塔哥拉斯》，358e)。又說：「有意傷害（他人）、撒謊或作惡者較諸無心為惡之人，尚高一籌」(參閱《希比亞斯第二》)；因為前者能夠知道什麼是善，故具為善的可能條件（潛在力量），而後者則因缺乏知識，毫無為善的希望。蘇氏的原意不外是說，不帶善的知識的行為，不能稱善；所謂善，完全等於善的客觀知識，而此所謂善的客觀知識也同時指謂智慧而言，因為能夠按照此種知識而徹底實踐的，才有資格叫做善的知識。亞里斯多德在《尼可馬卡斯倫理學》中批評蘇氏學說忽視了靈魂的非合理性 (irrationality) 側面，諸如衝動、意志作用等等；因為一般人的日常行為大半受制於情意衝動，雖然了解什麼是善，寧願聽從非合理的靈魂之指使，而明知故犯。十九世紀俄國小說家杜斯妥也夫斯基 (F. Dostoyevsky) 的《地下室手記》(*Notes from Underground*) 一書，創造了所謂「地下室人物」，對於人類行為常有踰越理性常軌的非合理性現象描述得淋漓盡致。不過蘇格拉底還可進一步辯護自己的理論說，明知故犯之人雖比無心為惡之人高出一籌，畢竟仍未理解真正的善的知識；因為蘇氏堅信具有善的知識者決不明知故犯❼。

　　作者以為，蘇氏倫理的主知主義學說正確與否，涉及「善」(good) 的語意約定問題。蘇氏規定善為理論（知識側面）與實踐（行為側面）同時兼備的普遍概念，因此善可視如知識，而無所謂明知故犯等問題產生。至於亞里斯多德的批評，則偏重倫理問題的學問性，認為蘇氏對於善的概念賦予理論實踐並重的見解，容易混淆學問性的倫理學問題與實際的行為實踐問題。事實上，由於兩者對於善的概念所予語意不同，應無根本的理論對立。再者，蘇格拉底自己的人格能夠實踐知德合一之理，只受理性的指揮，而不為感情所操縱；因此就他的立場而言，他是如此真摯地探求人存在的智慧，實在不能理解人為什麼會知道了善而反去為惡。我們如能專就蘇格拉底的實踐性人格體會倫理的主知主義觀點，應不致產生任何疑惑。

　　蘇格拉底依據德即知說，主張德之可教導性 (virtue is teachable)。柏拉圖《普羅塔哥拉斯》、《米諾》諸篇記述著蘇氏聯貫知德合一與知識回憶說而發揮出來的有關道德教育的理論。於此所存在著的難題是，我們如何覓求深知德之概念為何且能教人以德的人材，因為蘇氏也承認從來沒有一個真知灼見的哲學家曾經明予規定德之概念究竟是什麼，連蘇氏本人也是耗盡畢生精力，而始終在暗中摸索之中。由此看來，德之概念乃是人類所夢寐以求的最高價值理想。蘇氏最大的貢獻是在發掘了倫理實踐的客觀真理探求理路；至於德的概念究具何種具體內容，蘇氏所留下的只是點點滴滴的可能線索而已。

　　大致說來，蘇氏思想的內在發展線索可有以下三條：⑴蘇氏主知主義或理性主義的性格如果繼續發揮下去，可以建立存在學奠基理論或邏輯思維法則；柏拉圖及其高弟亞里斯多德乃繼承了此一線索，而為古代哲學的正宗。⑵蘇氏倫理實踐的性格則由小蘇格拉底學派之一安提斯西尼斯 (Antisthenes) 所創立的犬儒學派所繼承，終於發展而為極端苦行主義的理論。⑶蘇氏倫理思想也孕育著幸福主義的性格；換言之，蘇氏認為善即智慧，有智慧者行善，必然伴有一種行善本身的快樂。智者的心情總是愉快的。蘇氏所謂「知而仍行不善者殆無」

❼　據此，明知故犯之明「知」，並非「明」知。

之語已涵蘊著幸福主義的意義。這就是蘇氏倫理的主知主義所附帶著的「德即是得」的理論❽。小蘇格拉底學派之中亞理斯提帕斯 (Aristippus) 所開創的快樂主義理論乃是片面發揮蘇氏此一側面的思想成果。

在政治方面，蘇氏決然反對毫無政治知識的烏合之眾所構成的所謂「民主政治」。因為蘇氏深信，正如木工需要具有木工知識的木匠，醫療需有醫學知識的大夫；政治亦需具備管理眾人之事的完全知識的智者。蘇氏稱此具有專門政治知識的人為至善者 (ariston)，此為後世「貴族」一辭的希臘字源，只有這種至善者可以統治 (kratein) 一個國家。「貴族政治」(aristocracy) 的理論乃淵源於此。柏拉圖在《國家》中所構想的哲人政治說乃是繼續發揮蘇氏貴族觀念論理路的理論結晶。

斯塔斯總括蘇格拉底為止的希臘哲學發展，明確地指出蘇氏哲學的不朽功績，說：「自泰利斯直到此時思想發展的經過分明顯出三個階段。第一個階段為絕對的信仰，不是根據理性，僅乎是照例盲從的信仰。第二個階段的思想都是破壞的懷疑的，否認前一階段所肯定的一切。第三階段便是信仰的恢復，但是這個時期的信仰是根基於概念、理性，而非復徒立於習慣之上了」（中譯本，臺灣商務印書館，第 120 頁）。理性主義是西方哲學的一大主潮，而蘇格拉底乃是開導此一思想大河的鼻祖，實有不可磨滅的思想功績。蘇氏理性主義再由柏拉圖與亞里斯多德發揮光大，終於奠定了理性主義的燦爛前途。

第四節　小蘇格拉底學派
(Minor Socratic Schools)

蘇格拉底以「德之概念規定」為哲學的首要課題，然而始終沒有給予明確的答案。小蘇格拉底學派的哲學家們（多係蘇氏嫡傳弟子）乃繼續探討蘇氏未予徹底解決的此一課題。德國哲學史家普勒希特 (Karl Praechter) 稱此小蘇格拉底學派為「一面性的蘇格拉底主義者」(Die einseitigen Sokratiker)，因為此派哲

---

❽　「得」即「自得其樂」之謂。

學家們各就蘇格拉底思想性格的某一側面強調發揮，有些甚至適為修正蘇氏以前的哲學思想，俾與蘇氏哲學有所調和。小蘇格拉底學派共有三大支派，即美加拉學派 (The School of Megara)、犬儒學派 (The Early Cynic School)、與西樂餒克學派 (The Cyrenaic School)。另有伊利亞伊利特里亞學派 (The Elean-Eretrian School)，哲學史上不甚著名。

一、美加拉學派

美加拉地方的優基利德 (Euclid of Megara) 是這一學派的開山祖師，他的理論乃是蘇氏學說與伊利亞學派思想的綜合產品。優氏是蘇格拉底最早的弟子之一，蘇氏服毒就死不久，即與若干蘇氏弟子（包括年輕的柏拉圖）回到自己的故鄉避難。優氏深受巴門尼得斯存在論的影響，認為只有一個絕對的「存在」，或稱「太一」(The One)。另一方面，他又接受蘇氏德即是知之說，而以德或善為唯一的「存在」。據說他對「太一」曾予許多名稱，既稱為善，又稱為理性 (logos)，亦特稱神。一切分殊之德，諸如仁愛、節制、謹慎等等，皆不過是唯一之德或即「存在」的知識的不同稱呼而已。

美加拉學派又據齊諾辯證術，發展一套爭論術 (eristic)，顯出詭辯論調。優氏直傳弟子優布利里斯 (Eubulides) 專以詭辯式命題著名於世。譬如「扯謊者」命題說，當你撒謊而又同時承認自己撒了謊，你即道出真話，又說了謊言。又如「堆積」命題說，一粒穀物不成堆積，再加一粒亦不成堆積，然則何時才有堆積可言？其他又有「有角者」等陷阱推理，都不過是一種詭辯。

二、伊利亞伊利特里亞學派

伊利斯人費多 (Phaedo of Elis) 也在蘇格拉底死後，回到自己的故鄉，創立此派。米尼得摩斯 (Menedemus) 亦為此派健將，猶如美加拉學派，主張德之唯一性，也倡導德與知識的統一性。

三、犬儒學派

　　安提斯西尼斯 (Antisthenes, 445?–365? B.C.) 也是熱烈信奉蘇氏哲學的徒弟。蘇氏死後，曾在雅典東郊的基諾撒哥斯 (Kynosarges) 體育館創設此派，教導並實踐自由人的生活理想。「犬儒」之稱，或因體育館之名而來，或是來自此派人士的犬式生活。該派著作甚多，但只留傳其中極其少數的斷簡。安氏弟子之中，以徹底實踐犬式生活的狄歐吉尼斯 (Diogenes of Sinope) 最享盛名。狄氏弟子則有自動放棄私有財富的克拉提斯 (Crates of Thebes) 以及共鳴克氏之說而為妻子的希帕爾基亞 (Hipparchia)，雙雙放浪各地，以托缽為生，享受世界市民的自由生活。

　　在蘇格拉底的思想之中，理論研究、倫理實踐與幸福感受三種側面混然不分，而於蘇氏人格獲有統一的結合。優基利德撤消了這種結合，一面性地發揮理論研究側面（主知主義）；安提斯西尼斯則強調了倫理實踐的側面，提倡克己修鍊的涵養工夫。他只承認有關倫理實踐的知識為唯一的知識，而鄙視其他一切知識的成立。

　　安氏也與蘇格拉底一樣，認為生活的目標是在（靈魂的）幸福。然而安氏進而主張幸福的獲得只存在於德之實踐；最高的人生目的不外是依從德而生活。他所謂德，即是「自由」(eleutheria)，亦即靈魂的自律自足 (autarkeia)，完全從任何外在束縛（譬如榮華富貴、功名利祿）獲得靈魂的解放。德即是對一切外在束縛的無欲 (atyphia) 之感。此派人士標高德之實踐的結果，逐漸否定快樂，以快樂為最大的禍害。狄歐吉尼斯甚至高倡，蔑視快樂等於獲得最大的快樂。如此，苦行修鍊反成此派人士心目中的善或德。此派倫理觀是一種嚴肅主義 (rigorism) 甚或禁欲主義 (asceticism)，而與西樂餕克學派的主張正相對立。狄歐吉尼斯甚至認為，動物或蠻人的生活應為人類生活的典範；唾棄一切人為的習俗制度而復歸自然，才是一種依從理性的生活。這種自然主義的文化思想預取了十八世紀法國思想家盧梭的文化批判理論。此派哲人多係世界主義者，否定

家庭制度，既成宗教，以及國家組織。

安提斯西尼斯在論理方面，極端反對柏拉圖形相論主張，而只認許個物的存在。他說：「柏拉圖啊，我只看見一隻（實際的）馬，卻看不見馬性 (horseness)」。安氏否認經驗事物的普遍界定，所謂普遍概念只是指謂名目而已，並無實在可言。安氏此說，實為後世名目論或唯名論 (nominalism) 的理論濫觴。

四、西樂餒克學派

非洲西樂尼 (Cyrene) 地方的亞理斯提帕斯 (Aristippus) 思慕蘇格拉底的名聲，移居雅典。蘇氏逝世之後，乃以詭智學派學者身份漫遊希臘各邦。晚年返居故鄉，設立了此一學派。他的學說通過其女阿利娣，傳至其孫亞理斯提帕斯。初期西樂餒克學派乃指他們祖孫三代而言。後期西樂餒克學派的代表則有希歐得羅斯 (Theodorus)、赫格西雅斯 (Hegesias) 與阿尼塞里斯 (Anniceris) 等人，都是西元前第三世紀前葉的人物。

此派祖師亞理斯提帕斯拜蘇格拉底為師之前，據說曾在普羅塔哥拉斯處學習詭智學派理論。因此亞氏的基本主張仍是一種感覺主義理論，只以主觀性感覺為唯一的知識根據。由於放棄純然理論研究的結果，此派在倫理實踐方面自然導致快樂主義的結論，乃以主觀的快樂感覺為倫理實踐的唯一奠基。主觀的快樂感覺不外指謂肉體的快樂，因此亞氏把握快樂 (hēdonē) 為德之唯一義諦。此派人士以為人生的最高目標即是感覺上的快樂，所謂見識或知性的快樂並非目的，頂多只是獲取官能快樂的手段而已。這無疑是一種快樂主義 (hedonism) 的倫理觀。知識論上採取感覺主義或經驗論立場的哲學家處理倫理問題之時，多有偏重此種快樂主義乃至功利主義的思維傾向。

有趣的是，快樂主義的樂天觀，容易轉變而為極端厭世的悲觀論調。這是由於人生旅程諸多荊棘，處處遭遇災難與苦惱的緣故（佛家對此最具識解）。此派標榜肉體的快樂為唯一的生活目標，現實上畢竟難以兌現。此派理論到了後期的赫格西雅斯，已漸顯現快樂主義的自我否定趨向。赫氏深知快樂的獲得需

藉見識,但若抬高見識的地位,無異承認了快樂主義的理論矛盾;又若固執官
能快樂為唯一的生活目標,人間世的種種不幸又使獲得完全快樂的希望化為烏
有。赫氏最後的結論是:快樂的尋獲既是現實地不可能,何若自動斷掉生命。
赫氏所獲「死亡勸誘者」的綽號,便是因此得名。

第三章　柏拉圖

　　柏拉圖 (Plato, 427–347 B.C.) 是西方第一個曠世的哲學天才,盡吸他以前的希臘哲學思想,尤其巴門尼得斯「存在」理論,赫拉克里特斯「生成」學說,畢達哥拉斯學派數理思想,以及蘇格拉底的辯證法與倫理學,融合而為博大淵深的觀念論哲學體系。舉凡存在學、自然哲學、宇宙開闢論、靈魂論、倫理學、政治哲學、幾何學、辯證法乃至文學藝術,都可以在柏氏巍峨的哲學殿堂裡找出理論線索。在西方哲學史上,論體系之廣大悉備,論思想之雄偉精深,只有亞里斯多德、康德與黑格爾三家差可比擬;然而他們三家在思想上都不能脫離柏拉圖哲學的深遠影響❶。自柏拉圖始,西方人逐漸浸染所謂「二元論世界觀」(Die dualistische Weltanschuung),終於構成了兩千餘年以來一般西方思想的根本體驗形態。作者曾在《徵信新聞報》(編按:為現《中國時報》前身)撰登〈西方二元論世界觀的崩落與實存主義的興起〉一文,特別指出此一事實,茲將其中最有關聯的一段文字轉載如下:

　　……西方傳統的世界觀,正與中國單元式交融形態的世界觀互相對立,呈現出二元論的基調。西方人對於自然人事,都有二元對立的思維傾向;亞里斯多德所創始而通用二千餘年的是非對錯二值對立的古典形式邏輯,可為明證。至如客體與主體,理想與現實,本體與假相,天啟與理性,心與物,社會與個人,靈魂與肉體等等,亦不過是舉其犖犖大者而已。尤其在宗教信仰與形上學思想方面,西方人更是執守二元論立場,因而超越世界與現實世界完全分離,天國與地獄斷然隔絕;無論就其存在意義或價值意義言,前者均較後者為真為高。細察西方人這種二元論世界觀的淵源,可以推溯到古希臘形上學理論與傳統耶

---

❶ 聖多瑪斯體系恢宏,但受神學的牽制,且其哲學理路多係亞里斯多德的遺產;萊布尼茲亦係學聖,思想多面而獨創,然未形成統一完整的理論體系。

教思想。

古代希臘哲學（尤其形上學）發展而至遵循蘇格拉底主知主義路線的柏拉圖及其高弟亞里斯多德，乃臻於登峰造極的境界。柏拉圖發揮蘇格拉底所曾慣用的辯證法，層層廓清「存在」概念的義蘊；一方面承繼了畢達哥拉斯學派的數理存在思想，另一方面調和統一了巴門尼得斯的存在論與赫拉克里特斯的生成觀，如是構成所謂四層存在構造之說。此構造論劃分四層存在領域，層級越高，越富於實在性與價值性。……柏拉圖此一形相論的主張，一直支配了西方哲學幾達 2000 餘年，形成西方二元論世界觀的一大成素。……耶教二元論世界觀後來糅合了柏拉圖形相論與亞里斯多德形上學，而在延續 1000 多年的中世紀教會制度下，築成龐大的經院哲學體系，藉以彌補理性與信仰，自然與天啟間的可能裂縫。

該報《學藝週刊》第五期

由此可見，柏拉圖對於西方二元論世界觀的形成與發展居有首功；柏氏對於後世思想的影響之深，幾乎無法形容。

第一節　生涯和著作

古代哲學家之中，柏拉圖的生活史實較有詳實的記載，但在細節方面仍有不少值得疑惑之處。關於柏氏生涯的根本資料有《柏氏書簡‧七》，亞里斯多德對於柏拉圖的敘述，以及狄歐格訥斯的《哲學家列傳》等，都是重要的資料文獻。我們可以依照柏氏思想的發展過程，大致分為四個時期：學習時期、漫遊時期、圓熟時期與晚年時期。

西元前 427 年，柏拉圖生在雅典某一顯赫貴族之家。父名亞理斯頓 (Ariston)，係國王克多羅斯後裔，母名披里克蒂歐娜 (Perictione)，為卡爾米得斯之妹，克里蒂亞斯之姪女，後二者為當時寡頭政治的領袖人物。亞理斯頓死

後，柏氏之母改嫁披利蘭帕斯，披氏乃著名政治家柏里克利斯的良友。因此柏拉圖幼年時期似在柏里克利斯的民主政治傳統下接受教育。同時據亞里斯多德《形上學》卷一的記載，柏氏年少之時曾與赫拉克里特斯一派的哲學家克拉蒂勒斯 (Cratylus) 交往甚密，對於柏氏的思想發展不無關係。後來柏氏鄙棄民主政治理想，改倡貴族觀念論，則與二十歲左右開始遇到蘇格拉底，深受蘇氏思想的直接薰陶極有關聯。據普魯塔克 (Plutarch)《英雄傳》所載，柏氏曾對諸神感謝四項：生而為人、為男子、為希臘人，尤為蘇格拉底時代的雅典市民。由此可見，柏氏如何服膺蘇氏的人格與思想了。本來柏氏早已準備參與國政，然因三十人黨的暴政與接著掌握政權的民主黨以莫須有的罪名處死蘇格拉底的兩大事件，頓使柏氏放棄從政念頭。

西元前 399 年蘇格拉底服毒就死。當時柏氏約在二十八歲，一時與後來開創美加拉學派的優基利德退隱優氏故鄉美加拉地方。不久回到雅典，從此開始了柏氏的遊歷時代。根據一般可靠的史料，柏氏在四十歲左右，曾經漫遊南義大利各地以及西西里島。若干傳記家記述，柏氏亦曾遊歷埃及，從埃及僧侶學習數學與天文。此事是否屬實，已不可考。柏氏滯留南義大利期間，曾與畢達哥拉斯學派人士交遊，尤其學問淵博的亞爾基特斯 (Archytus)，而熟諳了該派數理存在理論與奧爾斐宗教思想。然後轉訪西西里島西拉菸斯 (Syracuse) 地方，曾在狄歐尼修斯一世 (Dionysius I) 朝廷逗留一時。一世妻弟狄恩 (Dion) 頗為信奉柏氏思想。然而據傳柏氏率直的態度與政治見解惹起一世的激怒，出賣柏氏為一奴隸，送往埃吉那的奴隸市場。柏氏險些死於非命，幸有西樂餒克學派的安尼塞里斯贖回柏氏之身，遣返雅典。

柏氏回到雅典以後，西元前 388 或 387 年設立學院 (Akademeia) 於雅典西北郊外，而與英雄亞加得摩斯的神殿毗鄰。柏氏生涯的第三期由此開始。柏拉圖學院實為後世學院 (academy) 制度的濫觴，可以稱為西方第一所大學或研究院。此一學院命脈綿綿，一直延續到西元後 529 年羅馬皇帝雅斯帝尼安宣佈解散為止，前後約有九百年的歷史。放棄從政念頭的柏拉圖，在此學院孜孜不倦

地從事了二十年左右的教育事業；教授哲學、數學、天文、物理、音樂等等諸般學藝，同時培養一批能具真知灼見的政治家幼苗。關於柏氏學院的教育制度我們可從《國家》的敘述窺見一斑。柏氏自己在學院裡所講授的稿件未曾公開出版，至於將近三十篇左右的「對話錄」則屬大眾化性質，一直留傳到現在。

柏氏晚年時期，首須注意的事件是柏氏再度的西拉砭斯旅行，約在西元前367年至365年左右。柏氏從此又再開始為期短暫的政治活動。此時狄歐尼修斯一世早已去世，而由二世掌政。狄恩仍在王朝，頻向幼主鼓吹柏氏哲人君主的理想，打動了幼主的心意，乃邀柏氏再次來遊。然而不久，由於反對黨的策謀取勝，加以幼主妒嫌狄恩的名望，乃放逐狄恩於朝廷之外。柏氏因而歸返雅典。西元前361年左右，二世又邀柏氏來朝教導哲學，這是柏氏第三次的西拉砭斯之遊。柏氏努力調解二世與狄恩的舊怨，但終歸失敗，悄然回到雅典。狄恩後來（西元前357年）變成西拉砭斯國王，然在四年之後又遇弒。柏氏為此慨嘆良深，對於實現哲人君主的夙願感到幻滅。從此以後柏氏專心於學術著作與學院教育。他的課堂講義普通稱為「院內教義」(agrapha dogmata)，其中最重要的有《論善》一篇。這些講義，已如上述，未曾留傳。

關於柏氏著作，有真偽與年代次序等兩大問題。柏拉圖哲學的專家如德國的傑勒、里特 (C. Ritter) 與斯騰徹爾 (J. Stenzel)，英國的泰勒與勃納特等，各持異見，難於研判。作者姑以卡普爾斯頓《哲學史》卷一所載柏氏著作表為準，簡介柏氏全部作品如下（該卷第 138–140 頁）。

第一期 (Socratic Period) 著作是在蘇格拉底思想影響之下寫成，當時柏氏哲學尚在萌芽階段。《自辯》(*Apology*) 敘述蘇格拉底在法庭上的抗辯。《克利多》(*Crito*) 述及蘇氏死前的牢獄生活。《優西弗龍》(*Euthyphron*) 討論虔誠的性質，沒有結論。《拉克斯》(*Laches*) 論及勇敢之德，亦無結論。《埃恩》(*Ion*) 反對詩人以及狂文作者。《普羅塔哥拉斯》(*Protagoras*) 則主張知即德說與知識可以教導的理論。《卡爾米得斯》(*Charmides*) 探討節制的義蘊，沒有結論。《利西斯》(*Lysis*) 論及友誼概念，亦無結論。又，《國家》(*Republic*) 卷一討論正義問題，

可能已在此期草成。

　　第二期是轉變時期 (Transition Period)，柏氏逐漸發展自己的哲學理路，不過仍在摸索階段。此期的著作可能已在第一次西西里島旅行之前完成。《果加斯》(*Gorgias*) 討論正義問題。《米諾》(*Meno*) 特就知識即回憶說論述德之可教導性。《優西德摩斯》(*Euthydemus*) 批判後期詭智學派的邏輯推理之誤。《希比亞斯第二》(*Hippias II*) 探討故意為惡與無心行惡熟善之理。《希比亞斯第一》(*Hippias I*) 則處理有關美的問題。《美尼克西納斯》(*Menexenus*) 是一篇對於修辭術的諷刺文章。

　　第三期為圓熟時期 (Period of Maturity)。柏氏已能充分發展他個人的哲學思想，尤其是形相論與哲人政治說。《饗宴》(*Symposium*) 論說一切世上之美只不過是絕對真實的美自體之影像，靈魂則因「思慕」(Erōs) 之鼓舞追求美的形相。《費多》(*Phaedo*) 發揮形相與不朽的思想。《國家》共分十卷，是柏氏最主要的一部鉅著，討論政治制度、國家倫理與靈魂三分說等問題，且以形相論為存在學的奠基理論，極具形上學的二元論 (metaphysical dualism) 論調。《費德拉斯》(*Phaedrus*) 專論愛的本質，同時兼論哲學修辭術的可能性問題。此期對話錄的著述年代多在第一次與第二次西西里島旅行之間。

　　最後一期屬於晚年作品 (Works of Old Age)。《西伊提特斯》(*Theaetetus*) 專論知識問題，批判詭智學派所謂知識即感官知覺之說，同時否認「真正的判斷」可以當做知識的明確界說。《巴門尼得斯》(*Parmenides*) 辯護形相論思想。《梭費斯特斯》(*Sophistes*) 再論形相論問題。《政治家》(*Politicus*) 主張真正的統治者應是智者之說，又謂法治國家實係權宜之計。《費里巴斯》(*Philebus*) 敘述善與快樂的關係。《泰米亞斯》(*Timaeus*) 展開一套宇宙生成的神話，兼論物理問題。狄米奧吉 (Demiurge) 神之說出現於此。《克利蒂亞斯》(*Critias*) 構劃理想的農業國家，以與比較帝國主義的海權國家亞特蘭提斯 (Atlantis)。《法律》(*Laws*) 與《伊比諾米斯》(*Epinomis*) 重新討論國家政治問題，修正不少《國家》中的烏托邦主義，俾以遷就現實。《法律》係柏氏對話錄中最長而最後的一部

著作。

　　《柏拉圖書簡》共有十三篇留傳至今，其中書簡第七最長且最重要。若干柏拉圖學者懷疑大部份書簡以及《伊比諾米斯》、《希比亞斯第一》兩篇的真偽。此屬考證之事，且與我們所將論介的柏氏思想無甚關聯，故對此一問題，只有存而不論。柏氏對話錄的翻譯，專就英譯而言，有焦瓦特 (B. Jowett) 的《柏拉圖全集》聞名於世，譯筆典雅清麗，但亦間有不盡信實之處。1961 年有古希臘學專家哈密爾頓 (E. Hamilton) 女士所主編的《柏拉圖全集》(*The Collected Dialogues of Plato*) 問世，收錄十四位第一流柏拉圖學者的英譯對話錄以及書簡集，堪稱目前最好的英譯全集。至於論述柏拉圖哲學的專著，泰勒 (A. E. Taylor) 所著《柏拉圖》(*Plato, the Man and His Works*) 一書，係專攻柏拉圖的學者所不可或缺的一部宏著。

第二節　知識論

　　柏拉圖對於知識問題的探討，乃繼承了蘇格拉底的理路；援用辯證法捨離感覺經驗，企獲高度的普遍概念，而為客觀知識的真確規準。柏氏與其師最大的不同，是在柏氏不但企圖概念的層層廓清，更且探問了普遍概念或即共相 (the universals) 的存在學意義。換言之，柏氏知識論與存在學息息相關，無從分割；或不如說，柏氏知識論的成立根據，在乎存在學的奠基理論，亦即柏氏所謂形相論 (the doctrine of forms)。有而只有形相論的奠基，方可討論客觀知識的成立問題。柏拉圖是個典型的「觀念論者」(idealist)，以「形相」(eidos) 或「觀念」(idea) 為唯一絕對的客觀實在；如就唯名論與實在論的理論對立而言，他又可稱「實在論者」(realist)，因為他承認觀念或形相具有客觀實在性，不僅乎是名目而已。在柏氏思想之中，觀念論與實在論兩種似不相容的理論觀點並行不悖，而獲綜合的統一性。

　　柏氏《對話錄》中，沒有一篇有系統地專門處理知識問題。我們大致可在《西伊提特斯》與《國家》兩篇窺知柏氏知識論的綱領。前者破除詭智學派「智

識即感官知覺」(knowledge is sense-perception) 之說，旨在破邪；後者則積極建立具有形相論奠基的知識理論，旨在顯正。不過後者知識論的基本預設，已在前者稍露端倪。

柏氏在《西伊提特斯》藉用蘇格拉底的口吻，極力反駁普羅塔哥拉斯一派所倡主觀主義的知識論，亦即以真理為相對而無客觀規準，個別感覺主體為唯一的真理權衡的學說。我們可以概括柏氏論旨為以下幾點：⑴個別感覺主體或常識人如為真理權衡，則無異抹殺了真理的存在；因為感覺因感官與外在境況（如距離、視點、光線強弱等等）的差異而時時變化，根本無法形成任何權衡。⑵感覺主義理論迫使一切學說的建立，討論的進行，論證或反證等，都成為不可能事。學說、討論、證明等等必須預設客觀真理及其規準的存在可能性，然而感覺論者無權提出任何規準或權衡。如謂真理與知覺原是一般無二，則人所以為萬物權衡，就在人是知覺動物；若然，又與一般具有知覺作用的畜牲野獸何異？⑶再者，普羅塔哥拉斯等人承認真偽兩論同時可以成立；如果我們認為普氏之說太過主觀而有謬誤，普氏如何辯護己論為是？普氏若不能辯護己說，則其主張豈非不攻自破？⑷最後，柏氏主張一切感官知覺亦必含有非感覺的要素。舉例來說，「眼前的一朵菊花是黃色的」這句命題屬於知覺判斷，具有剎那性感覺的基礎，但亦同時帶有比較、分類、推斷等等知性作用在內。知覺判斷的成立實預設著概念（如花、色彩）的認知。換言之，世上決不可能有不帶非感性要素的「純然」知覺判斷。普氏理論的最大錯誤是在一味標榜感覺主義立場，而忽略了人類的感官知覺之中必有（即使是最低程度的）知性作用在內。

在《西伊提特斯》中，柏氏設定了真確知識的兩種必需條件。一是不可推翻性 (infallibility)；意似後來康德所謂客觀真確性或普效性 (universal validity)。知識的對象須是共相或即概念，而非瞬息萬變著的感性個物本身。感覺成立在感官與感覺基料 (sense-data) 的接觸，無所謂真偽是非；知識的形成需藉判斷作用，經由判斷才有所謂真偽是非可言，而判斷作用亦須預設概念的存在。由是可知，柏氏完全採取蘇格拉底所倡一切知識皆經概念認知的一種概念主義見地。

然而柏氏進而提出第二個必需條件：真正的知識須是「關於實在」(of what is or of the real) 的知識。換言之，知識的對象不是個別者 (particulars) 或差別相，而是普遍者或共相。惟共相有其客觀實在性，因之知識對象必是實在自體。存在學與知識論原是一而二，二而一者。一般經驗論者反對柏氏之說，最根本的是在這一點。柏氏此一理論，完全遵循巴門尼得斯所奠定的「認知與存在同一性原則」，以知識對象為共相，以共相為現實存在的究極本質。

　　柏氏所承認的知識 (epistēmē) 只分兩種：一是數學知識，另一是辯證法知識或即理性知 (noēsis)。前者與數學對象相應，諸如圓形、正方形等幾何圖形或 1、2、3 等自然數（當時自然數以外的數還未存在）；後者為最高且最實在的知識，其對象為觀念或即形相。數學與辯證法的基本殊異，可從兩方面予以甄別。先就方法步驟說，數學從假設或「未經審察的假定」(unquestioned assumptions) 如定義、設準、公理等出發，按步推理論證，而獲結論。然而數學知識無法解答其所視若當然的假設本身如何而來。辯證法則能進一步賦予假設的根由，探求「超越存在」(hyperousion) 或即（毋需假設）的「善之形相」，而從「善之形相」（最高位觀念）層層演繹下位形相。換言之，柏氏辯證法志在「銷毀假設」(destroying the hypotheses)，從知識論原則進而探求存在學原理，而以後者為前者的成立基礎。

　　再就知識對象而言，數學對象雖非可感覺的個別者，卻是一種「叡智的個別者」(intelligible particulars)。譬諸「圓形性」(roundness)，乃是從圓形事物抽離而成的圓形概念，但仍不是柏氏所謂形相或即完的普遍者；因為證明幾何問題時，不得不藉用實際劃成的圓形（如圓規所繪成的紙上圖形）。因此數學對象具有中間者 (intermediaries) 性格，特稱叡智的個別者，而媒介乎形相（真正的普遍者）與現實個物（可感覺的個別者）。依照同理，數學亦稱中間知 (dianoia)，而媒介乎關於形相的理性知與關於現實個物的信念（信念即感覺上的常識，參照下節）。形相（理性知的對象）則與數學對象不同，它是一切存在者的存在原理，毫不關涉感覺經驗，卻經靈魂的回憶作用而得彰顯，故稱真實

的普遍者 (true universals)，而為純粹理性的探求對象。

　　我們在這一節裡只就知識論側面剖析柏氏對於知識或真理的基本見解。柏氏所承認的知識，已如上述，只有理性知與數學知識兩種；由於兩種知識的個別對象屬於不同的存在層級，柏氏對於二者賦予不同的真理價值。柏氏知識論的成立根據既是繫乎形相論或即四層存在構造之說，我們為了徹底理解柏氏所謂知識的真諦為何，不得不進一步探討柏氏形相論的要義。

第三節　形相論（四層存在構造論）

　　柏拉圖形相論的基本主張是說：感覺經驗的對象或即具體存在者，正如赫拉克里特斯所說，流變不息；只有依據理性，層層廓清「存在」概念的義蘊，才能真正把握實在 (reality) 或本體。真正的普遍概念必與客觀實在一一相應；實在性與價值性都是最高的存在自體即是所謂形相或即觀念，而為一切現實存在者的存在原理。赫氏生成觀與巴氏存在論於此獲得辯證法的理論綜合，而蘇格拉底探求客觀真理與普遍定義所憑藉過的對話術也被融化到柏氏哲學的方法論裡面。柏氏形相論的精華部份表現在《國家》中；更精確地說，形相論乃是一種四層存在構造之說。「此構造論劃分四層存在領域，層級越高，越富於實在性與價值性。最低一層為影像界，譬諸鏡中人像，水中明月；稍高一層者為我們眼前所直接接觸著的經驗界或現象界，此現象界既是剎那生滅，變化莫測，自無客觀實在性可言，從而亦無永恆價值；柏拉圖乃將此界與反映此界而成的影像界合稱假相世界 (the world of appearance)。再上一層則是數理世界，由於數理存在為一種形式，故從雜亂無章的經驗現象得以澄清出來，而無生成變化可言，因之具有實在價值。最高一層為一切存在所以模仿憑依的形相（理型）界，與數理界並稱而為叡智界 (intelligible world)，亦即一般西方哲學家所稱的本體或實在界。形相界永恆存在而不變，乃為經驗世界的存在根據，充滿現實人間所不能兌現的真善美價值理想」（引自拙文〈西方二元論世界觀的崩落與實存主義的興起〉，原載《徵信新聞報》《學藝周刊》第五期）。我們可將柏氏在

《國家》中所敘述的四層存在構造理論列表如下：

	doxa（臆斷）		epistēmē（知識）		
（認知層級）	eikasia 妄念（幻覺）	pistis 信念（意見）	dianoia 媒介知	noēsis 理性知（叡智）	anypotheton
	A	B	C	D	善之形相
（存在層級）	影像 eikones	現象 zōia, etc.	數理存在 mathēmata	形相或觀念 eidē or ideai	hyperousion
	doxasta（假相）		noēta（實在）		

　　圖表下面指示四種存在層級，各層線條所轄括的範圍大小不同，乃是依據所謂「線條明喻」(the simile of the line)，以範圍大小代表實在性與價值性的高低，且構成 A+B:C+D=A:B=C:D 的適當比例。圖表上面則為四種認知層級 (states of knowing)，如表所示，各層認知或心靈狀態與同層存在範圍一一符應，合乎「認知與存在一致性原則」的根本要求。柏氏將存在問題與知識問題視如同一件事的一點，深受巴門尼得斯存在論的影響。此一理路一直貫穿觀念論或理性主義一系的哲學思潮，而到黑格爾的形上學體系乃臻登峰造極的境地。

　　B 界即是現象界，亦是感覺經驗的對象，赫拉克里特斯的萬物流轉法則所管轄的範圍即指此界而言。信念 (belief) 或意見 (opinion) 則為與之相應的認知狀態，亦不外指謂常識以及約定俗成的實踐信念，當做世俗的生活指南。A 界是假相的假相，因為它是感覺事物映照而成的影像 (images and shadows)，上述鏡中人像或水中明月可為適切的喻例。因此對於假相的假相所形成的「認知」作用只不過是一種妄念或幻覺 (imagining or illusion) 而已，不僅毫無真理價值，反成真理探求的最大阻礙。C 界與 D 界則是知識的可能對象，上節已稍論介。中間知或媒介知意謂著一種推論性思維 (discursive thinking) 或即從既有假設推

衍結論的推理作用 (reasoning)。理性知或即叡智則是最為純全的知識，柏氏常喻之為一種「直接的靈視活動」(the immediate act of vision)，乃不外是對於形相自體所具有著的「理性直觀」(rational intuition)。理性知所援用的方法，柏氏稱為辯證法，即是通過哲學的對話術逐次揚棄感性經驗的矛盾，步步逼近哲學問題核心，層層探求普遍真理的一套方法技巧。辯證法已不再如數學知識，從假設演繹出結論，而是審查假設本身的成立根據，發現一切存在與一切知識的究極原則 (the ultimate principle)。因此柏氏雖與絕對觀念論者黑格爾同樣使用「辯證法」一辭，然就實際涵義而言，兩者大異其趣。我們若以黑格爾式觀點解釋柏氏辯證法的真諦，終必滋生種種無謂的誤解。

　　形相界中，善之形相為至高無上的形相自體。善之形相是存在學的、知識論的以及目的論的究極原理，亦稱「太一」，或稱「絕對」，而為一切存在的絕對理型，同時又是唯一絕對的價值原理。柏氏在《饗宴》中又將善之形相視如超越的「美」自體，認為善與美二者原是一般無二。

　　柏氏為了說明四層存在構造的真諦，曾在《國家》卷七舉一有趣的比喻，即是所謂「洞窟之喻」(the allegory of the cave)。茲將卡普爾斯頓在《哲學史》卷一（第 160 頁）繪成的該喻圖表轉載如下，並予簡釋。

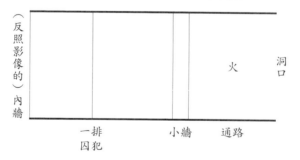

　　柏氏設想一個地下洞窟，洞口之外陽光普照（陽光喻如真理之光）；洞內則有一群活生生的囚犯。他們自從年幼之時，頸部與腿部都被綁起，面向裡層的牆壁，永看不見陽光。囚犯與洞口之間有火，火與他們之間又有通路與低牆，低牆有如簾幕。沿著通路，經常有人搬運人與動物的鑄像，走來走去。囚犯們

雖看不到陽光與其他囚犯，卻能看見外面的火光映射在內牆的鑄像以及他們自己的影像。這些囚犯就是四層存在構造中只滿足於影像界的妄念或幻覺的人們，不知愛慕真理之光，永遠過著黯然無光的生活。柏氏以為人間世的一大半人類都是過得如此悲慘的生活。他們自己的偏見與情欲以及他人所施展的詭辯與修辭蒙住了真理之光，而使他們完全曲解了宇宙人生的真相。即使他們突然見到陽光，也因經不起陽光的強烈，寧願回到原處，而以影像為更具實在性與價值性的存在。

現在設有一個囚犯脫去枷鎖，而向洞口行進；如能漸漸適應光線，不久即可看見具體的感覺事物本身（如其他囚犯），而不再是事物的影像。他已擺脫了影像界中一切偏見與情欲，能以常識與感覺經驗接觸眼前現象，雖則他仍不能領會什麼是實在世界。如果他能走出洞口，更可親眼看見真實的陽光，從此踏入知識的世界。最後，只須他肯努力學習柏氏辯證法，終能直視太陽自體。柏氏所謂太陽，不外喻指善之形相，亦即一切存在的本源與真理。柏氏提醒著說，設若有人看到太陽之後，即回其他囚犯被縛之處，想要領導他們尋求真理之光，必定引起那些寧願活在黑暗地獄的囚犯們的誤解與嫌惡，甚或將他處以死刑。柏氏似乎藉此影射蘇格拉底的不幸事件。依柏氏之意，脫離洞窟而尋覓陽光，需要堅忍不拔的真理意志與繼續不斷的知性磨鍊。換言之，需要對於柏氏辯證法與哲學思想下一深刻的工夫，才有直觀形相自體，遷升精神境界的希望。

柏氏四層存在構造論的大要已如上述，我們乃可進而探問柏氏「形相」一辭的根本義蘊究竟為何。柏氏自己在《對話錄》中從未嘗試形相義蘊的全盤剖析。因此，我們如要了解形相一辭所具有著的可能義蘊，惟有直接考察柏氏《對話錄》中有關形相義蘊的一切線索，而作歸納的過濾。依照這個辦法，我們可以舉出下列四種形相涵義。

⑴就形相的邏輯性涵義 (logical meaning) 言，形相或觀念不外是存在事物的一般規定或普遍定義。換言之，形相只是共相，亦即種類概念。如以命題為例，形相即指賓辭 (predicate) 而言。譬諸「蘇格拉底是人」、「孔子是人」等命

題之中，「人」是賓辭，亦即共相。現實個物（蘇格拉底、孔子）與共相（人）的關係是類的含攝 (inclusion) 關係。經過捨異求同的抽象步驟，可獲現實個物的種類概念，以含攝一切有關的現實個物。純就邏輯側面說，柏氏形相即是共相。

⑵次就存在學涵義 (ontological meaning) 言，形相即是現實存在者的存在原理；形相等於客觀的實在，現實存在者則是形相所彰顯出來的主觀的、相對的假相。譬如現象界中可有許多「相等」的感覺個物，但此所謂「相等」仍是相對性的，尚無客觀規準可言。柏氏以為，只有通過理性的澄清所獲取的「相等」觀念纔是絕對意義的「相等自體」(auto to ison)，而為相等個物的存在根據。個物與形相之間構成一種「分有」或「參與」(participation) 關係，例如相等的感覺個物分有「相等自體」而顯現相對性的相等性質。只有形相或即客觀實在纔能成為理性的認知（直觀）對象。柏氏形相的存在學義蘊之中顯有巴門尼得斯「論理存在」思想的陳跡。

⑶形相又具價值論的涵義 (axiological meaning)；於此，形相不外指謂「原型」(paradeigma) 或「典範」，亦即所謂「原本」(original copy)。現實個物只是形相的「模仿」(mimēsis) 或「複寫」，形相或觀念 (idea) 則是現實個物的理想 (ideal)；現實事物乃為愛慕與追求理想（形相自體）而存在著。作者在上面所曾引用的拙文之中，最後一段文字可以適切地闡釋「形相即是理想」的要義。作者說：「形相界永恆存在而不變，乃為經驗世界的存在根據，充滿現實人間所不能兌現的真善美價值理想❷。」譬如現實人存在如何美麗（如西施），如何善良（如伯夷），總是相對的美或相對的善；「美自體」或「善自體」纔是絕對的典範理想。柏氏尤其標榜善之形相為最高原型及理想，充分表現出他對倫理學的莫大關心。

我們如果剝除形相的實在性，純就⑶義理解形相義蘊，則形相一辭可意謂

---

❷　形相既是價值理想，則在形相義蘊之中已潛在著目的因素。亞里斯多德批評柏氏未予考慮目的因一項，並不完全正確。

著人類在每一時代所希求著甚或創造著的最高價值理想。但在柏氏的場合，形相不僅純指價值理想，同時又是最高存在原理。邏輯經驗論者大致只能接受柏氏形相的(1)義，以形相為毫不關涉實在問題的種類概念而已。他們極力反對的是柏氏所倡形相具有客觀實在性的一點，因為他們可以根據「檢證原則」(the principle of verification) 指摘柏氏形相的客觀實在性無從檢證，從而不具任何認知意義 (cognitive meaning)，實與瞎子的幻想無異。經驗論一派乃針對柏氏一類的存在學思想，宣佈形上學不能成立。嚴格地說，他們只反對了分辨本體與假相而以前者為唯一實在的存在學理論。換言之，他們只是主張「實在形上學」(Real-Metaphysik) 的吊銷，至如所謂「價值形上學」(Wert-Metaphysik) 或「體驗形上學」(Erlebnis-Metaphysik) 的成立問題則非經驗論所能涉問。柏氏如果特取「形相即理想」一義，同時擯除形相的存在學涵義，而發展出一種價值形上學，或可免於經驗論者與唯名論者強有力的理論批判。然而柏氏形上學，正與一般西方形上學（如亞里斯多德、斯賓諾莎、黑格爾等）相同，強調實在形上學側面過於價值形上學側面；故在康德先驗哲學之中首次遭遇了嚴厲的批判，而到現代哲學，又受科學經驗論與語言解析學派的激烈攻擊。從柏拉圖的例子，我們可以深深體會到，西方形上學的重建問題是如何重要的了。

　　(4)最後，如就數論的觀點而言，柏氏形相亦具「形相的數」(arithmos eidētikos) 之義。然而柏氏對此解釋不多，只在《費里巴斯》稍見片鱗而已。恐怕「形相的數」之說多半屬於柏氏秘教（院內教義），故未公開流佈。柏氏對於「形相數」的主張，可能深受畢達哥拉斯學派神秘主義的數理存在思想的影響；專就形式（量的規定）側面，掘發形相義蘊，而將形相視如具有圖形的數。我們在恩培多克利斯的混合比例思想與原子論者的量化理論之中，亦不難窺見此一學說的歷史線索。關於「形相的數」一辭的意義，傑勒、斯騰徹爾等柏拉圖學者曾予繁煩精細的考證與註解，因問題極為繁雜，在此不再詳述。

　　綜上所述，柏氏形相可能具有四種分殊義蘊，而在對話錄中都可尋出理論線索。其中最重要的當然是存在學的義蘊，因為柏氏形相論首先是以存在學的

奠基理論而成立的，有了此一奠基，才有所謂知識論與倫理學的成立根據。柏氏據此認為，形相界原非我們所能發明，而是自本自根地永恆存在著；我們只是通過辯證法「發現」了它而已。從一般經驗論者看來，柏氏此說乃屬一種獨斷論 (dogmatism) 主張。同時我們應予理解，形相既是理性的對象，不能說它具有位置或在某處，雖則我們可以叡智地直觀它的存在。形相是永恆自存，不生不滅且不變不動的唯一實在❸。

　　關於柏氏形相論，還有兩個問題值得我們注意。第一是形相界的範圍問題。我們通過捨異求同的抽象步驟，究竟能獲多少形相或觀念的種類呢？按理我們似可獲取無數的形相：譬諸自然具形觀念如花草鳥獸，人工具形觀念如桌椅門窗，量化觀念如相等、近似，性質觀念如硬軟輕重，倫理觀念如節制、公正等等，理應不勝枚舉。《巴門尼得斯》對此問題論述最詳。該篇首先承認類似、一、多、正義、美、善等適用於一切事物的形相有其客觀實在，其次對於人、火、水等形相是否存在，則表懷疑。至於毛髮、泥土、污穢等不具價值的下等觀念，該篇中的少年蘇格拉底否認其存在性；然而篇中巴門尼得斯告訴蘇氏說，等他了解了最高的哲學時，便不再鄙視此類下等觀念了。大致說來，柏氏似乎只許存在、非存在、類似、非類似、同一、差異、數、善、美、運動、靜止等最高種類概念或範疇具有形相實在性。柏氏所以不願承認毛髮等無價值者有其形相，最重要的理由可能是在：形相除了共相或種類概念之外，還具有著典範或理想之義。據此我們總不能說，現實的毛髮模仿或思慕毛髮的形相了。無論如何，柏氏從未提出任何有關形相種類與多寡的可能規準，徒使後人妄加猜測之辭。亞里斯多德在《形上學》卷七敘述，柏氏不許人工事物有其形相，但許自然事物的形相存在；亞氏此說並不能徹底解釋形相界的原有範圍問題。

　　其次是有關形相與現實個物間的關係問題。我們已在前面說明，現實個物

---

❸　按理柏氏形相無形像性，理論上顯較巴門尼得斯「有限球形」之說高出一籌。不過從柏氏所謂對於形相的「靈視」或「直觀」以及「形相的數」概念，可以看出柏氏並未全然捨離形相的圖像性質。

因分有、參與、類似、模仿甚至思慕形相而得存在。然而這並不能完全說明現實個物如何能從永恆自存、不生不滅而不變不動的形相創化生成。無怪乎亞里斯多德曾在《形上學》中大事非難柏氏形相與現實個物之間的乖離 (chorismos) 現象，認為柏氏未能針對現實個物發現形相，反將形相從現實個物予以分離 (separate)，只予形相以客觀實在性，致使整個現實世界變成毫無生色的假相世界。柏氏雖在理論上已能綜合巴門尼得斯與赫拉克里特斯二者的對立思想，然因過份強調實在與假相的乖離相異，終於未能尋出溝通形相界與現象界相互隔絕的解決線索，實為柏氏形相論最大的理論缺陷。亞里斯多德的形上學便是設法超克柏氏此一難題的思想成果。

柏氏雖在理論上未能說明現象界的生成問題，他卻藉諸想像而成的神話敘述自然宇宙的創生過程。我們在下一節裡專就柏氏的自然哲學作一概述。

第四節　宇宙論

形相是存在自體，不即等於現實存在。為了說明現實事物的生成變化，柏氏搬出一種概念，稱為「扣拉」(chōra)，含有空間 (hedra)、場地、素材 (ekmageion)、容器 (hypodochē)、容納一切者 (pandeches) 等義。柏氏在《泰米亞斯》中規定「扣拉」為永恆自存而不生不滅，非人類感官所能把握之者 (52a8–b2)。扣拉與形相相互對立。

現實存在者是一種「混合物」(to meikton)，而由「非限定」(apeiron) 與「限定」(peras) 形成。「非限定」指謂扣拉，「限定」則指形相而言。然而有了形相與扣拉，還不能生成整個自然宇宙，因為兩者都是不變不動者，而非亞里斯多德所說的動力因。柏氏為要解決動力因問題，乃提出了構劃混合物的原因 (aitia)，稱為「狄米奧吉」(Demiurge)，意即具有神性的工匠。祂是智慧，是理性 (nous)，能予摹寫形相，將其刻印 (typō thenta) 於扣拉或空間之中。狄米奧吉不是耶教所謂創造神 (Creator-God)，因祂自己不能創造物質；祂只能是設計神 (Designer-God)，有如工匠，能將原型（形相）與質料（四元）適為糅合，塑在

扣拉之上，而為現實的自然宇宙。因此，狄米奧吉可以看成一種動力因❹。

　　扣拉是柏氏為要解答根本物質問題所提出的一種「非存在」，亦即所謂「混沌」(chaos)❺。扣拉不具任何特徵，只是一種接納「存在」的容器而已，照理不能稱為素材或物質。柏氏似乎認為真正的原質是四元或四大，亦即地水火風。四元之間不斷循環變化，無有止境。我們若以黃金為喻，則持續不變的黃金本身（素材自體）似指非限定的扣拉，不能附加任何規定；至於四元，則為已成三角形、四角形等等形態的「三角形黃金」、「四角形黃金」。四元乃是扣拉經由圖形的形相限定而產生的物質：火因正四面體，地因正六面體，空氣因正八面體，水因正二十面體而生。

　　我們可再藉用藝術家畫像的比喻說明柏氏的宇宙生成之說。狄米奧吉就是畫家自己，祂在腦中構劃的肖像觀念則指形相而言。畫布喻指扣拉或即場地；至於顏料則可喻指四元。如此畫成的肖像即是一切現實存在。柏氏在《泰米亞斯》特別宣稱，宇宙的創生乃是「必然與理性混合而成的結果」（《泰米亞斯》，47e5–48a2）。必然即指扣拉，又喻為母；理性則為形相，亦喻如父。狄米奧吉充當媒介，結合「父」與「母」二者，推動而成現實宇宙。感覺事物所以能具形相界中原不存在的擴延性 (extension)，乃是因為它是形相模型塑在扣拉上面的產物之故。

　　柏氏對於宇宙生成的敘述，幾乎集中在《泰米亞斯》一篇。然而柏氏深知生成變化原屬感覺世界之事，無從形成有關生成問題的一種知識。因此柏氏自己不敢妄稱他在《泰米亞斯》所述宇宙開闢的故事可信之為真正的事實。柏氏反而屢次強調，他的故事只不過是「近似真實的解說」(eikotes logoi)，或是「近似真實的神話」(eikotes mythoi)，雖則柏氏本人可能堅信他的「神話」是最為可靠的一種。

　　四元只是形成宇宙的身體部份。然而設計神推動宇宙生成之時，必須仿照

---

❹　〈創世記〉中上帝「自無生有」的故事對於古希臘人而言，是不可想像的事。

❺　不過「混沌」概念後來似被亞里斯多德所改造，形成非感性的「原初質料」概念。

形相或原型，俾使現實宇宙能夠分享形相界的至善至美。自然宇宙如欲充滿美善，必須含有理性成素，理性寓於靈魂，靈魂亦須寓於身體。因此，所謂世界須是具有靈魂與身體的一種「生物」。靈魂既較身體顯佔生成的優位，「世界靈魂」(The World-Soul) 的形成應該早在世界身體之前。柏氏認為，狄米奧吉能將永恆不變而自我同一的「自同」(tauton) 與雜多可分而生滅變化的「他異」(thateron) 混合起來，形成所謂世界靈魂。世界靈魂滲透世界身體，環繞而成日月星辰等天體。「自同」與「他異」所混合而形成的兩環之中，「自」環變成恆星軌道，「他」環則為日月金水火木土等行星的軌道。由於天體有規律地不斷循環，產生時間 (chronos)。世界的空間性來自扣拉，時間性則來自世界靈魂。世界靈魂以及一切不朽的靈魂，一方面歸屬不生不滅的叡智界，另一方面又屬於生成界，因為此類靈魂具有生命且能變化的緣故。

人類靈魂猶如世界靈魂，亦由狄米奧吉混合「自同」與「他異」而形成。兩者的差異只在前者的混合及其成素較為不純而已。人類靈魂亦具「自」、「他」兩環，因「自」環而對形相界，因「他」環而對感覺界具有知識。我們在下一節裡再就人類靈魂的不朽問題予以論介。

第五節　靈魂論

柏氏認為人類靈魂具有神性，故是不朽。奧爾斐宗教與畢達哥拉斯學派思想無疑地影響了柏氏對於靈魂的見解。柏氏比蘇格拉底更進一步，曾予嘗試六種有關靈魂不朽的論證，分論如下：

㈠生成是對立物的不斷循環❻。大自小來，美從醜生。生與死既是對立，兩者理應交互生成。因此靈魂有再生 (palingenesia) 的可能，亦必曾存在於冥府 (Hades)（參閱《費多》，70–72）。

㈡《費多》又載另一論證，乃從知識的先然 (a priori) 因素推論出來。柏氏

---

❻　柏氏未曾證明此一假定，柏氏此一看法可能受過自然哲學家的影響。柏氏自己亦有
　　四元不斷循環變化的主張。

主張，我們對於形相界與數理存在所具有的知識客觀而真確，而與感性界毫無關涉。已寄寓在身體之中的靈魂不可能認識客觀真確的真理。唯一可能的解釋是，靈魂曾在前世已有這種知識，而在現世通過回憶作用想起前世有過的知識。是故，知識的成立足以證明靈魂曾於前世存在（《費多》，72e–77a）。上述的再生說與這裡的回憶說聯貫起來，無異等於證明了靈魂的永恆存在性（《費多》，77a–77d）。

　　㈢《費多》中再一論證，乃從靈魂的神性導出。柏氏認為存在可以分為兩類：一是神性的、不朽的、精神的、單一不可分的、永遠自同的，另一則是人性的、可死的、非精神的、雜多可分的、絕對非自我同一的。靈魂與肉體比較起來，前者更能參與形相界的原型，且能直觀形相自體，又是規制肉體的原理。因此靈魂必是神性的。古希臘人所理解的「神性」，同時涵有不朽與不變之義（《費多》，78c–80c）。

　　㈣《費多》篇中最後一種論證可以說是語意分析性的證明。靈魂是生命原理，亦是精神原理。生命既是靈魂的本質屬性，靈魂理應不朽，因為死滅的靈魂在語意上顯有矛盾。生命原理決無「磨損」(wear out) 的可能（《費多》，102a–107b）。

　　㈤在《國家》卷十之中又有一種論證。柏氏主張，任何存在的毀壞滅亡，必有所謂固有的惡內在於它。譬如木材因腐朽，鐵因生鏽，身體因病而變質甚或死滅。中國俗諺所謂「物必自腐，然後蟲生」正合柏氏之意。靈魂固有的惡是無知、怯懦、放縱、不正。這些惡德決不致減少靈魂所具有的任何生命力量，尤其惡德與異常的精神能力結合之時，生命力量往往反而增加。惡人常比善人長壽，可為例證。靈魂既不因內在的惡而死滅，當更不被外在的惡所毀滅的了。換言之，靈魂必定永恆不朽。

　　㈥在《費德拉斯》中又有一種根據靈魂自動性的不朽論證。柏氏推論，靈魂不像其他現實存在，常為外界力量所推動；靈魂是一種自動原理 (a self-moving principle)，故為運動的始源。始源不被創造，故無死滅可言（《費德拉

斯》，245c）。

　　我們在此不必一一指摘柏氏六大論證的缺點。不過我們應予注意，柏氏所謂不朽的靈魂，指涉的是理性部份的靈魂。為要理解乎此，我們還須進一步說明著名的「靈魂三分說」（the doctrine of the tripartite nature of the soul）。

　　柏氏主張人存在靈魂可以分為不朽的部份❼與死滅的部份，前者即指理性（logistikon）部份，死滅部份又分氣概（thymoeides）與情欲（epithymētikon）。情欲乃指營養、生殖、佔有等等衝動欲望，部位在下腹。氣概則為較情欲高等的衝動，位於胸部，聽從理性的命令。理性或即不朽的靈魂位於頭部，能作理論的觀照與實踐的審慮等理知活動。

　　理性愛慕智慧，氣概追求名譽，情欲則貪愛財寶。柏氏據此劃分三種人存在類型或生活的層級。富於理性的人是愛智者（philosophos），亦即哲學家。富於氣概或勇氣的人則是愛名者（philotimos），一般政治家、事業家等應屬此類。至於耽於情欲衝動的人可以稱為愛財者（philochrēmatos），譬諸拜金主義者、貪官污吏、（自甘墮落的）娼妓等是。畢達哥拉斯的人生三形式說似對柏氏此說影響甚鉅；而柏氏此說亦預取了亞里斯多德所謂理論的、市民的以及享樂的生活三階段說。柏氏甚至根據人存在類型，進而解釋民族類型。他說，希臘民族愛智（愛好哲學），北方的好戰民族愛好勇氣，至於奢侈淫蕩的南方民族則充滿著求樂之念（參閱《國家‧卷四》）。

　　然而柏氏為何提出靈魂三分之說？第一個解釋是，柏氏為了分辨心靈活動的三大機能，故有此說。我們更可推測，柏氏或許欲使世人解悟靈魂本身的種種掙扎痛苦與自由解脫等現象，故而搬出靈魂三分理論，昭示較為合理的靈性生活。柏氏曾在《費德拉斯》中藉用御者馭馬之喻，說明複雜的靈魂活動。御者喻指理性的靈魂，他要駕馭二馬：一為良駒，喻為氣概或勇氣的靈魂；另一

---

❼　靈魂的三大「部份」，誠如卡普爾斯頓所指出，應屬形上學的討論範域，按理不得涵有形體性、擴延性之義。我們似乎應從心靈活動的機能或作用理解靈魂三分的真諦。柏氏自己對於靈魂的實際部位之說可能不太認真。

則為悍馬，乃喻情欲的靈魂而言。良駒善聽御者的指使；悍馬則兇惡難馴，御者需用馬鞭，差能勒住。柏氏此喻，耐人尋味，且富於文學的想像。不過柏氏自己承認，對於靈魂究竟為何的徹底說明，需藉神力；若以人力解釋，只能做到近乎真實的程度（《費德拉斯》，246a）。

第六節　道德論

　　柏拉圖倫理學的主旨是在獲致至善 (summum bonum) 生活，至善生活又同時規定人的真正幸福。依此，柏氏倫理學深具一種幸福主義的性格。他的倫理學與形相論、國家論、靈魂論等息息相關，難於單獨處理。為了實際的方便起見，我們不妨分成出世道德與現世道德兩個側面予以剖視。

　　柏氏出世道德之說，載諸《費多》、《西伊提特斯》兩篇，乃循畢達哥拉斯與蘇格拉底的靈魂不朽論，認為肉體猶似牢獄，靈魂要從肉體設法獲得解脫或淨化。肉體之死，反使靈魂本身能有解脫的良機，因此死不足懼；蘇格拉底死前從容自得，可為例證。柏氏進而以為，我們不必等到死之來臨，才有淨魂的機會；在人世間仍可遷升靈魂，而過至善至福的生活。我們在人間世，只要越能遠離感官知覺，也就越能直觀形相的實在，此無異等於洗淨靈魂之道。所謂「哲學的德」(philosophias aretē) 不外指謂此一淨魂之道。至於節制、勇氣、正義等等分殊德目，乃從習慣或實際修鍊而有，只可稱為「市民的德」(politikē aretē)，而不及「哲學的德」之純全。柏氏更以為，只具市民的德而不能直觀形相的實在者，輪迴轉生之時變成黃蜂、螞蟻等等，頂多變成毫無智慧的俗人。柏氏出世道德之說可以說是深受蘇格拉底生前的「彼岸」思想與學習就死的生活態度的影響。

　　再就現世道德方面來說，又可分為個人倫理與社會倫理；前者見諸《費里巴斯》，後者則在《國家》中窺得大要。

　　在《費里巴斯》中柏氏所要解決的是善的義蘊問題。篇中費里巴斯首先界定善為快樂，蘇格拉底提出反證，認為善的形成必須包含智慧在內。所謂善的

生活應是一種「混合的」(mixed) 生活，既非純然理性的生活，亦非完全官能的快樂生活。換言之，善的生活不外是快樂之蜜泉與智慧之水泉按照適當比例混合而成的結果。柏氏決不是膚淺的禁欲主義者，他贊成我們不必為了獲致善的生活，摒棄一切人間世的物質享受。不過人應認清感覺世界不是唯一的世界，它僅僅是理念世界（形相界）的副本而已。在善的生活裡表現出來的特性是：(1)適度，(2)均衡、美、完全，(3)理性與智慧，亦即真理，(4)知識、技術、正確的裁斷，(5)不伴有痛苦的純粹快樂，以及(6)適宜的食欲滿足感。

　　柏氏個人倫理說與社會倫理說無從儼予劃分；或不如說，柏氏所著重的是社會倫理問題。柏氏畢生關心實際政治，肯定人為社會動物，因此認為真正的倫理建設惟有通過社會倫理問題的探討纔具意義。換言之，完全從整個國家社會游離出來的所謂個人倫理按理沒有單獨成立的根據。這是柏氏與蘇格拉底討論倫理問題之時，最大的殊異所在。蘇氏也很關心國家政治，他的貴族觀念論又由柏氏繼承發揮。然而基本上蘇氏偏重個人倫理，從未積極建立社會倫理的學說。柏氏則一方面遵循蘇氏理路，另一方面又通過形相論與靈魂三分說奠立一套社會倫理與哲人政治的理論，而從個人倫理問題轉移到社會倫理問題。柏氏最後在《國家》中解消個人倫理為社會倫理的一部份，而建立了所謂四元德 (four cardinal virtues) 之說。

　　《國家》的重要課題是如何實現正義 (dikaiosynē) 於國家政治。為此，柏氏根據靈魂三分說，規定人的職責為三大層級，而對每一職責配適一種德性。理性因能認識真理，具有指導氣概與情欲的職責；理性之德即是智慧 (sophia)，乃為管理國家的統治階級 (archontes) 應具的德性。其次，氣概部份聽從理性的光明，善於分辨可畏懼的與不可畏懼的，而對應盡的義務絕對忠實；氣概之德即是勇氣 (andreia)，而為防守國家的捍衛階級 (phylakes) 所應具備的德性。至於情欲部份，亦應服從理性的指令而自我節制；因此情欲之德為節制 (sōphrosynē)，營養階級 (tropheis)，亦即農工商等從事於生產勞動者，應具此德，而為國家謀求經濟繁榮。國家的每一階級如能實踐各應遵從的元德，職能

有所區分，統治與服從的相互關係獲得協調，則構成人類靈魂全體的國家當可實現所謂正義之德。就個人方面而言，靈魂三大機能都能遵守各德，而具完全調和的人，即是所謂正義之人。柏氏如此扭轉蘇格拉底「靈魂之關懷」的真諦，針對國家倫理討論個人在國家社會裡如何關懷自己的靈魂，終將個人倫理與社會倫理聯貫而成一套極有系統的倫理學說。上述智慧、勇氣、節制以及正義四者乃構成了四元德，其中正義是總體之德，統攝其他三者；其他三者則為分殊之德，一一按配不同的階級（社會倫理），或者不同的靈魂機能（個人倫理）。蘇格拉底所曾倡導的德之統一性於此獲得具體的展現。

　　以上只就《國家》中有關倫理問題部份抽繹出來，作一概述。下一節則專論柏氏對於國家政治的學說。

第七節　國家論（政治論）

　　柏拉圖與當時的一般希臘人相同，承認人為社會的動物，同時認為具有規律組織的社會乃是一種自然而然的機構。他們無法了解近代西方人多把政治或社會視如「必要的惡」(necessary evil) 的看法。其次，正如上節所述，柏氏個人倫理與社會倫理之說步調一致。國家亦如三大分殊靈魂所構成的靈魂整體，乃由三大階級構成，分殊靈魂與三大階級各所遵守的德性亦無差別。國家的正義或至善生活的實現也就是個人正義或至善生活的完成。我們在這裡所需要注意的是，柏氏所關心的國家不是直接可以存在著的現實國家，而是一種「理想國家」(ideal state) 的發現。換言之，柏氏要問真正的國家應是什麼而不是實際的國家是什麼。再者，柏氏以為理想國家的建立，首須藉諸真正符合人性要求的政治術策；此一政治術策應該成為嚴格的知識或科學理論。最後，柏氏以及一般古希臘人所理解的國家是城市國家或即城邦 (city-state)，大小有如今天的摩納哥或瑞士，而非文藝復興以來在歐洲各地所逐漸形成的民族國家。

　　柏氏政治哲學理論多半表現在《國家》、《政治家》、《法律》等三篇，尤以《國家》中的理想政治學說最為重要。《國家》一開始便討論正義的真諦，從中

逐漸導致圓現國家正義的可能步驟。柏氏首先認為，建立城邦的原初動機本是為了一種經濟利益的目的。一個城邦能否繁榮發達，端賴經濟上能否實行分工合作的原則。然而國家有了經濟繁榮，不就等於富強康樂。由於人口膨脹，奢侈之風熾盛等等因素，國家領土需得擴張，否則無以自存。柏氏不是淺薄的理想主義者，他很能了解到，戰爭的起源常是由於經濟的原因。有了國家與國家之間的戰爭，便需要在農工商等營養階級之上成立一種捍衛階級，充分發揮勇氣之德，俾能防守敵人的來侵，維持國家的安寧秩序。同時，捍衛階級亦應稍具哲學頭腦，要能分辨誰是國家的真正敵人。因此，他們須受適當的教育，始於音樂與典故。不過柏氏堅決反對教授荷馬與赫西歐德等人的作品，因為他們的作品充滿反倫理的內容，阻礙靈魂的正當成長。依據同樣理由，敘事詩人與劇作家皆應驅逐於城邦之外；只有抒情詩可在國家當局管制之下准予授受。柏氏深知荷馬等人的文學作品富於美的想像，然而柏氏為了遷就倫理教育，一概摒除此類作品。正因它們富於文字之美，更是容易蠱惑甚至敗壞童年的靈魂。除了音樂之外，健全的身體有助於靈魂的遷升，亦能使人充沛勇氣與膽識。

　　柏氏進而探問國家的真正統治者應屬何種階級；因為執行國家的政務需要卓越的政治知識，殆非上述兩種階級所能勝任。柏氏認為統治者應由捍衛階級選拔出來。那些拔群的人材需有智慧與權力，而以發展國家利益，實現國家正義為己任。他們才是名正言順的國家「保衛者」(guardians)，至於捍衛階級則聽從統治階級的指揮，支持任何政策，故應稱為「輔助者」(auxiliaries)。以上三種階級完全配合靈魂三分理論，各守各級的德與職責，維繫國家的生存發展。柏氏儼予規定，捍衛階級與統治階級不得儲存私人財產，更不能接觸金銀寶物。他們只可接受營養階級所奉獻的必需用品。至於生活起居，應如軍隊營地，不可享受個人的家庭生活。婦女除了具有生育能力，其餘應與男人一視同仁，如有特殊才賦，不但可以參戰，亦得聽政。柏氏同時規定，一般市民尤其高層階級的婚姻關係應受國家當局的管制，按照優生學原則進行辦理。高層階級的男女交媾以及子女生育均須依照規定時間進行，不得擅自行動。至於所生子女亦

應比照優生原則，配屬各層階級。柏氏所作的提議是要徹底實施一種「公社」生活，乃是一種原始共產制度的理想化學說。

　　柏氏繼承蘇格拉底的遺志，依據貴族觀念論觀點主張國家的統治者應為智德兼備的「哲人王」(Philosopher-King)。他們從捍衛階級之中獲得甄選之後，須受進一步的精神教育。首先是數學與天文，尤其是幾何學的知識。幾何學的知識能使學生漸離感覺幻象，步步接近真理，培養哲學智慧。到了三十歲，再從這些學生之中嚴選「哲人王」的幼苗，施與最後的教育訓練，亦即辯證法知識的傳授，俾使他們能依理性之光直觀善之形相，而成就至高無上的智慧。如此經過五年的辯證法訓練之後，他們還須走進社會各層，從事於各種實際事務，了解民間疾苦，同時深化個人的生活體驗。經歷了十五年的實際工作之後，再就這些人材之中正式選拔具有卓越工作成績者為「哲人王」，而從五十歲開始擔當一切國家最高政務。他們從政，應該視如習常之事，而不應以從政為偉大事業而自滿自傲。到了退休之時，他們須將政務交與下屆的統治階級；依從國家當局的安排，遷居「祝福群島」(the islands of the blest)，享受晚年的悠閒生活。國家亦應建立他們的紀念碑，祭奉他們如同人神。以上就是柏氏著名的哲人政治理論的大要。

　　柏氏在《國家》卷八與卷九兩卷論及五種政體，而以貴族政體 (aristokratia) 為最完全的理想制度，能予實現至善至福的社會生活，且能符應柏氏正義理論的根本要求。如果上層階級（統治階級與捍衛階級）開始聯合侵吞生產階級的私有財產，且將後者降為奴隸，則貴族政治立即變質而為所謂「名譽政治」(timokratia)。這是名譽欲過份增強而侵犯理性之德的結果。其次，由於財富的貪愛逐漸抬頭，又將名譽政治推翻，變成「寡頭政治」(oligarchia)；政治權能之大小改以財產多寡為準。然而貧窮階級的不滿情緒逐漸高張，終於起而驅逐富有階級，建立「民主政治」(demokratia)，以替代寡頭政治。最後，原來領導暴民反抗政府的魁首漸漸除去假面，發動政變而僭稱君主。如此，民主政治終又淪為「暴君政治」(tyrannis)。柏氏對於政體變質的可能性所作的理論分析不

外是要指出，政治的淪落敗壞無異等於哲學智慧與國家正義的蕩然掃地；不能實現正義與彰顯智慧的任何政體必定導致暴亂甚或夭折。

　　柏氏另在《政治家》按照統治者的人數多寡分成三類政體：君主政治，寡頭政治，與民主政治。前二類政體又因政治是否依據被統治者的自由意志或強迫壓制的手段而各分兩種：君主政治分為明主政治 (basileia) 與僭主政治 (tyrannis)；寡頭政治分為貴族政治與黨派政治。民主政治則以有否法律為準，分成法治的與漫無法律的兩種政體。無論如何劃分政體的類型，柏氏深信真實的理想國家應是理性的智慧所支配著的國家，真正的統治者則為具有真知灼見的智者 (epistēmones)。

　　《法律》中所討論的政治學說，較諸《國家》的理想政治理論更為遷就現實，承認奴隸制度的存在理由，同時實際規定種種較為可行的法律。所涉問題太過實際而瑣細，茲不贅述。

　　柏拉圖的哲人政治說充分表現出一種理想主義的色彩，而在政治思想史上開導了所謂「烏托邦主義」(utopianism) 理想的理論先河。近世如培根的《新亞特蘭提斯》、摩爾的《烏托邦》、坎巴涅拉的《太陽城》等理想政治小說的產生，都曾深受柏氏政治思想的洗禮。柏氏政治理論誠然充滿著追求至善生活與國家正義的偉大精神，然而他那理想的全體主義 (totalitarianism) 學說事實上無法付諸實現。柏氏理論的最大瑕疵是在全然抹殺個體性與自由性。即使國家的正義經由哲人政治的完全實現而彰顯出來，個人的幸福或至善生活卻不一定因而能夠兌現。柏氏人性論過份強調理性 (logos) 靈魂的一面，而忽略了人存在的情意 (pathos) 性側面有其獨特的存在意義。柏氏由於奠定一種全體主義的國家理論，完全否定了單獨實存的獨立自由，這並不是理論的偶然性而已。黑格爾曾在《法理哲學綱要》批判柏氏理論說，柏氏未予審慮所謂「主體性自由之原則」(Das Prinzip der subjektiven Freiheit)，煞有精闢的見地（參閱該書第二九九節及第一八五節）。若謂柏氏哲人政治說是古希臘人的代表性政治理論，則近代西方人的政治思想可藉盧梭的社會契約說 (the social contract theory) 為典型的代表，兩相

比較，不難見出耐人尋味的理論對照。

第八節　藝術論

　　柏拉圖沒有發展過系統性的美感理論或藝術哲學。大體上說，柏氏對於藝術美與藝術創造的問題，多半依據形相論觀點予以解釋。況且他又遷就社會倫理與教育效果，頗為鄙視藝術的存在價值，故未賦予藝術以一種獨立自主的地位。這不等於說柏氏本人不能理解美感或藝術創造的本質為何。我們很有理由相信，柏氏本身是個藝術才情洋溢著的作家，他的對話錄，尤其早年的作品，充滿了浪漫的情調與藝術的玄想。然而柏氏思想圓熟以後，他對藝術一般的看法似乎有所改變，逐漸深化理想主義的色彩，而捨離了感覺上的現實美感（事物），反以「美自體」或「美之形相」為唯一真正的美，且將美與善視如同一無殊（藝術與道德的牢結）。柏氏在《希比亞斯第一》與《饗宴》兩篇之中討論美的真諦時，認為一切美的事物因為參與或分享普遍真實的美，故具美的價值意義。所謂美，原是有其客觀的實在，亦即美之形相；故非指涉感覺上的現實之美。柏氏進而主張，美既具有形相論的基礎，按照四層存在構造之說，應有不同的美之層級。舉例來說，最美麗的類人猿不及美人之美，而美人之美又不及諸神之美，如是層層推溯，可以發現到，美之形相才是獨一無二的美之典範或原型，又同時為一切美的事物之最高理想。

　　根據上述之說，柏氏本可發展一套極其完整且有存在學奠基的理想主義藝術觀。然而柏氏不但未予發展此一可能的理路，反而鄙視藝術的固有功能。其所以如此，乃是由於柏氏認為藝術家所創造者原不過是感覺事物的副本或幻像；美的感覺事物本身已是美的原型之模仿，藝術作品更是模仿的模仿 (imitation of imitation)，副本的副本，離開普遍真實之美又遠又差。譬諸肖像，畫家描摹實際的模特兒，繪成一張肖像畫，但決不及原來模特兒之真之美，而模特兒又不及人的形相之真之美。由此可見，柏氏藝術論乃是一種「模仿說」(imitation theory)，未予承認藝術性美感的純粹創造價值。這是一種套有形相枷鎖的纏足

藝術觀，我們雖對柏氏真摯的真善美探求精神可以寄與同情與敬佩，但對他那
貶低藝術創造的內在價值的主觀見解，實在難於苟同。英國唯美主義者王爾德
(Oscar Wilde) 卻從另一極端的觀點高唱「自然模仿藝術，而非藝術模仿自然」
（參閱王爾德的《藝術論文集》），正與柏氏之說形成有趣的理論對蹠，足以發
人深省。

　　柏氏不但貶低藝術創造的獨特價值，同時專從倫理教育的觀點，排除一般
藝術，尤其當時盛行的戲劇與史詩；關於這些，作者已在上節略為論述。柏氏
哲學基本上具有強烈的倫理性格，故於形相論規定善之形相為最高存在原理，
於政治論則強調社會倫理，尤其正義觀念，最後又於藝術論主張藝術隸屬道德
（藝術的倫理化）。這不能不說是柏氏遵循蘇格拉底探求善之知識與靈魂之關懷
的哲學精神而所發揚光大的自然結論。由此，我們不妨標稱柏拉圖哲學為一種
「倫理的觀念論」(ethical idealism)，而與康德的先驗觀念論或黑格爾的絕對觀
念論等區別出來。

第四章　亞里斯多德

在西洋哲學史上，亞里斯多德 (Aristotle, 384–322 B.C.) 對於後代的思想影響僅次於他的老師柏拉圖；然而諸般分殊經驗科學的成立，則應歸功於亞氏本人。柏氏善論形相的直觀，鄙視感覺經驗，同時缺乏探研物理現象的天賦。亞里斯多德則性好事實的根據，故能蒐集及整理感覺經驗的材料，同時經由法則的探求，建構而為系統化的科學知識。從亞氏開始，邏輯、氣象學、物理學（自然學）、倫理學、動物學、詩學、修辭學以及政治學等，皆分別形成具有獨立研究領域的學問，而以形上學為百學之冠。因此，亞氏實不愧為「學問之父」，而足以留芳萬世。尤其邏輯一門，純係亞氏所創，範疇論與三段論法等等理論法則影響西方人思想方法之深，幾乎無人能與匹敵。即使亞氏只曾有過古典形式邏輯的成就，他在哲學史上仍可享有第一流哲學家的稱譽。

其次，誠如斯塔斯❶所說：「柏拉圖雖創立了觀念論，但在他的思想發展裡卻給與了神話與詩歌以很大的地位，甚至明晰表露一種神秘主義的傾向。而在這裡，亞里斯多德所要求的仍是確定的知識。以詩歌的描寫來代替合理的說明，是他所深惡而痛絕的。……他只著重意義，文字之所表達的真理。他只以哲學為務，不肯讓他自己反為華麗的文字所迷惑，或捨理性而以譬喻自娛。他的文體很為粗澀，兀突，甚至惡劣。但是他的詞華的損失，在概念的明晰上面卻得到了補償」（中譯本，臺灣商務印書館，第 207–208 頁）。柏拉圖則是一位哲學詩人，慣用美妙的文辭表現他的獨創思想，也因如此，易使哲學屈服於詩歌，缺乏概念的明晰性與詞義的確定。自亞氏始，西方哲學家們多不再以柏氏圖像語言式的哲學表現為典範，但以亞氏概念固定化的表達方式討論哲學問題。聖

---

❶ 斯塔斯承襲亞里斯多德或黑格爾式的理性的發展體系理路，故對亞里斯多德哲學的論述最為精到。《批評的希臘哲學史》一書除了亞氏一章之外，還有巴門尼得斯、阿納克撒哥拉斯及柏拉圖三家的哲學論介亦極通透。該書原係斯氏講演底稿，故較淺顯。幸有中文譯本，初學希臘哲學史的本書讀者不妨同時參閱斯氏該著。

多瑪斯、斯賓諾莎、萊布尼茲、康德、費希特、黑格爾等人可以說是繼續拓深亞里斯多德式的哲學語言表現方式的典型代表。

第一節　生涯和著作

亞里斯多德生在斯雷斯 (Thrace) 地方的斯達給拉 (Stageira)，為馬其頓國王侍醫尼可馬卡斯 (Nicomachus) 之子。亞氏在十七歲時離開故鄉，獨赴雅典，成為柏拉圖學院的學員。柏氏逝世以前，亞氏約有二十年左右的時間經常在柏氏身邊接受教育，討論哲學問題。在學習時期，亞氏大半追隨柏氏形相論思想，但在另一方面已經開始注意到經驗科學的問題。只是亞氏尚無自己的獨創性理論，師生之間沒有明顯的思想差異。柏氏死後，學院繼由柏氏外甥斯皮優西帕斯 (Speusippus) 主持。亞氏可能不願屈居其下，乃與齊諾克雷梯斯 (Xenocrates) 離開雅典，另在阿梭斯 (Assos) 建立分院。亞氏在此影響阿塔奴斯統治者赫米亞斯 (Hermias)，且娶他的姪女琵蒂亞斯 (Pythias) 為妻。亞氏滯留阿梭斯期間，開始展開他獨自的哲學思想，但未臻於圓熟之境。約在西元前 343 年，亞氏應邀前往辟拉 (Pella)，而為馬其頓國王菲利普之子、當時才不過十三歲的亞歷山大 (Alexander the Great) 的師傅，對於亞歷山大的教養不無影響。亞歷山大在西元前 336 年左右繼承王位，亞氏隨即離開馬其頓，一度返居故土斯達給拉。亞歷山大為了報謝師恩，重新修築該地。然而師生之誼隨著光陰的流逝逐漸淡薄下去，主要的原因是兩者對於政治問題各持異見；尤其亞歷山大大王對於希臘人與「野蠻人」的一視同仁，亞氏內心頗不以為然。

西元前 335 年或 334 年亞氏重返雅典，在雅典東北郊外萊西昂 (Lyceum) 地方創辦自己的學院。該院又稱逍遙學院 (the Peripatos)，該院員生則統稱之為逍遙學派 (the Peripatetics)。他們經常在該院迴廊一邊逍遙閒步，一邊討論哲理。亞氏講學之時亦是如此。該院名稱乃由來乎此。西元前 323 年亞歷山大大王忽於巴比倫駕崩，飽受大王雄威的希臘城邦乃紛紛以反馬其頓的情緒替代過去的屈躬懾服。當時反馬其頓派勢力雄厚，遂誣告亞氏以莫須有的罪名。亞氏因而

退隱優坡阿地方的卡爾西斯 (Chalcis)。不久患疾而逝，享齡六十三。

　　亞氏學問淵博，著述等身，涉及百般學藝。亞氏著作大致可分公開性著作與院內教材兩類。前者多係對話體裁，乃為普及化的作品，現已大部失傳，只留下了若干斷簡。後者則留傳甚多，我們今天所能接觸到的亞氏著作即指後者而言。西元前 50 年左右，第十一代逍遙學院院長安德羅尼可斯 (Andronicus of Rhodes) 首次完成《亞里斯多德全集》的編纂與出版工作。

　　第一期的亞氏著作仍取柏拉圖形相論立場，而無自己的獨創主張。《優狄摩斯或靈魂論》(*Eudemus he peri psychē*) 一篇仍在柏氏影響之下論述知識回憶之說。其他又有《哲學之勸導》(*Protreptikos*) 等篇。亞氏邏輯著作與《自然學》(*Physica*) 的最早部份，以及《靈魂論》(*De Anima*) 中的一卷可能也在此期撰成。

　　第二期的亞氏逐漸醞釀自己的哲學思想，對於柏拉圖哲學開始採取批判的態度，雖則他仍自認柏拉圖學院的屬員。這個時期的代表性作品包括《論哲學》(*Peri philosophias*)，《優狄米亞倫理學》(*Eudemian Ethics*)，《形上學》(*Metaphysica*) 的最早部份，以及《政治學》(*Politica*) 的二、三、七、八等四卷。《天界論》(*De Caelo*) 與《生滅論》(*De Generatione et Corruptione*) 也很可能屬於第二期的作品。

　　第三期是亞氏思想的圓熟時期 (335–322 B.C.)，他在此期完成獨創的哲學體系以及主要作品，而為古代哲學的一大文化遺產。我們可將此期著作大致分為以下五類：

　　⑴《工具》(*Organon*) 或即《邏輯著作》(*Logical Works*) 包括：⑷《範疇論》(*Categoriae*)，⑻《論解釋》(*De Interpretatione*)，⑼《分析前論》(*Analytica Priora*)，⑽《分析後論》(*Analytica Posteriora*)，⑾《題論》(*Topica*)，以及⑿《駁詭智的謬論》(*De Sophisticis Elenchis*)。

　　⑵形上學方面的著作主指《形上學》一書，metaphysica 一辭原係 meta（後）與 physica（「自然學」或「物理學」）所拼成的字語，意指「編輯於《自然學》一書之後」，乃為後世編者所標稱之語；引伸援用，遂生今日所謂形上

學❷之義。《形上學》本來不是前後一貫而完整的著作，而是亞氏在不同時間所草擬的講稿集錄而成的論文集，共分十四卷。

⑶自然哲學、自然科學及心理學方面的著作。首先應舉《自然學》一書，共有八卷，其中最早部份屬於第一期。除了《自然學》之外，另有《氣象論》(*Meteorologica*)，《動物誌》(*Historica Animalium*)，《動物生成論》(*De Generatione Animalium*)，《靈魂論》(*De Anima*)，《短篇論著》(*Parva Naturalia*)，《問題論集》(*Problemata*) 等著作。

⑷關於實踐哲學（倫理學與政治學）方面，共有《大倫理》(*Magna Moralia*)，《尼可馬卡斯倫理學》(*Ethica Nicomachea*)，《政治學》(*Politica*) 等書。

⑸最後，在美學、歷史以及文學方面，亞氏著有《修辭學》(*Rhetorica*) 三卷與部份失傳的《詩學》(*De Poetica*)。另外又有雅典演劇紀錄，奧林匹亞競賽勝利者名單，論荷馬問題，國家領土權問題的討論等等雜著。

上述亞氏著作，可能夾雜若干偽書，因涉考證問題，我們在此存而不論。讀者如欲進一步研究亞里斯多德，可以多所參閱下列有關亞氏研究的兩部名著：⑴耶格 (Werner Jaeger) 的《亞里斯多德（思想）發展史基礎論》，英譯書名為 *Aristotle: Fundamentals of the History of His Development*，係盧賓森 (R. Robinson) 所譯；⑵羅斯 (W. D. Ross) 爵士的《亞里斯多德》。羅氏對於亞氏《形上學》與《自然學》等主著的註釋另成鉅著，實為不可多得的參考文獻。又，羅氏曾與斯密士 (J. A. Smith) 共同編輯牛津版亞氏英譯全集，共十一卷。亞氏著作集的英譯通行本則有美克恩 (R. Mckeon) 所編《亞里斯多德主要著作》(*The Basic Works of Aristotle*)，足供一般研修之用。

第二節　亞氏邏輯❸（方法論）

亞里斯多德對於學問的分類，見解不一。不過基本上亞氏大致承認，學問

---

❷　中譯形而上學或形上學，取自《周易・繫辭》「形而上者謂之道，形而下者謂之器」一語。有人譯為玄學。

可分為三類（參照《形上學》，1025b）。首先是「理論學」(theōrētikē)，專門探討人類智識問題，包括物理學（自然哲學）、數學以及形上學（自然神學）。其次是「實踐學」(praktikē)，專研人類行為問題，包括政治學、倫理學、經濟學與修辭學等。至於「詩學」(poetikē) 則研究實用的或美的對象，尤以藝術創作與鑑賞為主要課題。

　　如就上述學問三類而言，邏輯似應歸屬「理論學」一類。然而亞氏認為邏輯並非實質的學問，而是形式科學 (formal science)，因此須與任何理論之學有所區別，而單獨形成一門特殊科學。邏輯 (logic) 一辭不是亞氏所創，他自己專用「分析論」(analytics) 一辭，指謂著命題與推理（尤其三段論法）的分析研究。我們在此只將論述亞氏邏輯之中對於後世具有鉅大影響的重要成就，至於枝節問題，一概省去不提。

　　亞里斯多德採取實在論的知識論觀點，在哲學史上首次嘗試一種範疇分類的探求工作。亞氏在《題論》之中規定範疇 (kategoria) 為賓辭或謂語的分類，而在《範疇論》中則以範疇為上下位種類概念的分類。譬如說，人（對動物而言）是下位概念，動物（對人而言）是上位概念，生物概念層級更高（因其外延大於動物外延之故）；如此層層探索的結果，亞氏以為終必導致最根本的存在概念亦即範疇。亞氏稱此最高位的實在範疇為「實體」(ousia)；實體範疇決不可能成為賓辭，它始終是主辭概念。簡單地說，範疇即是人類思維所憑藉的最高的種類概念或存在模式 (modes)。我們應予注意的是，亞氏不僅僅把範疇看成思維模式而已，他甚至根據實在論見地，認為範疇代表外在世界的現實存在構造模式。換言之，思維範疇同時符應實在世界的客觀範疇；巴門尼得斯所開

---

❸　亞氏「邏輯」一辭，可有廣狹二義。廣義地說，他的邏輯大致等於方法論，包括範疇論與科學方法等；狹義地說，則專指形式邏輯而言。在本書之中，作者使用邏輯與論理學等兩種中譯名辭，用意是在儼予區分純粹意義的（形式）邏輯與思辨形上學家如巴門尼得斯、黑格爾等人的「存在之論理」。讀者通讀本書之後，當可知解作者之意。

導的「存在與思維一致性原則」於此獲得進一步的理論深化。如此，亞氏範疇
構成了他的邏輯與形上學之間的一道橋樑，故具存在學的以及邏輯的涵義。

亞氏以前，曾有畢達哥拉斯學派與柏拉圖試過類似範疇意義的存在概念分
類工作。畢達哥拉斯學派所確立的多是對立性的概念，諸如有限、無限，奇、
偶，一、多，左、右，男、女，動、靜，直、曲，明、暗，善、惡，方、矩等
是。柏拉圖亦曾舉出有 (on)、同 (tauton)、異 (eteron)、變化 (kinesis)、持續
(sitasis) 等最高概念。然而到了亞里斯多德，才正式開始了具有意識化反省的範
疇理論。亞氏在《範疇論》與《題論》二書列舉下列十種範疇。

希臘字	英文	中文	實例
ousia	substance	實體	人、馬、石
poson	quantity	分量	3 碼長
poion	quality	性質	白、硬、粗
pros ti	relation	關係	雙倍
pou	place	場所	在市場
pote	date	時間	去年
keisthai	position	位置	坐、臥
echein	state	狀態	穿有靴子
poiein	action	動作	打、燒
paschein	passivity	被動	被打、被燒

但在《分析後論》之中，亞氏省略了位置與狀態二者，只保留其餘八種範
疇。這些範疇之中，有些屬於存在者的內在規定，如實體、分量與性質，其餘
如關係、被動等等範疇則屬外在規定。亞氏認為上述十大（或八大）範疇已經
足以網羅存在的一切。舉例來說，一隻天鵝（實體），高達三尺（分量），全身
純白（性質），而為那邊的另隻天鵝的兄弟（關係），今天上午（時間），牠在那
一池塘（場所），戲水（動作），但被獵人射死了（被動）。從這簡單的例示不難
窺知，亞氏似乎深信他所創設的範疇表能予說明宇宙的萬物萬象，毫無遺漏。

亞氏範疇論是西方哲學史上最為重要的思想貢獻之一，範疇論的形成同時
意謂著思維方法與哲學語言的發展。在希臘化時期，斯多噶學派曾將亞氏範疇

表刪改而為實體、屬性、狀態與關係等四項。到了近代哲學，先驗觀念論者康德徹底批判亞里斯多德範疇論的粗雜而不完整，且據傳統的形式邏輯提出十二範疇之說，以替代亞氏範疇表；同時修正了範疇的涵義，只許其為所謂「純粹悟性概念」，而不許兼為現實存在者的內在本質規定❹。費希特到黑格爾的德國觀念論者則又恢復了亞里斯多德式的範疇思想，而將思維形式與實在形式視如同一。不過他們從純粹思維的內在發展立場，導出動態的範疇辯證法，如此超克了亞氏原有的範疇思想。至於邏輯實證論者則根本反對亞里斯多德乃至黑格爾的傳統範疇理論，視如形上學的玄構，而不予承認其認知意義。無論如何，亞氏範疇論支配了整個中世耶教哲學的思維形態，影響了近世理性主義的實在形上學（如斯賓諾莎、萊布尼茲）乃至黑格爾的辯證法體系。如從西方哲學發展的觀點來看，實有不可忽視的歷史意義。

　　除了上述範疇論之外，命題分類與三段論法 (syllogism) 的推理形式也是亞氏邏輯的最大貢獻之一。亞氏已能明予分別各種不同的判斷或命題，譬如（質上）肯定與否定，（量上）全稱、偏稱與單稱，（樣態上）實然、必然與蓋然等等。然而亞氏未予區分定言、假言與選言等三種不同的判斷類型。他似乎只知分析定言命題的形式構造，卻未意識及於假言與選言等命題形式的成立可能。這是亞氏命題理論的一大瑕疵。

　　亞氏在《分析前論》界定三段論法為「一種論證，只要假定某事成立，其他（命題）亦因某事之真隨之必然推衍出來，毋需藉助於推衍系統以外之語辭」（《分析前論》，24b）。此一界說易於理解，因為亞氏演繹邏輯在現代邏輯還未發展以前，曾經通行兩千餘年，三段論法的基本結構沒有實質上的重大改變。簡單地說，三段論法包括三個語辭 (term)：大辭、小辭與媒辭。此三個語辭相互構成前後三種判斷或命題，亦即大前提、小前提與結論。比如「人皆有死，孔子是人，故孔子有死」這個三段論法的實例之中，「人」是媒辭，媒介大辭「（有）死」與小辭「孔子」，而通過大前提「人皆有死」與小前提「孔子是

---

❹　參閱本書〈康德〉一章第三節。

人」，導出「孔子有死」的必然結論。亞氏三段論法的成立完全依據具有主賓關係 (subject-predicate relation) 的（定言）命題構造。如以公式表示，則為「S 是 P」，S 的外延小於 P，內涵卻大於 P。大、小二辭分別與媒辭形成命題的主賓關係，經由媒辭的媒介，推出小辭（主）與大辭（賓）所構成的直接主賓關係，如此獲得我們所需要的結論。在亞氏當時，三段論法還未構成完全定型的形式楷模。他只特別討論到下列三種三段論法的形式：

　　(1)媒辭在大小前提之中，分別形成主辭與賓辭。如用公式表示，則為：「M 是 P，S 是 M，故 S 是 P」。這是三段論法最基本的規格。如舉實例，則：「人是動物，蘇格拉底是人，故蘇格拉底是動物」。

　　(2)媒辭在大小前提之中均為賓辭。如用公式表示，則為：「P 是 M，S 不是 M，故 S 不是 P」。舉例來說，「人皆會笑，馬不會笑，故馬非人」。

　　(3)媒辭在大小前提之中均為主辭。如用公式表示，則為：「M 是 P，M 是 S，故（有些）S 是 P」。例如：「人皆會笑，人是動物，故有些動物會笑❺」。

　　亞氏又曾討論論證的 (demonstrative)、辯證的 (dialectical) 與爭論的 (eristic) 三種推理，而以論證推理為最合邏輯法則要求的一種。辯證推理則以公認意見為推理根據。至於爭論的推理則屬詭辯，混淆推理的真假對錯。

　　若從現代符號邏輯的觀點評衡亞氏三段論法，則可看出亞氏邏輯的種種缺點：(1)亞氏三段論法的命題構造，已如上述，是建立在日常語句所呈現著的主賓關係。因此三段論法的命題形式極有限制。亞氏三段論法後來雖經斯多噶學派以及中世紀哲學家的理論改造，卻未徹底揚棄主賓關係的命題構造，因此始終無法建設邏輯的純然符號系統。(2)尤有進者，亞氏三段論法只能涉及定言命題，應用的範圍極其有限。現代符號邏輯則能融合定言、假言、選言等命題形式，變化無端而應用無邊。舉例來說，上述第一種最正式的三段論法（此一規格特稱 Barbara）可表示為 ├:.q⊃r.⊃:p⊃q.⊃.p⊃r（參閱懷德海與羅素合著《數學原理》(*Principia Mathematica*) 卷一，第 99 頁，命題 2.05）；亦可表示之為

---

❺　此一三段論式的結論為偏稱命題。

CCqrCCpqCpr（參閱普萊爾 (A. N. Prior) 所著《形式邏輯》，第 27 頁）。事實上，按照我們採取那種符號系統，可將 Barbara 表示之為形形色色的符號論式，皆具等值且應用靈活，遠非亞氏三段論法的粗糙形式所能比擬❻。因此亞氏三段論法似乎只具純然歷史的興趣，而為無甚「價值」的邏輯骨董。然而我們應該了解，亞氏三段論法即使太過簡單幼稚，至少仍是一種形式邏輯，同時仍然具有日常推理的實用價值。一般常識人不必費神鑽研複雜難懂的符號邏輯理論，只需具備三段論法的普通知識，且能正確使用，亦足以避免日常生活中的種種推論謬誤了。我們不應一味推重符號邏輯的理論優位，而一筆勾消亞氏邏輯的效用價值。

　　三段論法既是一種推理形式，乃屬演繹邏輯 (deductive logic) 的研究領域。三段論法只能關涉推理形式的真偽價值，卻無力解決命題內容（尤其前提部份）的真偽與否。舉例來說，「人皆有死，孔子是人，故孔子有死」的三段論法絕對地真，但此所謂「絕對地真」只是指謂推論形式必然的真（推論形式沒有產生謬誤，亦無媒辭歧義性的論過等），卻不能保證「人皆有死」的大前提內容本身真確無誤。因為「人皆有死」這一命題的內容原與演繹邏輯無關，而是屬於現實經驗累積而成的歸納性判斷，亦即歸屬歸納邏輯 (inductive logic) 的範圍。亞氏或許深知歸納法 (epagōgē) 的重要性，但對歸納法問題未曾展開學理的探討。我們只從亞氏的邏輯著作得知，他曾劃分兩種歸納。一是「完全的歸納」(complete induction)，須能枚舉一切有關事例，而無任何遺漏。另一是「不完全的歸納」，特別對於演說者具有效用，蓋因「以偏蓋全」經過文辭的潤飾，足以說服群眾之故。亞氏以為前者才是科學的歸納，但是他沒有進而建立歸納邏輯與科學假設的方法論基礎。亞氏當時，自然科學（尤其物理科學）的成就仍然

---

❻　以上只不過順便舉出亞氏邏輯的理論限制之一二，讀者如欲獲得更深的理解，可以參閱普萊爾《形式邏輯》第二部開頭專從符號邏輯觀點處理亞氏三段論法的一章。普氏在該書所使用的符號系統多係邏輯專家路卡西維茲 (Lukasiewicz) 所創。如果採用其他符號系統，處理方式又有不同。

不及數學之高，亞氏未能徹底探討歸納邏輯的問題，可能與此時代的限制有關。

　　我們在蘇格拉底的一節已經提到，亞氏對於蘇格拉底探求論理的功績評價甚高，甚至認為蘇氏乃是歸納論證與普遍定義的創始者。亞氏自己遵循蘇氏理路，亦曾討論有關定義或即界說的問題。他在《分析後論》一書區分兩種定義：「本質性定義」(essential definitions) 與「名目性定義」或即「描述性定義」(nominal or descriptive definitions)。前者才是真實嚴密的定義；譬諸「人是理性動物」，理性只屬人類獨有，故以理性動物界定人之本質，最是切實不過。然而亞氏承認本質性定義不易獲得，故須退而求其次，求助於名目性定義，雖則他對此種定義不予重視。今日一般語意學家與邏輯經驗論者則反從語意約定 (semantical convention) 觀點承認名目性定義為較為可行的定義，而不予承認所謂本質性定義的認知意義。

　　亞氏充分了解到，演繹邏輯的前提本身的成立亦需一番實證。然而他又深知，設若如此無限進行，終必無從證明任何命題。因此亞氏認為必須預設所謂「第一原理」(the first principles)，此種原理依據直觀而得成立，毋需任何論證。這些第一原理之中，最高的一種即是「矛盾律」(the law of contradiction)。如無矛盾律的存在，則一切語言的傳遞，知識的探求，乃至邏輯上的論證推理，皆成不可能事。「排中律」(the law of excluded middle) 與「同一律」(the law of identity) 等亦屬第一原理，只由叡智 (nous) 直接的直觀得以成立。至於從第一原理必然地推衍出來的其他原則，譬如一般科學原理，則是知性 (epistēmē) 的對象。亞氏第一原理之說，若用現代邏輯術語予以表現，有如公理 (axioms) 或設準 (postulates)，應無真假對錯可言，只是形成命題系統的原初預設而已。然而亞氏卻將第一原理視如來自直觀而顛撲不破的「根源真理」，實非一般現代邏輯專家所能同意的。若從現代符號邏輯的觀點而言，亞氏矛盾律等第一原理更可視如一種特殊定理 (theorem) 或命題，需藉助於論證推理，而非經由直觀可得的公理了。關於此點，可以參閱懷德海與羅素合著《數學原理》卷一第一部 A、B 兩節。此書著者創設獨特的符號系統，加上無由論證的基本定義、原始觀念、

原始命題等逐步推衍其他一切命題。於此，亞氏邏輯的三大原理分別構成經由論證所得的命題（形式）。3. 24. ├.~(p·~p) 代表矛盾律，2. 11. ├. p∨~p 代表排中律，至於 13. 15. ├. x=x 則代表同一律。

　　亞氏邏輯如從今天的符號邏輯與語意學的觀點予以衡估，大部份的理論已是陳腐不堪，不合乎時代的要求，必須予以淘汰或揚棄。然就整個西方邏輯的歷史發展而言，亞里斯多德無疑是形式邏輯的開山祖師，應享永垂不朽的榮譽。已故英國女邏輯家斯特炳 (Susan Stebbing) 曾說：「傳統三段論法仍然保持它的價值」。德國邏輯史家蕭爾茲 (Heinrich Scholz) 也讚美亞氏邏輯的功績說：「亞氏《工具》至今仍是人所寫成的邏輯導論之中最美而最富於啟迪性的典籍」。

第三節　形上學

　　中世紀阿拉伯哲學家阿維塞那 (Avicenna) 自述前後通讀亞里斯多德的《形上學》約達四十次，仍然未獲慧解。亞氏在《形上學》卷一開頭便說：「人之天性本有求知之欲望」（《形上學》，980a）。亞氏接著探討學問的層梯，分別出三種人存在類型。第一種是經驗家 (man of experience)，雖知對於那種病症應下那種醫藥，但不知對症下藥的理由。經驗家只知其然而不知其所以然，故停留在常識經驗的階段。其次是技術家 (man of art) 不但知其然，且知其所以然。譬如醫生顯較經驗家高明，因他深曉對症下藥的學理之故。然而第二種人還不能算是真正具有智慧的人，因為最高的智慧並不企獲任何功利實用，而是為了純然知識的探求尋覓萬事萬物的第一原理。第三種人即是所謂學問家 (man of science)，不為特殊目的學習特殊技藝，但欲建立第一原理或原因之學，亦即最抽象最真確的學問。此一學問乃是緣乎人類驚異好奇 (wonder) 之感而形成的。第一原理之學即是亞氏所謂形上學，而學問家亦不外指謂形上學家而言。亞氏學問層梯的義蘊，可藉梯形圖表表現如下：

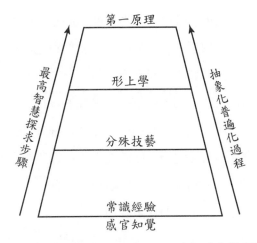

最高智慧或形上學所關涉的第一原理，亞氏在《自然學》中列舉四種，形成著名的四原因說。四原因中，形相因或即形式因 (eidos) 指謂事物本質或實體，物質因或即質料因 (hulē) 指謂物質要素，動力因或即運動因 (arkhē) 則指運動變化的來源，至於目的因 (telos) 乃是事物生成變化的究極目的，亦即是善。舉例來說，建築師心中所構劃的房屋藍圖是形相因，木材磚瓦砂土等為物質因，建築師與工匠等是動力因，所將蓋成的「現實」房屋供人居住，故為目的因。又如彫刻師想像中的藝術彫像為形式因，粘土等為質料因，彫刻家及其助手則是運動因，所將塑成的「現實」彫像供人觀賞，乃為彫塑工作的目的因素。

亞氏特在《形上學》卷一根據四原因說評論亞氏以前的自然哲學發展趨勢，事實上他在該卷（《形上學》，983b–993a）所作的先哲批判，乃是屬於一種哲學史的工作，只是亞氏本人未及意識哲學史的單獨成立問題。泰利斯乃至原子論者曾經根據個人的經驗性觀察與玄學的直觀分別提出水、無限者、空氣、火、四根、萬物種子、以及原子等物質因，視如世界原質 (Urstoff)。然而很少有人提到形式因，只有畢達哥拉斯學派曾經論及數理存在問題，後來影響了柏拉圖的哲學思想，而有形相論的產生。至於動力因，則到恩培多克利斯與阿納克撒哥拉斯兩人才有顯著的理論發展。前者提出愛憎或即友誼與鬥爭等對極概念，視為兩大運動原理；後者則首次定立「叡智」概念，然而未予適切的說明。亞

氏特別提及目的因，宣稱前人幾乎未予考慮此一問題；聰慧如柏拉圖，亦不過提出形相與物質二者，但說明不了世界的運動變化與生成目的的兩大因素。事實上，柏拉圖的設計神狄米奧吉與善之形相似可分別扮為動力因與目的因。但從亞氏觀點而言，柏氏對此二因未曾賦與學理性的解釋。

　　亞里斯多德在《形上學》卷四規定形上學為研究存在自體 (being as such) 之學，亦即探求不變自存的實體之學，同時兼涉矛盾律等第一原理。現實世界的一切生成變化既不可能無限溯源，終必發現自本自根，不變不動而能推動世界生成的根本原因或存在。形上學的首要課題乃是探求此一存在自體的第一哲學 (prōtē philosophia)。由於不變不動的實體具有神性，第一哲學又可稱為神學 (theologein)。

　　實體既是形上學探求的主要對象，亞氏特別討論到實體的涵義與種類問題。他在《形上學》卷六區分實體為「可變的」與「不可變的」兩種，但在卷十二則分三種。第一是「可感覺且會死滅的」(sensible and perishable) 實體，譬諸植物、動物等是。第二是「可感覺且永恆的」(sensible and eternal) 實體，乃指天體而言。第三是「不可感覺且永恆的」(non-sensible and eternal) 實體。可感覺的實體（包括第一與第二）有運動變化可言，而為自然學研究的對象；形上學則專論不可感覺的實體問題。然而亞氏所謂不可感覺的實體究竟指謂什麼？這要涉及亞氏對於柏拉圖形相論的理論批判了。

　　亞氏認為，柏氏形相論雖可說明知識如何成立，但無從證明形相有其獨立超越乎個別事物的自體存在性。如果儼予執守形相論主張，柏氏應亦承認關係、否定等「形相」的存在；而事實上，關係與形相的結合是矛盾可笑的。其次，形相虛有其名而無用。柏氏形相之說對於現實事物的知識毫無裨補，且又不能適為解釋現實事物的運動變化。如果欲使形相有助於感覺事物的存在解釋，則形相本身必須屬於「永恆且可感覺者」。亞氏說：「若謂形相原是模型，而為其他事物所分有，則與搬弄虛辭以及詩的隱喻無異」（《形上學‧卷十三》）。柏氏形相論更有「第三人」(tritos anthrōpos) 的困難。例如「形相之人」(ideal man)

與「個別之人」（如蘇格拉底）間能予抽繹兩者之同，構成新的「第三人」形相。如此通過惡性的無限抽繹，可在「形相之人」與「個別之人」間創造無量數的「第三人」系列，豈非迫使柏氏形相論無法收拾，無從設定形相的規準？亞氏又對柏氏晚年的「形相數」見解予以評斥。總之，柏氏形相之說乃是對於現實事物的徒勞無益的兩重化 (duplication) 理論，而柏氏形相論的最大缺陷是在規定形相為可從個物游離出來的自體存在。亞氏修正柏氏形相的義蘊說，形相即在個物之中，離開個物，別無獨立實在著的形相可言。換言之，形相應是感覺事物的內在本質 (the immanent essence)。亞氏卻同意柏氏之說，謂形相（共相）決不僅是主觀的概念或是口頭表現的模式而已。心中共相（普遍概念）有其外在對象的固有本質與之符應，雖則事物本質並不如柏氏所云，可離事物而獨自存在。形相或即事物的內在本質與事物本身之間的分離，惟有通過心之活動才成可能。由此可見，亞氏基本上仍然襲取柏氏的形相義蘊，只不過祛除了形相的獨立自存性而已。柏、亞二氏都認為真正的知識應該探求感覺事物的普遍本質或即形相，感覺經驗本身並不能構成知識。

明乎此，我們乃可進而論究亞氏實體的本來義蘊。亞氏著重經驗觀察的結果，主張就第一義言，實體即是指謂現實個物；第一義的實體 (prōtai ousiai) 乃由形相 (form) 與質料 (matter) 二者所成，而為現實的個別事物。次就第二義或引伸之義言，實體特指共相或即事物的本質要素，因而構成個物的形式原理。譬就「蘇格拉底是人」這個命題來說，主辭（蘇格拉底）指謂個物，賓辭（人）則是共相，亦即第二義的實體 (deuterai ousiai)。亞氏在此所云第一義或第二義，專就「對於我們」(in regard to us) 或即經驗上的親近程度而說，並不涉及性質、時間、價值之義。若就形上學的立場而言，第二義的實體較諸個物更具高度的實在性，蓋因共相乃為個物的內在真實本質之故。亞氏更以為，個物終必死滅，共相或種類概念則存留不變。譬如眼前一隻（可感覺的）白馬終必老死，但此白馬所具內在本質（馬性）則永恆存在。只是馬之形相並非柏氏所云，本來獨立自存。

因此第二義的實體概念是亞氏形上學所最關心的對象。它是形式原理，然而亞氏認為不具質料成素的純粹形相只有上帝、天體的叡智 (the intelligences of the spheres) 以及人類靈魂中的「主動理性」(the active reason) 而已。由是可知，亞氏仍然繼承柏氏理路，只許純粹形式為思維對象，而不予物質以及感覺經驗以任何知識探求上的價值。

當亞氏援用四原因說明世界的生成變化之時，事實上他只著重形相與質料等兩種因素，且將二者視如亞氏形上學體系的兩大根本原理。一切事物皆由形相與質料兩大原理所成，質料是能變成為形相的「可能性」或「潛態」(dynamis)，形相則是實現此一潛態的「現實性」或「顯態」(energeia)。一切事物的生成，即不外是從可能性狀態朝向生成目的而「圓現」(entelecheia) 現實性狀態的過程。譬如工匠能從形形色色的建築材料（質料），按照心中的「房屋」這個目的（形相）實現房屋的現實築造。只有材料而未築成房屋之時，稱為（房屋的）可能性，圓現房屋的築成之時，則稱（房屋的）現實性。又如大理石為彫像的質料，未經彫琢，故為潛態；彫像圓現之後，具有形式的本質規定，故為顯態。松子為松樹的物質規定，亦係松樹的潛態；松樹則為形式規定，又稱松子的顯態。

主動理性，天體的叡智以及上帝不具物質規定，從而沒有潛態圓現而為顯態的生成變化可言。亞氏尤其規定上帝為最高純粹的形式原理，特稱「形相之形相」，而為一切生成變化的究極目的。亞氏又在質料側面設想所謂「原初質料」(materia prima) 的究極物質原理，規定其為純粹的潛態，不具任何感性特質。原初質料因無形式規定，事實上不能「存在」，只在論理上可從形相分離而已。原初質料有如柏拉圖的「空間」或即「物質」概念，不能成為感官知覺的對象。上帝與原初質料可以說是亞氏形上學體系的兩大絕對預設❼。

除了形相與質料兩大概念之外，亞氏為了說明一物轉成他物的變化，另又提出一種消極性要素，稱為「缺如」(sterēsis)。譬如水是蒸汽的物質規定，亦

---

❼　關於絕對預設的涵義，參閱本書第二部第一章的說明。

是後者的潛態；雖將具有蒸汽的形式，但在圓現顯態之前尚未取得該一形式。所謂缺如不外指此。

　　亞里斯多德為了不再重蹈柏拉圖形相界與感覺界乖離懸隔的二元論覆轍，乃將形相（顯態）與質料（潛態）串聯一片，形成層層相接的存在構造。存在層級 (the hierarchy of existence) 的最低一層即是上述所謂原初質料，但因未具任何形式，尚無具象的現實存在性格。原初質料與熱冷乾濕結合而成地、水、火、空氣等四大或四元。四元又轉相構成無機物質以及生物中的單純組織。有機物的形成，又以無機物等為質料，顯現而為更高一層的存在。存在層級如此銜接不斷地逐層上升，直至人存在中最高的靈魂「層域」，亦即所謂「主動理性」，才開始離脫質料的規定，而成純粹形式。更上一層，則為天體的叡智，亦係純粹形式，無有質料混雜在內。

　　存在層級的最高一層則為上帝 (o theos) 自體，亦稱形相之形相。因為上帝的唯一活動是思維活動，而其思維對象即是思維本身，是故上帝又稱「思維之思維」(noēsis noēseōs)。上帝自體不變不動，而為最完善完美的「圓極」(entelecheia)。上帝雖是不變不動，一切存在者的生成變化卻須依賴上帝或即第一原因 (prōtē aitia) 的推動，故又稱呼上帝而為「第一不動的動者」(to prōton kinoun akinēton)。上帝是一切運動的永恆根源。如謂亞氏「原初質料」是柏拉圖「空間」或即「物質」概念的脫胎，則亞氏「上帝」概念亦可說是柏氏「善之形相」的換骨。亞氏上帝既是第一動力因與第一形式因，同時也是目的因，乃為一切存在者生成變化的究極目的。柏、亞二氏所不同的是：柏氏只將善之形相視如一切存在者的存在根據以及價值典範，但因二元論的限制，未能充分解釋善之形相可以兼為動力因與目的因；亞氏則以形相與質料兩大形上學概念構劃連續不斷的存在層級，而能提出「內在目的論」(immanent teleology) 的觀點解釋上帝為宇宙生成的究極目的。這是亞氏超克柏氏形相論最為重要的一點，無怪乎亞氏自己在《形上學》首卷之中對於目的因的提出感到極大的自信與自傲。

　　亞氏的存在層級愈低，質料成素愈多，形相成素愈少；層級愈高，則形相

規定愈多，質料規定愈少。一切現實存在者按照所屬存在層級，混有形相與質料兩大要素，前者規定事物的普遍內在本質，後者則構成事物的個體化原則 (the principle of individuation)。存在層級的高低亦意謂著價值層級的高低。

上帝首先推動天體運動，而後一切宇宙存在者亦隨之開始運動變化。然而我們應予注意，所謂「第一」動力因（上帝）並不指涉時間因素，因為亞氏的「存在層級說」(the doctrine of the hierarchy or scale of existence) 原是沒時間的形上學「演化」理論，純就形上學的觀點說明「理想的」演化之理（生成的論理）。亞氏之說不像達爾文進化論，針對事實的演化過程予以科學的理論說明。亞氏「演化論」歸屬形上學的層域，乃欲解釋一切存在者無始以來所以如此存在，如此生成的沒時間的永恆之理。作者在下面繪一三角圖，俾便讀者更能領會亞氏「存在層級說」的要旨。

已如上述，亞氏「上帝」一辭較諸柏拉圖的「善之形相」，更兼動力因與目的因二義。所以是目的因，蓋因上帝即是最高形式原理。一切存在者皆以所將實現的顯態（形式）為自然生成之目的，上帝既是形相之形相，自必兼為究極目的。所以是動力因，亦因上帝原是形式原理與目的原理之故，萬事萬物皆以所將顯現的形相為目的而生成變化，若無形相（目的）的優位，則萬事萬物只能停滯在可能性階段而無生成變化可言，如此層層溯源，終可發現上帝必為一切運動變化的永恆來源，亦即所謂不動的動者。據此，四原因中的動力因可還元為目的因，而目的因亦可還元為形相因。由是，原有的四大因素最後只剩形相與質料二者。形相與質料所以形成亞氏形上學的兩大根本概念，乃基於此。不過，亞氏還元目的因與動力因為形相因，乃是特就一切存在者自然生成的整個大體而言。這並不等於說，亞氏否認了一切機械性原因 (mechanical cause)。譬如動物眼睛的顏色多半沒有目的可言，只是緣乎出生環境而有，不可濫用目的因予以牽強的解釋。亞氏明予承認，世上仍有許多運動，並不合乎目的論的原則，而可能是偶然隨意性的 (fortuitous)。換言之，亞氏目的論只是純就存在整體解釋自然生成之理，這並不意謂著內在目的論能夠網羅一切運動變化的現

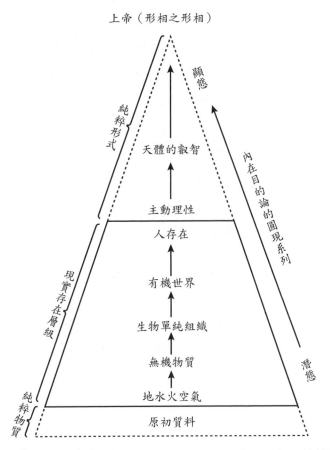

象。我們若能藉用康德在《判斷力批判》中所提出的內在合目的性概念比較亞氏之說，當可發現有趣的理論對照。

　　亞氏上帝或即形相之形相與耶教所信奉著的上帝義蘊並不相同。耶教上帝，誠如〈創世記〉所載，是一人格神或創造神，能夠自無生有，而無所謂原初質料，獨立乎上帝本身的觀念而存在。然而亞氏上帝並非質料因，因而無力創造世界。羅斯在《亞里斯多德》一書之中說得好：「亞里斯多德從無神之創造抑或神之意旨的理論」（參閱該書第 184 頁）。亞氏上帝只是不變不動而毫無生氣的形相原理。

　　亞氏《形上學》卷十二第七與第九兩章僅僅提及一個永恆不動的動者，但在第八章則又提到五十五個（亦可能是四十七個）不動的動者，致使不動的動

者之數目問題混然難解。若干中世紀哲學家採取了不動的動者之多元性見解，而設定能夠推動天體的「叡智」之群或天使之群的存在。

亞氏又以為，「第一不動的動者」既是非物質的，當無任何身體的運動；上帝的活動是純然精神性的。上帝始終通過直觀或自我意識的活動認識自己（思維之思維）。上帝除了自己以外，並無任何其他的思維對象，因為上帝的目的便是上帝自體。亞氏上帝不像耶教上帝，可以讓人信仰或膜拜。他在《大倫理》中說上帝與人間不能成立任何友誼，因為⑴上帝不能報償我們對祂的愛，⑵同時我們不論在任何意義下都不能說我們「敬愛」上帝。一言以蔽之，亞氏上帝是形上學的最高原理，而非人格神。

第四節　自然哲學

理論上亞氏的自然哲學與形上學無由儼予劃分，因為亞氏形上學的重要課題之一，便是解釋自然界的生成變化之理；雖則如上所述，亞氏從形上學觀點將宇宙生成視如具有永恆論理秩序的存在層級。我們在這一節裡只將論及亞氏形上學所未討論的自然問題。

亞氏在《自然學》中解釋自然事物的整體，自然事物本身具有一種內在轉變的傾向，以更高的形式或顯態為內在轉變的目的。自然界的運動不外是形式範塑物質，驅策物質而向高層次的存在「進化」著的努力過程。形式是驅策物質「進化」的動力，物質則是阻撓「進化」的抵抗因素。在價值上形式所以高於物質，乃因前者是規定物質的種類或內在本質，而為物質的趨向目的。個體終必死滅，但其種類（形相）或內在本質則永恆不朽；蘇格拉底會死，但蘇格拉底這個人存在個體之中的最高形式，亦即主動理性，決不隨之死滅。

亞氏《自然學》中特別提及運動和時空觀念。他說運動乃是物質獲取較高形式的努力過程。就廣義言，運動是涉及事物本質的運動、創生與死滅。就狹義言，則可分為三種：第一是性質的變化；第二是分量的增減；第三才是我們所了解的運動，乃指位置行動的改變而言。只有自然事物具有內在的運動傾向，

人工事物如睡床則無自我運動的能力。亞氏又說，無生物的動靜狀態的互變須藉外在的動力才有可能。譬如桶中之水，可從漏孔噴出。乍見之下，似是桶水自動流出，其實原係有一外在力量（人力）預先鑽孔，而後桶水才能按照內在運動傾向開始外流。因此，亞氏認為無生物就其本身可有「被推動的開始」之可能，但無「引起運動開始」的力量。亞氏層層探求動力因的來源，最後所預設了的就是當做第一動力因的上帝概念。

　　一切運動皆須預設空間與時間的存在。亞氏拒斥空間只是虛無一物的看法，但又反對以空間為一種實在的見解。虛無一物的空間不可能存在；又如空間本是實在之物，則空間與其他事物何能同時佔據同一位置？然則空間究竟是什麼？亞氏界定空間為圍繞著的物體對於被圍繞著的物體的一種「不動的制限」(unmoved limit)。空間並非無限，不能說在整個宇宙之外存在著一種虛空。物理宇宙之中任一事物都有空間的內在制限，亦即佔據某一位置；惟獨宇宙自體不能說是佔據了空間的某一部份。任一事物的運動緣乎位置的改變，然而宇宙本身則沒有向前後上下運動的可能，宇宙本身只能就地自轉。

　　亞氏進而解釋拋射運動說，原始動力傳遞運動力量與水或空氣等媒介，空氣的第一微粒推動空氣中的其他微粒以及拋射物體。但是運動能力隨著距離愈為減低，即使沒有阻力，拋射運動亦終必停止。亞氏從不相信慣性定律，他認為被迫性的運動有減速傾向，至於「自然」運動則有加速傾向（參閱《自然學》，230a18ff.）。

　　關於時間，亞氏指出時間不應視如運動或變化，因為運動可有許多，至於時間則只有一種而已。不過我們需藉運動變化，才能意識到時間的存在。設若沒有運動變化，也就沒有時間。時間實為運動的計量，正如運動，時間也是一種「連續」(continuum)，並不是由互不關聯的時間所湊成。時間的存在亦須藉諸計量的心靈，因此時間具有兩大要素，即是變化與意識。從意識側面說，時間就是思想的連續。亞氏因為認定人與動物等為能夠意識時間存在的存在者，永劫以來便已生存，故不致產生意識的不存在而使時間隨之消失的理論困難。

亞氏的本意是說，時間的連續本身有潛在的部份，但是實際的部份（譬如前年，昨日，兩小時前）有待意識的計量才可成立。再者，關於時間的測量，亞氏認為必須藉助於自然而規律的運動；天體的回轉運動甚合此一要求。利用太陽測量時間的精確適當，因之得以證實。

　　亞氏同時以為，空間與時間是潛在地無限可分，但不等於說實際上存在著這種無限（可分）性。譬諸時間，本非實際的無限時點所湊合而成，而是一種連續；但潛在地可以分割下去，雖則只憑實際經驗，決無分割時間為無限時間的可能。至於空間亦復是如此，線條的分割問題可為例證。亞氏根據這種時空連續的見解，抨擊齊諾辯證術的理論謬誤，因為齊諾駁動的詭辯只是基於理論上的玄想，而未審慮實際上沒有無限分割時空的可能。由於亞氏當時的數學理論還未達到可以探討無限與連續等問題的階段，亞氏對於齊諾的辯證術只不過提供了一條解決的線索，但在理論上仍無能力正面破除齊諾的難題。

　　依據亞氏的見解，宇宙必須是一個單純的存在鏈索，故在天體的存在層級亦有價值的高低關係成立。較高者與較低者的關係，猶如形式之於物質的關係。譬如恆星便是如此（價值上）高於行星。亞氏在他那形上學的「演化」理念之上附加了奇異而荒謬的天文理論，說在宇宙的階梯之中，位於中央部份的是最低的存在，愈向宇宙周邊，愈顯高層存在意義。如此，宇宙形成一組同心球群，外層星球之於內層星球的關係，亦是較高的與較低的，或即形式之於物質的關係。我們的地球正處宇宙中央，地球層外依次構成水層、氣層、火層等等，然後又有五十五個天體之群。五十五個天體之外有一構成宇宙最外層的恆星，首先接受「不動的第一動者」（上帝）的推動，開始回轉，運動逐漸波及其他星球，最後一切宇宙事物亦皆產生運動

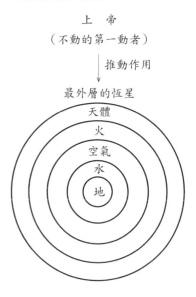

上　帝
（不動的第一動者）
推動作用
最外層的恆星
天體
火
空氣
水
地

變化。一切天體不是由四大所成，而是以太或即第五超級元素所由構成，而無質量上的變化。天體的運動不是直線的，而是圓形的就地自轉運動。亞氏認為只有這種運動才是永劫完全，群星皆循著各自的完全的圓而自轉。最高的存在（上帝）位於最外層天體的外面，祂是不在時空範圍之內的。除了上帝不算以外，從地球中心到宇宙最外層的恆星形成一個有限空間的連續。亞氏這種形上學「演化」系統的存在鏈索密密延續而無裂斷的可能。亞氏天文系統可以繪圖如上。

　　亞氏地球中心說一直支配了中世紀的神學、自然哲學與天文理論，而成天文學研究的最大阻力，到了哥白尼，才開始從畢達哥拉斯學派的天文說獲取思想的靈感，大膽地假設太陽中心之說，而奠定近世天文學革命的理論基礎。

第五節　靈魂論

　　亞氏形上學的存在層級到了有機世界的階段，形式原理才逐漸明顯化，形成了有機物的內在組織，而為生命甚或靈魂。靈魂即是生命原理；靈魂與身體的關係即是形相（顯態）與質料（潛態）的關係。因此，亞氏規定靈魂為具有生命潛態的身體之顯在化或圓現。靈魂乃是生物的⑴運動因，⑵目的因，以及⑶真實的實體或即形相。亞氏亦如柏拉圖靈魂三分之說，嘗就機能作用側面區分三大靈魂。柏亞二氏的殊異之處，是在柏氏特從倫理觀點分別人類靈魂的分殊機能；至於亞氏則廣就生物靈魂的高低機能分析三種類型。亞氏靈魂論中，高次靈魂預設低次靈魂的存在，反之不然。靈魂最低一層的形式即是所謂營養或植物靈魂 (the nutritive or vegetative soul)，管制新陳代謝作用。動物之中亦有此種靈魂形式，不過此一靈魂得以單獨存在，譬諸一般植物等是。植物毋需感覺與運動，而能自動攝取營養以維持生命的延續。動物則有運動能力，需藉感覺作用，故具較高層次的靈魂形式，亦即所謂感性或動物靈魂 (the sensitive or animal soul)。感性靈魂具備感官知覺、欲望以及運動等三種作用的能力；同時想像力與記憶亦隨著感覺機能漸次產生。最高一層的靈魂是人存在靈魂 (the human soul)，統制著較低兩層的靈魂機能，且具特殊的知性能力。人類靈魂本身又有高低兩層的理性機能。一是「被動理性」(nous pathētikos)，乃指能予接納來自感官知覺的諸般表象的一種「白紙」(tabula rasa) 般的可能的質料原理而言。另一是「主動理性」(nous poiētikos)，乃是對於「被動理性」的可能態予以現實化的活動「原因」。主動理性不受任何外在變化的影響，而為永劫不死的理性自體。至於主動理性以外的其他一切靈魂則與身體無法分離，隨著身體的死滅而死滅。亞氏在《靈魂論》中特別解釋主動理性的涵義說：「此一理性純粹無雜，可與身體分離，且無感覺的牽制，本質上是一種顯態。主動者始終較諸被動者價值更高，較諸質料更具有著創造性。……當主動理性（與身體）分離之時，保持永恆不朽」（《靈魂論》，430a17ff.）。西元後第三世紀有一名叫亞歷山大的哲學家，曾經附會柏拉圖陽光之喻，解釋亞氏主動理性為上帝本身。羅斯儼然指摘亞歷山大理論的錯誤，主張依照亞里斯多德的原意，人類靈魂而上更有天體，天體的叡智，乃至最高存在的上帝所形成的延續不斷的存在階梯。既是如此，所謂主動理性又作何種解釋呢？一般亞里斯多德權威學者大致認為，主動理性應指一切理性動物所共同具有的一致性叡智原理；個體意義的人存在靈魂雖與身體同歸死滅，然而人類共具的主動理性則是永劫不滅的高度形相原理。亞氏主動理性與上帝以及其他存在者之間的關係乃形成了中世紀神學的一大課題。

第六節　倫理學

亞里斯多德的倫理學基本上具有目的論的性格。他認為能夠獲致善或目的的行為纔是「正當的」(right)，反之則是「不正的」(wrong)。《尼可馬卡斯倫理學》開頭便說：「任一技藝與任一探究，或任一行為與任一選擇，乃是為了企獲某一種善；因此之故，善可界定為一切事物所企獲著的目標」（《尼可馬卡斯倫理學》，1094a1–3）。然而所謂「善」(agathon) 可有各種不同的種類；例如醫術是為了健康，航海術是為了安全的航行，經濟學是為了財富的積蓄。同時又有

高低不同的善之層級，例如某種醫藥是為了安眠，安眠是為了健康，健康則是為了某種更高的目標。亞氏如此層層挖掘善之義蘊，認為終可尋出人生的「至善」，而為其他相對的善之究極目的。

　　關於什麼是善的問題，亞氏以為首先應予區別倫理學與數學的探求步驟。數學是從一般原理推衍結論，倫理學則與之相反，乃從人類不同的實際道德判斷出發，通過比較與分類的程序，而後形成倫理的一般原理。亞氏堅信人有普遍相同的自然傾向，對於倫理生活與行為的問題應有大致共同的態度與看法，故從平常的道德判斷終可歸納出具有普效性的道德法則。由是可知，亞氏倫理學是循著行為實踐的經驗性探求建立而成，而與具有形相論奠基的柏拉圖倫理觀大異其趣，雖則我們應予承認亞氏至善之說仍受柏氏理路的影響。

　　亞氏申明他與一般希臘人一樣，以幸福 (eudaimonia) 為至善或即人生最高的目標。亞氏特別規定「幸福」的幾個條件：⑴只有人類所能踐行者纔算幸福，幸福乃與理性活動有關；⑵幸福是一種活動 (activity)，而非未經實踐的可能性；⑶幸福須與德性相應一致，包括知德（知性之德）與行德（實踐之德）在內；⑷幸福所佔據的時間不是短暫的，而是涵攝整個人生過程。由此，幸福得與快樂、名譽、財富等等外在事物或活動有所區別，雖則幸福的獲致毋需排拒它們的隨伴。簡言之，亞氏所謂幸福甚或至福，乃不外是符合德性的最高理性活動及其生活狀態，可以貫穿整個人生。亞氏所解悟的幸福生活或即至善生活，即是一種「觀照的」(contemplative) 生活。

　　幸福既是合乎德性的活動 (activity in accordance with virtue)，我們理應進而探問「德」(aretē) 之義蘊究竟為何。亞氏以為，一切善的行為皆有一種共同的特徵；這就是說，它們皆具有著某種秩序、均衡或比例。依據此一見地，亞氏導出著名的「適中說」或「中庸說❽」(the doctrine of the mean)。所謂德性，即是過與不及的兩種極端之間所成立著的中庸適度。對於過與不及的偏差，亞氏舉出感受 (feeling) 與行動 (action) 二者予以例釋。如以自信的感受為例，魯莽

---

❽　羅斯所著《亞里斯多德》，在第 203 頁載有亞氏中庸理論的詳表，可供參考。

為過，怯懦為不及，勇敢纔是適中；以羞恥的感受為例，害羞為過，無恥為不及，謙虛纔是適中；以用錢的行為為例，揮霍為過，吝嗇為不及，爽快則合中庸之道；以求名的行為為例，虛榮為過，謙卑為不及，自尊乃合適度之理。亞氏於是界定「倫理的德性」(moral virtue) 為「一種選擇的意向，本質上存乎某一規則所決定而相對於我們而言的一種適度；該一規則乃是具有實踐智慧之人依之以決定適度的」(《尼可馬卡斯倫理學》，1106a14~1107a2)。這裡所說的「相對於我們」(relatively to us)，指涉著區別數學式的適中計量與倫理行為上的適中之理；我們在倫理上所能理解或實踐的中庸適度，對於我們而言，具有「相對」的意義，而不能使用數學的計量明予釐定。為要徹底理解亞氏「適中」一辭的可能義蘊，我們不妨藉用哈爾德曼 (Nicolai Hartmann) 所著《倫理學》(Ethik) 卷二的圖解予以說明（第 256 頁）：

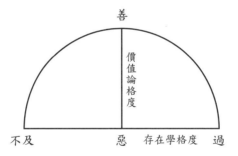

若就存在學的格度言，德性即指「適中」(mesotēs)；又就價值論的格度言，德性乃是一種「卓越」或即「極致」(akrotēs)。從價值論觀點來看，德性不即等於過與不及兩種惡或偏差的複合之物，蓋因德性乃與二者相反。再從存在學觀點剖視，德性仍不失為一種適中，因能善取過與不及二者之長而揚棄二者為具有卓越意義的中庸適度之故。蠻勇是過，但亦可能含有果敢成份；怯懦是不及，卻可具有謹慎行事的因素在內。善為取二者之長而捨二者之短，則是勇敢之德，亦即真正的適中。亞氏在此所探討的適中義蘊，只就原則上的問題抒發個人創見；至於如何應用適中理論於實際行為，則已不屬於亞氏中庸說的討論範圍。

　　自由意志與倫理的抉擇 (moral choice) 是西方一般倫理學的中心課題之一，亞氏自己亦曾探討自願性的行為與抉擇的意義。亞氏認為，所謂自願行為，須在⑴不受外在力量的強制，與⑵具備有關行為境況的知識等兩種必需條件下纔能成立。倫理的德性涵蘊著抉擇，而抉擇的對象乃是預先審慮的結果。亞氏分析倫理的抉擇過程為以下五個步驟：⑴欲望 (desire)：行為者 P 欲求某一目的 A；⑵審慮 (deliberation)：B 是獲致 A 的手段，C 為 B 的手段，依此類推，M 為 L 的手段，而 N 為 M 的手段，P 對手段串聯系列有所慎予考慮；⑶覺知 (perception)：P 為獲致 A 的目的，層層細察中間的手段串聯，最後發現 N 在此時此地有實踐的可能性；⑷抉擇 (choice)：於是 P 終於選擇了 N；⑸行動 (act)：P 開始實踐 N。因此，抉擇乃是「在我們自己的力量範圍以內對於事物具有審慮的欲求」(《尼可馬卡斯倫理學》，1112a18–1113a14)。亞氏又說，抉擇是「可欲求的理性抑或合理的欲求，而人就是這種行為的來源」(《尼可馬卡斯倫理學》，1139b4)。亞氏在倫理學上首次提及抉擇概念且予上述綿密的理論分析，已屬難能可貴。不過亞氏的抉擇是對手段而言，而不在目的上面；這是一種見解上的限制。再者，我們如從齊克果 (S. Kierkegaard) 到沙特 (Jean-Paul Sartre) 的實存主義 (existentialism) 的觀點予以評價，則可看出，亞氏未及省察單獨實存的抉擇問題。齊克果以及一般實存主義者所理解的「實存的抉擇」(existential choice)，乃意謂著「實存地選擇自己抑或不選擇自己」，較諸所謂「擇善抑惡」還要深邃一層。亞氏所理解的抉擇概念原不過是意謂著適為選擇能夠獲致善之目標的可能手段而已，不但不是在善惡（目的）之間選擇其一，更且沒有「實存的抉擇」那樣深化了的義蘊存在著❾。

　　亞氏根據上述自願的道德行為以及抉擇的理論，評斥蘇格拉底德即知識的看法說，善惡的取捨繫乎我們自己的力量，蘇氏所云正確的善惡知識即可規定人的善惡，未免過份高估知識的（倫理）價值。當一個人的良心麻木昏瞶之時，

❾　參閱拙文〈杞爾克葛人生三階段說釋義〉有關「抉擇」義蘊的實存分析，原載「徵信新聞報」《學藝周刊》第十五期。(杞爾克葛：現通譯為齊克果)

他無法判別正與不正，可是他自己應對良心的昏瞶或是「無知」的狀態負責。亞氏的本意是說，蘇氏將倫理學的研究課題只局限於倫理知識，太過狹隘，至少（意志上的）自願行為與抉擇問題不在善的知識範圍以內。由此可見，亞氏似已半意識到意志自由的問題應是倫理學中的重要課題之一。他說：「一個人總對他的道德狀態負有責任，他對似具善的意義者總要負責；否則善惡的取捨不再是自願性的，而各人的目的則被天性或其他方式所決定，而非抉擇所能決定的了」（《尼可馬卡斯倫理學》，1113b3–1115a3）。不過亞氏對於自由意志的見解不很強烈，因為亞氏承認性格一旦造成，不易隨意改變。況且亞氏「自願」(voluntary) 一辭不即指謂意志的自由，因為動物的舉動也有「自願」的性質存在。總之，亞氏大致接受常人對於自由意志的一般信念，但未積極探查並深化「自由」與「抉擇」的主體性義蘊。

　　上面已經提到勇敢、節制等等行德，乃以適中律為唯一可靠的道德規律。亞氏在《尼可馬卡斯倫理學》卷五之中更討論到正義的涵義與種類問題❿。他說正義可具二義，一是合法之義，另一則是公平之義。前者構成「普遍」正義，指涉法律的遵從以及社會方面的德性。後者構成「特殊」正義，分為（財物）分配的正義與矯正的正義。矯正的正義又可分為市民法與犯罪法兩種。亞氏又曾附加「交易的正義」，為「特殊」正義的一種。據上所述，亞氏正義義蘊已經涉及經驗性的法理或行為的權限問題，而與柏氏之說極有理論上的差別。

　　《尼可馬卡斯倫理學》卷二至卷五專從適中律觀點討論到勇敢、節制、名譽、社交、正義等等行德；至於知德 (the intellectual virtue) 則在卷六討論。亞氏依據兩種理性機能，劃分知德（理知的德性）為二：一是「觀照機能」(to epistēmonikon)，對於永恆必然的存在對象能予理論性的觀照；另一是「計量機能」(to logistikon)，乃為實踐或臆斷的機能，關涉感性對象。觀照機能側面的知德又分為「科學」(epistēmē) 與「叡智」(nous) 兩種。科學能予建立有關永恆

---

❿　亞氏仍然接受柏拉圖四元德說，故亦重視正義之德。至於智慧，則在討論知德之時，看成最主要的一種。

必然存在者的論證性知識；叡智則專事探求普遍自明的原理，而為知識成立的奠基。再有所謂「哲學的智慧」(sophia)，乃為叡智與科學的融合，能予探研形上學、數學以及物理學等對象。至如計量方面的知德，首先是「技藝」(technē)，藉助於真正的規則製造事物。然後是「實踐的智慧」(phronēsis)，即是有關獲致人生目標的知識。「實踐的智慧」又依對象區分為三：⑴狹義的「實踐性智慧」關涉個體的善；⑵家庭的生計等問題則需經濟學 (oikonomia)；⑶如以國家為對象，則是廣義的政治學 (politika)。羅斯所著《亞里斯多德》一書之中載有知識分類表，對於亞氏知德的分類與有關的對象整理周詳。茲將該表譯載如下（參閱該書第 218 頁）：

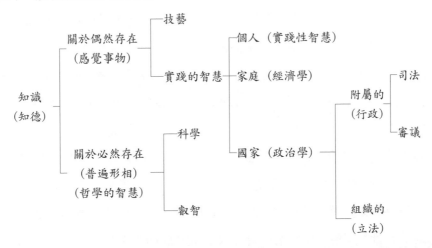

除了上述科學、技藝、實踐的智慧、叡智、哲學的智慧等五種知德之外，亞氏另外提出行為實踐的幾種次要的知德，包括審慮 (prudence)、明智 (cleverness)、判斷等等。

亞氏既持適中律的立場，自然對於一般所謂（感覺上的）快樂並不一概抹殺。縱情與禁欲乃是過與不及，節制則執其中；濫用錢財與拜金主義亦有過與不及之弊，適為調度金錢，以資適當的享受，才合中庸之道。亞氏於此表現一種平實穩健的常識倫理觀，理論上代表了當時一般希臘人所尊重的健康而明理的生活態度。

亞氏在《尼可馬卡斯倫理學》卷八與卷九兩卷特以極大篇幅討論友誼的問題。他將自利主義與利他主義的對蹠觀點調和適中，主張真實的友人乃是第二自我，友誼就是自愛的最佳表現。譬如金錢的資助，雖然等於自己儲金的減少，但因行善，精神的高貴反歸自己，且可企獲高度的幸福。亞氏此說，亦是過濾而提升健康的倫理常識所獲得的理論效果。他分友誼的種類為三：最低的一種為功利之交，其次則為酒肉之交，真實完全的友誼則是道義之交 (friendship of the good)。惟有道義之交能持久不變。《論語‧顏淵》中曾子所云「君子以文會友，以友輔仁」，或《論語‧季氏》中孔子所倡「益者三友，損者三友」之說，可與亞氏友誼論互相輝映。

亞氏在最後一卷詳為說明，人生的無上至福即是一種理論的觀照 (to theōrēsai) 生活。換言之，真正的幸福生活乃是最高的靈魂機能所發揮出來的靈性活動。亞氏如此規定至善之道，原是承襲蘇格拉底與柏拉圖的主知主義理路而進一步發展的結果。亞氏以為：⑴理性是人的最高機能，而理論的觀照則是理性的最高活動；⑵此種活動較諸其他任何活動（譬如體操、社交等）更能持久；⑶快樂是幸福的因素之一，而「哲學也者，乃是彰顯人性之卓越的最愉快的活動」；⑷哲學家較諸常人更是易於自得自足；⑸哲學家之愛即是目的本身，其他實際活動則非真正的目的；⑹幸福似應涵蘊閒暇，一般實踐性活動如戰爭或政治則無此種可能，惟獨哲學的探求最能領略閒暇滋味。

亞氏認為理論觀照的對象包括形上學與數學的永恆不變的形相；物理學所探求的感覺世界之中的必然不變的要素（形式）亦可構成觀照的對象。亞氏尤其強調，形上學的最高對象即是上帝自體。他在《優狄米亞倫理學》中明予規定理想的生活為「對於上帝的崇拜與觀照」，但在《尼可馬卡斯倫理學》則無如此明顯的宗教態度。中世紀的一般經院哲學家如聖多瑪斯，繼續發揮了亞氏主知主義的觀點，專從叡智活動解釋（對神之）「至福的靈視」(the beatific vision) 之本質，視如淨福生活的至高無上的表現。不過在亞氏的原有理論，上帝只是形相之形相，不能報答任何愛與友誼。亞氏上帝不是耶教的人格神，只是哲學

家心目中的最高叡智對象而已。於此亞里斯多德與斯賓諾莎的論調極其類似：兩者皆以淨福生活為人生的最高目標；而淨福生活即指謂著對於上帝之愛；對於上帝之愛亦不外是「在永恆相下」的一種理論的觀照；理論的觀照即是一種高度的生命體驗；至於理論觀照或生命體驗的對象（上帝自體）並不能對於我們表示任何酬答。所不同的是，亞里斯多德的上帝位於存在層級的最高階層，而為「不動的第一動者」；斯賓諾莎所理解的上帝則是汎神論意義的「能產的自然」，神即是自然。

第七節　政治論

亞氏政治學原是「實踐學」的主要部份，廣義地說，包括政治學與倫理學兩大部門。因此倫理學本來不是一門獨立的學問，而是所謂「性格的研究」（參閱《分析後論》，89b9）。倫理學與政治學不可分隔，因為亞氏曾在《倫理學》中承認個人本質上是社會的成員，同時又在《政治學》中強調國家的至善生活存乎一般市民的至善生活。換言之，亞氏倫理學是社會性的（例如正義、友誼、社交等德性），而他的政治學又是深具倫理意義的。只是探討至善問題時，他在倫理學中論及個人側面，而在政治學中則專就國家側面予以討論。

亞氏不像近代西方人，把國家看成一種「必要的惡」。他認為國家乃是從家庭、村莊自然形成的政治形態，而最能實現個人的至善生活。他在《政治學》卷一明確主張：「國家是自然的產物，而人本性上是一種政治的動物」。又說：「不能活在社會之中或因自足而毋需社會者，不是野獸便是神」。不過，亞氏以及一般古希臘人所理解的國家乃指規模較小的希臘式城邦 (The Greek City-State) 而言。亞氏所云國家是一種「自然社會」，有其當時政治背景的局限，而不能與文藝復興以來的近代西方國家相提並論。

為了一切市民能夠參與國政，也為了確保市民的閒暇而能從事各種活動（譬諸文化活動），亞氏承認奴隸制度有其存在理由。奴隸制度的成立乃是基於人性本質。「自從出生之時，有些人注定要服從，有些則注定統治（他人）」（《政治

學》，1254a23–4）。「有些人天生是自由的，有些卻要變成奴隸，這一件事明白不過；為此奴隸制度既是合宜，又是正當的」。亞氏的原意是說，人的智力與體力天生各有不同，故在社會裡應該擔負不同的職責。從社會學的觀點來看，亞氏承認有所謂「奴隸根性」存在的一種人性觀，目的是在對於當時既成的奴隸制度予以「合理化」的說明。不過，亞氏支持奴隸制度存續的理論，不及古印度四姓制度 (the caste system) 的嚴苛而不通融。亞氏另一方面同時堅持，主人不應對於奴隸濫施權力，且許一切奴隸皆有贖回自由之身的希望。

關於財富積蓄的方式，亞氏分別三種層次。⑴首先是「自然」方式，只為生活的需要生產以及屯積必需之物，例如畜牧、狩獵、農耕等是。⑵其次漸有中間形態的物物交換 (barter) 方式產生，亦應屬於自然方式的一種。⑶最後一種則是「不自然的」方式，開始使用貨幣當做貨物交易的主要媒介。亞氏對於「不自然的積財」方式較為鄙視，「金錢本是為了交易，不是為了利息的增加」，然而實際上利息的增加無形中變成貨幣的主要功用。亞氏當然未能了解到，金融制度能在近代社會的經濟生產與分配方面發揮如此重要而不可或缺的效用。

亞氏在《政治學》中批評柏拉圖說，柏氏理想國家的理論過於偏激，違反一般人性的生活要求。他說：「與其變成柏拉圖式的兒子，何若做一真實的堂親」（《政治學》，1262a13–14）。柏氏共產理想破壞了私有財產制度與正常的家庭生活，為要獲致國家正義的實現，終於抹殺了個人幸福生活的意義。亞氏認為私有財產的享有，乃是一種快樂的泉源，不得一筆勾消，雖則過度欲求財富的累積亦是大錯，理應設法防患於未然。

亞氏曾經仔細研究當時希臘民主政治的施行實況，認為一切市民應該輪流統治國家，或者至少市民應有參加全國集會以及法律審判的基本權限。為此，亞氏否認機匠、技工、農民等勞動階級以及奴隸具有市民資格，因為他們從事於勞工，不可能有充分的閒暇參政，同時亦無磨鍊心靈、培養德性的機會。亞氏此說如與孟子所云「勞心者治人，勞力者治於人；治於人者食人，治人者食於人」（《孟子，滕文公》）之論兩相比較，不難尋出相近的見解。

亞氏亦如柏拉圖，特就公利與私利的分際嘗試過一種政體的分類。他以統治者的多寡為準，分為三種，每一類型又有好（以公利為主）與壞（以私利為主）之別。只有一個統治者時，君主制 (kingship) 為好，暴君制 (tyranny) 為壞。有少數統治者時，貴族制 (aristocracy) 為好，寡頭制 (oligarchy) 為壞。如果多數人直接參政，則以「共濟政體」或即「公民政體」(polity) 為是，「民主政體」(democracy) 或即「暴民政體」為非。亞氏認為最理想的政治是由一位卓越拔群的完人自然成為國王或統治者。事實上完人的產生絕無僅有。為了符合實際，貴族制要比君主制較為合適。然而亞氏不得不承認，在當時的希臘城邦，貴族政體的實現仍是一種過高的期望。於是退而求其次，共濟政體還算是尚合當時實際需要的政治制度了。在共濟政體裡，市民就是統治者，且亦不致變成暴民所控制著的「民主政治」。亞氏本人曾經研究西元前 411 年左右在雅典所實行過的五千人憲法政治，他那共濟政體的主張很可能是基於此一研究心得而形成的。無論如何，亞氏以為寡頭制或民主制都是過猶不及的不良政體，易於釀成革命，公民政體則可免於此難。

在《政治學》七、八兩卷，亞氏詳為規定國家的實際組織。國家的領土大小應以是否能夠自治自足為準：不能過小，以致無法享受閒情逸致；亦不能過大，以致奢靡之風滋生蔓延。只有農民與勞工以外的第三階級，亦即戰士階級，才能享有公民的特權。青年之時他們是戰士，壯年之時則為統治者，到了老年變成祭司或僧侶。公民佔有一份土地，而由非公民的勞力階級耕耘生產。至於教育，應屬國家大事之一。教育首須注重體能，肉體的鍛鍊原是為了靈魂或理性的遷升。亞氏亦如柏拉圖，強調倫理教育的重要性。教育當局應該顧及胎教、兒童的遊戲、以及故事的講授等問題，處處要以培養完美的公民為一種教育的理想。國家真正的富強康樂應建立在市民的德性上面。倒過來說，除非國家本身的教育制度健全合理，否則決難培養良善有為的公民。我們今天所保存下來的《政治學》不夠完整，因此難於窺知亞氏所討論的科學與哲學的教育問題。不過我們至少可以知道，亞氏與柏拉圖一樣，對於技術或實利方面的訓練不予

重視。柏亞二氏都認為，教育是調和個人與社會的關係最好的手段或媒介，而個人與社會的最後目標也是互相一致的。

第八節　藝術論

柏拉圖沒有建立過完整的藝術理論，且以倫理的有色眼鏡鄙視藝術創作為一種模仿的模仿。亞里斯多德的藝術論則較具有系統的組織。亞氏著有一部《詩學》，事實上幾乎等於討論藝術創作與欣賞的專書。不過《詩學》的精華部份集中在悲劇的構成理論；至於亞氏對於其他各種藝術的可能見解，則因留傳下來的《詩學》殘缺不全，無從知悉。

亞氏區別美與善說，善是有關行為的，美則是關於生產的。而且藝術的美關涉不變不動的對象，因此行為實踐方面所探討的動機、感情、欲望等等問題在藝術上並不重要。亞氏於此似乎預取了後來康德在《判斷力批判》中所說的「無關心」之美以及叔本華藝術觀照之說，不過亞氏只約略提示一點理論的端倪而已。藝術與自然活動又有分別，雖則兩者都具有「生產的」(productive) 意義。有機物（尤其生物）僅僅生產同類之物，植物生產植物，人亦生人。藝術家所創造出來的卻是詩、畫、彫像等迥然異乎藝術家本人的人造之物。

亞氏在《形上學》卷十三曾予較為具體的美的定義。他說：「美的主要形式是秩序、對稱與明確」。又在《詩學》中說：「美存在於大小與秩序」。然而亞氏未曾進而闡明美的本然義蘊。我們從這裡所能知道的是，美是觀照的對象，而非欲望的對象。

藝術可分為二，一在完成自然的功用，譬如工具的製造，醫藥的發明等是；另一則在模仿自然，即是所謂「美術」，亞氏特稱之為「模仿的藝術」。亞氏襲取柏拉圖的「模仿」(mimēsis) 一辭，但其涵義則頗有出入。亞氏雖亦認為，美術或狹義的藝術所創造而成的想像世界原是真實世界的摹本，然而藝術的究極目的不僅在乎如實臨摹自然事物而已。正因亞氏否認形相有其乖離現實事物的獨立實在性，他不再跟從柏拉圖說，藝術家的工作是模仿感覺的對象（摹本的

摹本）。他反而認為，藝術家要進一步尋覓自然事物本身之中具有永恆普遍的要素或理想。如從原型或典範的摹本來說，藝術是一種模仿；但從感覺事物的立場說，藝術反是一種創造。常人只能看到個別事物的差別相，藝術家則在個體之中發現普遍永恆之相。

　　亞氏為了說明藝術的功能在乎捕捉隱藏在感覺事物之中的普遍要素，特別提出詩與歷史兩者作一比較，藉以顯示詩的本質。他說：「詩比歷史更是哲學的，它的旨趣更是真實深重，蓋因詩的陳述具有普遍性質，至於歷史的陳述則是關涉特殊事體」（《詩學》，1451b5–8）。歷史只不過是如實記述所發生過的特殊事實，詩的功用則在描述可能的或必然的事象。歷史的知識處理短暫而會死滅的人類事件，詩或藝術則是要在事物之中描繪普遍真理或「蓋然性」。如用譬喻說明，拿破崙傳記作家的最大目的是在歷歷如繪地敘述拿破崙一生所曾遭遇到的波瀾起伏的實際命運，詩人哈代 (Thomas Hardy) 筆下的拿破崙則是透過拿破崙的畢生事蹟所刻劃而成的英雄典型甚或理想。詩人筆下的拿破崙不必儘合事實，卻須從中點出普遍真實的意義或本質。不過，詩或藝術雖是關涉普遍相，卻與哲學有別，因為前者並不涉及純然抽象的普遍相。換言之，藝術家專就所創造的個別藝術品（如一首詩、一張畫）表現普遍的本質，哲學家則能純就普遍相本質予以理論的觀照，而不必訴諸現實的感覺經驗。誠如斯塔斯所說：「我們若論起根本的崇高和真實而定哲學，藝術和歷史的位次，哲學應居第一，因為它的對象便是普遍相的本身，純粹的普遍相。藝術應居第二，因為它的對象是特別物中的普遍相；而歷史則為最後，因為它僅以特別體來看特別體而加以討論的……哲學雖高於藝術，然而從這裡面並不能推斷一個人應該犧牲他的藝術天才以企進於哲學。亞氏哲學有一個根本觀念，就是在存在的階梯裡，縱是低級的形式自身也是一個目的，並且是有絕對的權限的。……哲學雖為人的精神活動的極致，而藝術也有它的權限，其本身也是一個絕對的目的，這一點是柏拉圖之所未能見到的」（參閱《批評的希臘哲學史》中譯本，第 266–268 頁）。

　　亞氏《詩學》最精闢的一段是關於悲劇的創作與鑑賞的理論。他在第六章

提出了悲劇的著名界說。亞氏規定，一齣悲劇乃是「嚴肅」(spoudaias) 事件的模仿，而有別於喜劇與敘事詩；譬如通過悲劇主角的經歷可以見出古希臘人對於命運的感受。悲劇的情節或結構亦須具有有機的統一。然而亞氏原意並未嚴指時間上的統一（悲劇的故事限於一日之內發生）與空間上的統一（故事須在同一地點進行）。這恐怕是後來的戲劇理論家引伸亞氏之說而產生的見解。悲劇又須藉助於語言，且有歌唱旋律伴隨。若干部份只用韻文，有些地方卻可使用合唱。悲劇的形式應是富於戲劇性的，而不是敘述性的；因為戲劇畢竟不是敘事詩。同時悲劇有一特殊的功能或作用，即是所謂「昇華」或「淨化」(katharsis)。以上是亞氏悲劇定義的旨趣所在。

亞氏接著舉出悲劇的六大構成要素：⑴寓言或情節 (a fable or plot)，⑵性格 (character)，⑶思想 (thought)，⑷措辭 (diction)，⑸旋律 (melody)，以及⑹場景 (spectacle)。情節乃是「悲劇的目的」，因為「悲劇本質上不是人物的模仿，而是活動與人生抑或幸福與悲慘的模仿。一切人類的幸福或悲慘皆取活動的形式；我們生活的目的是某種活動，而非性質。性格賦予我們性質，然而我們的幸福與否只有在活動之中才能顯現出來」。雖然如此，性格仍可算是悲劇的第二要素，悲劇主角的性格原與活動本身息息相關，而主角所表現著的性格必須首尾一貫。第三是思想，而與前面兩大要素構成悲劇的對象部份。措辭與旋律則是有關悲劇的表現方式的兩種要素。措辭即指韻文以及散文，旋律則指音樂歌唱部份而言。最後一種要素是場景（場面佈景），場景固然不可或缺，如果過份誇張場景以掩飾情節與性格的弱點，則不能收到真正的悲劇效果。

上面已經提及亞氏對於悲劇的特殊功能的見解，此一功能是在「引起憐憫與恐懼之感，藉以達成此等情緒的淨化」。問題是在「淨化」的希臘字 (katharsis) 究竟指涉著什麼？該希臘字的中譯，亦因解釋的差異而可譯成「淨化」、「昇華」、「洗滌」、「純化」、「排泄」等義。誠如羅斯所說：「關於此一著名理論，已出現過整棟圖書館的註解書籍」（《亞里斯多德》，第 282 頁）。尤其由於《詩學》卷二早已失傳，亞氏的原意如何，無從徹底查考。列興 (Lessing) 一

派文人認為該辭意指憐憫與恐懼等情緒的純化或淨化 (purification)，故有倫理教化的意義。貝爾奈斯 (Jakob Bernays) 所主倡的另外一種解釋則採取精神病理的觀點，解釋該辭意謂著憐憫與恐懼等情緒的暫時性解消 (temporary elimination) 或種種心理鬱積的洗滌排泄 (purgation)。據此，悲劇觀客有如鬱結過量負性情緒（如抑鬱寡歡，愁悶無聊）的患者，而能藉諸悲劇的觀賞洗盡心中一切負性情緒。按照這種解釋，悲劇的真正效用原不在於倫理教化或勸善戒惡，而是在乎心理鬱結的洗滌作用。羅斯則進一步解釋說，憐憫是指觀眾對於悲劇主角過去或現在所挨受的種種災難困苦的憐憫，恐懼則是對於主角將面臨著的受苦的恐懼。悲劇的功能尤其在乎能夠清除或減輕過多的情緒。觀賞悲劇，正可以將觀眾的過量情緒發洩殆盡，故具健康有益的昇華意義。至於有人主張悲劇甚至可以提升心靈的境界，或使觀眾陷於恍惚忘我的精神狀態，或能深化觀客的人生體驗等等，亦是從亞氏之說引伸出來的可能義蘊。例如斯塔斯申論：「真正偉大的和悲哀的慘痛之表演，可以激起觀眾內心的悲憐和恐怖，洗潔他的精神，而使他們進入清純澄寂的境界。這纔是一位精深偉大的批評家的思想」。斯氏接著批判，只知字源學解釋亞氏悲劇理論的衒學之士，對於藝術的見解甚有限制云云（參閱《批評的希臘哲學史》中譯本，第 269 頁）。恐如卡普爾斯頓在《哲學史》卷一（參閱第 368 頁）所指摘的，斯氏之言，亦不過是個人引伸之論，而不必是亞里斯多德《詩學》之中可能存在著的原有論旨了。

第九節　亞氏以後的逍遙學派

柏拉圖逝世之後，他所創辦的學院繼承了柏氏的數學思想理路。至於逍遙學派，則在亞氏死後，繼由希歐弗拉斯特斯 (Theophrastus of Eresus)，亞理斯多西納斯 (Aristoxenus of Tarentum)、德米特流斯 (Demetrius of Phaleron) 等人接辦下來，但無新的思想創獲。

第五章　希臘化時期
——亞里斯多德以後的希臘哲學——

第一節　一般特徵

　　亞里斯多德的逝世同時象徵著古代希臘哲學的衰微。在政治上，由於亞歷山大大王所率領的馬其頓軍隊一一征服希臘城邦以及歐、亞各地，乃使希臘城邦喪失原有的獨立自主地位；而在文化上具有優越傳統的希臘人與他們所鄙視的「野蠻人」之間亦失去了人種的差別。在亞歷山大的帝國版圖之中，希臘城邦只不過佔據了一小小的部份而已。亞歷山大駕崩的一年，亦即西元前 323 年，也同時宣告了希臘文明 (Hellenic civilization) 的結束，而有史上所謂希臘化 (Hellenistic) 時期的肇始。在希臘化時期，希臘本土的學術文化隨著馬其頓軍隊的遠征，傳播至於歐、亞各地。從某一方面說，是希臘文明的延續；從另一方面說，是古希臘人所特有的創造精神的死滅。後來羅馬帝國興起以後，希臘城邦僅僅變成羅馬大帝國的一省，於是希臘文明正式敲起了喪鐘，但在文化史上卻成為整個歐洲文明的搖籃。

　　當時的政治社會境況在哲學思想方面所反映出來的最重要的一點是，哲學家們對於宇宙奧秘的知性探求與客觀知識體系的建立逐漸喪失了原有的純粹興趣；個人生活的心安理得的境界尋求反成一般思想家所最關心的核心問題。人們已不再研究與靈魂的解脫無甚關涉的形上學與自然哲學的理論，他們首先考慮到的只是一種狹隘的倫理實踐問題。消極地說，希臘化時期的思想家極力設法尋覓可以寄託個體生命的一種精神境地，藉以逃避喧擾變亂著的世俗社會。積極地說，他們通過人存在問題的探討努力遷升自我的內在靈性，俾能超越俗眾群居著的現實世界。希臘化時期所顯現著的思想特徵便是一種強烈的個人主觀主義與實踐主義。由於外在生活的飄蕩不定，哲學家們只有專就內在的自我本身深化主體性的內觀與反省，如此發現各人所需的足以安身立命的實踐性哲

理了。形上學、自然學以及邏輯等客觀的知識探求工作只在有助於倫理實踐的範圍以內進行。事實上，希臘化時期的哲學家多半抄襲或剽竊古希臘自然哲學，當做倫理實踐問題的偽似性理論奠基而已。因此，主觀主義與實踐主義所帶來的一種結果是學術創造性的缺乏。在知識上，這種主觀主義終於導致懷疑主義。懷疑主義者多半採取「中止判斷」(epochē) 的態度，俾在倫理實踐方面實現寧靜自足的幸福生活。然而倫理實踐的探求終不能獲致絕對永恆的解脫境地，惟有一種超拔的宗教體驗才能達成徹底解脫的人生目標。於是乃有新柏拉圖主義之起。新柏拉圖主義的抬頭，正代表著挽救時代的精神危機最後的思想砥柱；通過神秘的直觀開導一條宗教解放之路，而建立了希臘化時期最值得令人注目的一種體驗形上學。

第二節　斯多噶學派
(The Stoic School)

斯多噶學派的創始者是賽普勒斯 (Cyprus) 地方的希臘人齊諾 (Zeno, 336/5–264/3 B.C.)，而由克里安西斯 (Cleanthes of Assos) 繼承，克氏又由克里西帕斯 (Chrysippus of Soloi) 繼承。據說克里西帕斯著有七百卷以上的書，曾予斯多噶學派以體系化的奠基。此一學派可分前、中、後三期，延續了幾個世紀。此派後期哲學家多在羅馬，包括著名的塞尼加 (Annaeus Seneca)、伊比克提特斯 (Epictetus of Hierapolis)，以及哲學家皇帝奧里留斯 (Marcus Aurelius) 等人。

此派哲學分為邏輯（又分辯證法與修辭兩種）、自然學與倫理學三類。邏輯主在辯護此派體系，自然學則提供倫理學的理論基礎。只有倫理實踐問題才是此派哲人的真正興趣所在。

在邏輯方面，此派曾將亞氏十大範疇簡化而為四種：(1)實體，(2)屬性，(3)狀態，(4)關係。又將亞里斯多德所忽略過的選言命題與假言命題作一分類。此派認為，在「如 X，則 Y」的假言命題之中，(1)若 XY 二者皆真，則該一命題亦真；(2)若 X 為真，而 Y 為假，則命題本身必假；(3)若 X 為假，而 Y 為真，

則命題本身必真；⑷若 XY 二者皆假，命題本身仍真。如此，在斯多噶派邏輯 (Stoic logic) 之中，已有「實質涵蘊 ❶」(material implication) 概念的初步理解。

　　此派在知識論方面，同時反對柏拉圖的形相（超越性共相）論與亞里斯多德的「形式」（內在性共相）之說。站在感覺主義立場，此派只予承認個物的存在，且認為所謂知識乃指涉著特殊事物的知識。特殊事物能夠通過感官賦與心靈以一種印象，知識就是對於此類感覺印象的知識。心靈原如一張白紙，有了感官知覺之後逐漸產生經驗與知識；知覺導致記憶，記憶的累積又形成一種經驗。所謂理性乃不外是感官知覺所衍生的結果，約在十四歲左右大致形成。至於真理規準，端在知覺本身。懷疑論者當可針對此點指摘，謂知覺本身的真偽無由分辨，從而判斷的規準無法建立。斯多噶派之說，若從知識論史的觀點剖視，應屬一種經驗論或名目論立場。

　　斯多噶學派在宇宙論方面採取一元的唯物論 (monistic materialism) 觀點，認為宇宙的一切皆具形體，沒有虛空存在。靈魂與上帝亦不外是物質的存在。此派藉用赫拉克里特斯的自然理論，以火為世界原質，一切存在由火構成。此派又將唯物論與汎神論的主張聯貫起來，主張原始的聖火即是上帝，亦即內在的理性 (logos)。上帝亦是宇宙的意識。宇宙的生成程序概依神之意旨進行。因此，一切存在不是原始的聖火（上帝自體），便是上帝的分化狀態。宇宙生成之後，上帝與宇宙構成靈魂與肉體的關係。上帝是推動宇宙運動變化的內在力量或活動原理。宇宙的生成程序是周而復始的循環過程：上帝自體或即原始的聖火分化而逐次產生空氣、水與地，宇宙因之形成。但在宇宙劫滅之時，必有一場大火，燒盡宇宙的一切，復歸為火。如此構成永劫的循環變化程序，每一時期的宇宙都是按照永恆不變的必然法則生成而毀滅。因為上帝即是理性，宇宙

---

❶　「實質涵蘊」與「形式涵蘊」(formal implication) 不同，如從「形式涵蘊」關係來看，X（前件）與 Y（後件）同值（同真或同假）之時，整個命題才真；換言之，⑶的情形在「形式涵蘊」關係之中並不存在。參閱塔斯基 (A. Tarski) 所著《邏輯導論》第 25–27 頁。

乃由理性規制。理性既含攝著合法則性，宇宙的生滅亦受絕對不變的必然因果法則所支配，而彰顯出秩序、和諧、與美。此派同時援用「命運」(Eimarmenē) 概念表現必然性支配宇宙的意義，「命運」與「天意」(pronoia) 原是上帝的兩面。

人類靈魂是理性的，來自聖火，首先噴進人類的第一祖先，而後代代相傳。個體靈魂的不朽問題在此派學說之中並不存在，因為此派主張，一切靈魂在宇宙產生劫滅的大火之時回歸原始的聖火。不過有人主張賢善的靈魂死後仍然存在，直至宇宙劫滅之時為止。

斯多噶學派的倫理學是此派哲學的核心課題，基於此派物理學中的兩大原理發展而成。第一原理是，宇宙為絕對永恆的必然法則所支配，無有例外。因此，個人的自由意志不可能存在。我們雖說自願選此擇彼，但這不外是表明我們在行為上合乎宇宙的必然程序，並不等於說我們具有違抗宇宙必然程序的一種自由。不過此派猶如斯賓諾莎，承認一種「內在的自由」(interior freedom)，乃意謂著改變個人對於外在事件的判斷或態度，而全盤接受「天命」而言。這是斯多噶學派所理解的唯一的「自由」義蘊。

第二原理則是表示，人的本性是由理性構成，因此人的倫理實踐必須配合理性的要求。後期斯多噶派健將塞尼加尤其指出，哲學本是關涉行為問題，而人生的目的或即幸福乃是在乎德性本身。真正的德性是建立在「順從自然之生活」(omologoumenōs tē physei zēn)。此一著名箴言的旨趣不外是說，⑴人的行為必須遵循自然法則，而人的意志則要順從神之意旨；⑵順從自然之性或是天意，同時也是順從自己的本性或理性。上述兩大原理只是各就宇宙與人存在的兩面分別提出理性法則的儼然存在；事實上遵循自己內在的理性，亦不外是遵循廣大宇宙的必然之理。是故，所謂「順從自然（之性）之生活」同時指謂順從理性的生活。此派以為道德應建立在普遍的理性，至於個人特有的性癖、感情或意向等等必須一律排除。德性就是獨一無二的幸福，能夠獲致此種有德生活的人即是所謂「賢者」(proficientes)。賢者的境界超然自得，恬淡無欲，能夠

自律自制，以理克情，外界一切均不足以動亂其心。此派人士特以希臘字apatheia (=a+pathos) 表現此種不動心的境地。此派的理性主義倫理觀再進一步，則變成嚴肅主義或禁欲主義，只予承認普遍理性規定一切行為實踐的倫理意義，而專事於修身克己的精神磨鍊。康德的道德哲學極受此派思想的影響。

斯多噶倫理學可以說是犬儒學派理路的延續發展，但另一方面卻超越了後者，而標榜「世界主義」(cosmopolitanism) 的生活理想。宇宙既是具有統一的理性秩序，而由天意統治，且因人類本性具有共同普遍的理性要素，按理世上只許一種法律與一個國家的存在。賢者不是任何特殊國家的公民，而是世界的公民。

此派雖然偏重個人的道德理想，而將哲學看成過份主觀的實踐性學問；不過此派（消極地）摒除一切外在而世俗的無謂干擾，同時（積極地）通過意志的自律肯定道德自我的一種超脫精神，卻不能不說是具有高貴的倫理實踐意義。

第三節　伊比鳩魯學派
(The Epicurean School)

此派創始者為伊比鳩魯 (Epicurus)，約在西元前 342 年生於撒摩斯 (Samos)地方。西元前 307 年左右，伊氏在雅典的私有家園創設他的學派。據說伊氏本人著有三百卷之多，惟多半早已散佚不傳。此派至少存續了六個世紀。拉丁詩人魯克勒修斯 (Lucretius Carus) 曾以詩的體裁表現此派思想於著名的哲學詩篇《自然論》(De Rerum Natura) 中，旨在解放世人對於死與諸神的恐怖以及指示靈魂寧靜而不困擾之道。

在哲學史上伊比鳩魯以快樂主義倫理觀及原子論聞名，然而嚴格地說，兩者原皆不是伊氏自己的獨創理論。原子論係路西帕斯與德謨克利特斯所創，而伊氏快樂主義之說亦淵源於德謨克利特斯與西樂餒克學派的道德理論。不過伊氏修正原有的學說甚或附加個人的一些見解，體系化而為一種具有宗教色彩的實踐哲學。

　　此派體系亦大致分為邏輯（或即規準學，Canonics）、自然學與倫理學三大部門。伊氏本人並不著重邏輯與自然學，因為他所唯一關心的是實際的人生幸福問題。因此，伊氏厭煩純然理論的探討，否定數學的價值與用處，斥其不具感覺經驗的任何基礎。伊氏認為理性預設感官的存在，感覺發生錯誤，一切理性亦隨之陷於迷誤。伊氏所理解的邏輯或即規準學，乃專門論涉知識或真理的規準問題。他站在感覺主義的立場，指出知覺 (ē aisthēsis) 應為首要規準。知覺的錯誤來自我們的判斷。我們判斷感覺印象符應外界對象，如果事實並不如此，則有判斷上的錯誤產生。第二種規準，伊氏稱為概念 (prolēpseis)，其實指謂記憶之中的心像。伊氏又為說明行為實踐的問題，提出感受或感觸 (pathē) 為第三種規準。快樂的感受成為我們行為實踐的抉擇規準，至於痛苦的感受則是避苦的規準。伊氏說：「真理之規準是在感官知覺，預覺（預斷），與激情」。

　　伊氏所以選擇原子論為他自己的自然學理論，原是為了行為實踐的目的；換言之，乃是為了破除種種迷信而已。由於世人對於鬼神、死亡、地獄的折磨等等超乎感覺經驗的現象感到不快、憂懼、甚至恐怖，伊氏乃藉用了機械論的原子論學說，否認諸神能予干預人事，且將靈魂視為一種原子聚合離散的現象；如此終把原子論的信奉當做一種解除迷信的理論藥方。由是可知，伊氏的原子論，本無所謂客觀的真理根據，只是出於個人的願欲與實踐上的需要而有。伊氏亦如路西帕斯，主張原子與空虛為構成自然宇宙的兩大究極要素。原子數量無限，且不可分，只具大小、形式與重量上的差異而已。宇宙肇始之時，原子由於自由意志之力互相衝擊碰撞，產生迴旋運動，而形成機械化的宇宙秩序。人的靈魂乃由圓滑的原子所成，而在胸部形成理性。肉體一死，靈魂的原子亦隨之分離；死只不過是一種知覺缺如的現象而已。伊氏說：「死對於我們並不算什麼。因為我們生存之時，死未伴隨；當死來臨之時，我們已不存在」。因此我們對於死亡毫無恐懼的理由。

　　宇宙既是由於機械的原因而存在著，伊氏當然擯除任何超自然的作用或目的論的因素於自然宇宙之外。不過伊氏不是無神論者，他仍准許諸神的存在，

認為諸神吃喝如人，且使用著希臘語言。諸神在祂們自己的世界過著寂靜安樂而不死的生活，決不干涉人間世的一切。伊氏似將諸神無牽無掛而逍遙自在的快樂生活視如人間生活的典範或理想。

伊氏倫理學根本上亦如西樂餒克學派，倡導快樂為人生唯一的目的。不過伊氏所理解的「快樂」(hēdonē) 義蘊較諸後者更要深邃一層。第一，快樂不再意謂短暫的個體感覺，而是終身受用不盡的愉悅之感。伊氏的本意是說，外在的一切快樂或情欲上的滿足原是剎那生滅，無由自主；此種快樂常易變質而為一種痛苦。因此弔詭地 (paradoxically) 說，真正的快樂反是抑制或捨離暫時的快樂的一種結果。第二，由於伊氏強調內在的常恆快樂之感，「快樂」一辭便意謂著「痛苦的缺如」(absence of pain)。這種快樂完全建立在個人心靈的淡泊寧靜 (ē tēs psychēs ataraxia) 上面。由於心靈寧靜不擾而怡然自得，原來只具消極意義（痛苦的缺如）的「快樂」一辭反而具有積極而健全的實踐意義了。由此可見，伊氏所推重的是一種高度的精神生活，個人之德與友誼皆有助於這種「快樂」的獲得。

為了確保高度的內在快樂，伊比鳩魯主張我們需要行為實踐的一種測計術 (summetrēsis)，慎於衡量苦樂的輕重久暫。換言之，真正快樂的獲得，需藉助於實際的智慧 (phronēsis)。具有慎慮、節制、正義等等德性的人就是真正的智者 (phronimos)，智者才有資格享受常恆的快樂感受。伊氏自己確是兌現了此一快樂主義的生活理想，在他的一生充溢了和善、仁愛、歡愉、超脫等完美的精神氣氛，同時通過高貴的友誼與學院中的講學聚談表現出名副其實的智者的生活境界。

第四節　懷疑學派
(The Sceptics School)

懷疑學派的興起充分證實了哲學精神的日趨萎靡淪落；思想家們開始失去尋探客觀真理的一種信心。希臘化的羅馬時期，曾出現了一批哲學家，懷疑人

類通過感覺與理性能獲確實可靠的自然知識，且進一步對於整個真理探求的工作表示倦怠與失望，退而主張一切判斷的中止，俾在倫理的實踐方面獲致心靈的寧靜，而對世俗的一切表現漠不關心的處世態度。

懷疑學派的發展，大致可分三期：⑴皮羅主義 (Pyrrhonism) 約在西元前第四世紀乃至第三世紀盛行，主由皮羅 (Pyrrho of Ellis) 創導，而後繼由弟子提門 (Timon) 發揮；⑵自西元前第三世紀至第一世紀，中期懷疑學派與新學院派分別產生，此一時期的健將有阿爾塞西勞斯 (Arcesilaus)、卡爾尼亞得斯 (Carneades)、克利托馬克思 (Clitomachus) 以及費羅 (Philo of Larissa) 等人；⑶從西元前第一世紀起，有後期犬儒學派、折衷學派、新皮羅主義等派的興起，而以狄恩 (Dion Chrysostom)、波達門 (Potamon of Alexandria)、埃尼西得摩斯 (Aenesidemus of Knossos)、阿格立巴 (Agrippa) 等人為主要代表。

皮羅主張，理性無從透視外界事物的內在實體，我們充其量只能揣知事物的外表。他與普羅塔哥拉斯一樣，認為每人所見所知各有差異，真偽對錯無從絕對判定。我們既對一切事物不能確知，智者應該中止他的判斷 (epechein)。我們對於任何判斷或命題應該附加「大概」或「也許」等等概然之辭，而表達為「對我看來似乎如此」或「大概就是這樣罷」等不太確定的語句。

皮羅在知識論上所採取的中止判斷原則卻在倫理方面產生了一種實踐性的效果。他以為世上原無絕對的善惡對錯之分，亦無美醜之別，一切都是由於人為的習俗律法造成。智者深明其中之理，故對外在的一切無所關心取捨，志在完全滅卻無謂的意念與活動，藉以獲致泰然寂靜的心境，而不為任何情念妄想所擾。當不得不採取行動之時，唯一的行為準繩是在只具概然性質的臆見、習俗與律法。絕對的真理畢竟不可求，亦不可得。

皮羅的懷疑主義流行不久便趨沒落，新學院派 (The New Academies) 的領袖阿爾塞西勞斯接踵而起，抨擊一切意見或理論為無稽之談，尤其擯斥斯多噶學派為最大的獨斷論者。阿氏的最後結論是，在感覺與理性之中決不能發現真理規準，一切皆不可確知。阿氏甚至說：「而且連對我一無所知這個事實，我都

不能確定。」這種絕對的懷疑主義與蘇格拉底「無知之知」的誠實態度，相距不啻千里。

　　新學院派的卡爾尼亞得斯繼續阿氏對於斯多噶學派理論的攻擊，甚至摧毀了一切既有的哲學思想。然而卡氏發現徹底的中止判斷畢竟是不可能的事，因此編出一套概然性 (pithanotēs) 理論，分為三種層級：⑴概然的，⑵概然而不被爭論的，與⑶概然而可檢驗的。卡氏概然性理論的意圖是在為了求得一種「較為可靠」的指導原則。

　　到了後期懷疑學派則有埃尼西得摩斯著名的「十論」(ten Tropoi) 出現，列舉如下：⑴眾生種類有別，故對同物具有不同而相對的心像或觀念；⑵人的身心稟賦各異，所見於物者亦必不同；⑶人的感官構造與感覺的呈現不同（譬如某種水果聞之甚臭，嘗之則甚甜）；⑷感覺因生活情況的變化（如睡或醒，老或少）而有顯著的差異；⑸同一事物隨著視點或角度（位置、距離等）的不同而產生不同的現象；⑹知覺對象並非直接呈現在感官之前，而是必經一種媒介（如空氣）；⑺一切事物亦因質量的變化而生殊異；⑻一切賓辭只能告訴我們物與物間或我們與外物之間的外在關係，外物自體究竟為何，無從了知；⑼外物的熟悉與否亦予人以不同的印象；⑽每一國度有其特殊的生活方式、倫理觀念、律法、神話、風尚、思想等等。後來阿格立巴縮改十論而為五論。其他懷疑主義者又將五論還元而為以下二論：⑴任何事物無法就其本身可以確知，對於許多關涉此事物本身的意見，毫無確定的選擇可能；⑵任何事物亦無由通過其他事物而被確知，因為一切此類企圖終必導致（論據上的）惡性循環或「無限後退」(regressus in infinitum)。總之，上述懷疑主義者所做的工作，不外是要設法證明真理或知識的相對性，從而勸人中止任何（決定性的）判斷，而在實踐方面企獲一種心安理得的境地。

　　懷疑學派的基本論調實與詭智學派無甚差異，不過懷疑主義在知識論上亦具消極意義的效用價值。譬如它能對於任何妄立獨斷主張的哲學思想成為一種警告或試金石。又從較為積極的觀點來說，懷疑學派對於感官知覺、因果性、

及概然性問題的考察，有其哲學史的一種意義；例如埃尼西得摩斯對於因果必然性的否認可以視為休姆的因果觀念批判的理論先驅。

第五節　新柏拉圖主義
(Neo-Platonism)

在亞里斯多德以後的希臘化時期，除了倫理實踐的關心與否定知識的懷疑論調衝蕩人心之外，另有一股宗教的神秘主義氣氛籠罩某些亟欲攀臻絕對境地的思想家們的心靈，隨著時代的要求，漸有取代斯多噶學派與伊比鳩魯學派等只停留在倫理實踐階段的哲學思想的一種趨勢。首先是在西元前第一世紀，曾有新畢達哥拉斯主義 (neo-Pythagoreanism) 的思想抬頭，執守畢達哥拉斯的靈肉二元論立場，且附加了更深化的神秘體驗因素，如此形成一種宗教教派，而逐漸侵蝕了當時棄絕現世生活的人們的內心。我們在新畢達哥拉斯主義的思想之中可以看出一種超越性的上帝觀念與「流出」(emanation) 理論的萌芽，而為後來新柏拉圖主義的思想先聲。該派已能劃分⑴第一上帝 (prōtos theos)，亦即存在原理或即純粹思維活動自體，⑵狄米奧吉，與⑶宇宙或即第三上帝等神性的三種層次，而以靈魂寄寓肉體為一種墮落或罪惡。至於復歸原有靈魂的純淨與神之知識則是獲致拯救解脫的唯一可能之路。

同時在柏拉圖學院方面也感受到了神秘性宗教體驗的影響，逐漸形成中期柏拉圖主義 (the middle Platonism) 的思想。此派一方面吸收新畢達哥拉斯學派的理論血液，主張超絕神性的存在；另一方面又通過柏拉圖《對話錄》的註釋與研究，區別該派與其他哲學學派的基本差異。該派的主要代表為以《英雄傳》(Bioi parallēloi) 一書著稱的普魯塔克 (Plutarch of Chaeronea)。普氏極力設法純化神之概念，否認上帝對於惡之產生負有責任。他以為，在神性流出過程當中，「世界靈魂」的產生成為惡之原因。如此，上帝形成善之原理，世界靈魂則為惡之原理。普氏在超絕神性之下同時設立一群星神、魔神、精靈等等，介乎上帝與人類之間。為了說明各種民間信仰的存在理由，普氏甚至認為形形色色的

宗教信仰只是利用了各種不同的稱呼膜拜上帝，事實上超絕神性才是本來的信仰對象。中期柏拉圖主義的宗教思想亦如新畢達哥拉斯主義，構成了神秘宗教思潮的一股力量，而為新柏拉圖主義預鋪一條理路。

另外在埃及亞歷山大利亞 (Alexandria) 城也同時盛行著希臘化猶太哲學 (Jewish-Hellenistic philosophy) 的思想，乃以斐羅 (Philo of Alexandria) 為宗主，醞釀一種融合希臘理性主義與猶太教神秘體驗的神學理論。斐羅力主偉大的希臘哲學家們都是摩西的信徒，他們的思想與智慧無不淵源乎《舊約全書》的啟示。斐羅以超絕的唯一神性為人格神，同時又是純粹存在 (to ontōs on)，絕對單一，自由自足；上帝甚至超過柏拉圖的善與美之形相。神是不可思議、不可言詮的存在自體，惟有通過「忘我神迷」(ekstasis) 與直接性直觀 (enargeia) 才能融透上帝自體。斐氏亦立中間存在層級，而以叡智 (Logos or Nous) 為最高一層的存在；柏拉圖的形相界卻被置於叡智之中。神（耶和華）與叡智，叡智與世界之間構成一種遞進的流出關係。此種流出的觀念不過是一種比喻，除此以外無法說明世界的創生程序。在斐羅哲學之中，超絕神性之不可思議性，中間存在層級的定立，流出觀念，乃至靈魂通過忘我神迷升近神性等等思想，皆予新柏拉圖主義以宏深的影響。

新柏拉圖主義的開創者是阿摩紐斯 (Ammonius Saccas)，但未留下任何著作。事實上真正代表此派的哲學家是著名的普羅提諾斯 (Plotinus, 204–269)。普氏從二十八歲開始，師事阿摩紐斯，前後約達十年。四十歲左右，普氏在羅馬創設自己的學派，門下有不少羅馬當時的高官顯貴，包括加里訥斯皇帝 (Emperor Gallienus) 及其皇后。在五十歲以前普氏通過口授傳播他的思想，其後開始執筆，終於撰成前後五十四篇的論文。普氏弟子波爾費里 (Porphyry) 曾將普氏論著編纂而成具有體系化形式的一部大書，稱為《伊尼亞得斯》 (Enneades)，共分六卷，每卷各分九章。波氏尊崇其師，著有《普氏傳記》，特別提到他在普氏門下前後六年之間，普氏共有四次忘我神迷的宗教體驗，恍兮惚兮，與神合一。普氏似對耶教稍具知解，然而始終沒有皈依耶教。普氏自己

的宗教思想卻對後來的耶教哲學家如奧古斯丁等留下深遠的影響。

　　普羅提諾斯的哲學思想基本上建立在他個人的神秘體驗上面，同時融合了柏拉圖、亞里斯多德、新畢達哥拉斯學派、乃至中期柏拉圖主義的思想，而構成獨自的觀念論形上學體系。普氏形上學的究極原理即是上帝或即「太一」(The One)，超越一切思維與存在，寂然獨存，一切賓辭均不足以形容「太一」，賓辭的附加只是局限「太一」的屬性而已。猶如古印度《奧義書》中的哲學家雅吉尼亞窪爾加 (Yajñavalkya) 通過「非此非彼」(nēti, nēti) 的無限否定作用彰顯「真我」(Atman) 或「婆羅門」(Brahman) 的絕對實在性一樣，普氏也踏破了一切理知的探索，而在言亡慮絕的超越境界體驗出超絕一切的究極存在原理。不過普氏卻將善（故稱「太善」，The Good）與統一性（故稱「太一」）兩種「屬性」歸諸上帝自體，雖則兩種「屬性」只能當做彷彿之喻，並非充全。

　　普氏上帝既然遙在一切存在之彼岸，如何能夠推衍充滿著有限性與雜多性的現實世界呢？普氏不能退回柏拉圖老路，搬出狄米奧吉，因為狄米奧吉只不過是一種設計神。他又不能採取亞里斯多德的「形相之形相」概念，因為普氏的上帝乃是絕對超越的存在原理。然而普氏是個神秘主義者，不必忌憚論理的乖謬，大膽地躍過了理性的極限，使用一種詩的比喻，而將整個宇宙的開展講成一種日光的流出作用。上帝或即「太一」有如太陽之光，神之法身「射出一道霞光出來」，普照四方，無處不及。一切上帝以外的現實存在便是日光如此層層流射出來的結果。按照普氏「流出之喻」(the metaphor of emanation)，日光四播，不減其光；上帝自體亦不因流射出各層存在世界而減損自己的本質內容。我們若將普氏流出說與耶教創世論互做比較，則不難發現，普氏對於世界生成的解釋，並非一種「自無生有」的創造理論，而是永恆必然的生成之理，超越任何時空的局限。

　　從「太一」最初流出的是所謂「叡智」(Nous)，它並不在時空之內，故是超感覺的存在。叡智即是直接的體認或知的直觀，具有兩重對象，一是「太一」，雖則叡智對於「太一」的思維並不完全，另一則是叡智自體。叡智亦即等

於柏拉圖的形相界整體，而在叡智之中存在著一與多的對立。叡智在人存在意識裡面表現而為「叡智的直觀」(intellectual intuition)，此種直觀與客體（直觀的對象）無由劃分。叡智享有永恆的淨福狀態。

從叡智再流出的是所謂「靈魂」，亦即柏拉圖《泰米亞斯》中所說的「世界靈魂」，不具形體而又不可分，成為感覺界與叡智界的接觸點，遍在於感覺世界，多數但具統一。普氏的世界靈魂分為高層的與低層的兩種：前者接近叡智，未與感覺世界直接接觸；後者則是現象界的真正靈魂，又稱「自然」(physis)。「自然」乃是感覺界的內在生命原理，包括動植物與大地的生命或生氣。世界靈魂在個體的人存在中流出個體靈魂，又分高低兩種：前者（高）有如亞里斯多德所謂「主動理性」，屬於叡智界；後者（低）則直接與肉體保持聯繫。靈魂未與肉體結合之前已經存在，因其墮落，乃寄寓於肉體之中，肉體死滅之後，輪迴轉生。普氏承認靈魂不朽，而其個體靈魂之說卻在柏拉圖與亞里斯多德的靈魂論中未曾出現。

存在層級的最低一層即是物質世界。「物質」不具空間上的規定，乃是一片虛無。正如日光遍射四方，而在極遠之處光線逐漸薄弱，幾乎等於黑暗一樣；物質或即質料亦是一種「光之缺如」(sterēsis)，而與「太一」形成對極。物質的最大功能是承受形相（形式）的規定，成為個別事物；有如一面鏡子，因受叡智的照射，在鏡面反映而為萬事萬物。普氏此一說法乃是柏拉圖與亞里斯多德的物質概念的調和。普氏同時接受新畢達哥拉斯一派的主張，將物質視如「惡之原理」；「太一」是善，物質則是善之缺如，故是醜惡黑暗。由此可見，普氏抱有二元論見地，鄙視肉體或物質的存在與價值，而以復歸純粹靈魂狀態為人生的最高目標。

萬事萬物既是來自「太一」，當亦對於「太一」能做種種「觀照」(theōria)活動。植物之滋長，乃至人之理知活動，無一不是復歸存在根源的「觀照」努力。向下流出與向上觀照同時成立，沒有趨向存在根源的觀照活動，也就沒有存在層級的流射之理。因此，人生的究極目的乃是在乎淨化自己的靈魂；通過

哲學的思索，逐漸擺脫感官知覺的束縛，同時層層超升靈我，最後踰越叡智界，而與「太一」形成神秘恍惚的結合。這就是普氏所謂「忘我神迷」的境界，主客融合，神與靈我無分。從普氏的神秘主義觀點來說，哲學只不過是靈交上帝，企獲永恆生命的一種手段而已。亞里斯多德以前的真理探求精神到了普羅提諾斯，乃蛻變而為一種極具主觀主義色彩的宗教體驗。如就理性本位的西方哲學主潮而言，普氏思想無異宣佈哲學的死刑，而以宗教實踐替代哲學的思維反省。

古代哲學產生過柏拉圖、亞里斯多德與普羅提諾斯等三位哲人所創立的形上學體系。我們不妨藉用哈爾德曼在他的《哲學導論》(*Einführung in die Philosophie*) 一書（第 11–13 頁）所繪載的圖式判別三者的同異，俾使讀者對於三家形上學的基本主張能獲更進一步的理解：

(一)柏氏形相論

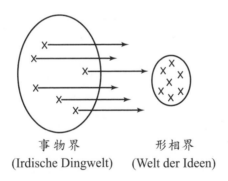

事 物 界
(Irdische Dingwelt)

形 相 界
(Welt der Ideen)

(二)亞氏形上學

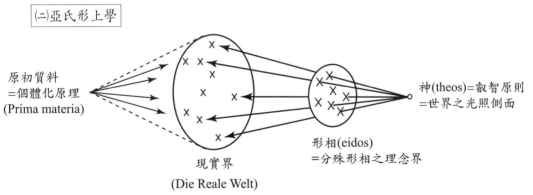

原初質料
=個體化原理
(Prima materia)

神(theos)=叡智原則
=世界之光照側面

形相(eidos)
=分殊形相之理念界

現實界
(Die Reale Welt)

(三)普氏流出說

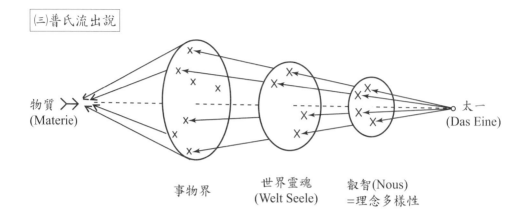

物質 〉〉
(Materie)

太一
(Das Eine)

事物界　　　　　世界靈魂　　　叡智(Nous)
　　　　　　　　(Welt Seele)　=理念多樣性

第二部　中世耶教哲學

第一章　概　說

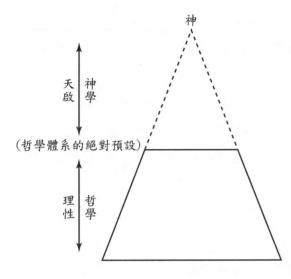

中世耶教哲學是基督教的啟示真理與古希臘形上學（尤其柏拉圖與亞里斯多德）融合而成的思想結晶。對於理性本位的哲學家來說，原屬信仰層域的耶教啟示與標榜理性優位的正宗哲學之構成所謂「耶教哲學」(Christian philosophy)，乃是一種荒謬而不可能的結合。作者卻以為，哲學史家在處理中世哲學思潮之時，應該儘予排除任何先入之見，而抱一種同情的理解態度如實說明綿延一千餘年的中世哲學的萌芽、發展與衰微的整個過程。不過，在全盤敘述中世耶教哲學的歷史發展之前，我們首須解答一個根本課題：理性與信仰，或哲學與神學之間，是否存在著不可踰越的鴻溝，抑或兩者之間可以形成一種相輔相成的關係？我們對此問題先有一個適切的解釋或答案，然後才能進而論及耶教哲學可否成立的問題。為了解釋上述課題，作者願藉上面一個三角圖予以討論：

此一三角圖包括一個梯形部份。一般主張理性本位的哲學家們❶只予承認，梯形層域才是正宗哲學的思維範圍，理性思維決不應攀涉梯形之上的三角形層域。此三角形層域乃屬信仰或天啟，無由構成嚴密的理論知識，特以虛線代表。梯形的底層部份指謂現實經驗的基礎，層級愈高，愈富抽象性或概念性。整個抽象化的梯形層級乃構成一種理性本位的哲學體系。梯形層域的最高一層可以藉用柯陵烏德 (R. G. Collingwood) 所創設的名辭，特稱之為「絕對預設」

---

❶　康德《純粹理性批判》的根本論旨最能表現此一觀點。

(absolute presuppositions)。一般哲學體系的「根本原理」即不外是「絕對預設」，我們使用「絕對預設」一辭似乎更能排除獨斷的意味。作者在此援用柯氏的「絕對預設」概念，與他自己在《形上學試論》(*An Essay on Metaphysics*) 第一部中所界定的涵義略有出入（參閱該書第 31 頁）。我們可以暫且規定，絕對預設是任何哲學體系的根本前提或假定，支撐整個體系的成立；但其本身卻不需要另一前提當做預設，否則「絕對」二字不具意義。絕對預設因無對錯可言，故非一種具有真假值 (truth value) 的命題。絕對預設能予保證每一體系所呈現著的論理構造的究極性與完結性，俾使整個理論體系不致產生（邏輯上的）惡性循環或無限後退。絕對預設可能只有一個，也可能有兩個或兩個以上；因此我們不用三角形的頂點，但用梯形的頂層表示出來。舉例來說，康德《純粹理性批判》之中「先驗的統覺」概念與「物自體」的存在假定構成康氏知識論體系的兩大絕對預設。又如「絕對精神」概念，是黑格爾汎論理主義形上學的唯一絕對預設。同一體系的絕對預設之間不能互成推衍關係，因為任何絕對預設只能當做根本前提，卻不能當做可從其他絕對預設推衍出來的一種命題。如果我們同意理性本位的哲學思想是西方哲學發展的主潮，則可以說西方哲學史乃是一部絕對預設修正以及變更的歷史。其實擴大絕對預設的涵義，我們更可以說，中世耶教哲學亦有獨一無二的絕對預設，即是上帝的存在假定。只是中世哲學家對於經由啟示信仰所肯定的上帝存在賦與理性的「論證」；因此在中世哲學之中，上帝的存在已不再是「假定」或「預設」，而是真實的根本原理。

站在耶教哲學的立場來說，神學與哲學可以同時成立。或不如說，神學高於哲學，哲學的真理探求須受神學的規制。因此有些哲學史家宣稱，西方哲學發展而至中世紀，哲學失去了固有的獨立自主性，終於淪為「神學之奴婢」(ancillia theologiae)。耶教哲學的本來意圖乃是要在梯形層域之上加蓋一層三角高廈（神學體系），而以神之存在為包括梯形部份在內的大三角形的頂點（絕對預設），如此溝通天啟與理性，或神學與哲學的可能懸隔。

依據耶教哲學的觀點，小三角形代表信仰層域，梯形則表示理性層域，兩

者並行不悖，相輔相成。兩者的對立，也就是恩典 (grace) 與自然 (nature)，教義 (dogma) 與知識 (knowledge)，抑或啟示真理 (revealed truth) 與理性真理 (rational truth) 的對立。批評哲學在中世紀時期淪為神學奴婢的哲學史家否認超自然的信仰問題可以變成真正的哲學課題。因此他們當然不能認許神學與哲學之間可以建立相輔相成的關係。耶教哲學家則以為哲學的真理探求應有一個最後目的，當做整個探求工作的指導原則。耶教哲學家所理解的最後目的不外是在耶教救世 (Christian salvation) 的實踐；哲學的真理探求則是獲致靈魂救濟的一種理性方面的補助手段。聖奧古斯丁的名言「我信，斯可理解」(Credo, ut intelligam) 便是指涉此種意思。然而由於中世紀耶教哲學家忌憚哲學侵犯耶教信仰的領域，而使本來的信仰變成不純，故曾產生神學與哲學的研究領域如何劃清的問題。譬如聖波拿文土拉高唱神人合一為人生的最高目標，而偏重了天啟與信仰側面，因此無法將他的「哲學」從他整個宗教思想體系分離出來。至於聖多瑪斯，則是經院哲學家之中最富哲學智慧的一位，故較詳為劃分天啟與理性，或神學與哲學的個別領域，且予哲學以「獨立自主」的地位。聖多瑪斯以為，哲學以及諸般科學端賴理性的自然之光而得成立，哲學所援用的原理毋需超自然信仰的干預，只需通過人類理性即可知解。況且，哲學研究的步驟乃從經驗世界開始，通過理性之光洞察世間有情的真相，藉以襯托神之榮光。神學則直接從神之啟示出發，通過超自然的靈視作用透視世間有情的存在意義。聖多瑪斯如此劃清神學與哲學的分際，認為神學可以指導哲學探求的趨向，而哲學亦可發揮理性之光彌補神學研究的不足。信仰之光與理性之光原皆神所直接賜與人類的天賦能力；信仰與理性的個別探求，終可殊途同歸，相輔相成，同時顯耀神之偉大榮光。

　　由是可知，耶教哲學經過聖多瑪斯的一番釐清，終在西方哲學史上有了名正言順的地位。不過耶教哲學的初度奠基，應歸功於中世紀第一位哲學家聖奧古斯丁 (St. Augustine, 354–430)。在聖奧古斯丁以前的教父時期，也曾產生過不少著名的神學家，諸如希臘護教派 (Greek Apologists) 的阿里斯提得斯

(Aristides) 與提歐菲拉斯 (Theophilus)、諾斯替教 (Gnosticism) 的瓦倫提奴斯 (Valentinus)、反諾斯替教的教父聖伊列奧斯 (St. Irenaeus) 與希坡里特斯 (Hippolytus)、拉丁護教派的特徒里安 (Tertullian)、亞歷山大教派的克里門特 (Clement) 與厄立根 (Origen) 等等，異見紛陳，各自為是，而無體系化的耶教哲學思想。上述神學家們，有的暗中摸索，企圖藉用古希臘形上學思想建立耶教本身的哲學體系；有的執守耶教天啟本位的信仰立場，極力抨擊混淆希臘哲學與耶教教義的思想「叛徒」。然而通過理性之光澄清耶教教義的要求一直潛在著，醞釀著，終於到了聖奧古斯丁，才有正式的理論胎動與滋長。

聖奧古斯丁著作等身，不勝枚舉，其中較為重要的是《懺悔錄》 (*Confessiones*)、《上帝之城》(*De Civitate Dei*)、《論恩典與自由意志》(*De Gratia et Libero Arbitrio*)、《論自由意志》(*De Libero Arbitrio*)、《三位一體論》(*De Trinitate*)、《教義手冊》(*Enchiridion*)、《獨語錄》(*Soliloques*)、《靈魂不滅論》 (*De Immortalitate Animae*) 等書。奧古斯丁畢生的使命，是要奠定耶教本身的真正教義，鞏固教會制度及其職責，以及設法融合柏拉圖形相論、普羅提諾斯形上學等希臘哲學思想與耶教教義，俾得完成體系化的耶教神學。奧古斯丁並未完全解決耶教教義的問題，而在他的思想之中亦處處呈現理論上的種種矛盾（譬諸預定說與自由意志論的同時存在）。但就奧氏思想的整體而言，他無疑地開拓了一條中世神學與經院哲學 (scholastic philosophy) 的真理探求之路，具有永垂不朽的思想功績。

奧氏思想的核心問題集中在對於上帝與自我靈魂的根本認識上面。他以為我們所能唯一崇拜的神性是三位一體的上帝。上帝依其永恆不變的自由意志，從「無」創造了萬有。為了解釋惡之問題，奧氏採取辯神論觀點，主張完善完美的上帝對於惡之產生不具任何責任。惡不過是一種（消極意義的）「善之缺如」(privatio boni) 而已。至於人的靈魂問題，奧氏認為靈魂乃是非質料的實體，而在靈魂的三大基本能力（記憶、知性、意志）之中可以見出神之三位一體的影子。人類活動的核心在乎意志，理性的思維本質上亦不外是一種意志作

用，而最高真理之啟示於人存在靈魂，亦惟通過基於意志的信仰才有可能（「我信，斯可理解」）。關於人的意志自由，奧氏繼續發揮聖保羅所首倡的原罪 (peccatum originale) 之說，主張一切人類皆已代代蒙受亞當的原罪，具有為惡的自由，故生而負有罪咎。人類不能洗刷自己的罪咎，乃是毫無自救希望的「沈淪之群」；惟有訴諸神之恩典，人類才能獲得靈魂的救濟。奧氏甚至倡導一種預定說 (doctrine of predestination)，宣稱人的信仰原亦來自神之恩典，因此誰有得救希望，早已預定，永不可變。他再進一步維護教會制度說，只有經由教會的引導才能領受神之恩典。換言之，「捨教會而外，無可獲救」(Extra ecclesiam nulla salus)。然而教會不必常是上帝之國，而世俗國家亦不一定是魔鬼之國。不過上帝之國須經教會的媒介呼喚具有信心而能捨離現世的人民皈依回歸。奧氏如此藉諸原罪與恩典等等耶教教義奠定了教會制度的基礎與權威，而在文化史上打定了一個重大的里程碑。

再者，中世紀政治大事的發生多曾受過奧古斯丁的直接或間接的影響。奧氏逝世之後蠻族席捲整個歐洲與北非。在黑暗時代惟有耶教之光尚能鼓舞世人，當時能使耶教教會變成動亂社會之中的中流砥柱以及蠻族的教化師傅的，除了一部《聖經》而外，首應歸功於奧古斯丁的宗教精神與思想遺訓。況且，他那畢生鉅著《上帝之城》可說多少左右了整個中世紀的政治發展。神聖羅馬帝國的建立至少有部份因素溯源於它。據傳查理曼大帝平時喜讀奧氏著作，尤其是《上帝之城》。當皇帝與教皇之間彼此產生權位爭奪之戰時，雙方也經常引證奧氏著述，以為理論上的憑藉；前者引他來證實（世俗）國家亦係神所建立，後者則引他來保障教皇至上之說。中世紀的另外兩件大事，十字軍東征與宗教審判所，如果推溯遠因，亦不難發現受有《上帝之城》和奧氏強迫異己加入耶教教會的理論的影響。

專就奧古斯丁在哲學史上所佔有的地位而言，他在整個中世哲學思想之中享有無上的權威，尤其由於奧氏的存在，柏拉圖哲學曾在十二世紀以前始終一枝獨秀。至於接受亞里斯多德形上學而構築亞式神學體系的聖多瑪斯亦曾深受

奧氏思想的薰陶。德國哲學家歐依肯 (R. Eucken) 甚至認為奧氏思想較諸黑格爾或西萊爾馬赫 (Schleiermacher) 等人更具近代氣氛。其餘如馬丁路德的創立新教，以及笛卡兒「方法的懷疑」等等，無一不受奧古斯丁的思想洗禮❷。

　　聖奧古斯丁以後，中世哲學的主要研究對象一度集中在共相 (universals) 或即普遍概念的實在性問題。著名的實在論 (realism) 與唯名論或即名目論 (nominalism) 之間的論爭成為中世哲學最能引人注目的題材。共相論爭到了十三世紀終由聖多瑪斯調和起來，形成概念論 (conceptualism) 主張。我們在下章第五節將作較為詳實的分析。

　　在中世紀時期，阿拉伯以及伊斯蘭一帶也出現過一批第一流的神學家，諸如阿維塞那 (Avicenna) 與阿維羅斯 (Averroës)，接受不少古希臘哲學思想，尤其是亞里斯多德的形上學與自然學。他們研究亞里斯多德的著作，並不是為了發掘或註釋亞氏哲學的真義，而是藉諸亞氏學說，進一步探索「實在」的構造。阿拉伯哲學經由幾條通道輸入歐洲，影響了整個經院哲學的研究趨向。其中，猶太哲學 (Jewish philosophy) 成為溝通阿拉伯哲學與經院哲學的主要橋樑。猶太學者曾翻譯了阿拉伯哲學家們的著作，俾使西方學者獲得研究上的方便。猶太哲學最顯赫的代表應推麥摩尼得斯 (Moses Maimonides, 1135–1204)。他的主著《迷惑者之嚮導》(Dalâlat al Hâïrîn) 是中世紀時期的神學名著之一，調和了亞里斯多德哲學與猶太單一神教，對於聖多瑪斯的神學思想影響甚鉅。

　　經院哲學發展而至十二世紀，逐漸恢復了對於亞里斯多德哲學的崇拜與研究，以替代柏拉圖主義。當時著名的哲學家有：以存在學論證證明神之存在的聖安塞爾姆 (St. Anselm, 1033–1109)，以及擅長辯證論的亞伯拉德 (Abelard, 1079–1142) 等人。由於亞里斯多德的古希臘文原著大量譯成拉丁文，西方學者研究亞氏哲學之門終得暢通。而西方著名大學如巴黎大學、牛津大學等的建立，亦刺激了西方學者的系統化研究工作。

---

❷　奧古斯丁的「我誤故我在」(Si fallor, sum) 可以說是笛卡兒「我思故我在」(Cogito, ergo sum) 的理論先驅。

十三世紀是經院哲學登峰造極的一段時期。聖波拿文土拉 (St. Bonaventura, 1221–1274) 繼承了奧古斯丁內在信仰體驗之路，但亦儘予使用亞里斯多德的思想和方法。大阿爾伯特 (Albert the Great, 1206–1280) 及其高弟聖多瑪斯 (St. Thomas Aquinas, 1225–1274) 則嘗試一種耶教哲學的亞里斯多德式體系化奠基。

聖多瑪斯是中世紀首屈一指的經院哲學大師，著述浩繁❸，其中《神學大全》(*Summa Theologiae*) 這部鉅著網羅耶教神學與哲學的精華，構築了規模龐大的耶教思想體系。亞里斯多德所以成為一般經院哲學家們所尊崇的「哲學家」(The philosopher)，聖多瑪斯應居首功。多瑪斯儼予區別理性與信仰的兩大領域，哲學屬於理性領域，神學則基於神之啟示，故屬信仰領域。理性真理與信仰真理，就其究極結論而言，應是殊途同歸，一般無二。「三位一體」(trinity) 或「道成肉身」(incarnation) 等等玄義原屬超越理知的天啟問題，非哲學所能關涉之者。至於神之存在，則可通過理性的思維予以論證，故可歸屬哲學問題的範域。多氏以為神之本質不可認知，蓋因無限的上帝本質超越有限的人類理性之故。不過我們仍可通過「否定之道」(via negativa) 與「類比之道」(via similitudinis) 的兩種方法間接地「理解」神之本質屬性。依照「否定之道」，我們可將不變、不動、單純、純粹顯態等等本性歸諸上帝；根據「類比之道」，我們亦可賦與上帝以全知、全能、全善等等本性。

至於宇宙創造問題，多瑪斯認為神是絕對無限的第一原因。宇宙創生之前並無所謂「原初質料」存在，因為神自虛無造成萬有。萬有的本質早在上帝之中形成「觀念」（範型），上帝乃將「觀念」分別塑成萬事萬物。被造事物依其個別的有限存在樣態再現前在於上帝之中的（觀念）完全性。宇宙創造是否有其時間上的開端，則屬信仰之事，而非理性所能證明。

多瑪斯亦如亞里斯多德，認為人的靈魂具有知性，而為身體的形相。人是

---

❸ 關於多瑪斯的全部著作目錄，可以參閱吉爾遜 (E. Gilson) 教授所著《聖多瑪斯的耶教哲學》英譯本第 381–430 頁的附錄。

靈肉結合而成的實體。因此，人類位於叡智存在者的最低一層與質料存在者的最高一層。人的認識能力亦受此種存在條件的制約。換言之，我們不能直接認知事物的本質，只能通過感官知覺接觸可感覺的個別事物，而後藉助於人本身的「主動理性」予以抽象化或概念化。「主動理性」並非如阿維羅斯所說的普遍單一，而是分殊的、個體化的。由是個人的靈魂不朽可從「主動理性」的個體性獲得證明。人類意志的本然對象是「普遍的善」，我們的意志必然地意欲著「普遍的善」之實踐。然就個別的善而言，我們只有依據理性，適為執擇其中必然地關聯「普遍的善」之一種。所謂意志自由的真諦即在於此。多瑪斯最後認為，我們可以通過真理之觀照，而在人間世儘可能地臻於至上淨福的境地。然而現世的淨福仍不完全；真正的至福必須等到來世，能予靈視神之本質之時才能完全獲致。不過為了獲致來世的究極淨福，活在現世的人類仍可懷抱無限的希望與信仰。現世旅程當中的人存在即是所謂「旅途之人」(homo viator)。

以上簡論聖多瑪斯的主要耶教思想。在他的整個亞式體系之中，理性與信仰安然融合，無有衝突，構成完善完美的經院哲學理論殿堂，而為耶教哲學至高無上的權威。現代哲學主潮之中，新經院哲學派 (neo-scholasticism) 或新多瑪斯主義 (neo-Thomism) 的主將馬里丹 (Jacques Maritain)、吉爾遜 (E. Gilson) 等人的哲學思想皆淵源乎聖多瑪斯的耶教形上學理論，由此可見多氏對於西方哲學影響的一斑。

較聖多瑪斯稍後出現的斯可托斯 (Johannes Duns Scotus, 1266–1308) 也是經院哲學的一代宗師，足與多瑪斯相互抗衡。斯氏思辨綿密，享有「精微博士」(doctor subtilis) 的稱號。斯氏認為真正的（理性）論證只有「先然論證」(a priori argument)，乃從必然明證的原理出發，而依三段論式的推理步驟導出結論。至如反從結果導出原因的所謂「後然論證」(a posteriori argument) 則是概然而不精確的論證而已。根據此一看法，斯氏批判多瑪斯對於上帝存在的後然論證論據不足。同時，斯氏認為關於靈魂的不朽亦不可能有真正的論證，只能算做一種信仰性真理。斯氏如此澄清許多神學的甚或形上學的問題，而從固有的

知識 (scientia proprie dicta) 領域予以排除，尤其堅稱神學僅為一種實踐之學。斯氏原意不在輕視神學的存在價值，而是將其視為信仰性真理，俾可安置於理性之彼岸，而不致與理性真理混淆不清。於此已可見出「兩重真理」(twofold truth) 的思維傾向。

斯可托斯在另一方面強調自由意志的無限性為神之本質屬性，而以無限的意志為一切存在之究極根源，同時又是道德上的善之究極規準。不過他卻認為，神之意志亦不得犯有矛盾或乖理。在人的靈魂之中，意志亦勝過知性，因為只有意志能夠真正推動知性。至於靈魂與肉體的關係，斯氏以為靈魂雖是肉體的本質性形相，肉體本身卻需藉諸物體性 (corporeitas) 的形相才能成立（形相多數說）。聖多瑪斯的思想代表聖道明會 (The Dominican order) 的基本學說，而斯可托斯的思想則是聖芳濟會 (The Franciscan order) 一派的中心理論，旗鼓相當，彼此形成對蹠的局勢。

在斯可托斯的思想體系，理性與信仰之間漸已顯出罅隙。另一方面，拉丁阿維羅斯學派 (Latin Averroists) 的西吉爾 (Siger of Brabant, 1235–1284) 等人開始高唱所謂「兩重真理」之說，承認在理性與信仰的兩大領域分別產生的相異理論可以並行不悖，而無「真正」的理論衝突。據此，理性與信仰，或哲學與神學乃可各自為政，形成個別的真理系統。本在聖多瑪斯的思想體系之中曾獲高度調和的理性與信仰，從此漸又互相支離，終於分道揚鑣；整個經院哲學的原有地盤亦因之而有搖搖欲墜之勢。

尤其到了十四世紀，英國的唯名論者威廉‧奧坎 (William of Ockham, 1290–1349) 開始對於哲學的探求賦與一種經驗的基礎，同時嚴厲批判經院形上學的種種謬誤，越是促使經院哲學的加速衰微。奧坎的哲學可以說是另一英國哲學家羅傑‧培根 (Roger Bacon, 1214?–1292?) 的科學研究與經驗論論調的更徹底的思想表現。奧坎以為，只有感性的直觀認知 (notitia intuitiva) 可以算做有關存在的唯一具有確實而強制性的真理。現實存在者乃不外是可當認識對象的個別事物，至於類或種等共相（普遍概念）則僅是屬於認知主體的「語辭」

(terminus)。語辭表現著其他語辭、觀念，甚或一般現實個物。普遍概念總是曖昧不清，只有來自現實個物的觀念才是清晰明瞭。人類知識歸根結底，乃是感覺的直觀認知，故成立在悟性與現實個物（的感覺）之間的理論結合。奧坎完全排除了不具經驗檢證性的一切，並且主張神學或形上學的研究應從合理的真理界域劃去。神之存在或單一性不能獲致充分可靠的論證，而純粹的靈魂存在及其不朽亦應擱在論證之彼岸，存而不論。至於道德的戒律亦非基於理性的要求，而是神之無限任意的命令。奧坎一方面是經院哲學的破壞者，另一方面又可說是近世哲學的先驅者之一，在西方哲學史上享有獨特的地位。

奧坎之後，奧坎學派的哲學家們繼續發揮奧坎的理路，徹底展開了唯名論與經驗論的真理探求；一方面對抗亞里斯多德與多瑪斯的權威，另一方面努力恢復理性的固有權限。當時多瑪斯或斯可托斯的弟子常被稱為「舊人」(antiqui)，而奧坎主義者則被稱為「新人」(moderni)，藉以表示後者的思想新穎激進。奧坎主義者之中，尼可拉斯 (Nicholas of Autrecourt) 最富精銳的思辨頭腦，史稱「中世紀的休姆」。他從具有明證性的感覺認識與矛盾律的合理論證出發，逐一批判因果性、實體、目的等等傳統哲學概念。一般地說，奧坎主義者對於新興科學的研究趨向頗盡推動之能事，比如巴黎的畢利丹 (Jean Buridan)、畢氏高弟阿爾伯特 (Albert von Sachsen)、以及歐列姆 (Nicole Oresme) 等，都是奠立新興科學里程碑的驍將，而為哥白尼、伽利略、笛卡兒等科學大家的思想先驅。我們若從近世科學及哲學的發展觀點衡量，奧坎以及一般奧坎主義者的探求精神有其特殊的思想功績。

文藝復興時期，經院哲學曾有一度復興的機運。蘇瓦列茲 (Francisco Suarez, 1548–1617) 是其中最主要的代表，創立耶穌會 (Societas Jesu) 學派。但其復興的努力並未成功，最大的原因可能是在經院哲學的基本立場難與新興的物理科學與天文學並行不悖，無法適應新時代的思想需求。

中世紀時期的另一思潮是思辨的神秘主義 (speculative mysticism)，在十四世紀盛極一時，而以厄克哈特 (Meister Eckhart, 1260–1327)、陶勒 (J. Tauler,

1300–1361)、蘇索 (Bl. Henry Suso, 1295–1366) 等人為主要代表。這批德國神秘主義者的思想乃以耶教信仰為根基，企圖對於深化的內在宗教體驗賦與一種合理化的思辨反省。他們最大的關心課題是在神與靈魂（甚至一般有情）之關係。

　　厄克哈特是德國神秘主義派的領袖，曾以淺顯易懂的本國語言從事著述。厄氏倡導「無之哲學」(Nichtphilosophie)。在世界創造之前，上帝只是「空無」，蓋因上帝超越一切存在與認知，而無任何規定或屬性之故。世界創造乃是神之自我彰顯：一切存在根源乎神之觀念，是故神之自知即是創造，毋需神本身之任何意志活動。一切存在皆存在於神之中，且復歸於神，與神合一。厄氏特別強調神與人的血緣同質，主張人的靈魂之中存有神力的活動。因此，人類靈魂的內在本質原是「靈性火花」(Funken der Seele)。人生的最高目標乃是在乎：漸從感官知覺遞升而至叡智的解悟，而將存在的多元分殊完全「離除」(Abscheiden)，從中靈視神即太一，及世界與神同在。厄氏的神秘主義思想具有強烈的新柏拉圖主義的汎神論傾向。如就社會學的觀點予以剖視，厄氏的神秘主義具有反抗教會當局壟斷思想與信仰的時代意義，同時具有一種無政府的個人主義要素。厄氏以及一般德國神秘主義者的存在，無疑地構成了一股正統經院哲學的逆流。他們斷然放棄理性本位的耶教思想，欲藉神秘的信仰體驗直接尋獲永恆的至福。神秘主義者的宗教實踐因而形成足以威脅經院哲學體系存立的潛在力量，後來又在宗教改革時期，直接間接刺激了馬丁路德一派的信仰本位的新教思想；故亦算是唯名論而外促使經院哲學急速崩落的另一道催命符。

　　由於中世耶教哲學形成古代哲學與近世歐洲哲學的一道主要橋樑，我們不能不對經院哲學具備若干必需的基本知識。尤當我們從事於近世哲學史的研究之時，為要徹底理解近世哲學大家的思想真諦，不得不回顧中世哲學的發展大勢。近代歐洲哲學思想基本上依據人類理性自律原則而得成立，然未全然排除中世經院哲學的根本概念。無論大陸理性論者或是英國經驗論者，皆仍援用「實體」、「屬性」、「本質」、「質料」等等中世形上學專用名辭，其中尤以神之概念影響近世哲學最為宏深，幾乎成為一般哲學體系的最高原理❹。我們在中世哲

學可以發現到，奧坎主義的理路極其接近一般英國經驗論者的思想；而在大陸理性論者的形上學體系之中亦不難體會經院哲學的思想餘韻。譬如近世最後一位偉大的理性論者萊布尼茲，在他的單子論與辯神論中所表現的哲學思想並未完全脫離中世哲學（甚至神學）的束縛。哲學史的發展潮流綿延而不可間斷，中世與近世之分，原是一種牽強而方便的處理方式而已。我們只能大體上說，在中世經院哲學之中，理性的自律性較受限制，這是由於經院哲學尊奉耶教啟示為真理探求的指導原理所使然的。無論如何，為了更進一步了解近世哲學的形成過程、中世一般學術文化的思想背景、耶教教義的本質、二十世紀新多瑪斯主義思潮，甚至為了比較宗教哲學的研究，中世耶教哲學的存在是不許我們隨意輕視的。由於篇幅所限，作者對於經院哲學不能進行較為精細的論述，只在下一章裡專就若干中世哲學的基本課題適為剖析。不過為了有志於高深研究的讀者，作者在此順便介紹幾部有關中世哲學的權威論著。

　　到目前為止，最有成就的中世哲學史家是法國新多瑪斯主義者吉爾遜（編按：吉爾遜已於 1978 年去逝）。吉氏畢生獻身於中世哲學的客觀研究，對於「中世黑暗時代觀」的破除，貢獻良多，生前曾於加拿大多倫多 (Toronto) 主持中世哲學研究中心 (Pontifical Institute of Mediaeval Studies)。主著包括考證綿密的《中世耶教哲學史》(*History of Christian Philosophy in the Middle Ages*)，問題剖析體裁的《中世哲學之精神》(*The Spirit of Mediaeval Philosophy*)，以及《聖多瑪斯的耶教哲學》(*The Christian Philosophy of St. Thomas Aquinas*)，都是忠實客觀的第一流名著。比利時學者窩爾夫 (Maurice de Wulf) 所著《中世哲學史》三卷 (*Histoire de la philosophie médiévale*) 亦有英譯，著稱於世。哲學史家卡普爾斯頓神父所已出版的七卷《哲學史》之中，第二、第三兩卷論介中世哲學的發展過程，深入淺出，可供參閱之用。德人格拉普曼 (M. Grabmann) 著有《中世哲學》二卷 (*Philosophie des Mittelalters*) 與《中世紀的精神生活》

---

❹　參閱《民主評論》半月刊第十六卷第十一期所載拙文〈英國古典經驗論者與神存在論證〉第一段。

(*Mittelalterliches Geistesleben*)；他與吉爾遜一樣，亦對掃除「黑暗時代觀」的偏見樹有大功。

第二章　中世哲學的基本課題

第一節　上帝論

　　《聖經》所記載的上帝即是耶教哲學的根本原理。基督教基本上是一種「超絕一神論」(transcendent monotheism) 的宗教，信奉超越人與世界的人格神為唯一的宇宙主宰。為要更進一步認識耶教的上帝義蘊，我們不妨比較古希臘哲學的神性理論與耶教人格神概念的殊異所在。

　　在柏拉圖哲學之中，「善之形相」是形相論體系的根本原理，而所謂狄米奧吉原不過是一種設計神，仿照形相或即觀念塑造「扣拉」而為現實世界。設計神既不是質料因，亦不是全知全能的宇宙主宰。至於亞里斯多德的上帝則是「形相之形相」，雖然亞氏給予上帝以「不動之第一動者」的稱號，祂並未曾「創造」現實宇宙。同時亞氏上帝不是質料因，因為形相與質料同時規定一切存在者的存在樣式，形相不可能是唯一的根本概念。至於新柏拉圖主義者普羅提諾斯的上帝概念則較柏、亞二氏更富於超越性格。普氏上帝不可認知，亦不可言詮，乃是一種超絕一切的神性，有如基督教的上帝，可為完善完美的宇宙主宰。故就上帝概念而言，普氏形上學比較易為中世耶教神學家所接受融化。同時普羅提諾斯與基督教都強調靈性的解放，而將一切存在意義與價值意義擺在人間世的彼岸；至於所謂人間世只不過是獲致「忘我神迷」（普羅提諾斯）或「永恆至福」（基督教）的天路歷程而已。然而普氏宗教思想與基督教有一最大的理論殊異，那就是關於宇宙創造的問題。普氏上帝猶如日光，流射四方，而無「創造」可言。耶教上帝則是名副其實的宇宙主宰，因為根據〈創世記〉的記載，上帝從「無」創造了萬有。普氏的物質世界與上帝形成二元的對立，上帝代表善與光明，物質則象徵惡與黑暗。但在耶教創造觀中，物質世界亦係上帝所直接創造而成；換言之，上帝又兼為質料因。因此物質本身並非惡之原理，因為如果物質是惡，歸根結底也是上帝的惡❶。

　　耶教人格神的存在與否，原是根據耶教教徒對於天啟是否具有真正的信仰而定，無由通過有限的人類理性予以證實。然而早期基督教徒信仰心切，逐漸產生對於神之存在賦與合理化論證的理論要求。由是神存在論證的問題終於成為經院哲學的首要課題。一切耶教思想須從上帝問題出發，經院哲學既是根據理性探討耶教教義，自然不得不首先嘗試上帝存在的論證了。

　　在奧古斯丁的思想之中，上帝等於「有」或「存在」(Being)。正如《聖經》所記載著的，我們只能說「上帝就是上帝」(God is He who is)。同時，奧古斯丁又用普羅提諾斯的「太一」概念形容上帝，旨在儘予描述神是絕對超絕的唯一實在。事實上奧氏毋需嘗試任何神存在的合理化論證，因為他在《懺悔錄》裡根據一種文得爾班所云「內在體驗之形上學」(Die Metaphysik der inneren Erfahrung) 立場直接肯認神之存在，且以有關神之知識為一切理性知識的指歸。

　　三位一體 (trinitas) 理論是基督教所特有的有關神性觀念的中心玄義之一。奧氏根據西元 325 年尼西亞大會 (Council of Nicea) 的決議，奠定了權威性的三位一體說。依照三位一體之說，上帝就其本性而言，只是「一」，但在「一」中卻有三種位格 (persona)，亦即聖父、聖子與聖靈。人類理性無法直接認知神性之中有所謂三種位格的結合，惟有通過天啟，我們才能理解上帝自體的內部關係。既是三位一體，聖父、聖子與聖靈皆是神性本身，但其彰顯的方式有所不同。聖父具有非被造性或非生成性 (agenesia)，聖子係由聖父所生，聖靈則是聖父與聖子所「發出」(spiratio) 的神性。奧氏在三位一體論中尤其強調我們要以愛去認識上帝，並且指出在這種愛中，有愛者、被愛者、和愛本身，宛如是三位一體的痕跡。

　　中世經院哲學家中，企圖有系統地論證神之存在最有力的一位，是第十一世紀的聖安塞爾姆，我們可在《獨白錄》(*Monologion*) 與 *Proslogion* 等兩部書中窺其大意。首先，他在《獨白錄》中考察理性與信仰之間的關係，認為關於

---

❶　耶教所稱的惡，乃與人之自由意志有關。

此一問題大致成立以下兩種相反的意見。一是辯證家的立場，欲以理性解釋信仰內容；另一則是反辯證家的立場，全然拒卻理性介入信仰內容。對於前者，安氏要求藉用理性說明信仰之前，應予建立堅定不移的信仰。信仰必須成為知性的出發點；我們不是為了獲致信仰而先理解，卻是先要信仰，而後予以理解 (Credo, ut intelligam)。換言之，信仰乃是理解的前提。安氏此一看法顯然承受了奧古斯丁的理路。至對反辯證家一派的主張，安氏勸導，已有堅固信仰之人亦應設法合理地知解自己原有的信仰。或不如說，理解自己的信仰內容反更接近對神之直觀。辯證家不先奠定信仰，強以理性論盡一切，乃是一種傲慢；至於反辯證家不欲理解自己的信仰，則是一種怠慢。「信仰要求著知解」(fides quaerens intellectum)。安氏的神存在論證便是基於上述見解而形成的。安氏媒介了聖奧古斯丁信仰形態的耶教思想與理性形態的經院哲學，堪稱「經院哲學之父」。

　　安氏《獨白錄》中所嘗試的是因果論證 (causal argument)，乃係一種後然論證，可以綜括而為下列論式：

　　⑴一切現實存在者皆有原因（在前）。

　　⑵此所謂原因非一即多。

　　⑶設若原因為一，則不外是說一切現實存在者之究極原因應是唯一絕對之上帝；故上帝必須存在。

　　⑷設若原因為多，則有下面三種可能：

　　⒜多種原因或再依據某種統一性為其原因，若然，則與⑶無異。

　　⒝多種原因或是自因 (self-caused) 自存 (self-existent)，則於此些原因必存在著某一共通之存在形式（自體存在之能力或形式），而為個別分殊原因所預設；此不外是說絕對單一的原因存在。

　　⒞多種原因或互為原因，則個別原因之個別「第一原因」彼此相依相賴，而為第一原因之第一原因，此與「第一」之義矛盾，故屬乖謬背理。由是必須預設上帝或即全知全能而完善完美之實在 (ens realissimum) 存在著。

⑸上帝並非由於其他事物之存在而存在，上帝乃為自因自存的必然存在自體。

安氏又在 *Proslogion* 中從神性觀念導出神之存在「事實」，稱為「存在學論證」(ontological argument)，在哲學史上安氏因此論證而享盛名。他自己曾以下列論式表現存在學論證的要旨：

⑴神是我們所能設想之最高最大而絕對完美者。

⑵最高最大而絕對完美者必須存在，不僅存在於我們的觀念之中，且存在於我們的觀念之外。

⑶故神必須存在，不僅存在於我們心中，亦必存在於心外。

⑷大前提只不過賦與神性觀念，即是人所具有之神性觀念，不論人否不否認神本身之存在❷。

⑸小前提甚為明瞭，蓋若可設想之最高最大者只存在於（人之）心中，則可設想之最高最大者之上應可設想較其更高更大之存在；換言之，應可設想只具觀念性之最高最大者之上尚有兼具存在性之更高更大者存在。此與原有「最高最大，絕對完美」之義矛盾❸。

簡而言之，安氏存在學論證不外是說，神性（觀念）具有全知全能而完善完美之本質，從神之本質 (essence) 理應可以導出神之存在 (existence)。如果神之存在只局限於觀念性 (ideality) 的意義，而無實在性 (reality) 可言，則神已不再是（最高最大之）神。安氏存在學論證可以藉用下一命題予以表示：「神之本質必然涵蘊著神之存在，故神存在」。到了近世，笛卡兒首先應用安氏此一論證而建立獨自的形上學體系，斯賓諾莎亦遵循了安氏理路，直至萊布尼茲仍是如此。由此可知安氏對於近世理性論者的神存在論證所予影響之深。

---

❷　意即大前提至少肯定了神性觀念之存在，雖仍不能斷定神性不僅僅是我們心中所具有的觀念而已。

❸　意即可設想之最高最大者不僅僅是可設想之存在觀念而已；神既屬於最高最大，理應真實地存在。

　　安氏在世之時，已有若干學者提出反證，批評安氏論證（尤其存在學論證）之不當。當時高尼羅 (Gaunilo) 特別指摘，安氏論證乃從論理程序 (logical order) 跳到實在程序 (real order)，犯有論過。高氏批評說，一個小島的心像若具完全性 (ens perfectissimum)，則依安氏論式，可以證明「小島心像」亦是實際存在著的「心外小島」。事實上，安氏論證原是預設神之信仰而後所形成的一種不具嚴密意義的理性「論證」。後來聖波拿文土拉再度援用安氏存在學論證，亦遭聖多瑪斯的論駁。先驗觀念論者康德曾在《純粹理性批判》先驗辯證論中評斥存在學論證說，觀念中的百元鈔票與實際上的百元鈔票決不相同。康德此說實與高尼羅的評論無異，不過康德對於存在學論證的批判更具理論的規模❹。

　　聖安塞爾姆以後，嘗試神存在論證最力且最具規模的經院哲學家是聖多瑪斯。多瑪斯認為，從人類理性的立場無由試行任何先然論證，所謂存在學論證亦無例外。這是由於人類知性極為有限，勢不足以先然地 (a priori) 辨別究極實在的本質之可能。我們對於神之存在所能嘗試的論證只有後然論證一途，乃是從結果方面（現實程序）層層推溯第一原因的經驗性論證方式。多瑪斯曾在《神學大全》提出下列五種後然論證：

　　⑴是從運動方面證明神之存在。多氏在此援用亞里斯多德、麥摩尼得斯以及大阿爾伯特等人的理論，予以整理發揮。任何現實事物皆被推動；正如亞里斯多德所云，潛態之所以產生，必須預設已有構成顯態之某物在前。無限溯源既不可能，惟有預設不動的第一動者或即上帝存在。此一論證，多氏稱為「彰顯之道」(via manifestior)。

　　⑵是從動力因的程序或系列獲得證明。任一事物不可能是自因，若是自因，則該一事物須在產生自己的存在之前已成為動力因，此實於理不合。因此任一動力因必須預設另一動力因。層層溯源，終須預設整個原因系列的第一動力因或即上帝的存在。

　　⑶是從事物的偶然性獲得證明。現實存在者瞬生瞬滅，乃為偶然有限的存

在，而無存在的必然性；蓋因現實存在者若具必然性，則無始以來即已存在，而無生滅變化可言。由是，必有某一必然實在者，亦即上帝，而為偶有事物所以存在的究極根據。若無必然的存在，則一切事物不可能現實地存在。以上三種論證皆屬因果論證。

(4)是從現實事物的完善完美程度的層梯導出神之存在事實，類似柏拉圖形相論中事物「參與」形相的說法。現實存在者具有真善美相對的價值層次，層層溯其價值根據，終必預設絕對完善完美的存在自體或即上帝，而為一切現實存在者的最高價值原理。

(5)是一種目的論論證 (teleological proof)，乃從自然宇宙所彰顯出來的調和秩序證明神之存在。一切自然事物（包括不具知識的無機物在內）的生存活動皆合目的。世界的現實存在活動所彰顯著的規律性秩序，無非表示活動的根柢有一動機或意志。換言之，必有某一絕對的「叡智存在」(intelligent being) 或即上帝適為安排或認知現實事物的合目的性活動。此一論證，正如康德在《純粹理性批判》所指出，只能導出宇宙設計神或統治神；因此尚須通過其他推論證示此一設計神不僅僅是柏拉圖所謂狄米奧吉，且同時是創造神。

整體地說，多氏五大論證建立在以下兩大原則：(1)任一可感覺的存在事物需一原因；(2)可感覺事物的存在需一有限原因系列，而最後終必預設一個第一原因，即是上帝。上述五大論證之中，多氏似乎最為推重第一論證。實際上，最為根本的論證應指第三論證，即指依據事物偶有性的一種神存在論證而言。第三論證乃是基於一切事物為何如此存在的「充足理由」(sufficient reason)。聖多瑪斯的五大論證可以說是對於《舊約・智慧書》(The Book of Wisdom) 第十三章及《新約・羅馬人書》❺第一章中聖保羅之語所作的合理化詮釋。

至於神之本質問題，作者已在前章敘及多瑪斯的「否定之道」與「類比之道」。前者乃從消極方面逐一否定任何有限的性質附加到神性本身。如此層層否

❺　聖保羅在〈羅馬人書〉第一章第二十節說：「自從創造天地以來，上帝的永能和神性是明明可知的，雖是眼不能見，但藉著所造之物，就可以曉得，叫人無可推諉」。

定有限性質（諸如運動、變化、被動性、結合等等）的結果，最後能從反面肯定神為不變不動、完全顯態、且絕對單一。後者則就原因與結果，或無限者與有限者之間尋出若干類似之處，而將有限的真善美等價值性類比地擴充到絕對完全的程度，終可稱呼上帝為全知全能、完善完美、絕對自由自主的永恆實在。十九世紀德國哲學家費爾巴哈 (Ludwig Feuerbach) 針對此種類比之說，予以嚴厲峻刻的批判，認為此種說法乃是一種擬人論論調，基於人類的情意性欲求累積諸般現實價值到絕對無限的程度而形成的。

　　在中世紀時期，也有某些學者或教徒全然拒卻任何有關上帝存在的論證可能性。尤其一般神秘主義者強調信仰本位的宗教體驗，拒絕贊同合理化的論證方式。另一方面，唯名論者如奧坎等人，更是劃清理性與信仰的層域，堅決否認經院哲學家本身所作的神存在論證的理論價值。同時奧坎本人專從語言的使用觀點，批判一般經院哲學家對於上帝自體濫予附加無謂的屬性。奧坎個人深信神之存在；但如吉爾遜教授所云，「信仰保持原狀，然而跟隨奧坎，無異是放棄了對於信仰的叡智意義可在現世獲致積極的哲學理解的任何希望」（《中世耶教哲學史》，第 498 頁）。因此，專從哲學的觀點來說，奧坎的理論終於形成哲學與耶教神學的歷史轉捩點，而鋪上一條近代經驗論的理路了。奧坎主義 (Ockhamism) 乃是一條「近代之路」(a via moderna)。

第二節　宇宙論（創造論）

　　聖奧古斯丁的宇宙創造思想，大致可在《懺悔錄》最後三章窺其旨趣。奧氏認為世界的創生乃是由於神對理性動物的深愛，欲使人類分享神之福祉。世界創造之前，只有上帝自體存在，並無所謂原初質料的存在可能。上帝根據至善的自由決定，意欲了世界的產生與存續。除了上帝本身的意旨之外，別無其他的原因促使世界的創生。〈創世記〉第一章中六日以內完成宇宙創造的記載，原是一種隱喻，藉以幫助我們的想像理解「創造」(creatio) 的意義。事實上，上帝創造世界，乃是一瞬間內完成的。

　　至於被造事物的形式，奧氏看成神性觀念的分有或分殊影像；此一看法似乎深受柏拉圖的影響。依據這種觀點，每一事物皆有兩重存在意義，一是在乎事物本身，另一是在神性觀念之中。所謂事物存在於神性觀念之中，不外是說事物即是上帝；猶如藝術作品即指藝術家自己，因為作品原存在於他的心中。所謂事物存在於自己，意指被造事物只是神性模型的模仿；正如藝術作品原是藝術家心中藍圖的近似性產品一樣。此一兩重存在之說，不僅適用於種類，亦同時適用於每一個別事物。譬如說，每一個別的人在上帝之中各有他本身的「觀念」。世界的一切事物彰顯出一種梯層構造，各依各的完美程度決定不同的存在方式與運動目標。

　　聖奧古斯丁以後，對於世界創造問題較有見地的是第九世紀的葉里格那(Johannes Scotus Eriugena, 810?–880?)。葉氏嘗分自然為四大階段，「自然」指涉包括上帝及自然宇宙在內的一切存在而言。第一階段即是上帝自體，特稱「創造而不被創造的自然」(Natura quae Creat et non Creatur)。上帝乃是一切事物的原因，但祂自己毋需預設祂的原因。祂是自無創有的第一原因，同時又是一切事物所以生成變化的目的因。第二階段是上帝本身啟示而成的「觀念」，稱為「創造而又被創造的自然」(Natura quae et creatur et creat)。神性觀念構成形相因，而為一切被造事物的本質原型。神性觀念的產生乃是永劫的神之顯現，而非一種時間性現象。一切事物參與或分有觀念的原型，形成一切存在者的分殊本質。到了第三階段，乃有現實事物的顯現，而為所謂「不創造而被創造的自然」(Natura quae creatur et non creat)，形成狹義的自然宇宙。此一宇宙乃是神自無中創造而成的現實存在世界。葉氏稱被造事物為「分有」(participations)，主張它們分有神性觀念或即形相因。上帝與被造事物原是一般無二，被造事物也可說是上帝依照「一種神奇不可思議的方式」創造自己而成的存在。因此，上帝終又牽歸一切事物於上帝本身的神性自然。在第四階段，一切存在復歸上帝，上帝成為一切事物的目的；於此上帝指謂一切在一切之中，故稱「既不創造又不被創造的自然」(Natura quae nec creat nec creatur)。

　　葉氏特別藉用耶穌的道成肉身與復活的兩大事件說明人性復歸神性的道理。他指出了以下五個復歸階段：⑴人體分解而為感覺世界的四大；⑵肉體的復活；⑶肉體遷升而為精神；⑷人體復歸整體而為永恆不變的形相因或即神性觀念；⑸最後，人性以及形相因復歸上帝，「因為上帝將是一切在一切之中，除了上帝自己，無一將可存在」。

　　另外，聖芳濟會的代表者聖波拿文土拉主張，無論從信仰或從理性觀點，被造宇宙決不能與上帝同樣，無始以來即已永劫存在。換言之，宇宙的創造是在時間過程之中完成的；亞里斯多德以來世界永劫如此存在之說，乃是矛盾背理的說法。

　　至於阿拉伯哲學家們，尤其是阿維羅斯，則接受亞里斯多德之說，認為世界從無始以來永劫存在。聖多瑪斯批評以上兩派（聖波拿文土拉與阿拉伯哲學家）理論為皆無適當論據的主張。多氏以為，設若上帝本來根據叡智的神意自由地選擇了此一世界的創生，則不論主張世界是永劫存在的或是在時間過程當中產生出來的，對於我們來說都是絕對不可能的論辯。能夠供給我們臆斷的唯一基礎是：上帝通過啟示顯現祂的意旨，而使我們建立一種信仰。既然理性無法獲致有關世界始源的結論，我們只有相信世界有其始源；然而我們對此無由論證亦不能確實地認知。多瑪斯又謂，世界的產生，毫不減損神之本質。上帝創造世界之時，並非根據盲目的必然性，而是完全依照上帝本身的叡智與自由意志。因此，被造世界乃可彰顯和諧的秩序與目的性。

　　從純正哲學的觀點看來，經院哲學所討論的宇宙創造問題，嚴密地說，只能歸屬神學領域。而有關世界有否始源的論證亦屬耶教神學的圈內問題，卻不能視如理性本位的哲學課題。我們從宇宙創造問題最能看出，在中世思想之中，天啟如何規制真理探求的趨向了。

第三節　人性論（靈魂論）

　　聖奧古斯丁一方面接受《聖經》所載上帝創造人為一種靈肉結合的說法，

另一方面進而發揮柏拉圖與普羅提諾斯的人性論，規定人為「使用肉體的靈魂」。換言之，奧氏強調了靈魂的超越性優位。靈魂不像肉體，並不具有形體及擴延性。同時，靈魂有自知之明，能予內省靈魂本身的叡智生活。當肉體死滅之時，靈魂仍然維持它的生命；因為靈魂本是精神的生命實體，永恆不朽。

　　根據上述人性論觀點，奧氏主張感官認知不具完全的真理。感覺的主要功能在乎警告靈魂有關身體方面的某些變化，但不表象出外界事物的本性；何況外界事物的性質本身也經常變動不居。奧氏與柏拉圖一樣，認為叡智的真理才是唯一能夠抵擋懷疑論調的可靠根據。真理的特徵是在必然性、不變性、與永恆性。可是我們如何能夠發現這些真理的特徵？奧氏以為，我們無法在外界事物或在精神現象之中尋出這些特徵；這是由於兩者始終是在偶然的流變過程的緣故。在人類心靈之中唯一能夠說明真理特徵的是：每當我們形成一種真正的判斷，我們的心靈必與某一永恆不變者發生接觸；此永恆不變者即是上帝自體。變動的心靈現象之中有不變的真理存在，亦不外是上帝存在的最好證明。上帝原是內在的主人，能予啟導探求真理的個別有限心靈終獲同一的永恆真理。上帝又如叡智的太陽，開啟一切人的心靈；而一切理性知識最後也是等於神之知識。探求上帝知識的步驟是由外而內，由內而再超越的一種靈魂遷升過程 (ab exterioribus ad interiora, ab inferioribus ad superiora)。

　　聖波拿文土拉在一篇〈心靈進入上帝之路程〉(Itinerarium Mentis ad Deum) 裡，提出了神性觀念「光照」(illuminatio) 靈魂知性的學說。他以為人能藉著默想與祈禱達到與上帝交感契合的地步，從而對於屬神的真理得到最高的了解。靈魂處於兩種對極的中間，它的較低部份下向外界事物，而獲相對的確實知識；至於靈魂的較高部份嚮往上帝，可獲絕對的永恆真理。人所以能夠具有必然不變的知識，乃是由於靈魂之中有一道神性觀念光照而成的「微光」(a weakened ray)。波氏亦如奧古斯丁，提醒耶教教徒「外表的鏡子不算什麼，要緊的是要那內心的鏡子光明」。我們的心靈有三大側面，第一是指外體，所以稱為獸性或情欲；第二是指反察內心，所以稱作精神；第三是指超越自己的部份，稱為心

靈。我們的靈魂能力共有六個階段，使我們起於深淵而能直達穹蒼至高之處，由外形而轉入內心，由暫時而成為永恆。這六個階段是：感覺、想像、悟性、理智、明慧，以及心靈最高之點，亦即良心的豁朗。這六階段是與生俱來的，後因罪孽而失去本性，又藉著恩典得以恢復，經公義加以肅清，憑知識而得以運用，又靠著智慧使它完善無疵。心靈奧妙的超脫過程到了最後，完全與神契合，因而獲致心安理得，心曠神怡的境地，終能斬斷一切塵世的俗緣，與神同在。聖波拿文土拉的神契主義理論對於聖芳濟會教士們的思想與生活影響最深，形成中世耶教宗派的一支主流。

另一耶教主流的聖道明會的代表聖多瑪斯，則依亞里斯多德的「形相」與「質料」兩大概念解釋人性的問題。被造事物的最高者為天使之群，完全無形無體。人雖亦屬無形存在的系列，但其靈魂不如天使那樣地純為叡智。人類靈魂乃與肉體分別構成形相與質料，結合而為人之存在。多氏並不以為靈肉的結合是一種缺陷，反而主張這樣對於靈魂有益。物質只為形相而存在著，靈魂與肉體結合，則是為了靈魂能依本性生存活動。靈魂即是肉體的本質形式。

非物質界與物質界的辨別特徵，是在「純粹形相」(formae separatae) 與「內屬形相」(formae inhaerentes) 的不同。天使之群屬於非物質界，具有純粹形相或即恆存形式，不受任何質料的束縛，而為獨立主動的叡智體。人類靈魂既屬純粹叡智體層級的最低一層，理應具有純粹形相，故其靈魂亦可不朽。但在另一方面，人類靈魂兼為肉體的顯態，故具實現自己於質料之中的最高內屬形相。由此，在人類靈魂的本質之中，恆存形式與內屬形相構成實體的統一結合。

多氏援用「形相」概念，解釋一切個體存在的系列為連續而無間斷的層級；乃從物質存在的最低形相出發，越過植物以及動物的生命，再經人類靈魂，而至純粹叡智體或即天使的世界，最後到達神性或即絕對的形相。在多瑪斯的 (形上學的) 心理學理論之中，自然界與超自然界如此獲得聯繫，而無裂縫存在。

斯可托斯則從「形相多數說」的觀點，在肉體與叡智的靈魂 (肉體的本質形式) 之間插入一種內屬性的「物體形相」(forma corporeitatis)，如此再度建立

奧古斯丁所曾試過的生理學的生命與意識本質之間的絕對分離。

後來，奧坎接受斯可托斯的區別，進而分解意識的靈魂為知性部份與感性部份，且予兩者以實在性的意義。他認為感覺的表象作用不能與直觀非物質界的理性本質互為結合。因此，靈魂分裂而成多數的個別能力，致使個別靈魂能力的相互關係規定問題成為一種難題。

第四節　道德論

聖奧古斯丁的倫理說基本上具有幸福論的性格。人類行為的目的是在求得幸福，然而獲致幸福的唯一途徑是要通過上帝。奧氏強調一種愛的倫理，人要依據意志力量嚮往上帝，抱著基督教的愛踏入天路歷程，最後與神契合，飽享神之恩典。

奧氏主張意志的自由，不過自由意志必須依從道德義務的規定。意志可以自由地乖離不變的善而執著世間財物，且以這些財物為唯一的關心所在。但在另一方面，上帝又在人的意志之中播植了嚮往至善的欲求，使人能夠依其自由意志避惡趨善。一切人都按照個別不同的理解程度意識到道德標準與律法的存在，因為道德的永恆律法印在每一個人的心版之上。意志雖是自由，但須服從道德的義務，而以信愛上帝為人生最大的職責。換言之，擇善愛神是真正的自由，至於沈淪失德則是自由的濫用，咎由自取。

然而人與上帝或是有限者與無限者之間存在著絕大的懸隔，單靠有限者的意志力量去愛上帝也無法填補此一懸隔或深淵。因此，奧氏訴諸神寵或即恩典，當做破除神人隔絕關係的唯一可能之道。他說：「當人不求恩典的旁助，只想靠他個人的力量而去生活時，他就被罪惡所征服了。但他可以適為援用自由意志信仰救世者以及接受恩典」。人性本來脆弱，頑強地叛逆上帝而醉迷塵世，無異是拋棄了神所賜與的意志自由的權限。我們若將奧氏所代表的耶教自由義蘊與實存主義者沙特在《存在與空無》(*L'être et le néant*) 一書之中所高唱的絕對自由之說互為比較，可以看出耐人尋味的理論差異。

　　若謂全知全能的上帝創造了此一世界，為何在此世界仍充滿著惡之存在，尤其是「道德的惡」(moral evil) 之存在？奧氏對於這個宗教哲學上的難題亦曾給予理論的解答。他說，道德的惡原不是積極性的，它的原因不在創造者，而是在乎被造的意志本身。惡之產生，乃是由於被造意志從不變而無限的至善轉向他處（現實財物）而起。惡是「從本質掉落而趨向非存在者」。被造意志之中，公義秩序的缺如即是道德的惡，而與上帝毫無關涉。惡即缺如之說，原是普羅提諾斯的思想，而為奧氏所援用發揮，俾不致將道德的惡歸諸上帝，或是預設究極惡之原則以說明惡之產生。奧氏以後，一般經院哲學家多半跟從奧氏之說，視惡如同一種（消極性的）缺如 (privation)。若干近代哲學家，譬諸萊布尼茲，也援用過此一理論。

　　奧氏在另一方面，根據所謂「預定說」(doctrine of predestination) 主張神之絕對公義決定個別人存在的得救與否。換言之，神對所欲救濟之人授與無法拒卻的啟示，至於不被上選的人永無救贖的餘地。人如只靠自己的力量一步也走進不了至善之道，因為一切至善來自上帝。誠如文得爾班所批判的，「奧氏一方面建立他的哲學在個別意識心靈的絕對確實性之上，而於內在體驗深處作一精密的考察，又在意志之中發現精神人格的生命根據；這同一個奧氏因對神學論爭的關心，卻又形成一種救濟理論，而將個別意志的行為看成普遍的墮落抑或神之恩典所不可改變地決定而成的結果，實為一件令人詫異的事」(《哲學史教本》，第 239 頁)。我們甚至可以說，奧氏預定說與意志自由論之間的理論對立終於形成了耶教哲學本身所不易解決的一大難題。

　　在經院哲學家之中，聖多瑪斯的道德理論最為重要。他的倫理學與亞里斯多德相同，採取幸福論及目的論的立場，此亦可以例證亞里斯多德對於耶教哲學的莫大影響。聖多瑪斯尤其遵循亞氏主知主義的理路，強調理性在道德行為所佔有的地位。不過，亞、多二氏有一最大的理論殊異所在。這就是說，前者所規定的人生目的只局限於現世的觀照生活；後者則站在耶教立場，進而肯認超自然的永恆淨福為人類行為實踐的最高目標。換言之，上帝是普遍而無限的

至善，只有理性動物能夠靈視上帝，而獲純正的淨福。亞里斯多德所理解的現世幸福，對於多氏來說，只不過是暫時性的，不純全的幸福而已。總之，多氏道德理論兼具哲學的與神學的色彩，他利用了亞氏倫理說，將其裝入耶教思想系統，終以未來世的超自然生活與神之靈視 (vision of god) 為人生的唯一目的。

多氏以為，人的理性是上帝所賜與的最大禮物，理性指導我們適為選擇達到行為目的的手段。通過相互類似的道德抉擇的反覆，我們漸能養成道德習慣，俾使我們的行為更為簡順適當。當此習慣 (habitus) 具有道德的善，就叫德性；若具道德的惡，則稱惡德。換言之，每一審慎的行為，如果合乎理性秩序，意即直接性目的能與最後目的有所調和，則稱為善；如果不合理性秩序，反稱為惡。至於「無關的」行為，譬如打死一隻蒼蠅等反射性動作，則無善惡可言。

多氏所以注重道德習慣的培養，乃是跟從亞里斯多德倫理學的說法。同時，多氏依照亞氏對於理論之德與實踐之德的分類，主張我們需要理論之德，以便把握人類行為的原則（叡智），而從這些原則演繹正確的結論（科學），及將原則與結論關聯到第一原理或第一原因（智慧）。至於實踐理性乃屬意志之事，包括三種基本德性，即是正義 (justice)、節制 (temperance)、與強制 (force)❻。另有所謂「審慮」(prudence) 之德，屬於理論德性，但亦關涉實踐德性的範圍，乃是一種正確地解決特殊道德問題的後得習慣。具有審慮的人，對於行為實踐的判斷經常精確適度，能夠幫助自己以及他人明白事理，謹慎行事。多氏亦接受了亞氏中庸之說，認為實踐之德存乎中庸或適中，而實踐之德從頭到尾必須服從理性的規則。

上述所云理性的規則即是律法，能予規定善為人類行為的目的，同時預斷行善的必需條件。依此，「善須踐行探求，惡則應予避除」(Bonum est faciendum et prosequendum, et malum vitandum) 一語乃成實踐理性的第一原理。多氏討論律法之時，首先提出永恆的「神律」(divine law)，即指神意與上帝理性的旨令，統轄宇宙的一切。人亦服從神意的永恆律法，故在人心之中亦刻印著神律的痕

❻　「強制」一辭意謂著強制意志遵從實踐理性的指導。

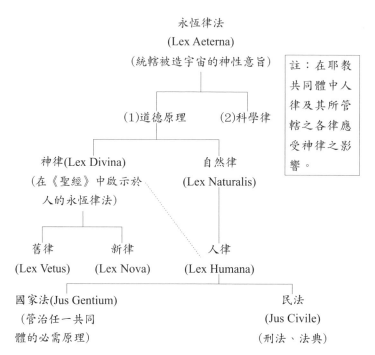

跡，特稱「自然律」(natural law)，永久不變，指導人類如何依據自然性向保存個體，傳宗接代，養育兒女，追求真理（尤其屬神真理）等等。多氏說：「自然律不外是理性動物對於神律的參與」。任何道德上的錯誤或罪惡乃是對於自然律的冒犯，亦即意謂著對於上帝理性為了人之本性所預斷而設立的律法的一種干犯。作者在此譯載一個律法表❼，藉以理解多氏以及一般中世耶教思想家所遵從的律法概念。

　　聖多瑪斯以後，討論道德問題較具規模的是斯可托斯。他雖與多氏同樣，認為意志主在意欲作用，知性則是為了理解；不過他從意志能夠管制理解活動的事實，主張意志的優位。人類知性對於對象的認知只是意志活動的隨伴現象而已，知性須依意志的欲求而決定探求的方向。此一論點，若與多瑪斯的主知主義 (intellectualism) 相較，顯然是一種主意主義 (voluntarism) 的立場。斯氏將其論旨表示成為一個公式：「唯有意志才是意欲作用的全部原因」(nihil aliud a

---

❼　該表原載「企鵝古典叢書」中的但丁《神曲》英譯本第二部〈煉獄〉第 346 頁。

voluntate est causa totalis volitionis in voluntate)。此一公式，我們可以詮釋如下：
意欲某一對象以前須先有所了解，或不如說，要有意欲產生，必須先知對象具
有善的意義，這是不可否認的事；但是斯氏還認為，每當我們不去了解他者，
而只欲知此者，那實在是由於我們早先意欲著了解此者的緣故。換言之，認知
活動決定我們之前，我們首須決定認知活動的選擇，這就是意志優位的真義。
由是可知，斯氏雖如多瑪斯，亦從亞里斯多德藉用同樣的哲學概念，然而兩者
所建立的道德思想卻有極大的差別。

　　斯可托斯主張，為要進入道德秩序，任一行為須是自由的，「因為除非行為
出於自由意志，否則沒有褒貶可言」。基於自由意志所發動出來的行為才有善惡
之分，惡之產生預設自由意志的存在。不過，若要完成善之行為，自由本身之
外還須附加合乎「公正理性」(recta ratio) 的要求，因為只有行為符應公正理性
的要求之時才能稱為道德的善。斯氏說：「賦與道德的善就是賦與對於公正理性
的符應」。然而什麼是公正理性的規範？行為的倫理性規範又是什麼？斯氏明確
地說：「神之意志即是善之原因，這是基於神始終意欲著某事某物之為善的事
實」。他的本意是說，由於神之本性不可能意欲善以外的事物，因此神之意志始
終是善的。斯氏並不以為道德律的內容本身完全基於神之意志，只是以為道德
律的義務性或強制性有其神意的根據。冒犯道德律不僅乎是反理性的，且是不
信上帝的一種罪惡，因為上帝意欲著我們必須踐行道德律的義務。

　　斯氏道德理論的立場恰在聖多瑪斯與奧坎的中間。他一方面與多氏一樣，
也認為有些道德原理不可矯變，同時並不以為整個道德律概依上帝意志的專裁
專斷。然而另一方面，他較多氏賦與更多的神意干預在道德秩序的決定上面，
並且認為某些戒律的強制性多係基於神之意志而非神之叡智。斯可托斯的主意
主義理論再進一步便是奧坎主義之路，因為到了奧坎，包括十誡在內的道德律
終被看成上帝意志的專斷專決。

　　根據奧坎的主張，自由意志的存在是具有經驗明證性的事實，但非經由先
然推理所能證明。人的意志自由可以到意欲抑或拒卻永恆淨福的程度。不過，

人的自由意志就其遷善去惡的一點來說，仍須從屬道德的強制性義務。在道德上，人之意欲與否，應依上帝是否要人意欲的聖旨而定。人的自由意志一旦發動而取善之行為，則必須服從神之意旨。因此，道德秩序的存在學基礎是在人（被造理性動物）對上帝（創造者）的依從關係。同時道德律的內容本身亦由神諭規定而成。「所謂惡，乃意謂著不照（強制性）義務去做，反而去做違反義務的事。義務並不落在上帝本身，因為祂沒有任何義務去做任何事情」。神之意志乃是倫理性的究極規範，我們與其說道德律是建立在神之本質，不如說是在神之自由抉擇。奧氏又否定了神性觀念之中有所謂人的普遍觀念，從而排除本質上永不可變的自然律之說。

奧坎在另一方面，卻又遵循亞里斯多德的理路以及接受經院哲學所慣用的「公正理性」概念，亦認公正理性為倫理性的規範。亞氏曾經主張，一種行為所以是純粹地善，需要該一行為本身必須就是值得踐行的公正之事。奧坎所以承認公正理性為倫理性的規範，也有這種意思在內。一個人對於公正理性的指令可能想錯；但是即使他想錯了，他仍應該按照他所認為的公正理性的預令踐行他的意志行為。換言之，我們必須服從良心的命令，即使良心可能有錯誤產生。人對於他曾有過的「錯誤」良心或應負責，但此所謂「錯誤」如係來自「不可抗拒的無知」(invincible ignorance)，他卻不必為此錯誤負責。奧坎自己說過：「被造意志如果服從了不可抗拒地錯誤的良心，它是公正的意志；因為當此理性不可譴責之時，神之意志要它服從它的理性。設使被造意志的行為違背此一理性（意即違背不可抗拒地錯誤的良心），它就犯了罪惡……」。

如此，在奧坎的道德思想之中，兩種倫理學說聯成奇妙的結合。在一方面，他具有著專裁主義的道德律見解，依此只許成立啟示性倫理規範。但是，神之自由抉擇既然對於倫理法規具有專裁之權，我們何能援用理性的演繹導出倫理法規的知識呢？在另一方面，奧坎堅持公正理性的力量，此一理性裁斷孰是孰非。問題是在，設若現前的道德秩序僅僅依從神之裁擇，則除了天啟之外，我們又能知道什麼？只可成立啟示性倫理罷了。可是奧坎似乎不僅承認只有啟示

性倫理能夠成立，他甚至以為，沒有天啟人也多少能夠依從公正理性分辨道德律究竟為何。依照此一想法，不難成立一種假言道德命令，而無必然不變的道德律令的存在了。總之，在奧坎的道德理論之中，同時涵蘊著一種（神之）專裁主義的倫理 (authoritarian ethic) 與另一種世俗的，或非神學的倫理。事實上，真正的理論矛盾不可能存在於奧坎的學說，因為站在耶教哲學立場，奧坎最後仍得深信，服從公正理性或即良心的究極理由乃是在乎上帝要求我們應該聽從的最高意志之中。換言之，專裁主義按理應是奧坎理論的根本立場，只是奧坎本人沒有完全意識到可能內在著的理論困難，亦未儘予解決他的難題。

第五節　共相論

中世經院哲學的形成深受柏拉圖與亞里斯多德兩大形上學思想的影響，尤其柏拉圖的形相實在性之說與亞里斯多德的三段論法邏輯理論一直支配了中世哲學的探求趨向。中世哲學的邏輯方法主要是一種辯證術 (dialectical method)。在一般學校裡，辯證術或文法修辭列為最重要的學科。辯證術多半應用亞氏演繹推理，藉以論辯有關耶教教理的問題。在經院哲學的正宗問題之中，共相問題曾經引起激烈的辯論。所謂共相問題，一言以蔽之，即指涉著「普遍」(universalia) 或即共相與特殊或即個物的關係究竟如何的問題。我們如從社會學的觀點剖視共相問題，則可以說，中世紀的耶教教義以及社會制度基本上是建立在「普遍」之上，公教教會乃為「普遍」的最佳典範，而為個人所必託賴或依歸之所。故認「普遍」為真理，即可解決中世紀的一切思想問題，而獲一種社會的安定秩序。但自十四世紀奧坎主義之起，唯名論駸駸稱盛，逐漸壓倒實在論的思想勢力。於是經院哲學本身的基礎發生了激烈的動搖，隨即衰微崩落，終於導致近世哲學與物理科學興起的新局面了。

我們已在柏拉圖形相論中敘及，柏氏主張共相（形相）可獨立乎個物而存在，且為現實個物的存在原理。形相是原型或典範，個物則是分有或副本。柏氏弟子亞里斯多德雖亦採取形相實在論立場，肯認形相本身的客觀實在性，卻

因遷就經驗現實，修正了柏氏主張，認為形相不能離乎個物而存在。換言之，形相乃是規定個物所以為個物的內在本質，但不構成游離現實經驗的獨立存在世界。在經院哲學的初期，柏、亞二氏的理論（尤其柏氏形相論）甚為盛行，實在論一枝獨秀，而為經院哲學的正統思想。

首先聖安塞爾姆根據實在論立場，從神之本質 (essentia) 導出（現實）存在 (existentia) 的特性，如此論證神之實在。普遍性越多越高，越是富於實在性。據此可獲下一歸結：神最具有普遍本質之時，祂必定是最具實在性的本質；同時最高存在的概念隨亦具有絕對的完全性。安氏存在學論證可以說是規定中世實在論特質的代表性理論。這個思想的形成，乃是先將可知覺的事物存在還原而為概念存在，而後依照普遍性規準，在概念內部構築而成實在性的層梯。此無疑是一套柏拉圖式的辯證術，主張「普遍先乎個體而存在」(universalia ante rem) 之說。

當時一般經院哲學家多半支持實在論的立場，認為普遍或即類概念的內涵較諸現實個物更具客觀實在性質。貝爾那爾 (Bernard of Chartres) 據此提出一種宇宙誌的構想。他的兄弟醒歐多里克 (Theodoric) 亦將實在論思想應用到三位一體的教義以及其他耶教形上學根本概念的詮釋。威廉 (William of Champeaux) 則進而主張類概念的完全實體性，以類或普遍為統一性實體，屬此實體的個物特徵則為該一實體的屬性。但因阿貝拉德 (Pierre Abelard) 攻擊他說，互相矛盾的屬性可能隸屬同一實體，威廉被迫放棄上述的極端實在論立場，改而宣稱類（共相）在個體之中「個別地」(individualiter) 存在。換言之，類概念的同一本質性在個別事例之中成立而為特殊實體的形式。譬如「馬性」(horseness) 的共相本質上是普遍同一的，但在現實的一匹白馬、黑馬、黃馬之中，「馬性」或馬之共相化為分殊不同的「馬性」實體而內在於個別之馬中。

正當實在論思想盛極一時之際，久被抑壓的唯名論（名目論）主張亦漸漸胎動著、形成著。若干哲學家首先通過亞里斯多德《範疇論》的研究，探討該書所云經驗界的個物乃是真正的「原初」實體之義。據此不難進而主張，共相

不必等於實體。唯名論者於是宣言，共相只是集體的總括性名辭，或即分殊個物的共同指稱；共相只不過是當做實體或屬性的多樣性記號的一種「聲音」(flatus vocis) 罷了。

　　依據知識論上的唯名論見地，同時可在形上學上形成與之相應的一種個體主義形上學，而以個別事物為真正的現實實體。羅塞里奴斯 (Roscellinus) 便是銳利地表現此一見解的代表者。他說，以同一名稱統攝分殊個體的概括作用只是一種人為的表示，個別實體各個部份的區劃工作（捨異求同），則不過是便利於我們的思維與傳達的一種分析而已。有而只有個別事物，才是真正的現實存在。

　　然而個體存在是由感覺的實在所賦與的，因此對於個體主義形上學而言，認識作用亦成立在感覺經驗的基礎上面。感覺主義也就成為唯名論思想的自然結論了。羅塞里奴斯應用此說，終將耶教三位一體理論解釋而為三種不同實體的「三神論」(three-theism)，只予承認在三者之間惟有某些性質與活動是共通的。貝倫迦爾 (Berengar of Tours) 亦藉用了唯名論的感覺主義，對於聖餐禮 (sacramentalites) 的教義予以一種理論的修正。

　　在共相論爭的過程當中，一般哲學家多以實在論為具有柏拉圖傾向，而以唯名論為具有亞里斯多德傾向的理論。他們理解亞氏為唯名論宗師的一點，未免曲解亞氏本身的原有立場。不過，實在論與名目論之間所醞釀著的調和工作，亦自然形成兩派互為折衷柏、亞二氏思想的一番努力。此一折衷方案的提出，在實在論一派乃以「無差別說」(indifferentism) 為代表，在唯名論方面則以阿貝拉德之說最為著名。

　　實在論者放棄原有極端論調的結果，改而維護「普遍存乎事物」(universalia in re) 的理論，逐漸承認普遍性的不同梯層為同一基體的諸般實在狀態。譬如同一的絕對實在，於其不同「狀態」顯現而為生物、人、希臘人及蘇格拉底；生物乃至蘇格拉底就是支撐分殊實在「狀態」所以成立的各個共相梯層。他們如此對於唯名論者讓步，而承認真正的存在者為個別事物；不過他們

仍然肯定有所謂共通於個別事物的性質集群，形成個別事物的本質性規定。此種實在的「類同性」(consimilitudo) 乃是一切有關的個物之中的「無差別者」或即「不變異者」(indifferenter)。亞得拉得 (Adélard of Bath) 便是倡導此一見解的顯著代表，他的思想已多少染上了唯名論的色彩。

阿貝拉德 (1079–1142) 是整個共相論爭的活動焦點。他曾經是羅塞里奴斯與威廉的高弟，但又反對老師們的基本主張。阿氏充分援用精銳無比的雄辯術與辯證技巧，適為調和實在論與唯名論的兩派立場：一方面反覆批判實在論說，汎神論為實在論的結論（按耶教係一單一神論，而非汎神論）；另一方面則又對於唯名論的感覺主義儼予駁斥。

阿氏倡言，共相既非事物，亦非語辭而已。「語辭」(vox) 為音之複合，而其本身卻是單數。語辭只因間接地形成賓辭 (sermo)，故能獲有普遍意義。語辭之適用為賓辭，必須通過概念性思維 (conceptus) 方有可能。此種思維乃從知覺內容的比較出發，逐步捨異求同的結果，可獲適為賓辭的共相 (quod de pluribus natum est praedicari)。因此，普遍或即共相乃不外是「概念的賓辭」（賓辭主義，sermonism），或是概念本身（概念主義，conceptualism）。我們不能憑此斷定共相只不過是一種語辭。如果事物的本性原不具有可供思維賦與賓辭的一種「什麼」，共相就不可能為一切認知所不可缺少的形式了。此所謂「什麼」不外指謂形成個物實體的本質性規定的相等性或類似性 (conformitas) 而言。共相也者，原非數量的或實體的同一性，而是當做平等地規定著的多樣性而存在於自然之中，經由人類思維而被把握之為可能形成賓辭的統一性概念。阿氏甚至根據上帝依其叡智之中的原型創造世界的假定，說明了平等地規定著的個體多樣性的意義。於是，共相首先在個物之前，以「叡智觀念」(conceptus mentis) 存在於上帝之中；其次，它以個物本質性規定的類同性內在於個物之中；最後它又通過思維的比較作用，而以概念或賓辭在個物之後存在於人類悟性之中。

如上所述，阿氏共相思想結合了當時已存在著的種種不同的思維傾向。阿氏本人所做的多半只是折衷工作，而未給予全盤的體系化解決。實質上阿氏的

基本理論深受阿拉伯哲學家們（尤其阿維塞那）的思想影響。後者曾以「普遍先乎雜多，存乎雜多，後乎雜多」(universalia ante multiplicitatem, in multiplicitate et post multicitatem) 的公式表現他們的中心思想。阿貝拉德乃將其說推進了一步，倡導共相的可能義蘊：就它關涉神性叡智而言，它是「先乎存在」(ante rem)，就其關涉自然而言，它是「存乎存在之中」(in re)，至其關涉人類知識而言，又是「後乎存在」(post rem)。如此，久久未獲適當解決的共相問題，到了阿氏，暫時宣佈了論爭的結束。後來聖多瑪斯與斯可托斯二氏繼續發揮阿氏理路，直至奧坎一派，極端唯名論又死灰復燃，徹底推翻了實在論與概念論的共相思想。

聖多瑪斯大體接受阿貝拉德的概念論見地，修正而為一種「批判的實在論」(critical realism)。多氏首先儼予區別感官知識與知性知識：前者只能捕捉個物特性，對於共相則無能為力；後者則是關於共相的認知，思維作用能自外界對象抽離共相的形式出來，當做知性的直接對象。多氏只予承認，人的心靈生而具有認知的潛能，卻否定了本有（生得）觀念的存在。心靈本如白紙，但具一種自然能力，能予抽象感覺事物的類似性質，藉以構成普遍概念。感官直接接觸外界對象，而獲感覺印象；至於知性則無直接認知感覺事物的能力。不過，「主動理性」的活動能夠「光照」(illumines) 感覺印象，抽象而成共相或即「叡智的種類（概念）」(intelligible species)。事實上，多氏認為概念原是外界對象產生在心靈之中的類同性，人的心靈乃將概念當做認知的手段，藉以了解事物的本質。或不如說，知性的首要認知對象是直接性的共相或即可在個物捕捉的共相。知性後來雖可專就共相認識共相，毋需再藉助於感官，那已經是第二義的，並非一開始便能如此。舉例來說，我們通過感官捕捉蘇格拉底的印象於我們心中。知性不能認知蘇格拉底這個個物本身，知性所捕捉的是通過心中所具蘇格拉底的感覺印象的抽象化所獲得的（類同性）概念，諸如「希臘人」、「哲學家」之類是。有了這種概念作為認知工具，知性乃可形成「蘇格拉底是希臘人」等判斷作用了。因此，共相的義蘊乃是由於「存乎事物之中（而為類同

性）」與「後乎事物（而為知性所抽象而得的概念）」二者的結合所形成的。無疑地，多氏的「批判實在論」思想乃是繼承亞里斯多德的形相即（個物）內在本質之說發揮而成的知識理論，同時也曾受過阿維塞那、阿貝拉德等人的思想影響。多氏並未徹底解決共相問題，只是做到適可而止的討論罷了。

關於斯可托斯的實在論，德國學者克勞斯 (J. Kraus) 曾在有關斯可托斯的專著指出，斯氏區分了三種共相：⑴「物理共相」(the physical universal) 以特定的性質實際存在於個物；⑵「形上學共相」(the metaphysical universal) 為個物的共通性質，不實存於具體事物，但經「主動理性」的抽象作用而獲共相特徵；⑶「邏輯共相」(the logical universal) 為嚴密意義的共相，乃就形上學共相的賓辭性質作一反省的分析所構成者。譬如蘇格拉底有他特定的「蘇格拉底性」(Socratesness)，特稱「個別形式」(haecceitas)，亦即所謂物理共相，而實存於蘇格拉底本人之中。「人性」(manness or human nature) 則屬形上學共相，就其本身無所謂普遍性 (esse universale) 或個別性 (esse singulare)。但如沒有這種共相，則無全稱命題的客觀性基礎可言。純然抽象的邏輯共相必須預設在個物之中有一種個別形式與形上學共相的區別存在著，雖則此一區別只不過是形式上的 (disticio formalis a parte rei)，而非實質意義的。神的力量也無法分離蘇格拉底的「蘇格拉底性」與「人性」，因為「蘇格拉底性」與「人性」的區別只是形式上的，此種形式上的區別乃是為了說明普遍判斷的客觀指涉性意義而成立的。斯可托斯這一獨特的共相解釋，可特稱為形式主義 (formalism) 的實在論觀點。

從聖多瑪斯與斯可托斯兩大家的共相理論，不難窺知，後期實在論者的論調已緩和了許多，而揚棄了早期實在論者的偏激見解。事實上，當時的思想背景對於唯名論的捲土重來極其有利。首先，奧古斯丁式的宗教情操再度興起，亟欲建立足以確保個人人格性的形上學尊嚴。同時反柏拉圖主義的傾向逐漸抬頭，欲以亞里斯多德知識論為理論根據，賦與經驗個物以「第一實體」的存在意義。再者，淵源乎古代拜占庭思想傳統的一種邏輯、文法圖式論也逐漸影響了一般經院哲學家的研究趨向。這些思想背景及其影響最後匯合而入威廉、奧

坎的唯名論思想。

「唯名論者」(nominales) 與「實在論者」(reales) 的稱呼已在十三世紀開始使用。但在十三世紀，唯名論者為數仍不算多。奧坎之後，「唯名論者」的稱呼特別指涉奧坎的徒弟而言。多瑪斯派與斯可托斯派的學者被合稱為「實在論者」，或被稱為神學、哲學的「古式」(via antiqua) 學徒。至於唯名論者或即名辭論者 (terministae) 則又稱為「近代人」(moderni)，這不是因為他們企圖放棄亞里斯多德哲學，而是由於他們解釋亞氏思想之時，儘予採取「新式」(via moderna) 方法的緣故。

奧坎理論的基本出發點是：「心外的每一積極事物實際上是個體的」。只有個別事物實際存在，現實的共相不可能存在。主張心外存在著真實的共相，乃是一種矛盾的說法。共相不存在於心外個物之中，此不等於說它能存在於心中；因為共相只是經由知性作用所構成的心中概念而已，並無所謂普遍的實在者可與此種概念（共相）一一相應。換言之，共相並不代表任何實物，它只可當做一種「記號」(sign) 或即「名辭」(termini concepti)，藉以標示個別實物，但不指涉任何普遍的實在者。簡而言之，共相乃是認知個別事物的一種方式而已。

奧坎嘗分「記號」為兩種。第一種是「自然記號」(natural sign)，事實上等於知性的概念。人不一定使用同一語言，但是可在心中構成具有同一指涉作用的「記號」，以便代表現實的一隻狗或一棵樹。自然記號或即自然共相先乎語言表現而獨自成立。自然共相是知性的「虛構」(fictum)，不具任何實在性質。第二種是「規約記號」(conventional sign)，藉用語言表現出來而形成語辭或名稱。自然記號喻如煙或呻吟，煙是火的記號，呻吟是疾病的記號。至於規約記號則是有關實物本身的約定俗成的口語性記號。自然記號人人相同，規約記號則因語言的差異，可有多樣的變化。每人都能使用自然記號指涉同一隻狗；然而指涉同一隻狗的規約記號則不必一致，中國人稱「狗」，英美人稱 dog，德國人叫 Hund，日本人則叫 inu（犬）。

名辭是命題的構成要素，名辭在命題之中具有指謂或表徵 (suppositio) 的功

能。奧坎區分「表徵」功能為以下三種。⑴「個物表徵」(suppositio personalis)
意指代表或標示一種實際的被指涉者，譬諸心外某物，心中某一概念，甚或一
個字語等是。如在「每一個人是理性動物」的命題之中，「人」指每一特定的人
存在而言。⑵是「概念表徵」(suppositio simplex)，如在「人是一個種類（概
念）」(Man is a species) 這一命題之中，「人」指人之概念而言，不是具體的人存
在集群。「概念表徵」所代表著的概念並無實在的對象與之相應。奧坎特別指
出，人們常因慣用種類概念的結果，易犯「概念具有實在性指涉意義」的語言
弊病。⑶是「語辭表徵」(suppositio materialis)，如在「人是一個名詞」(Man is
a noun) 的命題之中，「人」指語辭而言，而不指涉其他。奧坎如此區分「表徵」
的三種用法，可以說是一種現代哲學所謂「語言解析」(language analysis) 的工
作，提醒人們儘予避免語言的濫用。在上述三種「表徵」之中，只有「個物表
徵」才真正具備著指涉特定對象的功能，而唯一能被指涉的實在是個別事物。
奧坎的語言解析乃是維護唯名論觀點的附帶理論。依照奧坎之說，實在論者所
犯的謬誤是在將「概念表徵」所指涉的對象（類概念）視如真正的實在而產生
的。我們若用現代英國語言解析學派的口頭禪說，奧坎對於實在論者的批判，
乃是一種「語言治療」(language therapy)。

　　奧坎又主張，在「人皆有死」的命題之中，「人」的語辭專指人存在這種個
體事物，故屬「第一指向」(primae intentionis) 的語辭。其次，在「種是類的下
位概念」這個命題之中，「種」不代表事物，而代表著人、狗、馬等種類概念的
名稱，因此「種」(species) 的語辭屬於「第二指向」(secundae intentionis)。奧
坎又在兩種「指向」的區別之上，賦與「實在知識」(scientia realis) 與「理性知
識」(scientia rationalis) 的區別。前者直接（直觀地）關涉個物本身，後者則抽
象地關涉表象之間的內在語辭關係。「理性知識」必須預設「實在知識」的成
立，沒有經驗的直觀基礎，「理性知識」便空無所指，而易失其知識意義。我們
對於外界對象，首先通過感覺上的直觀作用獲得對象（現實個物）的諸般經驗
性質的印象，譬諸白、圓、硬等是。共相所以能在心中形成，乃是由於外界個

物之間存在著程度分殊的類似性，而在心中自然產生具有普遍性的概念之故。譬如蘇格拉底與柏拉圖之間的類似關係當比柏拉圖與一隻老鼠之間的類似關係更要密切，故能刺激知性形成特定的人種概念。但此不等於說，蘇格拉底與柏拉圖共同分享著人之形相，因為事實上蘇格拉底與柏拉圖的類似性只就兩者之間而得成立，並非預設人之形相而後才有兩者的類似性的。聖多瑪斯或可同意奧坎的論點說，普遍概念或語辭必有普遍「事物」與之相應這個想法是乖謬的。然而多瑪斯當不能完全滿足於奧坎的唯名論主張，因為多氏還對個物的類似性賦與了形上學的解釋。多氏以為，當初上帝創造宇宙之前，人性的觀念已存在於神的叡智之中，而構成人存在的類似性原理。因此，個物之間的類似性乃是事實上存在著的類似性。奧坎則廢棄了這種形上學的解釋。換言之，奧坎不能同意多瑪斯的理論說，「先乎事物的（神性叡智之中的）共相」(universale ante rem) 存在著。

我們可從奧坎的唯名論導出以下三種結論：

第一、奧坎把一切存在者的知識建立在現實經驗上面。他不但否認了共相的實在性，同時推翻了我們可用先然推理定立因果必然相連性的說法。他的因果性概念影響了一般奧坎主義者的思想，可以算是英國經驗論者休姆的理論先驅。

第二、他從個別實物的分析，導出「思維經濟法則」(the principle of economy of thought)，即指著名的所謂「奧坎剃刀」(Ockham's razor) 而言。它的公式是：「如非必需，不可擅加實在」(entia non sunt multiplicanda praeter necessitatem)。設若兩種要素足以說明運動，我們不應附加第三種「要素」，因為這是多餘而易生困擾的。一般英國經驗論者乃至羅素等人都恪守著奧坎此一名言，奉如天經地義，由此可見奧坎影響後世思想的一斑。

第三、奧氏認為設立不必要而不可觀察的「實在」或「實體」(entities)，探其病根，多半來自語言的濫用。這種想法已很接近現代哲學之中維根斯坦 (Ludwig Wittgenstein)、艾爾 (A. J. Ayer) 等人的基本見解。

　　斯可托斯與奧坎（尤其後者）的思想雖仍保持宗教的關心，另一方面卻直接間接刺激了「世俗知識」（現實經驗的真理探求）的形成與發展，尤對經驗論的地盤擴張曾盡一臂之助。奧坎主義的興起與勝利，無異是象徵了中世經院哲學的喪鐘的鳴響。

第六節　歷史論

　　嚴格地說，在古希臘時期只有記述性的歷史，而無探求人類歷史的意義與價值的一種學理的反省。赫羅多特斯的《歷史》敘述波斯戰爭的前因後果；蘇西狄德斯對於披羅波尼西亞戰爭的史實記載，客觀精確，亦係重要的古代希臘歷史文獻。然而古希臘人對於時間與歷史的觀念始終未予嘗試理論的反省。例如古希臘人之中最有學問天才的亞里斯多德從未發展過一套較有系統的歷史的解釋理論，只在《詩學》之中寥寥幾語提及歷史的「本質」而已。他說歷史的旨趣不比詩歌深遠，因為歷史記述特殊的事件，毫不關涉普遍性的問題。由此可見，亞氏對於歷史的看法不夠深刻，至於其他古希臘思想家更是缺乏歷史探求的興趣與心得。我們可從古希臘哲學家的宇宙論見解揣測，古希臘人當時所抱有的時間性觀念大概是一種週期性的循環系列觀念，譬諸阿納克西曼得的無量世界觀、赫拉克里特斯的萬物流轉說、恩培多克利斯的世界四期論等，但未展開一種高度的歷史發展理念。我們可以斷言，有關人類歷史的理念探求是在古代猶太人的宗教思想以及基督教的教理之中才有了理論萌芽的。西方人首先在耶教系統之中開始探討歷史發展的究極目的、時間性的觀念、人存在的現世生活命運等等歷史哲學的基本課題。

　　耶教歷史哲學的根本論點可從《新約》聖書的最後一篇〈啟示錄〉(Revelation) 窺其端倪。〈啟示錄〉以極富玄想的象徵性描述手法預言有關人類歷史的命運（原罪、墮落、苦難、救贖），未來的最後審判，救世主的出現，以及天上王國的勝利等問題。耶教歷史哲學的根本論旨，乃是依據耶教二元論世界觀解釋歷史的命運為人類靈魂的善惡相剋過程；同時肯定歷史的意義完全在

乎通過耶穌贖罪以後的靈魂救濟的可能性，與通過神之恩典而可重獲的永恆淨福；至於歷史的目的則是在乎建立信仰本位的耶教精神王國。依照耶教二元論世界觀的說法，天國與人間，或信仰與俗智，判然有別。基督教絕對保證，人間所無法實踐的價值理想，一律可在天國完成。唯一的條件是要肯定神之存在與天啟，誠實地接受耶教信仰與恩典。聖奧古斯丁兩大都城（以色列之城與巴比倫之城）之說，乃至本世紀亡命巴黎的俄國實存哲學家貝爾迦葉夫 (Nicolas Berdyaev) 所曾展開上帝之國與凱撒之國彼此對峙的末世論 (eschatology) 思想，都是遵循耶教二元論世界觀的歷史哲學的一種理論效果。

耶教歷史哲學基本上具有目的論的性格，承認人類歷史有一究極目的，亦即上帝之國的實現。聖保羅首先開拓耶教歷史解釋之路，而在聖奧古斯丁的劃時代名著《上帝之城》(The City of God) 終於奠定了耶教歷史哲學的原始理論楷模。

奧古斯丁解釋歷史時間的起源說，由於上帝創造了人與世界，歷史才有了開端，而永恆性 (eternity) 也轉變而為時間性 (temporality)。亞當以來代代遺傳的原罪 (original sin) 意謂著人存在靈魂動輒叛離上帝，同時由於情欲生活的執著與現世財物的貪愛而迷失自己，更使靈魂的墮落加深。人的本性存乎意志，而意志的自由又是惡之淵藪。因此，人類一方面有接受恩典，遷升靈魂，而實現上帝之國的可能；另一方面又有拋棄神之信仰，步入邪途（譬如信奉異教），而建造魔性之國的可能。

如此，信愛上帝乃是耶教的道德原理，而叛離上帝反成惡之本質。奧古斯丁區分人類為兩大集團，一是寧捨小我而歸依上帝的人類，另一是寧愛個我而不信上帝的人類。所謂人類歷史便是此二原理的辯證式發展過程。前者形成耶路撒冷之城 (The City of Jerusalem)，後者則建立巴比倫之城 (The City of Babylon)。奧氏說：「且讓每一個人捫心自問，他究竟愛著什麼；從此可以看出，他是屬於那一城市的市民了」。又說：「你們已經聽悉有兩個都城，在肉體之中暫且混然纏結，但在心靈之中則判然分離」。

　　歷史的時間意謂著運動、變化、發展、進步，這些都不適用於上帝本身，因為上帝自體並無現實的運動變化可言。祂是永恆的唯一實在。歷史的時間是人類依據意志的自由開拓而成的，或者向上趨善（耶路撒冷之城），或者向下趨惡（巴比倫之城）。歷史的最後目的雖是耶路撒冷之城的建立，或即耶教精神世界的復歸；然而人類自從亞當的墮落以來，已有原罪種子的薰習，無法祛除罪惡的可能性。為要圓現歷史的究極目的，單靠人存在本身的力量是不夠的，還須仰賴神之恩典。恩典的存在與賜與可從耶穌背十字架替代一切人類贖罪的歷史事實獲得最有力的證明。耶穌或即救世主的出現，（消極地）保證人類不因原罪永墮煉獄甚或地獄，挨受靈魂的掙扎痛苦；同時（積極地）保證人類可有復歸樂園的希望。換言之，耶穌的出現，乃意謂著人類歷史命運的象徵性轉捩點，即將現世的歷史過程扭轉而為具有永恆性意義的靈魂發展過程。天啟與耶穌的出現，乃是唯一決定人類歷史的命運與目的的根本要素。無論如何，天上王國與地上王國的相剋相鬥一直會延續到世界末日，而耶路撒冷之城的建立最後是在永恆淨福的彼岸世界獲得完成，決非不具耶教公義的地上王國所能企及。到了最後審判之日，不問教會的內外，不義者墮入永劫的地獄，而義者則獲致天國的永恆至福。聖奧古斯丁的此一歷史理念終於形成耶教末世論的範型，且在西方思想史上首次大規模地拓導一條「歷史哲學」(philosophy of history) 的研究趨向了。

第三部

近代歐洲哲學

近代歐洲哲學主潮的形成，可以說是建立在人類理性的優位 (the primacy of human reason) 上面，通過理性的自律逐步具現胡塞爾 (Edmund Husserl) 所謂「(理性的) 嚴密學」之哲學理念。胡氏曾在〈嚴密學之哲學〉(Philosophie als strenge Wissenschaft) 這篇論文強調，西方哲學主潮自希臘哲學以來，始終以「嚴密學」的建立當做哲學思索的規制原理甚或理想。作者大致同意胡氏此一見解，至於西方哲學的發展是否通過他所開創的「現象學」(Phänomenologie) 獲致了嚴密學理念的徹底實現，則是另一件事。作者願將胡氏論文的開頭一段譯為中文，藉以透視近代歐洲哲學如何步步逼近嚴密學（具有系統的學問性意義的哲學）之根本理想。他說：

> 哲學自其始源以來，便已要求成為嚴密之學。它甚且要求成為對於最高的理論欲求給予滿足的學問，同時通過純粹的理性規範，規定從倫理宗教觀點所指謂著的生活可能性。此種要求，時強時弱，但在任何時代從未曾被全然拋棄不顧。即使在純粹理論的興趣與能力瀕於萎縮危境的時代，或在宗教勢力阻扼理論研究的自由的時代，此一要求亦未全被放棄。……然而在哲學史上，不論任何時代，哲學並未滿足了嚴密學的要求。……近代哲學確實具有一貫的特性，就是不委身於不具任何反省的哲學衝動，但要通過批判性的反省手段，對其方法展開深刻的研究，俾能構成嚴密之學。然而這種勞作的唯一成果，只是確保了自然科學、精神科學以及新的純粹數學之基礎與獨立性而已。至如哲學本身，若從上述特定涵義來看，則與以往一樣，仍然缺乏嚴密學的性質。

胡氏此說的原意是，西方哲學 (尤其近代哲學) 基本上一直有一嚴密學的要求，但與其他諸般科學相較之下，哲學本身反而未曾兌現這個要求。且不論胡氏最後的結論如何，如就近代哲學的發展大勢而言，第一流的哲學家多半抱有此一

嚴密學的根本理念，乃為不容輕予否認的事實。笛卡兒所謂「普遍數學」的建設，斯賓諾莎藉用歐幾里得幾何學推衍方式為方法論基礎的汎神論形上學體系，萊布尼茲「普遍學」或即「結合術」的構想，英國經驗論者執守經驗事實的探求態度，康德先驗哲學的企劃，費希特「知識學」的奠基理論，乃至黑格爾汎論理主義的辯證法體系，無一不反映出他們設法提升哲學而為嚴密之學的一番努力。十九世紀中葉以後，除了原有數學與物理科學早已離脫哲學的統轄之外，其他如社會學、心理學甚至精神分析等，無不皆從哲學本身紛紛獨立，而使哲學的研究領域日益縮小，同時更刺激了哲學本身的反省，欲使哲學成為具有真正嚴密意義的學問或理論體系。西南學派的價值規範學，胡塞爾的現象學，孔德的實證哲學，乃至構成二十世紀一支哲學主流的科學經驗論、哲學解析學派、以及羅素還元哲學而為科學的個人見解等等，根本上乃是基於胡塞爾所云嚴密學的要求而來。不管一般東方哲學家如何批判這種嚴密學的構想，近代歐洲哲學主潮的形成確是建立在這個理想的實現上面。而實存主義（本世紀另一哲學主流）的興起，從某一方面來看，也是歐洲人本身為了挽救人存在的主體性危機，對於上述具有科學化或客觀化傾向的哲學思潮所踐行的一種中流砥柱的思想反抗；至其實效究竟如何，仍有待於未來的歷史考驗。作者在此特別聲明，按照「嚴密學的理念實現」這個觀點解釋近代歐洲哲學的發展趨勢，並不等於全然抹殺不具嚴密學要求的西方哲學思想（一般情意中心的哲學思想，諸如雅可普貝美的神秘主義、巴斯噶的宗教哲學、耶可比的信仰哲學等，可為佳例）。作者只是藉用胡塞爾的名辭，俾便說明近代歐洲哲學的「主潮」(main currents) 是如何形成的。

　　我們如果再將理性本位的近代歐洲哲學與古代希臘哲學以及中世耶教哲學試為比較，則不難發現：上述三大西方哲學系統在思想形態上各有各的顯著特色。大致說來，古代希臘哲學，除開蘇格拉底與詭智學派以外，基本上是「宇宙中心（主義）的」(cosmo-centric) 思想系統。希臘哲學的雙璧柏拉圖與亞里斯多德雖亦討論人存在本身的問題，卻將哲學思索的重點擺在浩無邊涯的宇宙

系統，「單獨實存」(The individual existence) 終被埋沒在茫茫宇宙之中。柏氏形相論與亞氏形上學可為最佳佐證。在中世耶教哲學，則天啟高於人智，信仰規制理性的探索方向，故呈「神中心（主義）的」(theo-centric) 思想形態。至於近代西方哲學，則衝破了中世神學的桎梏，首次倡導人類理性的自律性優位，專就「人中心（主義）的」(anthropo-centric) 立場探求以人存在本身為中心的理性真理；由是而生主客的對立性與心物的二元性。笛卡兒便是率先開導此一思想先河的「近代哲學之父」，功業昭著，不可磨滅。

第一章　文藝復興時期

　　嚴格地說，近代歐洲哲學應以笛卡兒為開端，不過中世哲學與近代哲學之間有一哲學思想的過渡時期，亦不得不加以考察與論述。這個過渡時期就是在文化史上最為引人注目的「文藝復興」(The Renaissance)。作者不是歷史家，不必一一詳說文藝復興時期的一般學術文化發展過程；然與近代哲學關聯密切的若干史實卻須勾顯出來，以便深切了解文藝復興的思想胎動對於近代哲學的探求精神所予影響的實際幅度。我們不妨大略分為人本主義的興起，古代哲學的復興，民族國家的形成，政治法律的理論，德意志宗教改革，義大利自然哲學等六項逐一概述。至於近世物理科學的興起，科學方法論的奠基，及其對於近代哲學的影響等問題，具有獨特的思想史意義；故將另闢一章專論近世科學的方法論奠基，藉以闡明科學史與哲學史的內在關聯性❶。

第一節　人本主義的興起

　　「人本主義」或即「人文主義」(humanism) 一辭所涵攝著的「人本性」概念來自拉丁字源 humanitas 一辭；據說古羅馬哲人西塞羅 (Cicero) 是此一語辭的創始者。人本主義的主旨是在探求人所以為人之道，為此人本主義者極力提倡古典方面的教養；同時要求通過現實人間的具體知識，徹底通透人存在本身的自然本性，且以自然界中的人存在為足以自豪的理性存在者。由是產生「人本性」一辭的雙重涵義：一方面指涉一切具有人存在之意義者，或即人本身自然具有著的一切（自然性）；另一方面又意謂著人所以為人的人性本質甚或人性理想。到了文藝復興時期，人本主義首先取得了較為完全的思想形態。文藝復興的人文主義運動所努力著的，不外是要從中世封建制度的「非人本性」（人存在的超越性神人關係）理念解放出赤裸裸的人存在本身，恢復本來面目的「人本

---

❶　攻研近代歐洲哲學史而不涉及科學史的關聯問題，直是隔靴搔癢，事倍功半，終不能通透近代哲學的根本精神。

性」或即人存在的自然本性。當時義大利的桂冠詩人佩脫拉克 (F. Petrarca) 曾經通過古典研究，掘發西塞羅、塞尼加等人所標榜的「人本性」思想，而為近世人本主義運動的最早先驅。伊拉斯謨斯 (D. Erasmus) 則在西塞羅的「義務論」尋出獨立乎耶教解釋的一種普遍人性的訓義，由此導出「人本性」的可能義蘊。依據人本主義的根本要求所尋獲出來的人存在，乃指對於自己生命能予無限肯定與自信，且具有獨特個性的人本身而言。達文西 (Leonardo da Vinci) 這位極具個性而又多才多藝的藝術家兼科學家便是人本主義的代表性典型。尊重「人本性」的新的思想運動終於取代了中世紀時代以觀照性的思辨家 (如聖多瑪斯) 為人存在典範的「非人本性」立場，而為創造企業家、藝術家、技術家、科學家等近世歐洲「人本性」典型的主要原動力。上述人本主義的精神動向醞釀而成一股嶄新的思想氣氛，產生過創造清新詩體的青年詩人但丁 (Dante)，《雜感錄》(*Essais*) 的著者蒙田 (Michel de Montaigne)，以及肯定人本位的情意性而建立快樂主義道德哲學的瓦拉 (L. Valla) 與波吉歐 (Poggio Bracciolini) 等赫赫著名的一流人物。人本主義的思想當然也刺激了高唱理性優位的近世哲學思潮的發展。在文藝復興時期開花結實的人本主義思想，一直綿延到十八世紀德、法兩國，形成啟蒙思想運動的大漩渦，而到以《少年維特之煩惱》與《浮士德》兩部鉅著名震全歐的德國大文豪歌德 (J. W. von Goethe)，人本主義的理想終於獲得高度的精神表現。

第二節　古代哲學的復興

與人本主義的思想運動發生關聯的另一件文化大事，便是文藝復興時期的古典研究，尤其是古代希臘哲學的復興。在中世紀時期，思想家們研究柏拉圖與亞里斯多德，多半通過拉丁譯書，而且專從耶教教義的觀點解釋柏、亞二氏的理論。十五世紀中葉以後，首先在義大利各地都市，不久又在歐洲各處，熱烈地展開了希臘哲學以及希臘化時期思想的註釋、翻譯、模仿等等研究工作，有助於提升一般人本主義者的古典教養。古代哲學的復興尤其意謂著柏拉圖哲

學的死灰復燃，而從亞里斯多德式的經院哲學獲得思想的一大解放。當時義大利的第一世家麥迪奇 (Medici) 積極援助「柏拉圖學院」(Academia platonica) 在費倫茲城的創立，而對柏拉圖研究給予推進的中心。參與此一推進工作的代表學者，包括柏力頓 (G. Plethon) 與菲奇奴斯 (M. Fecinus) 二人。當時站在人中心主義立場接受柏、亞二氏的思想洗禮，同時展開嶄新探求方向的，為數不少，其中尤以彭波納奇 (P. Pomponazzi)、斯加里傑爾 (J. J. Scaliger)、拉美 (P. Ramus)、伽森第 (P. Gassendi) 等人為顯赫的代表。最不能令人忽視的是，畢達哥拉斯學派的數論與天文理論，柏拉圖數理形相之說，以及德謨克利特斯的原子論引發了近世一般科學家（諸如哥白尼、克卜勒）的思想靈感，對於自然研究的新興趨向頗有潛在的影響。

第三節　民族國家的形成

在中世紀時期，教皇與神聖羅馬帝國皇帝，以及各地諸侯之間曾經展開過激烈的政治鬥爭，他們甚至憑恃武力解決政權或經濟利益等問題的根本衝突。然而由於教會本身日益腐化（譬如騙售贖罪券等），教會勢力日益減弱，各地諸侯乃紛紛起而反抗教會的統制，主張世俗政權的獨立自主，同時醞釀一種新的政治運動，企圖建立君主集權的民族國家。英國亨利第七在薔薇戰爭之後鞏固了英國國王的政權，而到亨利第八之時，英國正式宣佈脫離羅馬教會的控制，且獨自形成了英國國教。法國在百年戰爭之後亦奠定了絕對君主的政治地位，一直保持到 1789 年。至於西班牙，則因菲爾狄南度 (Ferdinand) 與伊莎貝拉 (Isabella) 女王的締婚，奠定了西國本身的政治基礎。德、義兩地，政情較為複雜，當時並未建立民族國家，但已逐漸形成強烈的民族文化意識。民族國家的形成，一方面意謂著民族意識的抬頭與皇室至上主義的滋長，另一方面也催生了各國民族的學術文化與語言文法的獨立發展。尤其在語言方面，拉丁文漸漸失其統一性地位，而由各國本身的語言（德語、法語、英語等）一一取代。民族國家的形成更是刺激了各國在政治法律等典章制度的理論建設了。

第四節　政治法律的理論

民族國家的形成運動與個人意識的抬頭，促進了能予外在地表現此一時代動向的政治法律等理論的探求工作。教皇至上主義的封建理論既已蕩然掃地，敏感精銳的思想家們乃開始了符合時代要求的新的觀念建設。首先值得大書特書的政治理論家是義大利人馬基維利 (Macchiavelli, 1469–1527)。馬氏深深了解到，教皇政治的秘密在乎「分割而統治」(Divide et impera) 的一種策略，儘予利用都城與都城之間的傾軋分裂，從中攫取漁翁之利，確保統御之權。因此，馬氏對於教皇政治制度展開激烈的攻擊，同時主張義大利民族國家的統一建設。他在《君主論》(Principe) 中強調征服與統治的政治策略，認為國民的統一，惟有通過專制君主鋼鐵般的權力才有具體實現的可能。

在英國方面，摩爾 (Thomas More, 1478–1535) 著有一部政治小說，稱為《烏托邦》(Utopia)，模仿柏拉圖理想國家之說，表現他個人的新時代的國家理想。此書一方面開導了烏托邦主義的先河，另一方面成為宗教寬容運動的先驅。

至於法國，鮑但 (Jean Bodin, 1530–1590) 的《共和國論》峻拒法律的成立應依教會規定之說，提醒世人以法律關係的概念規定為國家社會的首要課題。同時他又撰有《精確的歷史認識方法》，根據歷史以及民族學的基礎理論，體系化地組織一套法律思想，而為法理哲學打開新的研究方向。荷蘭法學專家格羅特 (Huig de Groot) 則在大著《戰爭與和平之法律》，區分自然法與市民法，且在人類社會的自然性中探求法之本質。依此，法律再也不是「教會的奴僕」了。

第五節　德意志宗教改革

1517 年，馬丁路德 (Martin Luther, 1483–1546) 在維爾頓堡教會門前貼出九十五條論題，公然反對教皇出售贖罪券 (indulgence)，從此開始了耶教史上著名的反羅馬教會運動，特稱「宗教改革」(Reformation)。廣義地說，宗教改革更可包括喀爾文 (Calvin) 等在瑞士發起的改革運動以及亨利第八脫離舊教而改創

的英國國教運動。路德主義的教義特色大致可歸三點：⑴救濟不以律法為準，但依信仰而得成立（信仰的義認）；⑵信仰根據來自《聖經》，不被教皇或教會所規制（聖經中心主義）；⑶因此僧俗的區別已失原有意義，世俗的職業得以積極肯定（信徒皆司祭主義）。不過路德本人並未要求現實世界的改革，但只專心精神上的改革問題，故而排拒靈魂自由問題與肉體隸屬問題的混淆。一般地說，路德重新劃分信仰與理性的兩大領域，而以宗教為純屬信仰之事；此對近世歐洲的神學與哲學的思想發展具有潛在的影響力量。

第六節　義大利自然哲學

文藝復興時期最主要的學藝文化建設，多半是在義大利各大都市進行。在這時期，義大利人憑著旺盛的想像力與形上學的衝動，擔當了新時代的自然哲學創造的責任。當時的義大利自然哲學家們一方面接受哥白尼天文理論以及新的科學宇宙觀，另一方面附加個人獨特的形上學玄想，而在微弱的知識基礎之上建立了想像性的宇宙論體系。

特列西額 (Bernardino Telesio, 1508–1588) 反對亞里斯多德形上學，採取感覺主義的經驗論立場，根據乾熱原理（物質）與濕冷原理（非物質）的對立鬥爭說明經驗世界的生成問題。從他開始，義大利自然哲學的玄想遊戲更帶自由奔放的氣氛，形成文藝復興時期的代表性「概念詩」(Begriffsdichtung) 體系。

義大利的第二位自然哲學家是帕特里濟 (Francesco Patrizzi, 1529–1597)。帕氏將特列西額的自然哲學與新柏拉圖主義的流出說連串而成汎神論的宇宙設計圖。他的根本思想建立在「靈活的宇宙」概念之上，呈現玄邃混沌的神秘論調。他又採用哥白尼太陽中心之說，編入他的汎神論思想之中。如此，新舊思想混然交織而成極富幻想的宇宙交響詩。

最能代表文藝復興精神的自然哲學家，乃是具有悲劇性命運的天才思想家布魯諾 (Giordano Bruno, 1548–1600)。布魯諾在少年時期就讀修道院，後因對於正統信仰感到不滿，離開修道院，浪遊歐洲各地。他曾在德、法、英各大都市

講學論戰，與名流交往。1591 年邀請布氏回國的某青年貴族密告布氏為異端，終在威尼斯遇捕受刑。1593 年轉獄到羅馬，布氏始終不肯稍讓一步，放棄己論。經過七年之久的牢獄生活，最後在 1600 年被判焚死之刑。布氏可以說是近代科學的殉難者，時隔蘇格拉底飲毒就死正兩千年。布氏富於南方的熱情與玄遠的夢想，同時具有詩的感受性與不退轉的真理之愛，然而缺乏制御自己的才情，或對自己的熱情加以調節的能力。外面生活的悲劇不外是他內在命運的映像而已。

　　布氏的根本思想深受哥白尼天文學革命的影響，由此導出萬有無限性的形上學結論，同時使他超脫任何宗教與宗派的狹隘性。哲學的本來課題乃是通過自然的認識理解無限的宇宙生命之統一，從而探求神於世界事物的無限系列之中。神不是超越宇宙生成系列之外之上的實在，只是宇宙生命的統一。布氏據此汎神論的自由精神對抗耶教二元論世界觀的立場。布氏的汎神論思想結合了庫撒奴斯 (Nicolaus Cusanus, 1401–1464) 的無限宇宙觀與哥白尼的地動說（哥白尼的天文學只討論到太陽系問題，至於整個大宇宙則仍遵循傳統的見解，當做圍在恆星天的有限存在），主張在無限的宇宙之中，無限地分佈著許多世界 (mundus) 或即太陽系，不斷生成衰滅。神不外是宇宙的生命自體，或即「能產的自然」(natura naturans)。布氏援用庫氏之語，稱神為「反對之一致」(coincidentia oppositorum)；在宇宙生命之中，一切個物的對立全然解消。神性包括一切的對立，既是最大又是最小：祂一方面是一切生命的時空無限性宇宙本身，故是最大；另一方面是形成一切有限存在的個體規定的生命萌芽，故是最小。布氏區分三種「最小」概念：數學的極微是點，點是線的原理；物理學的極微是原子，為物體的原理；至於形上學的極微則是單子 (monade)，乃為個體的本質。單子就是無限的世界活力，永恆的原動力；一切物體都有生滅變化，單子本身則是不滅。換言之，神是宇宙單子，遍在於宇宙各處；宇宙單子是世界活鏡，既是全體，又與一切事物不同。普遍主義與個體主義的兩種對立思想終在布氏單子之說獲得藝術性的融合。我們在布氏體系所看到的不是嚴密的概

念思維，而是通過藝術的感受，結合形上學玄想與天文理論所構成的一種創造性思想，很曖昧地預取了近代西方哲學的探求方向。布魯諾是斯賓諾莎、萊布尼茲以及薛陵等一流哲學家的思想先驅，也是文藝復興時期的典型思想產品。

坎巴涅拉 (Tommaso Campanella, 1568–1639) 亦如布魯諾，本屬黑袍教教會組織，後因思想問題，受到教會勢力的迫害。在 1599 年，因犯政治陰謀的嫌疑，遭受逮捕與拷問，被判終身禁錮之刑。1626 年教皇赦免其罪，乃往巴黎，死於該城。他雖承認教會的權威，但又接受特烈西額的感覺論，主張認知基於感覺，而一切思維、判斷與推論皆可以從感覺導出。他從人或小宇宙之自我認識的類推，進而討論神與萬物的認識，規定神為全知全能全善全愛。整個宇宙具有精神，物質運動則是基於自我保存的衝動。他在獄中撰成一部《太陽之城》(Civitas solis)，描繪教皇為首的共產理想國家，而為近世烏托邦思想的另一濫觴。

文藝復興時期，除了上述幾位自然哲學家以外，還有從事純粹科學研究的自然科學家，包括著名的伽利略，對於近世哲學思想的發展，曾經給予決定性的影響。作者將在下一章裡專論這個問題。

第二章　近世物理科學的萌芽與發展

　　在古希臘哲學時期，形上學的思辨掩飾了自然奧秘的探求。因此，古代希臘雖有純粹數學的驚人成就，經驗科學的探求卻瞠乎落後。亞里斯多德的一部著作冠名《物理學》或《自然學》(Physica)，其實只是他那形上學體系的延伸理論而已，不能與今日所謂「物理科學」(physical science) 相提並論。真正影響且刺激近世科學家們的思想靈感的，倒是畢達哥拉斯學派的數論與天文理論，柏拉圖的數理形相說，德謨克利特斯的原子論，歐幾里得的幾何學，以及阿基米德的力學觀念。至於中世思想，一般地說，不但對於經驗科學毫無創獲，反而變成最大的觀念阻礙。舉例來說，中世神學家信奉亞里斯多德天文之說，俾使該說配合教會對於人在自然宇宙之地位的解釋；而對畢達哥拉斯學派的思想所蘊藏著的地動理論未予理會，故使整個天文學的革命延滯了一千餘年。後來，伽利略因奉哥白尼地動說為科學真理，遭受教會的審判，被迫「承認」己見之非。才情煥發的布魯諾亦因倡導汎神論的無限宇宙觀，終遭焚刑，而在教會與科學思想鬥爭史上留下血淋淋的殉難史實。

　　不過，聖多瑪斯以後的經院哲學衰微時期，確也出現過若干暗中探索自然問題的科學家與哲學家。其中最為出名的是英國哲學家羅傑‧培根 (Roger Bacon, 1214?–1292?)，享有「可驚異的博士」(Doctor Mirabilis) 稱號。由於培根的研究干犯教會的教條，終生挨受極大的迫害。培根以為，他的時代由於不太重視數學與經驗，已屬哲學的衰微時期；為了復興哲學的研究，惟有打破種種錯誤的權威與迷信，同時援用新的數學與實驗方法，直接探研自然宇宙的本質，以為神學與哲學的研究資料。培根便是首次創用「實驗科學」(scientia experimentalis) 一辭的哲學家。另一方面，作者已經提及，奧坎以及奧坎主義者的唯名論思想也形成了推進經驗探求的一股原動力量。

　　在牛頓以前，亞里斯多德式的形上學始終儼居一切思想的唯一權威，科學家們長久為了物理科學的獨立自主掙扎摸索。當時的一般科學家雖已專在物理

科學的範域進行研究，但仍稱呼物理科學為「自然哲學」。譬如牛頓在 1687 年所出版的劃時代名著仍照傳統稱法，冠名《自然哲學之數學原理》(*Philosophiae Naturalis Principia Mathematica*)，雖則他所處理的問題幾乎屬於物理科學的領域。由此可見，物理科學獨自的成立與發展，乃是一段荊棘之路，而非一人一時所創成的。

　　關於近世科學的興起及其方法論的奠基問題，作者在此順便介紹幾本權威性的名著。首先是懷德海 (A. N. Whitehead) 的《科學與近代世界》(*Science and the Modern World*)，簡潔扼要，且具獨特的見解，對於近世科學的功過極富精確的解釋。勃爾特 (E. A. Burtt) 所著《近世物理科學之形上學基礎》(*The Metaphysical Foundations of Modern Physical Science*) 一書，風行三十年，對於哥白尼至牛頓的一段物理科學發展過程，剖析有關方法論的革新，科學宇宙觀的奠定，以及科學與哲學之間的關聯等問題，實為一部不可多得的鉅著。丹皮爾 (W. C. Dampier) 的《科學史》(*A History of Science*) 關於近世科學的一段論述（參閱該書第 97–177 頁）深入淺出，值得通讀一次。

第一節　近世科學與傳統思想的殊異性

　　從哲學的觀點衡估近世物理科學的偉大成就，最重要的是徹底理解近世物理科學衝破中世思想的枷鎖時，在宇宙觀、方法論、語言使用等等方面如何超克且優越於中世思想，從而見出近世科學如何扭轉西方哲學思潮的發展趨向。概括地說，近世科學與中世思想的殊異所在，可以歸納如下：

　　㈠基本態度　古希臘哲學家以及中世神學家對於自然宇宙的探求方式，基本上採取形上學的思辨態度。他們多半對於經驗事實的蒐集與分類，甚或經驗知識的理論建設不感興趣，且以玄學的或神學的觀點解釋自然宇宙生成之「理」(Logos)。規制經院哲學研究方向的亞里斯多德形上學，便是援用形式與質料等兩大概念構成一套玄學理綱，籠罩廣大宇宙的一切，天羅地網密而不漏。近世科學則自羅傑‧培根開始，純就實地的經驗觀察與反覆的實驗，歸納出代表性

的經驗事實，藉以建構經驗科學的嚴密理論。

㈡絕對預設 上述基本態度首先反映出來的是，亞氏形上學家好以「第一原理」或「絕對實在」（神）充當思想體系的絕對預設或即根本前提，而為天經地義、不容或疑的理論根據。近世科學則需藉諸物象的歸納與定律的建構，故而依賴科學性的假設 (scientific hypothesis)，作為科學理論的絕對預設。科學假設不是絕對精確的理論前提，而是必要之時可以修正的概然性假定而已。科學家採取一種客觀嚴密的態度處理自然問題，故較傳統形上學家易於把握經驗現象的規律性秩序。

㈢方法論 亞氏形上學家對於自然探求無所謂方法論 (methodology) 的奠基；或不如說，形上學的架構本身替代了容許「試行錯誤」(trial and error) 的思想方法。至於近世科學的形成，則有賴乎方法論的奠基，而科學方法的建立，主要是由經驗的歸納（事象的觀察、搜集與安排分類），假設的構想，數學的演繹，以及實驗的檢證等步驟結合而成的結果。專從哲學的觀點看來，近世物理科學的最大成就乃是在乎此一方法論奠基的建設。科學方法不但規制了近世科學家的宇宙探秘，而使避繁就簡的科學定律建構工作成為可能，同時又成為近世哲學家們（不論理性論者或經驗論者）構築思想體系的根本指導原則。因此，近世科學方法論的奠基對於西方哲學思潮的決定性影響乃是應予特別強調的重要史實。作者將在本章各節，通過對於代表性科學家的論述，逐一說明科學方法論的形成問題。

㈣因果概念 如從因果概念剖視傳統形上學與近世科學的基本差異所在，亦是一種極饒意味的比較。亞氏以後，四原因說一直支配了中世耶教思想，哲學家們經常使用四原因中的個別原因概念（譬諸目的因或動力因）證明神之存在，甚或解釋世界與人的本質問題。近世科學則多半排除目的因概念，除將上帝視為第一動力因以外，專就宇宙現象之間的因果關係（現實動力因）尋求運動變化的規律性形式，俾便囊括有關的自然現象而為科學定律系統。科學家們亦同時捨棄亞氏形式與質料等形上學概念，只留動力因當做處理經驗現象所必

需的唯一原因。依此，動力因常與「機械因」(mechanical cause) 一辭的涵義互相吻合。

　㈤宇宙觀　因果概念的見解差異導致了宇宙觀的根本殊異。中世思想家接受亞氏之說，亦將宇宙視如目的論的「演化」層級，同時賦與價值論的意義。近世科學家們則徹底排除目的論的宇宙觀，純然站在科學的無限宇宙觀立場，將整個自然宇宙看成具有數學的（尤其幾何學的）調和秩序之無限系統。他們乃以所謂量化機械論對抗傳統的目的論，同時在從事於現實存在的探求工作之時，完全捨離價值意義的範疇，採取所謂「價值中立性」(Wertfreiheit) 的立場。

　㈥質與量的對立　近世物理科學的另一特徵，是在通過「量的還元」(quantitative reduction) 之簡化手續，把瞬息萬變的宇宙現象化成只具量差性的現實存在。科學家在探求事物本質之時，儘從量的觀點，發現所謂極微或原子等根本物質要素；同時在方法論方面強調數學方法，而以幾何圖形甚至代數的符號系統量化外界物象，以便統括而成科學定律架構。這種避繁就簡的量化工作完全異乎傳統思想家們專從質的差異觀點建立形上學的辦法。近世科學家儘可能地捨棄亞里斯多德的形上學概念，而從德謨克利特斯一系的原子論尋獲他們的思想靈感。

　㈦語言構造　由於近世科學試行量的還元，故在語言構造或概念形成方面儘予使用關涉實驗或是可測量性的一種科學語言或概念表現。亞里斯多德乃至經院哲學所慣用的是形上學的語言，因此經常出現「實體」、「屬性」、「性質」、「本質」、「觀念」、「潛態」、「顯態」、「形相」、「質料」等等概念。然而一般近世科學家已不再繼續使用此類概念，而以具有量化意義的「質量」(mass)、「能量」(energy)、「力量」(force)、「運動」(motion)、「空間」(space)、「時間」(time)、「速度」(velocity)、「定律」(laws) 等等量性概念表現他們的研究成果。從語言解析的觀點說來，這種語言表現的改變意謂著思維構造本身的革新，不僅僅是單獨的語言問題而已。根據這種看法，我們甚至可以進一步說，近世哲學家們討論宇宙的「實在」問題時，也是個別使用獨特的語言系統表現他們對

於實在構造的根本見解。換言之，哲學語言的使用本身即彰顯了哲學家的世界觀。因此，理性論者如斯賓諾莎仍用傳統的「實體屬性語言」(substance-attribute-language)，巴克萊使用「觀念語言」(idea-language)，休姆創設了「印象語言」(impression-language)，康德則建立「先驗範疇語言」(transcendental-category-language)，各就各的根本立場描述實在構造的「真相」。讀者通透近代西方哲學的發展之後，當不難領會作者的這個解釋。

(八)假相與實在　柏拉圖形相論規定現實存在為假相，超越現實的形相世界為實在。亞里斯多德雖不及柏氏之偏，鄙視現實世界而為假相，但仍執守形相為實在的立場。中世哲學一仍亞氏理路，欲於外在現象背後尋出形相或內在本質等「實在」義蘊。近世科學對於假相與實在的見解，則反乎傳統思想的論調，專就數學的量化觀點重劃實在與假相的領域，屬於實在者為客觀而可量化的初性 (primary qualities)，屬於假相者為依據感官知覺方可成立的主觀性質或即次性 (secondary qualities)。真實的宇宙應是具有幾何秩序的機械化系統。這種實在與假相的新見解乃是建立在量化科學宇宙觀之上，迥然異乎柏、亞二氏以來的傳統見地。

(九)人的地位　最後，特就「人在宇宙之中的地位」(man's place in the universe) 而言，中世哲學遵循亞氏形上學，對於存在層梯的高低各層分配不同的價值意義。耶教教義的本質存乎神對人類的恩典與人類對神的信仰，故以自然宇宙為低於萬物之靈（人存在）的現實存在，而將人類視為宇宙的中心。再依目的論的立場，中世哲學家又將上帝當做人與宇宙的目的因，而為人類尋獲永恆淨福的究極根據。中世思想所以採取亞氏地球中心說，亦是基於這種情意上的要求而來。近世科學家雖仍承認神為第一原因或宇宙創造者，卻不許神干預現實宇宙的運動變化，將祂鎖入保險櫃中，存而不論。由於科學們強調自然宇宙的本來地位，人與宇宙終於面對著面，構成主體與客體的並置關係。或不如說，科學家們因為過份關心宇宙問題，同時又因重劃實在（客觀）與假相（主觀）的區別，時將人的地位擺在客觀宇宙之下，專從感官知覺的觀點視人

類為一種「次性的捆束」(a bundle of secondary qualities)。價值中立的科學研究態度更使科學家們忽視了人存在本身的價值理想問題。

勃爾特教授的《近世物理科學之形上學基礎》一書特就伽利略與中世哲學做一世界觀的比較，且予圖解。茲將該圖譯載如下（參閱該書第 100 頁）：

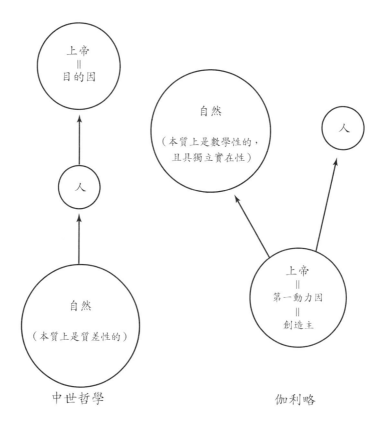

第二節　哥白尼

哥白尼 (Nicolaus Copernicus, 1473–1543) 是波蘭天文學家，生於東普魯士。1496 年赴義大利留學，接觸古代希臘文化，同時兼修醫學法律。1509 年任牧師職。從此以後，哥氏專心研究天文問題，而從畢達哥拉斯學派哲學家菲羅勞斯 (Philolaus) 的地球旋轉理論獲取思想靈感，終於發展而為太陽中心 (heliocentric) 理論，宣稱包括地球在內的一切行星皆繞太陽而轉。哥氏因倡此說，遭遇了當時宗教界與科學界權威人士的嘲笑與非難；但仍繼續探求原有工作，耗其一生建設新的天文宇宙觀。他的主著《星球公轉論》(*De Revolutionibus orbium celestium*) 共分六卷，在 1543 年哥氏臨死之前問世。

　　哥白尼的太陽中心說所以優越於托勒密 (Ptolemy) 以來的地球中心 (geocentric) 說，首先是在前者能將天文事象囊括而入更單純更調和的數學秩序。托勒密系統說明天體運動需要八十個左右的周轉圓 (epicycles)，至於哥氏，只需三十四個周轉圓即可說明殆盡，理論上簡化了許多。哥氏學說所以更為調和，乃是由於他主張了一切行星，除了月球，皆繞太陽公轉，且具高度的數學秩序之故。其次，哥氏地動說轉移了星球運動的依據點 (point of reference)，不再存乎地球本身，而是在乎太陽和恆星群。這是以往接受亞氏形上學以及地球中心理論的思想家們難以理解的事。宇宙中心從地球轉移到太陽的理論事實，足以改變傳統的閉鎖性宇宙觀而為開放性的無限宇宙觀，同時打破了傳統的目的論思想，而使人的眼界解放擴大，直接通過經驗的觀察探求物質宇宙的根本法則。再者，哥白尼的天文理論刺激了科學家們設法使用更簡單的代數符號系統概括天文現象，俾便逐漸替代舊有的幾何圖式表現方法。隨著哥白尼的天文學革命，數學也開始了配合性的革新，數學的符號從此成為科學家們的寵兒。克卜勒三大定律便是依據此一要求構劃而成的。

　　哥氏天文學意謂著天文宇宙具有調和的數學性構造。這種觀點接近畢達哥拉斯一系以及柏拉圖主義的思想，而與亞里斯多德主義互相對立。總之，哥白尼太陽中心的宇宙觀之形成無疑地表現了柏拉圖主義的復興，同時證實了天文宇宙可從複雜的幾何圖形迷宮，轉變而為通過數學的還元所形成的單純和諧且富美感的規律性系統。

　　哥白尼太陽中心的假設也不是完全沒有理論的缺陷。例如哥氏曾經解釋行星軌道為一種圓形，後來又被克卜勒加以修正。法蘭克 (P. Frank) 所著《科學之哲學》(*Philosophy of Science*) 第四章對於哥白尼天文理論的若干難題予以適

當的評述，可供參閱（參閱該書第 100 頁）。

第三節　克卜勒

克卜勒 (Johannes Kepler, 1571-1630) 是生在德國維爾頓堡的天文學家。幼少即已研究神學，立志成為僧侶，後從其師兼友美斯特林聽悉有關哥白尼學派之說，開始對於天文研究抱有濃厚的興趣。1594 年在格拉茲執教天文學，1597 年離去，在當時著名的星象學者布拉赫 (Tycho Brahe) 門下學習精確的天文觀測術。布氏死後，曾在路得爾夫二世宮廷任職。克氏畢生在貧困與不幸的遭遇裡獻身於天文學的探求工作。

克卜勒研究天文，有他個人的奇妙動機。他從哥白尼天文宇宙的單純統一性觀念出發，進而深信整個具有數學和諧性的單純宇宙系統，乃是富於美感的藝術作品。克氏充分發揮了畢達哥拉斯乃至新柏拉圖主義一系的理論精神，始終抱著滿足個人美感的根本要求從事於研究工作。同時，他又格外強調太陽的尊嚴與神性，幾將太陽、恆星、以太媒體視如三位一體，而以太陽為最高位的聖父。數學知識的探求加上太陽崇拜，更使克氏接近了哥白尼的學說。

克氏一生最大的成就是通過哥氏太陽中心說，布拉赫的星象觀測與編位，以及科學理論建構的結合，發現了天文史上有名的克卜勒三大定律。哥白尼的天文假設，經過克氏的實地觀測與理論建構，終於兌現了近世科學家們藉用簡單的數學公式概括宇宙現象而為科學定律系統的一種願望。克氏三大定律的要旨是：(1)行星軌道形成橢圓，太陽位在橢圓軌道的一個焦點；(2)在同等時間內，行星與太陽的連線掃過同等面積；(3)調和法則：行星運轉的週期 (periodic time) 平方與其運行軌道的半主軸 (semiaxes major) 立方成比例。例如設有行星，其週期為二十七年，地球週期本為一年，如此 $1^2:27^2=1:729=1^3:9^3$；故該行星與太陽之間的平均距離為地球與太陽之間的平均距離的九倍。設若克氏定律精確無誤，則須預設太陽恆定不動，同時預設行星所受的引力只有來自太陽。後來牛頓的萬有引力定律乃由克氏定律導出的結果。牛頓終以萬有引力的根本法則統攝克

氏定律系統，更進一步完成了避繁就簡的量化還元工作。

　　克氏在另一方面，首次建立了近世科學的形上學基礎：(1)他重新規定原因為可在經驗事實範圍以內發現出來的數學調和性本身，這種原因概念乃是對於亞里斯多德的形式因賦與數學的釋義所獲得的結果。(2)他認為所謂真正的假設，經常是一種包括性的觀念，能將分殊不同的經驗事實連成一片，且彰顯出事實集群之中存在著的數學秩序。(3)根據上述關於因果與假設的數學性以及美感性的見解，克氏展開有關世界的新的形上學圖式理論。數學性的原因發現既是唯一的真理之路，真實的世界應是具有量化特徵的客觀世界，此一世界的差別相只成立在數量上面。至於不具客觀的量化性質的世界則是虛妄不真的低層存在。換言之，真實的世界事物乃由只具量差的初性（大小、形狀、擴延性、動靜等）所形成，客觀而不變；依賴感官知覺的次性（色聲香味觸等）則是主觀而易變化，原是虛妄不真。再者，一切精確知識必須是有關經驗對象的量化特徵的知識，完全的知識常是數學性的。最後，克氏甚至以為，上帝原初依照數量的和諧創造了世界，故使人類心靈能以量化方式把握外界事象。(4)克氏在科學的哲學方面所貢獻過的新觀念是，有效的數學性假設必須能在經驗觀察之中精確地檢證出來。克氏所以如此重視經驗的檢證 (empirical verification)，不能不說是布拉赫星象觀測的直接影響所致。

第四節　伽利略

　　伽利略 (Galileo Galilei, 1564–1642) 是義大利文藝復興後期的物理學家，也是近世科學方法的先驅者。他曾就讀比薩大學醫學院，大學時期發現鐘擺的等時性，因此獲得靈感，設計一種脈搏計。因對數學與物理學關心太切，中途退學，而在家裡繼續研究。不久在比薩大學執教數學，後赴帕都亞大學，前後任職二十年，漸從築城術、機械工作的技術等問題進到動力學方面的研究。伽氏信奉地動說，遭受宗教裁判，而在嚴密的監視之下，在費倫茲郊外過他孤獨的餘生。伽氏主著包括《天文學對話》與《新科學對話》，前者直至 1835 年為

止，被管制為禁書之一種。

伽利略一生在科學方面所完成的勞作極為豐碩，諸如落體運動的定律、惰性法則、木星的衛星之發現、望遠鏡的改良等等，不勝枚舉。我們在此只就伽氏的科學方法論與科學的形上學基礎理論加以扼要地論述。

就整體而論，伽利略的方法可以分為三個步驟：⑴直觀或分解 (intuition or resolution)；⑵論證 (demonstration)；⑶實驗 (experiment)。首先要在蕪雜的感覺經驗基料之中，儘可能地分離出某些典型的現象，且加以適當的檢查，以便直觀出單純絕對的現象要素。有了這些要素，現象就可以譯成數學的形式。換言之，即將感覺事象「分解」而為具有量化性質的構成要素，一旦完成這個分解程序，我們就不再需要原有的感覺事象了。其次，通過純粹數學的過濾，對於這些要素予以演繹的論證；此種論證的結果同時適用於類似性的現象事例。換言之，論證可以說是科學定律建構的程序，有了科學定律系統的建立，可以援用該一系統套到其他類似性事例上面。然而為了保證所建立的數學公式或科學定律完全適用於有關的現象領域，仍須完成最後的步驟，就是通過實驗操作的檢證，考驗定律系統是否具有高度精確的普效性。設若定律系統能夠經得起這個考驗，我們乃可進而發現該定律系統可能涵蘊著的其他附屬性定律。《新科學對話》一書記載著，伽氏在動力學方面確是依照以上三段方法的程序完成了他的重要發現。

伽氏正如克卜勒，幾將上帝看成創造宇宙的「幾何學家」，因為祂把宇宙完全造成一種數學的量化系統。根據這種見解，伽氏宣稱《聖經》上的可疑記載部份應該通過科學的發現予以新的解釋。他甚至主張，我們首先是就自然本身認知上帝，而後再就啟示認知祂。上帝與人最大的不同，是在祂能具有直接完全的事物知識，我們的知識則是部份的，推論而成的。

伽利略的宇宙觀是近世科學家中最具代表性的典型理論。他以為自然宇宙是巨大的數學機器，而由時空內的物質運動所構成。至於具有目的、情感以及次性的人類則被伽氏刷到世界角隅，扮演不太重要的旁觀者角色；人類只是數

學性的外界戲劇衍生出來的插曲而已。唯一真實的宇宙必須通過數學的解釋才能成立，力量、初性、原子、以及可以化成量性單位的時空等則是構成客觀真實的宇宙系統的基本成素。為了徹底踐行物質運動的數學化工作，伽氏終將因果概念還元而為「究極力量」，力量才是現象生滅的究極原因，而所謂原子運動則不過是第二義的原因。究極原因的主要特徵便是同一性、齊一性與單純性，無一不與量化條件發生關聯。伽氏甚至肯定地說，我們毫不知悉力量本質的內在性質，我們只據運動認知力量的量性效果而已。伽氏更且規定，物質可分解為無限微小而不可分的原子，只具初性或即數量、大小、形狀、位置等等數學性質。至於次性，乃是經由原子的運動，在感官所引起的從屬經驗而已。這無疑是一種德謨克利特斯主義的理論。伽氏如此站在價值中立性立場，採取了懷德海所謂「自然二分法」(bifurcation of nature)：初性的世界屬於知識的領域，絕對客觀而不變，乃是科學家所能肯定的唯一實在；次性的世界則屬感覺經驗的領域，相對主觀而變化多端，不具知識意義。科學家的基本工作便是要將主觀性質還元而為量化性質，譬諸熱量，疼熱的主觀感覺是果，物質運動才是真實的原因。科學家決不問及運動的「為何」(why)，但問運動的「如何」(how)；不用質性的實體語言，但用量化的數學語言。如此，新的數理科學的創造終於取代了經院哲學的非實徵性理論了。懷德海在《科學與近代世界》裡，一方面力予讚嘆近世科學家們此一偉大的成就，另一方面也同時指出近世科學宇宙觀所產生的偏見說，他們犯有所謂「單純定位」(simple location) 與「具象性錯置」(misplaced concreteness) 的舛誤。懷氏之說煞有見地，而耐人尋味❶。

第五節　牛　頓

　　偉大的英國自然哲學家、數學家、物理學家、以及天文學家牛頓爵士 (Sir Isaac Newton, 1642–1727)，早年就讀劍橋大學，曾受巴樓的指導，學習新時代的數學知識。1665 至 1667 年，由於黑死病的蔓延，一度回到故鄉避難。在此

---

❶　參閱該書第三章。

時期，牛頓的創造活動達到顛峰狀態，著名的光之分析、萬有引力、以及微積分法的三大發現都在這個時期開始萌芽。1668 年發明反射望遠鏡，翌年繼承巴樓原有職位，講授光學。1672 年當選為皇家學院院士。1685 年完成萬有引力法則。1703 年升任皇家學院院長。主著包括《自然哲學之數學原理》(1687)、《光學》(1704) 以及《普遍算術》(1707) 等書。

我們在此所要敘述的，只是有關牛頓方法論以及神學方面的見解。

牛頓的方法包括兩大要素：「分析」與「綜合」或即「構成」(composition)。首先通過運動現象的研究，歸納地發現機械的定律。換言之，從實驗與觀察歸納出一般性的結論，而為科學定律架構的礎石。其次是根據發現出來的定律，對於類似的現象作一演繹性的說明。大體地說，牛頓與伽利略兩人的方法頗為接近，只是物理科學發展而至牛頓之時，更能使用數學的符號工具精密地表現定律系統罷了。

不過，牛頓在《數學原理》卷三另外列舉四則有關自然哲學推論的假定：

⑴單純性原則：除了能夠真實而充分地說明自然現象的原因以外，我們不應容許多餘的原因；

⑵自然齊一律：對於同一的自然結果儘予配定同一原因；

⑶物體的性質之中，若有在實驗範圍以內屬於一切物體，且無程度上的增減者，應予視為一切物體的普遍性質；

⑷在許多可能的假設或命題之中，應予選擇從現象歸納所得者，暫認它的精確性；而後再以其他現象的發生事實考量該命題是否更具精確性或需重做解釋。此一規則似乎意謂著，實驗的檢證 (experimental verification) 乃是自然哲學的究極規準。至於⑴、⑵兩則可以視為方法論的設準或假定。不過，牛頓似乎又把⑴、⑵兩則的設準當做先然真理 (a priori truth) 看待。換言之，他似乎堅信著自然始終遵守單純性與齊一性，這是由於上帝一開始即將自然設計成為如此之故。因此⑴、⑵兩則一方面可以看成方法設準，另一方面亦可視為具有形上學基礎的先然真理。

牛頓曾說：「我不構築假設」(Hypotheses non fingo)。牛頓此語似乎不在拒卻科學假設的成立，因為事實上物理科學知識的精確性是概然的，科學理論本身必須具有假設意義。牛頓的真意可能是在排斥不具任何檢證可能性的思辨或理論而言。換句話說，牛頓似乎是要儼予分辨實驗性或記述性的定律與思辨性假設的區別，而以後者為完全無據的論說。因此，牛頓根本否定亞里斯多德式的隱秘性本質，認為此對物理科學的發展只成一種阻礙，無助於經驗現象的實際說明。牛頓認為，科學家只應關心「記述性定律」(descriptive laws) 的建設；譬如我們陳述萬有引力如何活動，但對引力的性質或本質則可置之不理。牛頓「不構築假設」之語理應譯為「不濫造假設」，否則易使讀者誤會牛頓原意，以為他誇大其辭，不合科學假設理論的使用事實。

其實，牛頓自己並未完全捨棄了思辨的工夫。譬如他為說明光波的傳播，構想一種「以太」理論，有時竟稱以太為「精神」，認係類似空氣但更稀薄化的物質。事實上，牛頓從未明確規定以太的性質為何，只是「堅信」以太媒體的存在而已。總之，牛頓的「以太」理論即是一種「試驗性假設」(tentative hypothesis)。此無疑地證實了：當科學問題的研究仍在摸索階段時，揣測或思辨仍有暫時的用處。

牛頓的絕對時空理論更可以證實牛頓沒有完全擺開思辨性的假設。「絕對時間」(absolute time) 所不同於相對的一般時間的地方，是在前者的流變均一而與外在的一切毫不關涉；他又稱呼絕對時間為「持續」(duration)。「絕對空間」(absolute space) 亦是「始終保持類同而不動」。牛頓幾將絕對時空視為「可觀察的事體」，認係實驗上可測量的運動之原有預設。其實，絕對時空只能說是牛頓為了方便設施，巧立而成的抽象概念罷了。牛頓在提出絕對時空概念之時，他已踰越了實驗科學的範域，顯出思辨的論調。等到相對論學說贏得一般科學家的信奉之後，絕對時空的理論也隨著漸被淘汰了。由此可見，牛頓「不構築假設」之語多半表示牛頓注重實驗與檢證而不好高騖遠，但不等於說牛頓該語可以望文生義，完全適用於牛頓自己。

　　除了科學研究以外，牛頓亦有一套神學的見解。他對絕對時空理論曾予神學的解釋說，上帝因其永恆存在以及遍在於一切之處，構成了持續與空間。同時，牛頓又從宇宙調和秩序的「證據」論證神之存在，謂從現象系列不難察出，有一非物質的叡智體永恆存在著。上帝不僅創造了宇宙，他還自動干預宇宙運動，而使宇宙這一機械運行不停。在近世科學家當中，牛頓可以算是最具神學興趣的一位。科學與神學是否可以同時成立，在許多科學家的心靈之中，確曾構成了很重要的問題。

第三章　培根和霍布斯

　　文藝復興時期，義大利的自然哲學一枝獨秀，成為當時的代表性思想。然而憑著想像力縱橫馳騁的凌空式思辨畢竟發展有限；此一自然哲學的思潮終於衰微下去，接踵而來的是以英、法兩國為中心的新時代的哲學思想。在英國，法蘭西斯‧培根首先打定了經驗論 (empiricism) 理路的基礎；而在歐洲大陸，以法國的笛卡兒為鼻祖的理性論 (rationalism) 思潮亦應運而生。經驗論與理性論從此形成對極性的歐洲兩大哲學主潮；而到康德，才將兩大主潮匯合而入先驗哲學的汪洋理海，暫使兩百年來的哲學論爭告一結束。經驗論與理性論的對立，首先是在方法論的奠基上面。前者著重感覺經驗，善於使用歸納法；後者專事理性的推論，故而擅長數學的演繹方法。培根認為近代的學問必須建設在人類個別經驗的根源真理之上，因此應從思維的周邊或即現實經驗開始腳踏實地的哲學思索。笛卡兒則主張學問的統一性反省，哲學思索應以思維的中心或即理性的自覺為唯一可靠的出發點。

　　培根以後，英國人一直保持經驗論的思想傳統，在知識論上善於綿密的感覺分析，而在倫理學方面則多標榜快樂主義或功利主義的理路，至於形上學則拒卻於千里之外。英國三大古典經驗論者洛克、巴克萊與休姆，乃至功利主義者邊沁與彌爾莫不如是。只有唯物論者霍布斯算是唯一的例外了。至於笛卡兒以後的理性論傳統，專賴數學的演繹方法構築規模龐大的形上學體系，對於感覺經驗則多不予重視；至於倫理學方面則遵循蘇格拉底與柏拉圖以來的主知主義理路，多以情意衝動之理性的超克為最高的道德理想。以下先論兩位英國早期哲學家，然後轉移觀察的角度，討論理性論的思想發展。

第一節　培　根

　　㈠生涯　培根 (Francis Bacon, 1561–1626) 生在英國名流世家，早歲就讀劍橋，不久即在法庭任職。歷任國會議員，司法長官等職之後，在 1618 年升為大

法官兼維魯蘭男爵。三年之後被控受賄瀆職，從此退出政壇，隱居鄉間，專事著述與研究工作。培根畢生批判經院哲學最力，同時以「研究自然，征服自然」為近世科學與哲學的研究目標，故倡「知識即是力量」(Knowledge is power) 之說。培根多才多藝，除了參與政治法律方面的實際工作之外，又在文學、歷史方面極有建樹；著有政治小說《新亞特蘭提斯》(New Atlantis) 與富於世俗智慧的《論文集》(Essays) 等書。培根最大的思想成就是在歸納法的開創，科學實驗方法的探討，以及學問觀念的革新，奠定了近代歐洲人知識探求的嶄新方向。《新工具》(Novum Organum) 一書展開科學歸納法的理論，以與亞里斯多德的《工具》對立。《學問之尊嚴與進步》(De dignitate et augmentis scientiarum) 則討論學問的分類以及知識概念等問題。培根思想的本質並不存乎方法論或歸納邏輯，而是在乎對於自然與知識的改造所具有著的卓越見識。他是法國啟蒙運動的思想先驅，可以說是百科全書式的思想家。或不如說，他是「問題探求者」(Problemdenker)，而非「體系構築家」(Systemdenker)。培根的基本論調頗為接近唯物論立場，但不能說是名副其實的唯物論者。培根的生涯正是處於先進國家英國抱著極大的野心打定世界海上霸王與殖民地帝國基礎的過渡時期。培根所以一味關心自然的征服與人類生活的物質條件的改善，並不是歷史的偶然。由此看來，培根在西方文化史上的重要性原不在乎他所具有的哲學思想（事實上培根在哲學方面的獨創性並不算多）；而是在乎他那代表近代歐洲人（尤其英國人）的世界觀與生活觀的近代化理論設計。培根的歷史意義即在於此。

　　㈡四大偶像說　在近世思想史上培根是批判傳統思想及其方法最為尖刻的一位。站在擴大經驗知識以及改善物質條件的嶄新立場，培根極力抨擊柏拉圖形相論的游離現實，亞里斯多德形上學乃至中世經院哲學的反科學性與自我閉鎖性，以及無助於擴張人類知識的三段論法邏輯。培根為了打破一切足以阻礙經驗知識探求的「妄論邪說」，曾在《新工具》中提出四大偶像 (four genera of the idols) 之說，逐一廓清人類心靈可能具有著的一切「偶像」(eidola) 或即乖謬意念。「種族偶像」(idola tribus) 的謬誤內在於人性本身，構成阻礙客觀判斷的

偏見，譬如感覺上的錯覺幻覺，自然觀察的擬人化傾向（從自然現象擬人化地導出目的關聯性）等是。其次，「洞穴偶像」(idola specus) 的謬誤屬於個人的特性，由於個人的氣質、教育，以及其他外在的惡性影響而使個人不能如實把握經驗事實本身。矯正這種偏見的辦法端在多與他人的知覺與經驗相互比較，俾可儘予排除個人原有的有色眼鏡。第三種所謂「市場偶像」(idola fori)，是指人際關係所易產生的偏見，尤指語言的病根而言。語言本是為了思考運作與傳遞知識而存在，然而語辭或概念動輒誤被視如實際的經驗事物，影響正確的思維判斷。他說：「語辭原是事物的表徵，只具理性的虛構性生命。偏愛語辭無異等於偏愛圖像（而忘事物的本原）」。袪除語言病根的處方是在多所實地觀察經驗事象本身。英國哲學一向注重語言問題，培根此一偶像之說，可謂開其先河。後來洛克、巴克萊乃至今日英國解析學派專事於語意澄清或語言治療工作，乃是英國哲學一貫的傳統特色。最後一種偶像是「戲院偶像」(idola theatri)，乃意謂著不依獨自的思索，而盲目信奉權威與傳統的偏見而言。培根認為傳統思想如同舞臺上的把戲，歪曲了現實事物的真相，削足適履地裝入褊狹的形上學框架之中。破除這種偶像的迷妄，唯一的方法是要針對著現實事物，客觀地觀察與實驗。換言之，就是要從經驗知識的觀點，建立科學的歸納方法，藉以徹底把握事物的真相。

㈢學問的分類　否定一切傳統思想與方法之後，培根想要奠定新時代的學問概念，因此嘗試一種大規模的學問分類。按照理性靈魂的三大功能，亦即所謂記憶、想像與推理，培根劃分了三種不同的學問領域。他說，歷史基於記憶，可再分為政治史、自然史、教會史與文學史。詩歌基於想像；這裡所謂詩歌等於廣義的文學。至於哲學則基於推理，再分而為神學、自然哲學與人的哲學。自然哲學又分思辨的（物理學與形上學）與實踐的（機械技藝與自然魔術）兩種。人的哲學則分人類學、政治哲學（政治、經濟、社會）與其他科學（數學、第一哲學）三種。從現代學術的觀點來看，培根的分類未免膚淺幼稚。首先，精神機能是否可以粗分三種，即已令人生疑。再者，詩歌、歷史與哲學的三分

法完全異乎後來的學問分科，根本不能符應實際的要求。至於美容術、體育等等劃入人類學的研究範圍，更屬荒誕不經。然而我們如要真正體會培根當時嘗試學問分類的歷史意義，應對他那推進經驗探求以及改善物質生活的基本動機寄與深切的同情。學問的分類本是順應時代的實際需要與方便設施而有，在文藝復興時期，百學待興，培根的分類乃是為了擔荷文化使命應運而生的一種學問整頓工作。

　　㈣歸納法的創立　培根在科學與哲學的歷史上最有貢獻的功績是在歸納法的倡導，俾便歸納法成為一切知識擴張與累積的根本工具。培根首先區分三種不同的研究態度。⑴獨重經驗者猶如螞蟻，濫予蒐集經驗事實的蕪雜材料，而不知予以系統的整理。⑵專賴理性者類似蜘蛛，擅長理論的建構，卻對經驗材料的蒐編無能為力。⑶惟有兩者的適當結合才是最為優良的知識探求態度，可以喻如蜜蜂；在蒐集經驗材料之時，深曉重點性的選擇，同時能予適為安排有關的經驗材料，以便構築理論知識。培根堅稱，只有通過歸納法的援用，才能綜合經驗的與理性的兩者，精製而為經驗知識。培根更且認為，經驗的歸納終必導致「形式之知識」(Knowledge of form)；這種「形式」是自然事象的唯一真正的原因。培根所謂「形式」，意義甚為含糊，可能意謂著事物本身的內在構造，現象變化的恆常定律，抑或規律性的因果秩序。形上學發現永恆不變的「形式」或定律，物理學則是關心自然現象的外在動力因。新時代的學問家所重視的是物理學或經驗科學，只有這種知識方能變成征服自然的一股力量。培根的名言「人類知識與力量原是同一」的真意即在於此。不過，培根自己過於強調歸納法的重要性，甚至主張歸納法問題就是「形式」發現的問題；反而未予省察科學定律的建構所需藉助的數學演繹方法。事實上培根所討論的只是螞蟻階段的經驗歸納問題。由於他無力論及伽利略本行科學家的「綜合」方法（科學理論構築步驟）的形成問題，終於不能奠定蜜蜂階段的嚴密方法論基礎了。

　　培根的歸納法理論分析起來，極為簡單。為了發現事物的「形式」或即因果法則，培根採取了三大步驟：⑴蒐集 (collectio)；⑵拒斥 (exclusio)；與⑶總

括 (vindeminatio)。首先蒐集有關的經驗基料，而後排除多餘無用的，最後總括起來，作一有系統的整理。蒐集是培根歸納法的主要部份，分為本質表 (the table of essence or presence)，缺如表 (the table of absence)，以及比較表 (the table of comparison or degrees)。如以熱的研究為例，為了了解熱的本質，首須通過本質表蒐集一切與產熱現象同時有關的事項或性質。其次通過缺如表的手續除去熱的現象，而後檢查本質表中關涉產熱現象的事項或性質隨著去熱現象有了什麼樣的變化。最後，比較程度分殊的各種產熱現象事例，構成一種比較表。通過上述三表的歸納，可以導出與產熱現象同時存在，同時缺失，而又同時變化的關聯性質或即因果關係事項。培根據此獲致了運動為熱的原因或「形式」的結論。培根本人只意識到，歸納法是經驗研究不可或缺的主要程序，但未進一步構成較為嚴密的歸納邏輯。到了十九世紀，約翰‧彌爾 (J. S. Mill) 在他劃時代的邏輯名著《邏輯體系》(A System of Logic) 裡正式提出歸納五法之說；其中一致差異併用法 (the joint method of agreement and difference) 可以說是培根歸納法之嚴密法則性的理論表現。

　　培根歸納法的理論缺陷甚多。第一、他還未了解到，經驗基料的蒐集預需有一「作用假設」(working hypothesis) 指導蒐集的手續；十九世紀邏輯專家維威爾 (W. Whewell) 補正了這個缺點。第二、培根似乎對於數學沒有深刻的認識，而且沒有了解數學在科學理論的建構過程中所扮演的重要角色。歸納法的研究到了本世紀，更形精深複雜，已與或然率、統計數學等結成不解之緣，實非培根始料所及之者。第三、培根當時忽略了有關歸納推理的成立根據問題。休姆以後此一問題一直困擾了許多科學哲學家，直至今日還有萊亨巴赫 (Hans Reichenbach) 與卡爾‧波帕 (Karl Popper) 兩派的論爭。波氏自稱「演繹論者」，而稱對方為「歸納論者❶」，這也是培根當時所不可能料到的事。

---

❶　參閱波帕所著《科學探現之邏輯》(The Logic of Scientific Discovery) 第一章。

第二節　霍布斯

㈠生涯　唯物論的經驗論者兼政治學家霍布斯 (Thomas Hobbes, 1588–1679) 生在清貧的牧師家庭，年幼喪父，由伯父一手撫養。牛津大學畢業之後始終與狄芬夏爾伯爵等當時具有進步思想的貴族名流交遊。處女作《法學要論》(Elements of Law) 出版之後，他的絕對王政主張引起革命黨徒的反感，且因生命危險，乃於清教徒革命一觸即發之時亡命巴黎。後來又因王黨非難霍氏為無神論的民主主義者，逃回克倫威爾統治下的倫敦。王政恢復之後，仍為王黨攻擊的對象，而在狄伯爵家的保護之下渡過他的餘生。當霍氏在 1628 年再度旅行大陸之時，曾對歐幾里得幾何學感到極大的興趣，從此霍氏專以幾何學的論證方式為唯一可靠的思想方法。霍氏著有《大海獸》(Leviathan)、《人性論》(Human Nature)、《政體論》(De Corpore politico)、《物體論》(De Corpor) 以及《論人》(De Homine) 等書。

㈡哲學方法　霍布斯與笛卡兒、培根等人一樣，深信正確的方法是獲致知識的主要關鍵。他首先規定哲學為「從原因方面的知識，通過真確的推理引導出來的結果方面的知識；同時又是從結果導出原因的知識」。簡言之，哲學即是嚴密地推演前因或後果的論證知識。哲學知識的獲得完全依賴嚴密的「推論操作」(ratiocination)，這種「推論操作」乃是歐氏幾何式的論證方法。霍氏認為幾何學的演繹方法以及伽利略的分解構成法是哲學方法的典範，能將現象分析而為最單純的成素，然後合理地建構成為理論系統。霍布斯的哲學基本上是唯物論的，因為他最關心的是援用上述方法研究物體運動的因果關聯問題。他甚至把物體的因果知識應用到人性與政治的問題。根據這種哲學的界說與方法，霍氏排除神學、歷史以及天文學於哲學（論證知識）的領域之外。霍氏似乎還元精神實在為物體現象，而對上帝問題存而不論，認係無關緊要的枝節問題。事實上，霍氏將宗教視為政治權術的工具，又把政治與人性問題看成一種物體現象，可藉幾何方法層層推演前後互相關聯的政治原則出來。

㈢語言分析　霍布斯是個極端的唯名論者，他在語言分析方面的理論預取了今日語意學上的約定 (convention) 說與邏輯解析 (logical analysis) 的理路。霍氏堅決主張，共相不是事物的本質或觀念，而不過是一種共同語辭或類名 (class name)，只具使用上的意義。他又仿照奧坎的說法，區分名辭為「第一指向」與「第二指向」兩種。前者為名辭的名辭，譬諸「共相」、「種」、「類」以及「三段論法」等辭；後者為一般事物名稱，譬諸「人」、「石」、「空氣」等是。至於定義或即界說，乃是「意義的固定」(settling of significance) 或是「語辭的固定化意義」。定義是任意約定而成的命題，不經論證獲得，反為論證程序的究極依據。霍氏此說，實與歐氏幾何學的根本論旨無甚殊異。

㈣機械論的形上學　霍布斯的形上學體系包括物體、人類與市民（政治）三大方面，然而霍氏認為後二者的活動只是物體運動的特殊事例，可用力學定律予以解釋。所謂感覺、想像以及夢等精神現象，霍氏一律視為符應慣性定律的微小物體現象，而一切人類的行為動機最後都可還原而為「脾胃運動」（對於事物的欲求與厭離事物的運動過程）。霍氏同時排除任何「自由」（必然之缺如）的意義。哲學因此變成純然關涉必然因果性的知識。總之，機械主義的決定論思想支配了整個霍布斯的形上學體系。這無異是把伽利略的動力學推到極端，構成人與世界的解釋原則的一種理論成果。根據這種觀點，霍氏進而界定善惡的概念，說：「任何合乎人類欲求或胃口的事物是善的；引起憎惡與厭離的事物則是惡的。」換言之，善惡只是相對的名稱，分辨善惡之別端在個人。霍氏乃將此種見解應用到政治理論與倫理思想，構成唯物論的人性論主張。

㈤國家論　霍布斯認為在自然狀態的人類生活乃是根據「自我保存」(self-preservation) 的欲望衝動展開出來的生存鬥爭過程。在這種鬥爭之中，人與人間構成仇敵或狼豹的敵視關係 (homo homini lupus)。自然生存的狀態無法持續下去，因為盲目的「保存」衝動只有逼使人類同歸於盡。何況人類又有較為合理的自我保存方式，經由「自然律」(laws of nature) 規定合理生存的可能條件。人類生活的自然律猶如自然宇宙本身的力學定律，促使自然狀態下的人類或即

「開化的利己主義者」適為調整固有的保存衝動，逐漸組織一種社會以及穩定的政府。自然律不是神所賜予的律法，它只不過是賦予形成共同生活的根本條件而能提升原有保存衝動的必然律則而已。

在《大海獸》一書，霍氏總共提出十九條自然律。在第二條自然律中，霍氏規定國家的形成基於一種「社會公約」(social convent)。他認為國家建立之前，無所謂正義，也無所謂合法公約；只有國家產生之後，按照人民的全體意志奠定公約，然後才有迫使人民行公約的意義存在。換言之，社會公約是依照自然律的要求所形成的一種具有強制性效力的約章。霍氏採用伽利略式的分解法，導出人類社會的單純成素，稱為「主權」或「君主」(sovereign)，具有絕對權威，能予規定國家法律。霍氏所理解的絕對君主不是一般所謂自然形成的產物，而是一種人為性的人格。霍氏的絕對君主概念，簡單地說，乃是全體意志（人民的共同約定）與單一意志（絕對權力的行使）的結合；前者決定絕對君主或「人間之神」的存在意義，後者則掌握實際的生殺予奪之權。惟有通過絕對君主的中央集權或即（象徵地說）「大海獸」的形成，任何內戰或人與人間的敵對關係才有完全消滅的可能。在自然狀態下，一切善惡問題概依個人的保存原則獲得肆意的截斷；但在按照社會公約推舉出來的絕對主權狀態下，國家的法律成為裁決善惡的唯一規準。由此可見，霍布斯的倫理學乃是一種配合國家這個「物體」的權宜理論，或不如說，倫理意義終被還元而為支配與服從的政治範疇。而且，霍氏根本排除一般所謂「自由」的觀念，因為在「大海獸」的國家統治下，無條件地服從法律無異等於取得個人的「自由」。對於霍氏而言，「自由」只不過是運動或行為的外在阻礙的缺如狀態。換言之，自由事實上是一種必然性，人類行為既亦如同物體運動，「意志的自由」一辭就變成荒謬無義了。霍布斯在倫理學上完全是一個決定論者 (determinist)。

再者，在「大海獸」制度之下，傳統的宗教（特指耶教）信仰也隨著全然變質。霍氏主張國家君主具有解釋上帝意旨的權力，而所謂宗教乃不過是一種法律的系統，而非必然真理。我們不能認知上帝的一切屬性，尤從機械論形上

學的立場來說，《聖經》所稱「精神」、「靈魂」、「神性王國」、「奇蹟」等辭毫無意義可言。因此，霍氏亦將宗教信仰與教義問題一概還元而為政治權宜問題；國家規定一切宗教信仰的成立與否，否則宗教只是一種迷信。事實上，依照霍氏國家絕對主義的立場，宗教已無特殊的存在意義了。

　　霍氏採用機械論觀點解釋國家、倫理以及宗教的成立問題，歸根究底，乃是基於他對人性的見解。我們如果觀察人性如同觀察自然物體運動現象，唯一的可能結論便是援用物體運動的力學定律解釋一切有關人性以及人類生活的問題。總而言之，霍氏的方法論是歐氏幾何學的演繹方法；而其哲學思想的絕對預設則是，人與宇宙的一切存在及其活動終必還元而為物體及其運動。依此，霍氏可以說是唯物論者，在以人類感覺經驗為哲學思索出發點的一般英國哲學之中佔有奇特突出的地位。

第四章　笛卡兒

第一節　生涯和著作

　　近代歐洲哲學的正宗鼻祖應是笛卡兒 (René Descartes, 1596–1650)，因為笛卡兒是第一位根據理性的自律立場規定理性之嚴密學的哲學體系為近代哲學主潮的哲學家。從笛卡兒開始，近代歐洲哲學形成了獨特的思維方向，而有別於古代希臘哲學和中世耶教哲學。

　　笛卡兒生於法國督勒奴 (Tourame) 地方的貴族家庭，自幼極為羸弱。曾在耶穌會的大學接受教育，研修古代語言、邏輯、倫理學、物理學以及形上學等課程。然而笛卡兒在大學時期已意識到傳統學問的空泛無據，同時發現數學為唯一能夠提供精確認識的學問。他在德國從軍之時，某夜（1619 年 11 月 10 日）夢及有關數學與其他科學的統一性問題，從此決意完全通過理性本身尋求真理。回到巴黎之後，笛卡兒對於都市的喧擾深感不適，遷居荷蘭，直至 1649 年為止。1637 年出版以法文寫成的《方法導論》(*Discourse on Method*)。1641 年出版《沈思六章》(*Meditations on the First Philosophy*)，接著在 1644 年又有《哲學原理》(*Principles of Philosophy*) 問世。1649 年笛卡兒接受瑞典女王克里斯蒂娜的邀請，赴瑞典京城對女王講授哲學。同年出版《心靈之激情》(*The Passions of the Soul*) 一書。翌年，由於瑞典的嚴寒氣候與笛氏義務性的清晨講課，終患肺炎，不治逝世。笛卡兒主著尚有《知性指導規則》(*Rules for the Direction of the Understanding*)，《真理之探求》(*The Search after Truth*) 等書。笛氏不但是近代哲學之父，同時在數學方面創立解析幾何的根本概念（笛卡兒坐標），又對當時的物理學與宇宙論建樹良多。

第二節　哲學的本質及方法

　　笛卡兒規定哲學為通過理性或即「自然之光」的思維活動所獲致的絕對地

嚴密精確的統一性知識或智慧。換言之，笛卡兒設想藉用數學方法的類比，踐行一種哲學本身的革命，要求哲學能予實現「普遍數學」(mathesis universalis) 的理念。這就是說，根據人類理性的直觀作用，發現不可或疑的必然絕對的根本原理，而後嚴格地演繹出統一的知識體系。因此，笛氏認為根本原理的發現是哲學的首要課題，而此根本原理需有兩個必要條件：一是根本原理本身必具清晰性與明證性，絕對不可懷疑；另一是根本原理獨立乎一切其他真理，因為後者只從根本原理推演而來。哲學根本原理的發現乃意謂著笛氏理性主義形上學的初步奠基。笛氏本人曾以智慧樹的比喻表明他對學問關聯性的見解。他說形上學是樹根，物理學是樹幹，至於醫學、力學以及倫理學則是樹枝。由此可知形上學或即「根本原理之學」在笛卡兒思想體系之中所佔有著的地位。

　　笛氏並不以為嚴密的知識體系之構築即是哲學探求的目的。他要求哲學家應有實踐性的究極目標，能藉綜合性的真理認識之建立獲致精神的幸福生活。這種主張原是理性主義者的一貫見解，亞里斯多德以理性的觀照生活為倫理的最高目標，論調幾與笛卡兒前後一致。

　　「普遍數學」或即嚴密精確的統一性知識體系的成立必須預設一種方法論的基礎。笛氏方法論的主要來源是純粹數學與伽利略式的分解構成法。笛氏亦如伽利略，區分兩種方法的程序，不過附加自己的獨特解說。笛氏主張，分析或分解法專賴一種「直觀」(intuition) 作用，「直觀」乃是「專意不偏的心靈所具有的明白不可疑的觀念，只從理性之光湧現出來」。通過直觀作用的分析，應可發現極微性質。笛氏區分極微性質為下列三種：(1)純然精神的性質，亦即認知、懷疑與意欲；(2)純然物質的性質，包括擴延性、形狀與運動；(3)同屬心物兩者的性質，包括存在、統一性與持續、若干共通概念或公理等；譬諸因果原則，亦屬此類。至於第二種方法的程序，亦即綜合或構成法，則是依據「演繹」(deduction) 作用，「演繹」是「從確實不過的已知事實所能推論出來的其他一切」。「演繹」較「直觀」缺乏單純性與確實性，而且演繹過程的每一階段都要依靠直觀的活動。

　　我們不妨藉用拋物線的譬喻說明笛氏的方法理念。拋物線的前半部份屬於分析或直觀的步驟，後半部份則屬綜合或演繹的步驟；而在拋物線的頂點，笛卡兒定立了具有直觀確實性的觀念當做哲學思索的根本原理。此種觀念成為真理的最高規準，笛氏特稱之為「清晰而明瞭的觀念」(clear and distinct ideas)。所謂「清晰」意指顯現於心靈的觀念本身具有充分清楚的強制性質；所謂「明瞭」意指觀念的精確清晰可從其他對象完全分辨出來。「清晰」乃就觀念自身而言；「明瞭」則指異乎他者的明辨性而言。觀念首需自身清晰，而後才具異乎其他的明瞭性質。笛氏本人所把握到的絕對清晰明瞭的觀念（或原則）是自我意識作用與因果原則。有了此二者為真理探求的出發點，笛卡兒乃逐次論證有限精神實體的存在，神之存在，以及物質實體的存在，終於構成「心物二元論」(mind-body dualism) 的形上學體系。

　　在《方法導論》第二部中，笛氏總括他的方法理念為以下四則：

　　⑴首要規則是不予接受未經清晰地認明的一切（觀念或事象）；換言之，慎為避免判斷上的過急與偏倚，只予接受顯現在心靈之中而不容置疑的清晰明瞭性者。（「方法的懷疑」之使用）

　　⑵其次是對於複雜困難的事象遍查每一部份，儘可能地分解而為最合適的形式要素。（分析或分解法）

　　⑶然後是要依序進行自我的反省，乃從最單純且最易理解的對象開始，逐次導致（推演）最複雜的對象知識。（綜合或構成法）

　　⑷最後是要在一切事項之中盡到完全的枚舉與徹底的檢討，俾使不致有所遺漏。

　　笛卡兒的哲學體系完全依照上述的方法理念與程序建立而成。文得爾班在《近代哲學史》(Geschichte der neueren Philosophie) 中論述笛卡兒哲學的一節，稱呼笛氏的哲學思索乃係「方法的汎神論」(ein Pantheismus der Methode) 形態，實非過言❶。

---

　　❶　參閱原著第七版卷一第 174 頁。

第三節　方法的懷疑與神存在論證

我們已知直觀確實的觀念（或原理）是笛卡兒所夢寐以求的基點，問題是在笛卡兒如何獲得這種觀念（或原理），而所發現的觀念（或原理）又是什麼？

笛卡兒首先考察來自感官知覺的心中表象，發現諸般表象無一具有絕對確實而不容懷疑的性質。感官知覺經常是主觀而有變化的，有時是錯覺的，甚至是幻覺的。如果再進一步推論，甚至可以懷疑通過感官知覺所接觸著的眼前的外在世界是否與夢幻的世界無異。夢與現實的區別規準究竟是什麼？誰能保證夢與現實不是一而二，二而一者？我們為了獲得絕對確實的思維基點，我們可以無窮盡地懷疑一切。懷疑眼前的桌椅、花草、鳥獸、房屋等等具體的經驗事物是否虛妄不真，蓋因感官知覺決不能提供我們任何直觀確實性之故。從具體個物更可進而懷疑一切可能的現實存在。不但懷疑感覺世界的存在，我們還可以懷疑我們感官知覺以及知性作用的一切也是虛妄不真；或許我們這些心靈活動也不過是一種夢幻而已。再說，所謂必然確實的數學命題是否真正確實，也是值得懷疑的。我們何嘗知道這些命題或這些真理不是某一「鬼精靈」(spiritus malignus) 使盡全力來欺騙我們知性的圈套或把戲？藉用胡塞爾現象學的專用名辭來說，笛卡兒的懷疑可以說是一種「現象學的中止判斷」(phänomenologische Epochē) 作用，暫且把一切外在宇宙、心靈現象、數學命題等等一切的一切「放入括弧」(Einklammen)，存而不論，藉以發現可能餘留下來的絕對明證的「根本事實❷」。數學命題既亦放入括弧，其他一切傳統的哲學真理（譬諸柏、亞二氏的形上學）、常識的見解、善惡美醜的觀念等等，無一不可同時打進「括弧」之中❸。經過一番普遍的懷疑，笛卡兒究竟發現了什麼是餘留下來的絕對明證

---

❷　參閱胡塞爾《笛卡兒式的沈思》(*Cartesianische Meditationen*) 第八節。

❸　笛卡兒本可徹底踐行普遍的懷疑，甚至把上帝觀念也同樣放入括弧。然而笛氏並沒有如此徹底，否則他的思維結論必定有所改觀。胡塞爾的現象學方法在這一點要比笛氏貫徹得多。

者呢？笛卡兒經由懷疑一切的思維作用，終於發現了不可推翻的「根源事實」：我可以懷疑任何一切，但我不能懷疑「可以懷疑任何一切」的懷疑作用本身。換言之，無論如何懷疑一切，我必須存在，否則我無法懷疑；即使我被欺騙，我必須預先存在，否則無法受到（鬼精靈的）欺騙；即使是在做夢，我也必須存在著，否則不可能做夢❹。笛卡兒的結論與聖奧古斯丁的見解極其類似，後者也在《懺悔錄》中發現到「我誤故我在」(Si fallor, sum)。然而笛氏的懷疑動機與方法本身擺在不同的層次。笛氏的動機不在獲得宗教信仰，而是在乎發現哲學思索的出發點；至於他的方法則是有計劃的普遍的懷疑。

笛氏這種有計劃的普遍的懷疑乃是哲學史上所慣稱的「方法的懷疑」(methodical doubt)。誠如文得爾班所說，「笛氏的懷疑 (Zweifel)，不是絕望 (Verzweifelung)，而是確實性的出發點」（《近代哲學史》，卷一，第 179 頁）。我們所以說笛氏的「方法的懷疑」是計劃性的，乃是因為他的目的不在真正懷疑一切而形成絕對懷疑主義的結論。他是為了發現上述所謂絕對明證的「根源事實」而採取這種懷疑，故稱「方法的」。這種懷疑又是「暫時性的」(provisional)，因為懷疑本身只是手段；也可說是「理論性的」(theoretical)，因為我們只在思維本身踐行懷疑作用，並不是連對我們日常生活的實際行為或活動也要加以懷疑。

「方法的懷疑」的無限進行，終使笛氏發現不能放入括弧的直觀明證的根源事實，這就是自我意識的絕對存在事實。自我意識存在的定立乃成笛卡兒哲學的「阿基米德式基點」(Archimedian point)，其他一切的真理皆可根據此一直觀明證的意識基點逐次推演出來。笛氏自己總括他的思維發現為「我思故我在」(Cogito, ergo sum) 的著名形式。我們如果仔細檢查笛氏此語，不難發現，「我思故我在」的表達方式並不完全符合笛氏的真正結論。我們可以依照文得爾班的說法，除去「故」(ergo) 字，改成「我思，我在」(cogito, sum) 或是「思維著的

---

❹　這裡所說的「我」指謂意識我，不包括身體我在內。其實，意識作用的存在並不等於（實體意義的）意識自我的存在。詳見後面的批評。

我存在」(sum cogitans)。因為笛氏並不是從意識作用「推論」意識主體的存在，而只是肯定了內在於意識作用的直接而無制約的自我確實性的存在事實❺。我們甚至可藉實存主義者沙特在《存在與空無》(*Being and Nothingness*) 一書之中對於笛卡兒所作的批判，說笛氏所獲「我思故我在」的這個結論，按照笛氏原意，乃是意謂著當做意識作用的統一性主體的自我實體存在著；此與笛氏通過方法的懷疑所應獲致的結論頗有出入。按照方法的懷疑所能獲致的唯一結論應是意識本身的存在事實，這不等於說意識作用的存在事實預設了「思維實體」(thinking substance) 的存在。「思維實體」是一種經過反省的推理所獲得的隱秘性統一主體，笛氏對於此一「實體」的存在肯定，已經踰越了方法的懷疑所能獲得的實際結論的範圍❻。

　　直觀確實性的基點一旦定立，笛氏隨即開始層層論證神與世界的存在，藉以重新把握人與世界之間的二元關係。設若笛氏的理論停留在阿基米德式基點或即意識自我的存在定立，笛氏頂多只是一個獨我論者 (solipsist)，無由建立一套心物二元論的形上學體系，而肯定其他意識自我以及外在宇宙的存在。笛氏在方法的懷疑過程中只不過是暫將外在宇宙放入括弧，存而不論，並不是完全獨斷地否認外在宇宙的存在事實。如今意識自我的定立既已成為絕對確實的基點，笛氏乃欲進而設法論證外在宇宙的實在性，重新保證曾所一度懷疑的外在宇宙或即物質世界決非虛無不真。然而笛氏在此有一困難：笛氏到目前為止所能肯定的絕對明證性者只是不具物質意義的意識自我而已，從純然的意識世界何能推論出非意識的物質世界具有客觀實在性呢？獨我論的主張不是笛氏的思維目的，他的真正目的是要通過理性的嚴密思索合理地解釋世界與人的問題。笛氏為了解決「無法從意識自我的定立論證物質世界的實在性」的理論困難，最後只好訴諸全知全能者的權威了。換言之，笛卡兒論證物質世界的實在，乃

---

❺　參閱《近代哲學史》卷一第 180 頁。

❻　後來康德在《純粹理性批判》設定「先驗的統覺」，原是一種保證知識普效性的根本預設，康德並未肯認該一「統覺」為思維「實體」，理論上較笛氏更進一步。

採取了一種迂迴路線，首先論證神之存在，而後再從神之存在事實論證物質實體的存在。我們可以使用下圖的三角構造說明這種迂迴的論證方式：

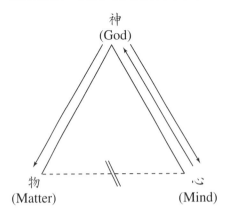

左圖實線表示論證方向。兩條實線往返心（有限精神實體）與神（全知全能者）間，表示「循環論證」(circular argument)。心物之間沒有真正的溝通，故以虛線代表；同時劃有兩道縱線割斷虛線，強調心物之間不可踰越的鴻溝。心物與神都是實體，前二者是有限的，後者則是無限的。

從這觀點看來，笛氏形上學也可說是形成三元的構造。只是神在笛氏形上學中，只扮演了「傀儡神性」(deus ex machina) 這個方便設施的角色；一旦藉祂證明了物質實體的存在之後，笛氏又將上帝鎖入保險櫃中，存而不論。因此，方便設施的神性除去之後，實際上仍然構成二元論的體系。笛氏界定「實體」為「一種毋需依靠自身以外的他者而存在著的存在者」。如果直接援用此一定義，惟有上帝才具實體的資格，因為上帝才是唯一不依他者的自因 (self-caused) 存在。然而笛氏卻許心物兩者具有類比性的實體意義，特稱「有限實體」(finite substance)，至於真正的實體或即上帝，則稱「無限實體」(infinite substance)。後來斯賓諾莎採取笛氏的「實體」界說，然而只許一個實體存在，即是上帝自體，如此構成了汎神論形上學體系。這是合理地解消笛氏心物「實體」概念的理論效果。

笛氏神存在論證大體可在《沈思六章》窺其全貌。他首先規定神為一種「無限實體，永恆而不變，獨立而全知全能」，同時宣稱我們心中所具有的上帝觀念是一種「本有」(innate) 觀念，有別於通過感官知覺而有的「外來」(adventitious) 觀念抑或通過心靈的建構作用所形成的「人為」(factitious) 觀念。問題是在：我們心中所具有的「一種無限地完善完美的存在」(an infinitely perfect being) 觀念是否真正存在著？是否上帝必先存在，我們才在心中能夠產生此一具有實在性

的完善完美者之觀念？

　　為了解答這個問題，笛氏訴諸所謂「動力因果性原則」(the principle of efficient causality)。這個原則早已在方法的懷疑過程之中被發現為具有清晰明瞭的直觀明證性。笛氏因果原則，簡單地說，意謂原因（動力因）本身的實在性決不比結果為少。笛氏認為此一原則毋需推論而可直觀地成立。他的因果論證 (causal argument) 便是據此展開而成的。

　　第一種因果論證首先定立下一命題：「一件事物不能來自虛無；更完全者不能來自較不完全者」。笛氏聲稱此一命題是「自然之光」所肯定的本有真理；它事實上是上述因果原則的變形。此刻我們在心中具有清晰明瞭的一種觀念，即是最完善完美的觀念。此一觀念既不可能從較不完全者產生出來，我當然不是此一觀念的創造者。我可以通過感官知覺在我心中產生顏色、軟硬等外來觀念。我也可以形成「有限實體」等人為觀念，因為我自己是有限實體，而且我的實在性決不比「有限實體」觀念（果）為少。然而我不可能產生「無限實體」觀念或「最完全者」觀念，此一觀念決非我可隨意杜撰的。換言之，此一觀念的來源問題最後只有肯定能夠創造或播種「最完全者」觀念於我們心中的「最完全者」的存在，方有解決的可能。上帝便是能使我們心中具有「最完全者」觀念的唯一動力因，此一觀念的存在預設了創造此一觀念的全知全能者之必然存在。

　　第二種因果論證不但肯認了前證所說的上帝為「最完全者」觀念的原因，同時證明上帝亦是有限精神實體本身（具有最完全者觀念的意識自我）的原因。笛氏設問：假若「無限完全的存在」並不存在，具有「無限完全的存在」觀念的我是否能夠存在？笛氏推論，設使我是我所以存在的原因，按理我亦兼為上述觀念的原因。我若兼為該一觀念的原因，我必須是最完全的存在或即上帝本身，否則違背上述「因不少於果」的因果原則。然而我知我決不可能是上帝。我既不是自因存在，不是該一觀念的原因，我的存在必須依靠上帝或是具有上帝觀念的另一存在。為了避免惡性的「無限後退」(infinite regress)，我們層層

尋出更高層的存在根源，最後只有肯定，上帝的存在是我自己與我心中的「最完全者」觀念的第一原因。

據此兩大神存在論證，笛卡兒下一結論說，上帝不是欺騙者，因為上帝不可能犯錯或有缺陷；而「自然之光」（理性）卻可告訴我們，欺騙來自一種缺陷。上帝既非欺騙者，我們所曾懷疑的數學命題等必然真理乃重新獲得絕對確實的保證了。

不過，笛氏在此產生了一個問題：上帝或即完善完美的存在既對所謂「錯誤」(error) 不負責任，我們又如何解釋「錯誤」的產生？笛氏答謂，錯誤的根源在乎人的意志本身。意志的範圍較知性為大；意志常在知性莫及之處妄予決定是非善惡，因此滋生錯誤。換言之，由於我們濫用自由意志，導致知性範圍以外的判斷，故而產生錯誤。至於知性，則與錯誤毫無關聯。如無自由意志的無謂干預，則數學命題的真理能在知性之中獲得一種清晰明瞭的強制精確性了。

笛氏又在《沈思六章》的第五章仿照聖安塞爾姆的證明方式嘗試有關上帝存在的「存在學論證」。笛氏推論，神之本質既是「究極完全性」，理應同時包括存在性。換言之，當做全知全能而完善完美者的上帝必然存在，因若不存在，則不可能有「究極完全性」的本質。語意學家可以反駁笛氏論證說，神之本質為「究極完全性」的規定原是約定而成的定義；這並不等於說此一定義完全說盡了上帝為何。同時，即使神之本質包括存在，此一「存在」既不同於草木鳥獸等現實存在者的經驗性存在，則神之「存在」又能指謂什麼？再者，笛氏論證神之「存在」時，誤將「論理秩序」(logical order) 的「存在」義蘊與「實在秩序」(real order) 的「存在」義蘊混為一談。如果笛氏欲使論理秩序的「存在」（存在觀念）變成現實秩序的存在，唯一的辦法是預先肯定後者的存在。否則從「最完全者」的觀念推論出來的「最完全者」的存在始終只能屬於論理秩序的層域；而笛氏所要論證者，卻是屬於實在秩序層域的上帝存在。最後，不但笛氏的存在學論證困難重重，甚至他的因果論證亦有理論上的困難。我們至少可以指出，因果原則乃是（語意上）約定而成的，不具所謂清晰明瞭的直觀性

意義。笛氏無權援用此一原則論證神之存在。後來康德曾在《純粹理性批判》的先驗辯證論中徹底批判三大神存在論證，足以幫助我們澄清笛氏論證之中所隱藏著的種種理論錯誤❼。

第四節　心物二元論形上學體系

笛卡兒完成了上帝存在論證之後，只剩下了物質世界的存在問題。關於物質實體的存在，笛氏已不致感到太大的困難，因為有了全知全能的上帝，物質實體的存在論證當可順利進行。笛氏的論證極為簡單，他說我們心中接受外來印象與觀念之前，上帝已在我們心中種下一種自然性向，能將外來觀念的來源歸諸外在物質原因的活動。因此物質實體必須存在。如果上帝一方面賜與我們能予接受外來觀念的自然性向，同時又直接產生（有關外在世界的）印象、觀念於我們心中，則上帝豈不變成欺騙者，欺騙我們誤以這些觀念來自外界，其實並沒有外界，而只有上帝本身。上帝既是完善完美，當不可能亦不必欺騙我們。因此，我們心中的（外來）觀念決非虛妄不真，而是有其外在原因。換言之，物質世界乃是客觀的實在。笛氏對於神與心、物二元世界的論證工作於是如此完成。我們可將笛氏形上學構造或即存在秩序羅列如下：

⑴絕對實體：上帝

⑵被造實體：心 (res cogitans) 與物 (res extensa)

⑶主要屬性：思維 (cogitatio) 與擴延 (extensio)

⑷模式（樣態）：認知與意欲（屬心）、形狀與運動（屬物）

心界屬性與物界屬性各為思維（意識作用）與擴延（不可入性），迥然殊異。則笛卡兒又如何解釋心物之間「交互作用」(interaction) 的事實？笛氏不得不承認，每每外界有一現象發生，心中必有相應現象隨著產生，反之亦然。然

---

❼　厄得瓦滋與帕普所合編的《哲學新引》(*A Modern Introduction to Philosophy*) 之中收錄斯瑪特 (J. J. C. Smart) 的一篇〈神之存在〉(The Existence of God)。此篇論文專從現代哲學觀點剖析與批判笛卡兒等人的神存在論證，條理明晰有力，可供參閱。

就心物二元論立場，根本無法解釋這個問題。笛氏最後訴諸當時盛行著的生理學的研究成果，附加自己的揣測，假定腦中有一部份稱為「松果腺」(glandu la pinealis) 者，專司心物兩者交互影響的唯一媒介作用。笛氏此一假定畢竟沒有徹底解決心物二元論的內在困難。後來笛卡兒主義者與斯賓諾莎分別設法改造二元論體系，而獲另一解決的線索。

笛氏劃分心物兩界的結果，對於外在宇宙完全採取機械論的說明，排除任何目的因的存在。他與近世科學家們的見解一樣，區分物理學家的世界與感官知覺的世界，前者是客觀實在，後者是主觀虛妄。至於理解外在宇宙的唯一辦法，是在還元質的規定為量的規定，貫徹數學的演繹程序。

根據量化機械論觀點，笛氏認為物體只是空間的量，或不如說是一種原子，必具擴延性質。笛氏攻擊宇宙有限性的假定，而以宇宙為無限的擴延性連續系列。他甚至認為天地同質，而反對亞里斯多德以來所謂天體由不同於地球的物質所構成的說法。因此，只有一個宇宙存在，多元宇宙是不可想像的。宇宙如有界限，界限之外必有虛空存在著；然而虛空不能存在，因此宇宙必是無限的連續。虛空意義的空間所以不能存在，是由於物質世界彌漫著具有擴延性的原子或極微，密集而無縫隙。至於所謂運動，只可解釋為物質實體的模式或即原子位置的相對移動。(牛頓所假定的) 絕對空間不能存在，也沒有本身不動的宇宙依據點。一切位置變化都是相對的。笛氏為了說明整個宇宙的運動來源與變化過程，又從保險櫃中請出上帝，而以上帝為運動變化的第一原因。他說上帝對於宇宙的運動變化始終保存同等的能量，因此能使整個宇宙現象永遠生滅變化不已。宇宙的能量恆存原是上帝不斷創造能量的結果。

由於笛氏只許人類思維作用歸屬於心界，他竟把動物看成自動機器 (automaton)，同時排除亞里斯多德所曾賦與動物的所謂「感覺靈魂」。笛氏不但如此看待動物，他又主張人的肉體亦如一座機器，肉體的機械化活動過程毫不蒙受精神作用的任何干預。這種機械論的見解乃是笛氏心物二元論的必然結論。

第五節　倫理思想

　　笛氏承認精神實體除了認知作用以外，還有一種意欲作用。人的意志是自由的，「方法的懷疑」作用即已預設自由意志的存在。我們深知我們具有自由，這種確知原是優先於上帝的存在。然而一旦證明了神之存在，優位就有了轉移。笛氏亦如奧古斯丁，不得不面臨人類自由如何能與「神之預定」調和一致的問題。笛氏對此問題，沒有給予圓滿的解答。他有時主張，上帝能夠預見或預定一切人類行為，但不決定人類意志的動向。同時上帝對於人的錯誤不必負責，一切錯誤來自自由意志的誤用。我們可自由地選擇或排拒錯誤，此與上帝無關。

　　關於「激情」(passions)，笛氏曾在《心靈之激情》作一分析。他說，激情是心靈的情緒，而由身體引起。激情與激情的知覺應予區別，譬如恐懼的情緒與恐懼感的知覺不屬於同一性質。激情就其本性而言，都是好的，但如濫用，易於過度，因此需要一種控制。激情有了欲望的干預，就會導致任何行為。倫理的意義乃是存乎這種欲望的適當統御。依據真正的知識而有的欲望是好的，依據某些錯誤的欲望則是壞的。倫理抉擇的首要條件是要分辨什麼是在我們的能力範圍以內，什麼不是我們所能控制的。後者屬於神意範圍，我們只有順從。至於前者，我們又應分辨善惡好壞，踐行我們所判斷為最好的行為，才是合乎德性的行為。

　　笛卡兒接受傳統的見解，認為人類生活的目標是在獲得「至福」(beatitude)。不過笛氏的原意與中世哲學家不同。他所謂至福，乃意謂著依靠個人的努力，在現世生活所可獲致的靈魂的寧靜滿足。笛氏強調有德性的人應能經常分辨我們能力所及與不及的事物，而過一種「自我充全」(self-sufficiency)的理性生活。由是可知，笛氏的主張頗為接近斯多噶學派的基本論調。總之，笛氏倫理觀具有主知主義的傾向，專就人類理性側面探討倫理問題，至於情意生活本身的價值意義則被全然抹殺不論。

第六節　笛卡兒哲學的意義和影響

如從現代哲學的觀點評估笛卡兒哲學的理論價值，我們可以說，笛氏的根本思想多半已被修正或超克。但從哲學史的觀點來看，更重要的是笛氏哲學所留下的影響幅度問題。我們大致可分四點予以論述：

㈠嚴密學的理念　笛卡兒所謂「普遍數學」的構想，乃是為了建立絕對可靠的「學的哲學」。笛氏同時深深了解到，嚴密學的建立需要一種工具或即方法論的基礎。笛氏這種理性本位的「學的哲學」與方法論奠基的雙重探求乃奠定了近代歐洲哲學的發展趨向，作者已在前面敘及。絕對嚴密學的建立乃是近代歐洲哲學的首要特色。直至今日，這種探求態度與方向迄未改變。舉例來說，邏輯經驗論、科學的哲學、以及語意學的結合，曾在 1930 年代以芝加哥大學為中心，醞釀而成勢力雄厚的科學整合運動，志在建立統一性的科學語言與完成統一性科學 (unified science) 體系的理念。英、美哲學家多在此一思想氣氛下進行哲學思索的工作。另一方面，胡塞爾所開創的現象學一派則通過現象學的意識分析，企圖建立「無假設的哲學」(presuppositionless philosophy) 或即「第一哲學」，而以「現象學的方法」(phenomenological method) 為唯一最普遍且最根本的哲學方法。胡氏現象學亦如科學整合運動，影響波及四方，不但賦與海德格、沙特等人的實存哲學以方法論的奠基，同時在社會學、人類學、美學、倫理學等方面開拓了新的研究趨向。「學的哲學」理念與嚴密的方法論奠基所以形成近代西方哲學的根本特色，原是淵源乎笛氏「普遍數學」與哲學方法論的獨創性反省，在哲學史上具有不可磨滅的意義。

㈡意識優位的立場　與嚴密學的理念有密切關係的是笛氏的自我意識的定立。笛氏通過方法的懷疑，定立自我意識為具有絕對明證性的阿基米德式基點，而對以後某些哲學思潮極有深遠的影響。例如在康德的先驗觀念論裡，笛卡兒的「我思」(Cogito) 終被揚棄而為一種「先驗的統覺」或即「意識一般」，當做說明人類知識如何可能的絕對預設。不過康德排除了笛氏原有的思維實體性意

義。「笛卡兒式的我思」(Cartesian Cogito) 更是根本地影響了胡塞爾的現象學方法以及沙特的「現象學的存在學」(phenomenological ontology) 體系的建立。胡氏曾在《笛卡兒式的沈思》一書公開承認，他所創始的現象學乃是正統地繼承笛氏「我思」的哲學方法。胡氏在該書開頭便說：「現象學的建立，應歸功於法國最大的思想家笛卡兒的沈思所給予的思索衝動。換言之，誕生不久的現象學所以變成先驗哲學這種新的形式，全是由於研究笛氏沈思的直接影響而來。」只是胡氏如同康德，反對笛氏從「我思」的確實性導出「我在」的確實性且予實體化的見解。他說「我思」與「實體性存在」（超越性存在）的結合實為一種存在學的獨斷。因此，胡氏接受笛氏的「我思」而排除「我在」的存在學性格。胡氏如此除去笛氏的實體形上學之後，反能賦與笛氏「我思」與「方法的懷疑」以極高的評價，進而貫徹「我思」的意識作用，還元之為所謂「先驗的主觀性」(transzendentale Subjektivität)。沙特更繼承了笛卡兒的「我思」，胡塞爾的現象學方法，以及海德格的「基礎存在學」(Fundamentalontologie) 理路，建立「現象學的存在學」；而在沙特自己的存在學體系之中，保留「笛氏我思」為第二層次的意識或即「反省的意識」，同時提出「前反省的意識」或即「非定立的意識」當做「笛氏我思」以前的意識存在❽。由是可知笛氏「我思」的發現對於現象學以及實存主義思潮所予影響之深。我們在此僅僅提出其中犖犖大者。至於三百年來的法國哲學主潮及其心理學的研究幾乎無一不受笛氏意識定立的思想影響。

　　㈢心物二元世界觀　笛氏所開導的心物二元世界觀所予後代的思想影響亦極宏深。由於笛氏本人儼然劃分意識（思維）存在與物質（非意識）存在的兩大領域，終在理論上產生了一個難題：心物兩界之間的相應活動既屬事實，心物二元論又如何自圓其說？笛氏藉用松果腺的假定勉強解釋心物之間「可能」存在著的交互作用，反而顯出了心物二元論的理論罅隙。然而笛氏以後的哲學家多半不加懷疑地接受他的心物二元世界觀，且予種種解釋的嘗試。機會因主

❽　參閱《存在與空無》第二部。

義者莫不如是,而英國經驗論者亦是如此。洛克雖然極力攻擊笛氏本有觀念之說,但對心物二元論則全盤接受,故仍援用心物實體概念。巴克萊主觀觀念論所產生的理論困難,歸根結底亦係心物二元論的影響所致。休姆雖然設法通過印象分析重新確保經驗論原則的完整,但因遵循心物二元論的理路,對於外在世界是否存在的問題,感到極大的理論困擾。理性論者斯賓諾莎的汎神論體系構築也是為了克服笛氏二元論的難題而成立的。至於萊布尼茲則從單子論的唯心論立場企圖解消笛氏二元論所產生的心物鴻溝。笛氏二元論到了康德,通過先驗觀念論的形成,似獲高度的問題解消。但若精細推敲,不難發現,康德「物自體」與「先驗統覺」的兩大絕對預設基本上也是心物二元論的變形而已。至於近代歐洲哲學之中所謂唯心論與唯物論之爭,亦是通過笛氏二元論的思想影響之下偏此(心)或袒彼(物)的必然結果。由是可知,笛氏心物二元論的形上學思想對於近代哲學的發展所留下的影響,不論直接間接,是如何鉅大的了。現代英國語言解析學派主將萊爾 (Gilbert Ryle) 在《心之概念》(*The Concept of Mind*) 首章特稱上述心物二分法為一種「笛卡兒神話」(Descartes' Myth),寓意良深,耐人尋味。

　　㈣機械論的建立　笛氏一方面標榜意識自我(心)的理性優位,另一方面又根據心物二分法建立外在宇宙的機械論系統,儼然以科學家身份推進量化科學宇宙觀的形成。笛氏一旦建立了機械論的立場,乃將目的因予以排除,且將動物生命視如機械裝置,而抹殺了生命本身的價值意義。十八世紀法國啟蒙運動時期,自然主義甚至唯物論的思想泛濫一時,探其根源,似乎可在笛氏的機械論主張發現理論的肇端。

第五章　笛卡兒主義者和巴斯噶

第一節　笛卡兒主義者
(Cartesians)

我們已在前章論及笛卡兒二元論所留下的難題。笛卡兒主義者乃是一批信奉笛氏哲學的思想家，一方面保留笛氏二元論的立場，但在另一方面又設法解決心物交互作用如何可能的理論難題。笛卡兒主義者之中最為顯赫的代表是機會因主義者格林克斯 (Arnold Geulincx, 1625–1669) 與馬爾布蘭西 (Nicolas de Malebranche, 1638–1715)。馬氏理論較機會因論者更進一步，超克二元論而形成「萬有在神論」(Panentheism) 的見地。

格林克斯首先定立一個明證性原則說，活動者在任何真正的活動必須知道他在活動，且知他如何活動。物質存在因無意識，不能自知物質本身的活動以及如何活動。我（精神實體）亦未在我的身體或其他物體真正產生過任何（活動）結果，因為我實不知此類結果如何產生出來。心物兩者既非真正的動力因，唯一可能成立的解釋是：我的意志活動原是一種機緣或即「機會因」(occasional cause)。上帝藉諸我的意志活動（機緣）而在身體上面產生運動變化。同樣地，身體的物理活動亦是一種機緣，上帝藉此機緣，在我的意識之中產生精神現象。格氏舉一比喻說，心物猶如兩個鐘錶，彼此毫無交互作用，卻能始終保持同樣的時刻。這是由於上帝永恆地調節心物兩錶的同時性，而使兩者之間具有「相應」(correspondence) 關係之故。「相應」不是交互作用，因為心物兩者不是運動的原因，心物只能同時產生互相符應的活動，真正的原因則是上帝自己。格氏如此修正笛氏心物「交互作用」為一種「相應」關係，且以機會因理論謀求二元論難題的適當解決。格氏後來似乎改用另一譬喻，仍將心物喻如兩錶，但謂上帝一開始即已適為製造兩錶機件，使其始終保持完整的同時性（相應一致）關係，毋需上帝時時調整。到了萊布尼茲，乃正式援用了此

一類比。

　　格氏的真正結論是，上帝是唯一的原因。此一結論再進一步便是斯賓諾莎主義，以上帝為「能產的自然」，藉以徹底解消心物平行論 (psychophysical parallelism) 的理論困難。格氏的倫理觀亦極接近斯賓諾莎之說。格氏認為我們只是旁觀者，我們不能改變任何事象。因此，我們應予培養對於有限存在的鄙視之情，而在上帝（萬事萬物的神性原因或秩序）之前徹底斷棄一切，適為節制任何欲望，而依理性的指令，踐行「謙卑」(humility) 與「服從」(obedience) 的兩大德性。

　　格氏所定立的「明證性」原則乃是經由任意規定而成，非如格氏所說，具有自明性格。其次，如果我們接受了他的原則與理論，我們更可進而走向斯賓諾莎主義之路。同時，把格氏理論轉變而成非斯賓諾莎主義的一種萬有在神論形上學也是一種可能的解決辦法。馬爾布蘭西便是依據神中心主義立場揚棄了格氏機會因主義的思想。

　　馬爾布蘭西大體上遵循機會因主義理路，但強調了觀念論側面，排斥唯物論要素，終將心物二元論或平行論解消而為神學的觀念論主張。

　　馬氏首先規定，「真正的原因是心靈能予知覺因果必然連結性的一種原因」。人的心靈在前後關聯的事象之間只能發現一種「定常系列」(regular sequence) 的關係，卻仍不是必然連結性 (necessary connection) 關係。因此，人不可能是真正的原因，真正的原因必須是創造主，而與世界事物的必然連結性因果秩序有所關涉。換言之，真正的原因必屬上帝自體。舉例來說，上帝藉用我的意志（心）當做機緣，而使我的雙臂（物）活動。我（的意志）只是雙臂活動的自然原因，或不如說是機會因，真正的原因歸諸上帝的意志力量。世界一切事物的運動變化莫不可用此一學說予以解釋。馬氏堅決否認自然本身存在著固有的因果必然性，自然所顯現者只不過是機會因系列而已。因果必然性的秩序必須預設超克自然的原因才有存在的可能。英國經驗論者休姆在《人性論》卷一所展開的因果概念分析乃是特就馬氏所謂超克自然意義的因果必然性所作的一種

批判工作❶。

　　馬氏如此建立神學的觀念論立場，以自然或現實世界為第二義的衍生現象；主張自然的機械化秩序背後隱藏著神之理性，同時在自然的合法則性背後亦隱藏著神之意志。馬氏並且宣稱，真理原不過是「我們在上帝之中所見所知的一切」。馬氏列舉我們能在上帝之中所靈視的一切，包括數學的永恆真理（如「2加2等於4」），叡智的擴延性（物質世界的原型），以及永恆的道德律。然而我們並不能在上帝之中靈視我們自己的靈魂，我們只能認知心靈的意識作用而已。

　　關於人的自由問題，馬氏分別兩種性向。一為「必然性向」，嚮往上帝那邊；人對此一性向毫無控制的自由，雖則人不一定能直接意識到它。另一方面則是「自然性向」，乃意謂著我們為了自我保存尋求現世財物的傾向或本能。所謂人的自由存在於應付現世財物的「自然性向」上面。一切罪惡的產生，究極地說，乃是由於靈魂對於肉體的奉承依從。人雖易於耽迷財物，他卻能夠通過理性解悟現世財物決非普遍的善，且予拒斥財物之愛。惑於財物與否，端在人的自由抉擇。

　　馬氏哲學，一言以蔽之，是萬有在神論的見地，既不像超越神論，定立世界於神性之外；亦不似汎神論，解消神性於世界之中；但以萬有為內在於上帝之中，而強調上帝包容世界一切的說法。我們不妨藉用下列三個圓錐體圖說明上述三者的基本差異：

---

❶　詳見本書〈休姆〉一章第三節。

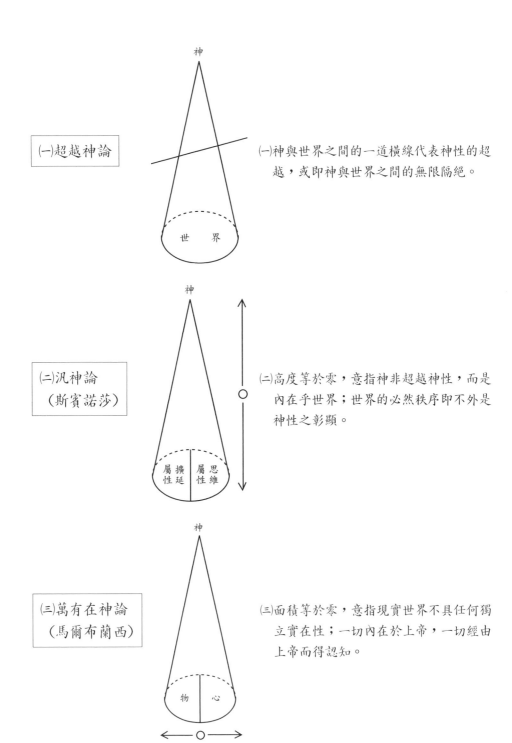

(一)超越神論

(一)神與世界之間的一道橫線代表神性的超越，或即神與世界之間的無限隔絕。

(二)汎神論
（斯賓諾莎）

(二)高度等於零，意指神非超越神性，而是內在乎世界；世界的必然秩序即不外是神性之彰顯。

(三)萬有在神論
（馬爾布蘭西）

(三)面積等於零，意指現實世界不具任何獨立實在性；一切內在於上帝，一切經由上帝而得認知。

第二節 巴斯噶

笛卡兒哲學產生以後，理性論思潮蔓延荷、法兩國各地，笛卡兒學派乃紛紛形成。當時惟有一位數學家兼物理學家卻與理性論思潮背馳，捨離理性，而通過耶教信仰的純化，建立獨特的宗教哲學。這就是以《冥想錄》(*Pensées*) 一書享有盛名的巴斯噶 (Blaise Pascal, 1623–1662)。巴氏自幼即有數學天賦，曾在十六歲之時，撰成《圓錐曲線論》，驚動當時的學界人士。後來又發現了巴斯噶原理，在流體靜力學方面建樹卓著。在 1654 年，巴氏經歷了一次深刻的精神體驗，從此全心歸依天主與耶穌，且以數理研究為他對上帝的一種服務。

巴斯噶區分人類精神為兩種：「幾何學的精神」(esprit de géométrie) 與「纖細的精神」(esprit de finesse)。前者能在數理科學發揮極大的威力，乃指一種能從少數的直觀原理出發，而演繹出推理鎖鏈系列的精神能力。此種精神捨離日常生活經驗，專以「硬性心腸」探求數學以及自然的問題，但對人存在的理解無能為力。後者則是一次把捉諸般分殊原理的一具「良眼」，或即一種細膩超穎的精神能力。前者專在學問領域進行論證的研究，後者則於生命各層展開解悟感受的教養活動。前者簡稱「理性」，後者特稱「心懷」(le coeur)。巴氏徹底皈依天主之後，標榜「心懷」高於「理性」，鄙視純然的理性探求。他說：「我不能原諒笛卡兒。在他的整套哲學裡，上帝被他摔在路邊。但他不得不請出上帝推動世界；而後他又排除上帝，置之不理」。他又宣稱，「我們並不認為整個哲學值得一小時的工作」，「嘲弄哲學就是真正做哲學思索」。他在這裡所說的哲學特指自然哲學或即外在事物的知識。為了人存在本身的學問，他貶低了前者的價值意義。若用齊克果的術語來說，巴氏的根本動機是在明辨「主體性真理」(subjective truth) 或即「本質的真理」(essential truth) 絕對不同於客觀的科學知識或即「非本質的真理」(inessential truth)。前者所把握的道德宗教等人存在問題，須經單獨實存的自我肯定與抉擇才算是第一義諦的。客觀的理論知識則徒然是邊緣性的理知探索而已。由是可知，巴斯噶兩種精神的區分與人存在真理

（特指耶教信仰）的倡導，已經預取了齊克果所開創的實存哲學理路；巴氏實為實存主義思潮的早期先驅之一。

當巴氏貶低理性之時，他只指涉狹義的（論證）理性。廣義地說，「心懷」亦具理性成素，因此巴氏聲稱：「心懷有其理性所不能理解的一種理性」(Le coeur a ses raison, que la raison ne connait pas)。巴氏區分四層不同的「心懷」：

⑴在常識層域，我們對於外在世界的實在能予直接的把捉；於此，心懷等於本能或即（不待理性的）直接性的真理把捉。

⑵在「幾何學」層域，我們能夠直接通透第一原理（幾何學的精神則從第一原理逐步推衍其他命題）；於此，心懷即是直觀。

⑶在倫理生活層域，亦有一種自動直接的價值把捉存在著，雖則此一把捉有時模糊甚或偏缺。

⑷在宗教生活層域，虔誠的信徒具有神之信愛的把捉；於此心懷即是一種愛神的靈性。

總之，「心懷」不外是一種知性本能，根生於靈魂深處。

巴氏依據「纖細的精神」或即「心懷」，撰著未完成的斷簡零篇，彙集而為一部《冥想錄》。他在此部書中處處表現獨特的信仰智慧與人存在的真理。作者在此選譯幾節，例示如下：

> 人知人是渺小可憐的存在。因為渺小，所以可憐；但因他知他是渺小可憐，故是偉大的。
>
> 人只是一根葦草，本性最為虛弱；但他卻是一根思維的葦草。
>
> 人充滿著獲致幸福的不知饜足的欲望，這種欲望卻是不幸福的根源。
>
> 只有無限不變者或即上帝自體才能填滿無限的懸隔。
>
> 只具神之知識而無關於我們的渺小的知識產生驕傲，只具關於我們的渺小的知識而無神之知識產生欲望。關於耶穌基督的知識形成中間媒點，於此我們發現上帝以及我們（自己）的渺小可憐。

　　巴氏以為，纖細的精神為要獲得人類有限性的自覺，必需幾何學的精神在旁輔導，發現無限大與無限小的謎底，藉以映照人類面對無限世界與隱秘神性之時人類本身所顯現著的真正面目。

　　《冥想錄》最重要的一節是有關上帝存在的問題。巴氏否認任何訴諸理性論證方式的神存在理論，他自己卻提出一種所謂「賭注論證」(wager-argument)。「賭注論證」乃是巴氏為了勸導對於耶教真理保持「中止判斷」的態度的人們以及執著現世的一切而使信仰有所動搖的靈魂，所作的一種「對人論證」(argumentum ad hominem)。嚴格地說，並非論證，而是一種勸誘。賭注論證的大意可以簡述如下：上帝或存在，或不存在。懷疑論者非難耶教信徒選擇理性所不能決定的上帝信仰；然而對於上帝信仰保持緘默，亦是違反上帝的一種選擇。問題是在賭注上帝存在與否。如果不信上帝存在，到頭來還是自己損失一切至福。如果信神存在，即可獲致永恆淨福與靈魂的寧靜。「如你贏了，便贏了一切；如果輸了，並未喪失什麼。」賭注上帝不存在，而上帝實際存在，無異等於喪失自己的一切；賭注上帝存在而上帝並不存在，事實上未曾喪失什麼。賭注論證所欲告示的是，首需確立自己的信仰。端賴人類理性的諸多計量，不但對於信仰無益，反而易使原有信仰動搖。巴氏賭注論證的說法，再進一步便是齊克果所謂「質的躍升」(qualitative leap)；理性無法肯定上帝存在與否，惟有通過單獨實存的抉擇，而從理性領域躍升而至超自然的信仰領域，才能真正領悟耶教真理。

第六章　斯賓諾莎

第一節　生涯和著作

斯賓諾莎 (Baruch de Spinoza, 1632–1677) 出生在荷蘭首都阿姆斯特丹 (Amsterdam)，為一普通猶太商人之子。早年在阿城猶太教團接受教育，鑽研《聖經》、註釋書以及猶太哲學方面的知識，但不滿足於此類學問。後來他又接觸中世猶太神秘主義思想，另一方面研究布魯諾、培根、霍布斯、笛卡兒等人的著作。1656 年，由於斯氏離脫猶太教傳統，終被當地猶太教會除名。斯氏從此絕離世間生活，以磨鏡為生，數次轉移住處，最後定居海牙，過其簡樸平靜的餘生。斯氏為人恬淡無欲，富於超世俗的生活智慧；通過高度的精神創造活動，構築汎神論形上學體系，且能真正活在他的思想體系之中。對於斯氏而言，哲學就是宗教，也是最高的精神生活。德國海德堡大學聘請斯氏講學，但因斯氏愛好隱居生活，拒絕應聘。

德國西萊爾馬赫 (Schleiermacher) 稱呼斯氏為「神聖而被丟棄的斯賓諾莎」，諾瓦里斯 (Novalis) 則稱他為「醉於神性的人」(der Gottvertrunkene Mensch)。黑格爾則說：「要做哲學家，首需成為一個斯賓諾莎主義者」。斯氏哲學不但是一種形上學理論，在實踐方面同時也是人類精神所已創獲的最高境界之一。我們不必對於他的哲學全表贊同，但對他的生活境界不得不表示讚佩欽慕之情。

斯氏曾在 1663 年以拉丁文發表有關笛卡兒哲學體系的敘述。1670 年匿名出版《神學政治論》(Tractatus Theologico-politicus)，主張宗教與科學的完全分離，同時強調宗教經典的研究應該採取文獻學的、歷史學的方法。斯氏可以說是開拓歷史學的聖經批判的先驅者。他在此書也提出了宗教寬容的理論，而為近世宗教寬容運動的早期代表。在知識論方面，斯氏著有未完成的《知性改善論》(Tractatus de intellectas emendatione)。斯氏最重要的主著則是死後問世的《倫理學》(Ethica ordine geometrico demonstrata)，依照歐幾里得幾何的論證體

裁撰成。該書共分五卷，每卷皆先列舉定義與公理，而後逐步推衍命題系統，儼如一部歐幾里得幾何學，所裝的內容卻是汎神論形上學及其心理學與倫理學的歸結。首卷專論上帝或即「能產的自然」，奠定實體一元論的基礎。卷二論及自然與心靈的根源，志在解決心物平行論的課題。卷三展開斯氏獨特的心理學，探求情緒的來源及其本性。卷四進而討論所謂人性枷鎖或即情緒的執著。卷五則是整部倫理學的結論，探討知性的力量或即人類的自由，欲藉知性的提升，超克「被動情緒」的干擾，俾可獲致自由自在的最高精神境地。在卷五裡，理性主義的論調達到巔峰狀態：徹底理解整個人與世界的必然秩序便是精神的自由，也是最高的生活目標。亞里斯多德的「神之觀照」以來，理性主義思潮在斯氏形上學重獲新的思想血液，終「在永恆相下」(sub specie aeternitatis) 曠觀人與宇宙，而陶醉於「對神之叡智的愛」(amor dei intellectualis) 中。

第二節　思想方法及特徵

　　當我們研究斯賓諾莎的哲學真諦之時，所不能忽略的一點是笛卡兒對於斯氏的影響。笛氏對於後者的思想影響大致可分以下四點：

　　㈠笛卡兒所使用的哲學名辭多被斯氏襲用，譬諸「實體」、「屬性」、「思維」、「心」、「物」、「模式」等是。有些來自中世紀哲學，有些則是笛氏的創辭，皆在斯氏體系重新出現。由此可以推斷，近世理性論者（萊布尼茲亦包括在內）的哲學語言仍然保留中世哲學的餘韻；同時更可看出語言構造影響哲學思想之深。

　　㈡在方法論上，笛卡兒的「普遍數學」理念以及數學的演繹方法亦對斯氏極具影響。斯氏通過笛卡兒哲學的研究，堅信歐幾里得的幾何學方法為唯一可收絕對精確的理論效果的根本方法。導致斯氏此一方法理念的恐不只是笛氏本人的思想而已。我們可以斷言，在歐洲當時彌漫著的量化科學宇宙觀與科學方法論的思想氣氛下，斯氏所抱有的歐幾里得式方法論理念也是一種思想的時尚。我們只有通過當時的思想背景，才能了解到斯氏汎神論思想與歐氏幾何學方法

的奇妙結合，以及斯氏方法論的時代限制性了。文得爾班據此稱呼斯氏哲學為「數學的汎神論」(mathematischer Pantheismus)，實非過言❶。

㈢斯氏曾在《倫理學》卷一命題第十一論證神之存在，乃是套用笛氏存在學論證而來。依照斯氏本人的實體定義與形上學的絕對預設，毋需「論證」神之存在。斯氏卻仍沿襲笛氏的論證，實在是多餘的。文得爾班說得好：「斯氏通過哲學思維所追求的，不是笛卡兒般懷疑著一切表象的心靈攪爭，而是純然真切的敬神衝動的滿足。於此，斯賓諾莎的思維較笛卡兒更不是沒有前提的。……在斯賓諾莎，思維一開始就有存立於虔敬信念的確固不動的目標；此即所謂神之叡智的愛❷。」換言之，神之存在原是斯賓諾莎汎神論體系的絕對預設，就理論的出發點言，他較「懷疑一切」的笛卡兒更是獨斷的。斯氏實體一元論的秘密在乎：神之存在定立非從論證而來，而是基於斯氏畢生的汎神論宗教體驗。斯氏先有站在永恆相下敬愛神性的立場，而後藉用一種通過量化科學宇宙觀洗禮的思想架構與歐氏方法，將其神秘的生命體驗體系化而為一套汎神論的形上學。就其創獲高度的生命境界而言，斯氏與一般東方哲學頗有一脈相通之處。但就生命體驗的理論化或體系化而言，則又異乎中國體驗本位的探求方式，充分表現了西方人的嚴密學理念。

㈣斯氏形上學體系從統一性方面看，是實體一元論見地，從分殊性方面看，則是心物平行論立場；此乃源乎笛卡兒心物二元論而成立的。兩者所不同者，笛氏承認心物為兩種有限實體；斯氏則按實體自本自根的原義，只許上帝為唯一的實體，至於心物兩者則分別解消而為思維屬性與擴延屬性。斯氏此一論旨，乃是繼承笛氏二元論的根本立場，且予徹底解決心物「相應」問題的理論效果。

斯氏汎神論思想的由來，除開他本人的宗教體驗而外，尚可溯至他在早年所鑽研過的中世猶太神秘教 (cabalism) 思想。斯氏自己尤其指出克列斯卡斯 (Chasdal Crescas) 對他的鉅大影響。克氏主張物質無始地存在於神性之中，此乃

---

❶　《近代哲學史》，卷一，第 215 頁。

❷　《近代哲學史》，卷一，第 211 頁。

預取了斯氏視擴延性為「神之屬性」(divine attribute) 的理論。克氏決定論思想也為斯氏所接受。同時在另一方面，布魯諾所作「能產的自然」(natura naturans) 與「所產的自然」(natura naturata) 的區別，也支配了斯氏形上學的根本理念。在倫理學方面，斯多噶學派對他的影響也很顯著。至於政治理論，霍布斯也影響過斯氏的主張，雖則後者並不全然贊成霍氏的看法。無論如何，斯氏哲學的建立雖有來自多方面的思想影響，他那整套體系構築卻屬斯氏本人的獨創。

第三節　汎神論形上學體系

斯賓諾莎的汎神論形上學自上帝始，以上帝終。上帝乃是唯一的「自因存在」(Ens causa sui)，或即「實體」本身。斯氏給予上帝的定義說：「上帝或即絕對無限的存在，乃是一種實體，存乎無限屬性，而每一無限屬性表現著上帝的永恆無限的本質性」(《倫理學》，卷一，定義六)。上帝是宇宙的第一原因，特稱「能產的自然」，不變而又不可分，亦稱太一，實與創造性的宇宙統體無異。斯氏所謂上帝迥然異乎傳統耶教的人格神，不具後者的超越性，但具內在性 (immanence)，內在乎整個宇宙之中。就宇宙統一性的側面言，宇宙即是上帝或即「能產的自然」；就宇宙分殊性的側面言，宇宙即是上帝的無限屬性分化而成的現實世界或即「所產的自然」。譬諸海洋，海水本身喻如「能產的自然」，眾漚則喻為「所產的自然」。又如一角銅幣，表面喻指上帝，背面喻為宇宙，表裡如一，「神即自然」(deus sive natura)。在永恆相下直觀之，則是太一，是上帝；在現實相下經驗之，則是宇宙，是自然。又以空間為喻，空間本身有如上帝，諸般空間形式或規劃有如宇宙個物。若謂上帝是「形上學的空間」，兩大無限屬性 (infinitive attributes)，亦即思維與擴延，則可喻為空間的格度 (dimensions)。文得爾班說，斯氏上帝乃是一種「形上學的空無」(das metaphysische Nichts)，不具內容實質，可謂譬喻精闢❸。斯氏上帝充當整套形

---

❸　《近代哲學史》，卷一，第 218 頁。

上學的根本前提，而為一切現實存在與必然秩序的究極根據。

斯氏承受笛氏二元論理路，然而排除心物實體的概念，還元心物而為思維屬性與擴延屬性。上帝具有無限屬性，其中我們所能覺知者，只有思維與擴延兩種；至於其餘的無限屬性，則非人類所能認知。我們所以能夠發現思維與擴延兩者，乃是緣乎我們的心靈與身體的構造。我們以兩大無限屬性判然二分宇宙整體，原是依據人存在本身的觀點而來。若就第一義諦而言，一切原是上帝本身的彰顯，無由分割。斯氏說：「思維是一種神之屬性，或者神是一種思維存在」；「擴延是一種神之屬性，或是神是一種擴延存在」（《倫理學》，卷二，命題一、命題二）。我們既可以從思維側面透視宇宙，亦可以從擴延側面剖解自然。若用佛家之語來說，這不過是一種「方便設施」而已。

在斯氏形上學裡，心物兩者既解消而為思維與擴延的兩種無限屬性，他對心物相應關係問題的解釋自無笛卡兒的原有困難。在永恆相下，整個自然只是一種必然的秩序，一切有限原因系列論理上或存在學上必須依靠自本自根的無限實體或即「能產的自然」。第一義地說，只有一個無限系統，只有一個必然秩序；第二義地說，我們又可通過思維與擴延二者分別透視整個自然；第三義地說，我們還可採取世俗的見地，從分殊不同的現實觀點剖示整個必然秩序。因此，笛氏所謂心物交互作用問題已不再是真正的問題。我們為了方便，才劃分原有的必然秩序為觀念秩序與物體秩序；無論從那一秩序來看，宇宙本身總是同一的，蓋因兩種秩序原不過是一體的兩面之故。斯氏說：「觀念的秩序及關聯與事物的秩序及關聯一般無二」（《倫理學》，卷二，命題七）。

為要徹底了解斯氏「必然秩序」(necessary order) 的理念，我們必須對於斯氏的因果關係概念預有一種認識。在他的汎神論體系之中，所謂因果關係終被同化而為「論理涵蘊」(logical implication) 關係。換言之，斯賓諾莎在永恆之相下俯視一切宇宙現象系列，劃除一切現象經驗的個別因果關係，統統還原而為一種論理的「據由」與「歸結」(ground-consequence) 關係，理網密密，毫無漏失。斯氏如此援用論理涵蘊原則於存在學問題，終將現實宇宙視如永恆必然的

無限秩序，此一秩序彰顯出上帝的世界內在性。斯氏此一見地，乃是極端的決定論主張。同時，從他還原因果原則而為論理涵蘊原則的一點，不難窺見斯氏形上學體系所具有著的濃厚的理性論色彩。巴門尼得斯所奠定的「存在與思維一致性原則」又在斯賓諾莎的哲學思想獲得更深一層的意義拓深。汎論理主義者黑格爾則是完成此一理性論理路的最後一位古典哲學家，步調幾與斯賓諾莎無分軒輊。此種劃除個別經驗，強調「存在之論理」的立場若與英國經驗論的根本理路互為比較，實有天壤之別❹。

　　思維與擴延既屬神的無限屬性，乃與上帝自體同屬「能產的自然」（思維與擴延只是上帝的一體兩面）。然而斯氏承認，我們除了在永恆相下直觀宇宙的根本立場外，亦可屈就世俗的觀點，而從分殊性側面剖視宇宙生成；這不外是「所產的自然」側面。為了就其大體理解「所產的自然」真相，斯氏藉諸諸般「模式」(modes) 予以一一標記。首就無限永恆的一般模式而言，斯氏劃分直接的與間接的兩類。前者包括思維屬性側面的「無限叡智」(intellectus infinitus) 與擴延屬性側面的動靜 (motion-and-rest)；無限叡智特指我們對於上帝的觀念 (idea dei)，動靜則指物質宇宙的運動現象而言。後者乃是「宇宙整體的範型」(pattern of the entire universe)，就思維屬性言，是「心靈總括系統」(the total system of minds)；就擴延屬性言，是「物體總括系統」(the total system of bodies)。「物體總括系統」亦不外是「宇宙面貌」(the face of the universe)；一切物體雖有無限不同的存在方式，但就整體而言，構成總括性的個體，無有變化，故可喻為「宇宙面貌」。至於現實分殊的有限模式，在思維側面是個別心靈 (minds)，在擴延側面則是個別物體 (bodies)。個別心靈有其「物體的觀念」(ideas of bodies)，層層次次與物體現象相應一致。

　　根據斯氏的說法，「無限模式之中的無限事物必須來自上帝本性的必然性」；「在事物的本性之中，沒有一件事物是偶然的 (contingent)，一切事物的分殊存

---

❹　邏輯經驗論者繼承英國經驗論理路，徹底反對理性論形上學的觀點，斥為不具認知意義的詩人想像的產品。

在與活動皆是上帝本性的必然性所規定的。」就每一現實事物本身而言，現實
事物可以說是偶然的，因為事物的本質並不涵蘊著存在，只有上帝或即無限實
體才有「本質涵蘊存在」(essence involves existence) 的可能。但就整個宇宙必
然秩序而言，每一個別事物不能說是偶然的，因為每一事物的存在都是依從神
之本性必然衍生的。斯氏雖然承認，我們不必知道有限事物如何能從上帝本性
的必然性衍生，然而他說現實存在的偶然性是由我們不完全的知識而有，在永
恆相下所直觀的永恆必然秩序之中，一切偶然性都可解消，化成必然秩序的個
別串聯。簡而言之，有限的因果鎖鏈原是神性因果秩序；前者是神性自我規定
的模式表徵。整個自然宇宙如此形成密密無縫的決定論鎖鏈；至於現實經驗的
因果系列則是假相，乃屬世俗的見地。

　　在斯氏的決定論鎖鏈之中，「自由」概念無法容身。斯氏雖說上帝本身由於
自本自根，故是自由；但祂對於宇宙的創造，沒有自由可言。「上帝無法不創造
世界，也無法創造不同於祂所已創造的有限事物」；「因此，上帝的活動並非來
自意志的自由」。斯氏這種見解，顯然異乎傳統耶教的宇宙創造觀：後者主張神
意欲著世界的創造，且從「無」中生「有」；前者則從汎神論觀點將神與宇宙同
一視之，就創造側面稱呼上帝，就被造側面稱謂宇宙。斯氏上帝不是人格神，
故無自由意志可言。斯氏可依此種上帝概念宣稱他的見解更為優越，因他汎神
論的立場徹底揚棄了擬人論的色彩。

　　上帝既無自由意志，人類更是沒有自由可言。斯氏以為，所謂人的自由原
是基於一種無知。我們沒有層層挖掘欲望、理想、選擇、行為等等的決定性原
因系列，因此妄想我們具有所謂自由。同時，斯氏深受近世科學機械觀的影響，
完全排除目的概念，而以必然的動力因鎖鏈解釋人與宇宙的問題，故而堅稱「一
切目的因僅不過是人的虛構」。斯氏進而排拒「惡」與「不完全」等缺如概念的
存在意義；一切事物既依上帝本性必然衍生，「惡」等缺如概念不具真實的內
涵。人們所謂「惡」或「不完全」，只是成立在世俗的人為觀點，在永恆相下此
類缺如概念必須予以揚棄。

　　以上概述斯氏形上學體系的根本構造，我們可將整個架構簡括而為以下圖式。

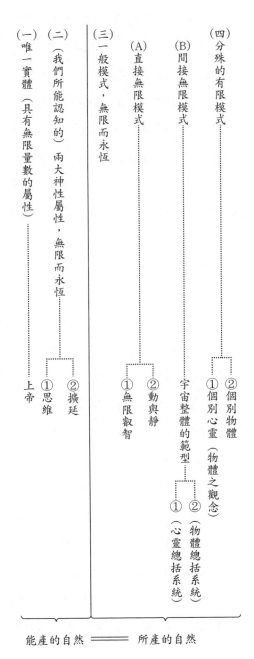

（一）唯一實體（具有無限量數的屬性）⋯⋯⋯⋯⋯⋯⋯⋯⋯⋯⋯⋯⋯⋯上帝

（二）（我們所能認知的）兩大神性屬性，無限而永恆
　①思維
　②擴延

（三）一般模式，無限而永恆
　（A）直接無限模式
　　①無限叡智
　　②動與靜
　（B）間接無限模式⋯⋯宇宙整體的範型
　　①（物體總括系統）
　　②（心靈總括系統）

（四）分殊的有限模式
　①個別物體
　②個別心靈（物體之觀念）

能產的自然 ＝＝＝ 所產的自然

第四節　人性論（心理學與倫理學）

斯賓諾莎的哲學是決定論的世界觀典型，不但自然宇宙構成決定論的鎖鏈，人存在本身亦被斯氏視如自然的一環。斯氏認為處理人的行為與欲望的問題，一概可以仿照我們處理線條、場地以及物體的方式進行。斯氏心理學與倫理學的探求出發點乃是一種「自然主義」(naturalism) 的立場，「如實」記述人存在本身的衝動、欲求、快與不快等情緒，以及勇敢尊貴等等德性。不過，斯氏的出發點雖是自然主義，他的倫理學結論卻是一種高度的理性主義見地。

斯氏心理學的探求依存笛卡兒與霍布斯兩位先哲的理路，同時更首尾一貫地貫徹了他們的原有企劃。笛氏曾嘗試過感情與欲望的基本形式分類與體系建設，霍氏則以自我保存衝動解釋倫理與政治的成立問題。斯氏在出發點遵循他們的根本見解，而後逐步推衍獨自的一套理論體系，最後則以純然理性的生活超克原有自然主義的人性論論調。

首先，斯氏亦如霍氏，承認一切人與外界個物都有努力保存自我存在的原始衝動；個物存在的維持與促進乃是支配心物有機體的根本動機。斯氏稱此衝動為「性向」(conatus)。一切現實個物皆依本性或性向而活動。「性向」在人存在的場合同時指涉心物兩面的活動，特稱「脾胃」(appetitus)。人存在本身對此脾胃衝動具有意識，此一脾胃的意識即是所謂「欲望」(cupiditas)，或即自我保存的欲求。「自我保存」(conservatio sui) 與「自我完成」(perfectio sui) 在意識方面反映而為欲望，反映在意識之中的生命力或自我完成狀態有高有低。自我完成如果轉升更高的狀態，就稱為「快」(laetitia)；反之，轉降而至低度的完成狀態，則稱為「不快」(tristitia)。此種快與不快的見解，在斯氏的倫理學中顯出決定性的意義。根據斯氏一般原則，心靈完成的增減配合身體完成的增減。一切人存在必然地追求個體存在的保存與充全，這種自我充全或即自我完成的實現，在心靈側面表現而為一種快感。在倫理上這種快感的最高充足狀態即是「對神之叡智的愛」的生活。

其餘一切情緒皆不外是欲望、快與不快等三種根本情緒的變形而已。其中首要的感情即是愛 (amor) 與憎 (odium)。前者「不外是具有外在原因的觀念所隨伴著的快感」，後者則是「具有外在原因的觀念所隨伴著的不快」。斯氏進而探討同情 (compassion) 的形成說，如果我想像著他人帶有某種情緒，我的想像就同時包含著相應該一情緒的身體上的變化，同情的產生由此可獲說明。「這種情緒的模仿，特指不快之感時，稱為同情。」

斯氏自然主義的解釋更在善惡二辭的界說徹底表現出來。他說：「我理解善 (bonum) 為導致一切快感或快感的一切，尤指能夠滿足我們的強烈情緒者而言。我理解惡 (malum) 為一切不快，尤指能使我們的欲望發生挫折者而言。」善是屬於快感的，有益於人；惡則屬於不快的，有害於人。因此，善是我們所希冀著的，惡是我們所欲避免的。斯氏以為，我們一旦認清情緒的因由，便會了解到，我們對於善惡的判斷乃是必然地被規定著的。我們易對促進自我保存以及自我完成者（有用）稱善，而對阻礙自我保存以及自我完成者（有害）稱惡。斯氏站在理性論立場，主張知性活動最能促進人的自我保存甚至自我完成。因此所謂至善，乃是最高的知性活動，完全存乎對神的直觀與一切宇宙事物的必然關聯的根本認識。追求至善不僅僅是個人的任務，亦是整個人類社會的任務。

斯氏根據情緒以及感情的強弱高低，分別被動的與主動的兩類。被動情緒來自外在原因，外在原因干擾心靈的純粹活動，迫使心靈產生被動情緒，在知性上呈現而為不完全而混雜的表象 (inadequate, confused ideas)。主動情緒則與不快無關，充分促進心靈的純粹知性活動，呈現而為「完全的表象」(adequate ideas)。一切來自主動情緒的意志行為，斯氏皆歸之於所謂「堅毅」(fortitudo)。他分堅毅為兩種：一是勇敢 (animositas)，另一則是尊貴 (generositas)。勇敢包括節制、清醒、險難時的泰然自若等等依據理性指令的行為；尊貴包括謙虛、仁慈等等依據理性指令且促進友善的行為。道德的遷升端在人從被動情緒的解放，轉變而為主動情緒，不受外界的一切干擾。主動情緒的增進又依存心靈的純粹知性活動，徹底發揮思維屬性側面的最高功能。由此可見，斯氏從心理學

的情緒分類與解釋轉至倫理問題時，乃從自然主義的立場逐漸推移而至理性主義的立場。

在倫理上自我保存衝動的目標在乎自我完成的實現，而自我完成的實現則在踐行理性的生活，亦即智者的生活。有益於保存以及完成身心活動的生活必須依從理性的最高法則。斯氏說：「人對調節或控制情緒的力量有所不逮之時，稱為奴役 (servitudo)。」理性的生活在乎從此奴役狀態或即人性枷鎖獲得完全的解放。絕對依從理性指導的行為或生活，對於自我存在的保存最是有益。所謂依從理性的指導，不外意指徹底理解人與宇宙的根本真諦，亦即理解「神即自然」的哲理，藉以提升精神的境界，超克一切世間的執著與心靈的奴役狀態。斯氏認為，設若我能理解神與一切存在的必然關係，我已超脫任何人性的枷鎖，任何財物的耽迷，而不致產生對於他人與世界的任何憎恨。憎恨之情來自不完全而混雜的表象。

在斯氏《倫理學》一書，人類自由與人性枷鎖（卷五與卷四）成為顯著的對蹠，前者導致理性與幸福之路，後者導致奴役與不幸之路。我們可將二者簡括而為下列二式：

⑴自我保存＝認識 (cognitio)＝德性 (virtus)＝自由 (libertas)＝堅毅＝快＝愛＝力量 (potentio)＝幸福 (beatitudo)＝自我完成。

⑵自我毀滅 (destructio)＝謬誤 (error)＝罪惡 (vitium)＝奴役＝脆弱 (imbecillitas)＝不快＝憎＝無力 (impotentia)＝悲慘 (miseria)。

由是，理解即是解放之道，最高的理解活動則是對神的認知。「心靈的至善乃是神之知識，心靈的最高德性是在認知上帝。」在永恆相下直觀人與宇宙的必然秩序就是認知上帝。隨伴心靈所獲得的上帝觀念而產生的快感即是「對神之叡智的愛」。此種敬神之愛亦不外是神之自愛；因為神即自然，在人性本質所湧現著的神愛即是上帝本身的彰顯。不過我們應該注意，斯氏上帝不能酬答人對祂的敬愛，因為他的上帝只是「能產的自然」，而不是人格神。

斯氏既持心物平行論觀點，個別靈魂的不朽問題對他不具任何存在意義。

斯氏所理解的「永恆」概念甚為奇特，他規定永恆性為從神或實體必然衍生的一切宇宙個物秩序。若謂人類心靈必然遵從神之本性，則具永恆意義，但就個別心靈本身而言，只是偶然的存在，毫無永恆可言。在這一點，傳統耶教所謂永恆與不朽對於斯氏汎神論來說，只是一種擬人論的見解而已。

我們如果比較斯賓諾莎與斯多噶學派的倫理觀，不難覓出共通之點。斯氏的(1)智者的理想，(2)對於個物在宇宙的神性系統所佔有的地位的認識，(3)理性知識可使智者超克外物干擾的根本信念，以及(4)理性生活的強調等等，處處顯出兩者的類似論調。並且兩者都有人類同胞原是上帝子女的看法，充分表現他們對於人類連帶性的深刻感受。更重要的是，兩者都採取決定論的立場，不許自由的存在。然而有一點耐人尋味的是，兩者的決定論門禁不夠森嚴，前門逐出自由，自由又從後門鑽進，終於導致了奇妙的結論。這就是說，兩者同樣主張唯一的自由存乎人類本身對於宇宙必然秩序的解悟，從中可以獲致對於此種理性解悟的一種「自由」感受。我們可以概括而為下列公式：解悟＝自由＝人性枷鎖的解除＝理性的生活＝智慧。

由於斯氏保留唯一的理性自由，他承認有知性的進步。通過不完全而混雜的表象之澄清純化，道德心靈有其遷升的可能。斯氏在《倫理學》的結語明言：「如果我所指示的（導致心靈自由之）路極其艱鉅不易，此路仍是可以發現到的。……如果救濟在望，而又可以不勞而獲，怎麼可能會被一切人所忽視不顧的呢？然而一切卓越的事物正因稀罕，故是難以尋獲的。」斯氏至少可以充滿自信地說，無論自由之路如何崎嶇不平而不易發現，他本人卻已通過「神即自然」的哲理，發現而且踐行了理性的幸福生活。即使我們不能改變世界與我們自己，我們對於決定論鎖鏈系列的根本解悟不外證示我們終可獲得靈魂的解放。我們的行為雖被必然秩序死死規定，我們卻可轉移我們的觀點；觀點的轉移乃是自由解放的唯一佐證。然而問題是在，我們如果原無自由，這種觀點的轉移如何可能？如果人與宇宙的一切都在密密無縫的決定論鎖鏈圈內必然地存在著或活動著，我們何能提升知性，獲致必然之中的自由呢？斯氏又何能要求，在

思維與擴延兩大屬性側面早已規定了的人存在本身，有所謂轉移理解人與宇宙的觀點的可能性呢？

第五節　知識論

在《知性改善論》中斯賓諾莎區分四層「知覺」(perception) 模式（這裡所謂知覺，特指認知作用或即知識而言，並非指謂狹義的感官知覺）：

⑴道聽途說的知覺：此為最低層次的知覺，乃從聽聞或從某種標誌而來，還不是個人的感覺經驗。譬諸個人的生日，自己的真正父母，我未來的死等等，無從通過個人的實地經驗而得知悉，但需藉助於個人經驗以外的種種方式予以深信。

⑵感覺經驗的知覺：其次，每人通過感覺經驗可以實地證實某種事實或事件的產生，未經知性的分類而在我們心靈之中成立為確鑿不過的「知識」。譬如我靠現實經驗知道油有起火的性質，水有滅火的傾向。同樣地，我知狗是吠叫的動物，人是理性動物。其他幾乎所有日常生活上的實際經驗知識皆屬此類知覺的範圍。

⑶論證推理的知覺：到了這一層次，才有嚴密意義的知識成立。此層知覺的產生，或從結果推溯原因而來，抑從一般命題推論其他個別命題或性質而來。譬如我們感覺某種物體，從而推論心靈與物體有所結合，同時推論兩者的結合構成感覺作用的原因。然而我們不能因而確知感覺以及心物結合的本性。又如通過多次視覺作用，我們可以知道視覺能使遠處的事物顯得微小，由此不難推論太陽當比通過視覺所經驗到的更大。斯氏指出，在論證推理的知識層次，我們並不能充分認知事物的真正本質。

⑷本質直觀的知覺：最高一層的知識能夠特就事物本身獲知它的本質真相。譬如通過具體的認知活動，我能清楚地直觀出知識的本質是什麼。又如我們具有關於心靈本質的知識，即可確知心在本質上與物質結合。數學知識亦屬此類知識。斯氏說：「我到目前為止依此知識所能知道的事物為數稀少。」

斯賓諾莎後來在《倫理學》中改分知識為三種，取消《改善論》所謂「道聽途說的知覺」(perception by heresay)；而《改善論》中的第二層知覺於此改稱「第一種知識」(cognitio primi generis)，或即「臆見」(opinio)，亦即「想像」(imaginatio)。他所區分的三種知識列舉如下：

⑴第一種知識或稱想像的表象，並非來自邏輯的演繹，而是通過感覺獲得的被動表象。此類感覺知識因以外界物體為原因，主觀而含混，變動不居。斯氏特稱純然依靠感官知覺的知識為「不充全」而「混雜」的表象。這裡應該注意，斯氏亦將平常所謂普遍觀念歸屬此類知識。他以為依靠感官知覺所獲得的外界物體的一般觀念，譬諸桌椅、鳥獸等等觀念，無一不是混雜的構成性心像。斯氏雖然否認第一種知識的充全性，他並沒有否認此種知識的實用性。同時，此種知識就其本身而言，並無所謂謬誤可言。

⑵「第二種知識」(cognitio secundi generis) 包含充全的表象，故屬科學的知識。斯氏特稱此層為理性 (ratio)，以別於第一種的感覺 (sensus) 或想像。一切人都多少具有充全的表象，這是由於人類身體是擴延模式，而一切心靈則是物體的觀念（表象）之故。斯氏特別指出，「共通概念」(notiones communes) 有別於一般觀念或即構成性心像，前者歸屬理性層域，乃係心靈理解事物本質所需的概念，而為數學、物理學等知識的根本法則基礎。通過共通概念，我們才能形成有關世界的系統性科學知識。第二種知識是必然地真，因為此種知識建立在充全表象之上，而不必關涉外界對象。譬如擴延表象或運動表象原是對於規定物體的普遍特徵的清晰明瞭觀念，自明而無可置疑。

⑶最高一層的知識稱為直觀性知識 (scientia intuitiva) 或簡稱為直觀 (intuitio)。此種知識乃從第二種知識衍生，而非躍升理性或通過神秘步驟所獲得的知識。事實上，直觀是理性知識的必然結果。斯氏說：「此種知識是從上帝屬性之形式本質的充全表象進到事物本質的充全知識。」斯氏的本意是說，根據理性所獲自然宇宙的本質性永恆構造的演繹性知識能夠引導我們到達最高的直觀知識，能在永恆相下徹底理解必然秩序之中的個物本質。到了直觀層次，

我們重又回到個別事物的知識，通過其與上帝之間的必然關聯，直觀地把捉個物存在的本質。因此斯氏說：「我們越是理解個別事物，越能理解上帝。」斯氏似乎意謂著，最高的直觀知識乃是他所建立的「神即自然」的形上學知識。通過「神即自然」的汎神論解悟，在實踐上同時可臻最高的情理交融的心靈境界。

斯氏的知識三階段說（感覺、理性與直觀）自始至終支配著他的形上學與倫理學的思想。斯氏基本上沿襲蘇格拉底與柏拉圖以來的理性主義思潮，同時徹底排拒感覺主義的立場，而以他本人的上帝直觀為最高知識以及最高的倫理生活。

第六節　政治論

斯賓諾莎的政治學說建立在他那自然主義的人性論基礎。他將人的權利 (right) 與權力 (might) 視如同一，認為每人所具有的權限乃不外是自我保存衝動的活動範圍。利己主義的展開原是個人自然的權利。這種自然權利的擴張必然釀成霍布斯所謂人與人為仇敵的鬥爭。因此，自我保存衝動的無限展開終於不得不導致一種契約，藉以保證促進個人的安寧。國家只不過是促進安寧的機械裝置，而每一個國家形態的價值則存乎兌現個人安寧的程度如何。然而斯氏在結論上採取與霍布斯完全相反的看法，認為專制主義只不過是以個人征服眾人的方式取代了人與人為仇敵的自然狀態，但未徹底解決真正的政治問題。斯氏主張共和政體的憲法為足以保證個人生活安寧的不二法門。斯氏此一見解可能是根據他在當時的荷蘭共和國所體驗到的平安生活而形成的。斯氏同時主張，在合理地組織而成的社會裡，國家應該採取宗教寬容的態度，以便人民能夠過其安適的理性生活，且可避免任何宗派的傾軋鬥爭。

第七節　斯賓諾莎哲學的意義和影響

我們已在上述各節規定斯賓諾莎哲學為一種汎神論體系，同時說明了斯氏哲學所帶有的決定論、理性論以及自然主義的色彩。由於斯氏堅持心物平行論

立場，我們似乎也可藉用後來薛陵所標榜的「同一哲學」一辭解釋斯氏思想，乃以思維與擴延為實體一元（絕對同一者）的平均展現。事實上，薛陵的同一哲學深受斯賓諾莎汎神論的影響，然而兩者之間仍存在著某種基本的差異。在斯氏的汎神論裡，思維與擴延同屬上帝的無限屬性，心物相應，主觀與客觀或觀念論與實在論的根本對立還未明顯化。但在薛氏的同一哲學，觀念論的傾向較為強烈，擴延只是思維尚未發展的階段而已。另外，也有若干哲學家（譬如俄國學者），強調斯氏決定論或機械論的理論側面，解釋斯氏哲學為一種唯物論思想。這種解釋，乍見之下，似有若干道理，因為如從斯氏體系除去空無內容的「上帝」（形上學的空無）一辭，視為「多餘無用」，則所餘留的只是構成決定論鎖鏈的「所產的自然」或即宇宙必然秩序。這豈不是唯物論思想的前奏？然而我們若能挖深斯氏哲學的意義，不難窺見，斯氏只是應用當時流行的科學機械觀、心物二元論以及幾何學方法適為構築個人生命體驗（神之直觀）的理論體系。他的哲學探求目標不在真正建立唯物論的世界觀，而是在乎獲得心安理得的絕對體驗境地。我們據此可以明白看出斯賓諾莎思想的真正成就與理論限制。斯氏所獲致的是高度的人生智慧與超拔的生命境界。然而他卻援用當時唯一可以憑藉的（科學）世界觀與（數學）方法論，將他活生生的宗教體驗塑成冷冰冰的形上學理論體系。我們不妨設問：假若斯氏生在一世紀或二世紀之後，他又如何塑成他的宗教體驗為一種理論體系呢？從哲學史的觀點來看，斯氏生命體驗與機械論世界觀的奇妙結合實在可以當做哲學思想可能具有著的時限性的最佳例證。我們在這裡順便指出，某些宗教家與哲學家把斯氏汎神論思想看成一種無神論的主張乃是荒誕可笑的解釋。斯氏所稱上帝雖然不是人格神，卻是內在乎自然宇宙的神性，而為斯氏宗教體驗的最高目標。如果稱呼斯氏為無神論者，他那敬神的心境又如何解釋呢？

　　斯賓諾莎哲學是西方哲學史上最偉大的汎神論典型，他的汎神論思想一直影響了近代德國哲學、狂飆運動，以及浪漫主義的文藝思潮。舉凡赫爾德 (Herder) 的自然主義歷史理論、列興 (Lessing) 的宗教思想、耶可比 (Jacobi) 的

「信仰哲學」、歌德的文學理念、薛陵的同一哲學等等無一不反映出斯氏汎神論的思想餘響。黑格爾的汎論理主義亦與斯氏汎神論極具類似之處。至於馬克思主義者，每奉斯賓諾莎為該派先驅者之時，多半強調斯氏機械論或「唯物論」的思想側面。哲學的心理學家溫特 (W. M. Wundt) 與費希納 (G. Fechner) 的基本思想之中亦有斯氏哲學的跡象。

斯賓諾莎的汎神論形上學，就其境界言，本來可以形成「體驗形上學」或「境界形上學」，而為溝通東西哲學的一道橋樑。然因斯氏構築密密無縫的決定論理網籠罩原有的獨特生命體驗，就其實際形態言，反而形成一種西方哲學家所擅長的「實在形上學」，而與一般體驗本位的東方形上學（如佛家空宗、老、莊、吠檀多派、陸、王之學）迥然殊異，實可視為證示東西思想形態的根本差別的一種範例。

第七章　萊布尼茲

第一節　生涯和著作

德國哲學家兼數學家萊布尼茲 (Gottfried Wilhelm Leibniz, 1646–1716) 生在萊布濟希 (Leibzig)，父為當地大學的道德哲學教授。萊氏自幼即富旺盛的知識欲，八歲已能自修拉丁文。1661 年入當地大學，主修法律，同時攻研哲學、歷史與邏輯。1666 年轉讀阿特多爾夫大學，翌年獲得法學學位。大學畢業之後，萊氏參與邁因茲侯國國政。1673 年因他所著物理學論文，被選為倫敦皇家學院院士，翌年又被選為法國科學院外國院士。同年，萊氏親自奔走各地，終於達成創設柏林學院的願望，且為該院首任院長。1672 年，萊氏以邁國外交使節團團員身份赴任巴黎，前後滯留四年。滯留巴黎期間，萊氏開始正式接觸新時代的科學知識，尤其埋頭研究數學，創立微積分學的基礎原理，同時構想出一套適切有效的邏輯記號法。1676 年年底，萊氏經由英、荷等國歸返德國，中途在海牙訪問斯賓諾莎，交談有關哲學的問題。回國之後就任哈諾瓦侯國的圖書館館長與顧問等職，公餘之暇又與歐洲各地的學者文人頻繁通信；同時逐步展開獨自的思想體系。萊氏死在哈諾瓦，享齡七十。

在西洋哲學史上，萊氏與古代的亞里斯多德並稱兩大學聖，所涉獵的學問領域既廣且深。萊氏在歷史、法律、政治、神學、語言學等方面曾有重要貢獻，同時又以外交官、技術家、事務家等身份奔走四方。然而萊氏畢生最大的貢獻是在哲學思想、邏輯以及數學方面，對於後世影響甚鉅。萊氏曾為微積分的創見問題，與牛頓展開激烈的論爭，而在力學方面導入「力量」概念，發現力量保存法則與最小作用原理。其他如普遍數學、普遍記號法、普遍語言的形成、諸般知識的組織化、世界學院的建設構想、新舊兩大教會的和解統一等等，都是萊氏畢生努力促其實現的重要課題。至於他的哲學則是統一諸般學問的根本礎石，乃是基於他那對於普遍調和的宇宙系統的堅固信念。

　　萊氏著書、論文、書簡、斷簡等為數甚多，生前刊行的只有《辯神論》(*Essais de théodicée*) 一書。其他如《結合術》(*Dissertatio de arte combinatoria*)、《形上學序論》(*Discours de métaphysique*)、《單子論》(*La monadologie*)、《人類悟性新論》(*Nouveaux essais sur l'entendement humain*) 等書皆屬萊氏哲學主著，尤以《單子論》一小冊書總括萊氏思想為前後連貫的九十則論題，簡潔扼要，足供窺豹。萊氏著作多在死後發現問世，直至今日尚有大量手稿未經整理刊行。萊氏哲學著作多以拉丁文或法文撰成，不過他曾特別強調並協助學問性的德文的發展。

第二節　思想方法及特徵

　　萊氏哲學的根本性格可以規定之為一種「調和的體系」(system of harmony)；「調和」乃意謂著個別對立之中的統一關係，而非完全統一的融和。萊氏的哲學思想從表面上看來，沒有一個固定的核心或焦點，然而就他一生的真理探求方向來看，折衷調和的性格最為顯明強烈。我們只須指出兩點即可證實。萊氏當時，自然科學的機械宇宙觀盛極一時，而中世神學的餘威仍然存在（我們前面已經敘及經院哲學用語如何支配理性論思潮）。萊氏畢生的首要課題，便是如何適為調和機械論與亞里斯多德以來的目的論；而單子論體系可以說是解決此一課題的思想結晶。另一方面，新舊兩教在教義上與政治上的實際鬥爭，也促使了萊氏設法調解其間，打出可能的和諧局面。總之，萊氏的思想信念建立在所謂普遍的調和，即是視宇宙整體為調和系統的一種理念，而在分殊性中看出統一性來。萊氏這種理念甚至表現在他對哲學史的看法。他以為整部哲學史的發展不外是「永恆哲學」(philosophia perennis) 的自我彰顯。因此每一思想體系都有真理存在，有些強調真理或實在的那一側面，有些則重視這一側面，真理則轄括兩面。機械觀與目的觀的論爭藉此可獲適當的解釋。在萊氏哲學之中，我們已能看出後來構成一般德國哲學傳統性格的所謂綜合傾向。如謂德國觀念論是一種抱有精神普遍性理念的世界觀，則萊氏無疑是德國觀念論

的鼻祖了。從萊氏開始的德國哲學傳統上是一元論的、綜合性的，它以普遍精神的理論揚棄一切對立，尋出究極的絕對者為根本原理，故又帶有神學色彩。萊氏本人既是如此，後來德國觀念論者如費希特與黑格爾亦不例外。此與傳統上具有二元論的、分析性的、科學傾向的法國哲學，以及具有經驗的、實際的（政治經濟的）傾向的英國哲學形成極其鮮明的對照。我們若用黑格爾的名辭來說，從萊布尼茲到黑格爾的德國觀念論的展開，可以說是普遍精神的辯證發展過程。換言之，萊氏哲學所直接定立的普遍精神（亦即預定調和的精神），中經康德的批判哲學，一度被否定裁斷，而到黑格爾的辯證法形上學又以否定的否定形態重被揚棄綜合。

我們再就理性論思潮本身剖視萊氏的思想地位，則可以發現，萊氏雖與斯賓諾莎之間具有思想的內在關聯，但他對於斯氏哲學提出三點反對的意見：(1)萊氏堅決反對斯氏實體一元之說，而以多元單子理論予以替代；(2)斯氏從「能產的自然」除去叡智與意志，只許神為「形上學的空無」，亦非萊氏所能同意之點，萊氏則將上帝視如「單子的單子」，當做真正的宇宙創造者；(3)萊氏同時非難斯氏對於目的因的排除，而在機械化宇宙秩序之中導入了目的理念。於此萊氏的神學氣味遠較斯氏（甚至笛卡兒）濃烈得多。

在論介萊氏哲學體系之前，我們應予理解支配萊氏哲學的幾個基本原理，這些基本原理有些來自數學（微積分法）上的靈感，如連續律；有些來自純然形上學的直觀，如調和律；有些來自形上學與邏輯兩方面的泉源，如充足理由律與矛盾律。

㈠調和律 (the principle of harmony)　此律貫徹萊氏一生的思想發展；機械觀與目的觀，中世紀哲學與近世哲學（以及近世科學），新教與舊教，無限多元的單子之間所構成的對立等等，皆依調和律獲得圓滿的理論解釋。萊氏肯定多元獨立的個體之間有所謂普遍統一性的顯現，因此單子論體系本身即是一種調和的體系。至於預定調和說以及神存在論證亦藉助於調和律而得成立，下面當另論及。萊氏一生孜孜不倦地探求著的，不是一個根本立場的建設，而是諸般

立場的包容調和。調和律的外在表現，則是一種樂觀肯定的世界觀，而在生活態度方面萊氏更表現為調和的「世界人」。

　　㈡充足理由律 (the principle of sufficient reason)　此律乃是一切真正命題以及事物存在的成立根據，簡稱理由律。萊氏自己解釋理由律說：「一切事物的發生皆有理由」。一切（邏輯上）事實性命題或（存在上）現實事物的存在都有為何這樣而非那樣的充分理由，層層溯源，最後可以推出上帝保證一切事實性命題與偶然事物存在的究極根由。因此，理由律是邏輯的原理，又是實在原理❶。

　　㈢偶然律或即完善律 (the principle of contingency or perfection)　此律屬於理由律的補充原理。萊氏主張上帝的活動必依客觀的善，而人的行為亦照自己所認為最好的去做，這不外是遵從完善律的結果。此律也意謂著目的因的恢復。萊氏說：「為何偶然事物如此存在的真因來自神性意志的自由聖旨，第一個聖旨即是意欲著一切事物依照至善的可能方式存在。」一切存在的充足理由既係來自完善的理念，理由律與完善律的究極意義終必一致無殊。萊氏認為我們的世界原是「一切共可能的世界」(all compossible worlds) 之中最好的世界。此種樂觀主義乃是依據理由律與完善律而來。

　　㈣矛盾律或同一律 (the principle of contradiction or identity)　在邏輯上，萊氏將矛盾律（A 不是非 A）與同一律（A 就是 A）視如同一的原理。他以為屬於必然性真理的命題一律遵守矛盾律，此類命題不許與它矛盾不合的命題同時成立。下節當再詳論此義。

　　㈤不可辨別者同一律 (the principle of the identity of indiscernibles)　萊氏從充足理由律導出此律，說不可能有兩種無法辨別的實體存在著。設若兩種實體之間彼此不可分辨，則無異指謂同一實體。萊氏據此反對絕對相等的兩種事物可在位置與數量上面相異的說法。此律與普遍調和的理念聯合構成單子論體系的支配性原理，一方面准許多元分殊（即使是具有無限小的差別）的無限單子存在，另一方面又使單子的多元對立融消而為調和的存在層梯系統。

---

❶　後來叔本華詳分充足理由為四種，參閱本書〈叔本華〉章。

㈥連續律 (the principle of continuity)　此律意指存在層梯的調和系統密密無縫，單子與單子之間串成一個無限連續的存在系列。連續律原是萊氏藉諸微分法中的無限小的差別概念而成立的，在幾何學上萊氏援用連續律說明橢圓與拋物線的線點連續問題，在物理學上則應用於動靜連續的說明。萊氏在形上學上，則以該律保證宇宙存在系列的相連無間。

除了上述六種基本原理外，我們對於萊氏方法論還需了解他那「普遍學」(scientia generalis) 或即「普遍數學」(mathesis universalis) 的理念。萊氏深受笛卡兒學派的影響，也主張數學的演繹法為最精確可靠的哲學方法。哲學的首要課題是在發現不可還元的「第一真理」(primae veritates)，而後從這確實的基本真理推衍其他一切真理或知識。事實上，萊氏並未達成發現「第一真理」的願望。不過萊氏為了「普遍學」理念的實現，曾構想出一種「結合術」(art combinatoria) 或「記號學」(Charakterologie)。萊氏的「記號學」構想可以說是現代符號邏輯的濫觴，到了十九世紀中葉以後才受到了一般數學家與邏輯家的重視。他從數學符號的使用獲得靈感，認為人類知識的構成，理論上應可藉用記號或即「普遍語言」予以統一整合。換言之，概念還元而為記號的結合，命題則以記號之間的關係取代，至於推論則可視為計算記號的步驟。萊氏自己曾在斷簡零篇發表他那「普遍記號法」的理念，然而沒有系統性的理論出現。萊氏深信「普遍語言」的建立有助於學問的革新、人類精神的根本統一、學術研究的國際性溝通，以及各國之間交通貿易等實際問題的徹底解決。因此，「結合術」可以視為萊氏所謂「理性的工具」(instrument de la raison)。如用現代哲學的用語來說，不外指謂科學整合運動所標榜著的統一性科學語言。不過，萊氏的「結合術」背後仍然假定形上學的基礎，並不純然是符號邏輯的理念而已。

第三節　知識論

在萊氏知識論中，我們可以看出法國理性論與英國經驗論的媒介與調和。理性論者主張真正的知識一律來自「本有觀念」(innate ideas)，經驗論者則堅持

只有來自感覺經驗的知識才是真實可靠的人類知識。萊布尼茲在《人類悟性新論》中一方面同意經驗論者洛克的見解，認為洛克對於經驗認識的來源與關聯的理論極有見地，然而批判洛克未予明確分辨裝有經驗內容的觀念（表象）與構成觀念的悟性（心靈主動能力）。因此萊氏修正洛克之說，謂：「對於心中所具之觀念無非來自感覺之說，應加一句『悟性本身除外』(nisi intellectus ipse)」。感性觀念 (ideas of sense) 如甜、苦、圓桌、方椅等既由感覺經驗而生，自非本有觀念，然而方形或圓形等數學上的觀念則為人類悟性所自創者，毫不關涉外界經驗，反為感性知識成立的前提。萊氏此一學說已經預取了康德知識論的立場。

　　如此，萊氏基本上同時承認兩種認知領域，一是感性的認識，另一則是悟性甚或理性的認識。前者專從經驗獲得保障，無由通過邏輯的運作論證出來；後者端賴悟性本身的思考與推論而得成立。換言之，萊氏區別「理性真理」(truths of reason) 與「事實真理」(truths of fact) 兩種，前者又稱「形上學的」或即「幾何學的」，亦即「必然的」真理，後者另稱「偶然的」(contingent) 真理。前者的成立，乃是基於純然邏輯的思維必然性，遵從矛盾律，不許任何矛盾相反的真理同時成立。後者則關涉現實經驗，遵從充足理由律，並不拒卻相與矛盾的事實性的存在可能。「平面三角形的內角之和必須等於二直角」這個命題純依三角形概念與幾何學的公理獲得必然地真的保證，所謂「必須等於二直角」意謂著不許不等於二直角。由此可知，支配「理性真理」的根本原理是矛盾律。理性真理之中具有直觀自明性而不可還元的根源性真理，萊氏稱為「自同者」(identicals)，譬諸「A 即是 A」（同一律），「等邊三角形是三角形」等是。又有所謂否定性的「自同者」，特稱「全異者」(disparates)，譬諸「熱不是色」，熱與色性質全異，必然自明。萊氏認為有關邏輯、純粹數學，甚至從「第一真理」推衍而成的（只涉可能存在領域的）形上學應屬理性真理的命題系統，意似現代邏輯所謂「套套絡基」（現多譯為套套邏輯）(tautology)。如果我們承認，萊氏所謂理性真理的命題系列可依次分析而還原為根源的命題如公理、「自同者」等，

則理性真理亦可稱為分析命題 (analytic propositions)，表現「有限的分析性」。

　　至於事實真理則不然，因它關涉現實經驗，故非必然，且「不能分析」(incapable of analysis)，完全依據充足理由律而得成立。「經驗事實」(matter of fact) 何以如此，必須藉諸充足理由方可理解，一切關涉現實存在領域的真理莫不如此。事實真理的究極充足理由是上帝本身。萊氏並不否認事實真理亦可「先然地」(a priori) 認知，但需一種「無限的分析」，就人而言，是不可能的，只有上帝才能先然地或必然地知悉事實真理的整個系列。譬如層層推溯個別存在的充足理由，終必導致宇宙整體為何如此存在的問題。人類無法無限地分析宇宙存在的究極理由，究極充足理由的秘密存乎神之自由聖旨。換言之，只有從人的觀點，才有兩種真理的區劃可能；從神的立場來說，必然真理與偶然真理完全一致，毋需分辨。

　　在萊氏當時，純粹悟性認識（必然真理）常被稱為「先然認知」(Erkenntnis a priori)，經驗事實的認識則稱「後然認知」(Erkenntnis a posteriori)。所謂「先然」（不待經驗，先於經驗）與「後然」（來自經驗，後於經驗）的用法，窮本溯源，原是來自亞里斯多德，但已失去原有涵義。本來萊氏兩種真理之說，可以看成邏輯經驗論者所謂「先然分析命題」（必然命題）與「後然綜合命題」（概然命題）等命題二分法的理論先驅，然而由於萊氏強調必然真理的形上學基礎以及解消兩種真理於上帝自體，萊氏命題二分法的真正義蘊乃與休姆以及邏輯經驗論者之說大異其趣。

　　與萊氏兩種真理有關聯的一個問題是，「可能存在」(the possible) 與「現實存在」(the real) 的兩大領域之分。前者關涉數學、邏輯甚或形上學的認知對象或觀念（如圓形，實體，符號），不具任何經驗的意義；至於後者，則關涉到現實經驗的偶然存在（如眼前花草鳥獸）。特就「可能存在」的概念而言，我們應予注意下列幾點：⑴萊氏規定「可能存在」為不許矛盾的概念，譬如「圓的方形」概念本身矛盾，應予摒諸「可能」領域之外；⑵一切理性真理的對象必屬可能存在；⑶因之理性真理並非現實存在的判斷或命題，不過有關上帝的命題

算是唯一的例外。上帝的可能存在當屬必然真理，然而上帝的可能存在同時又是真實的存在。因此惟在神的場合，理性真理涉及實在領域。換言之，理性真理與事實真理兩者在上帝之中失其區別。萊氏說：「神之實在以及一切直角彼此相等，都不外是必然真理；但是我的存在或是眼前物體具有實際的直角，則屬偶然真理」。

第四節　單子論體系

我們已從上述兩種真理的劃分看出，萊氏知識論的成立有其形上學的根據。他的形上學所要解決的是機械論與目的論的調和，同時對於笛卡兒以來一直爭論不已的實體（根本實在）問題謀求徹底的答案。萊氏深知機械論的自然解釋易於傾向唯物論見地，至於目的論的解釋則易於形成唯心論的形上學。唯物論與唯心論的論爭所在，本質上集中於形上學的實體問題。笛卡兒以後，機會因主義者與馬爾布蘭西等廢棄一切神以外的實體自主性，導致萬有在神論的立場，而否定了經驗現實的活動可能。斯賓諾莎雖將神與自然視為同一，藉以說明現實世界的必然活動秩序，但其所謂無限實體（上帝）卻已喪失實在的活動意義，而只變成一種存在之論理的範疇。萊氏以為，如要承認機械論與目的論兩者同時具有各自的真理，唯一的辦法是導入經驗要素於實體概念之中，而使所謂實體本身具有一種「力量」(force) 或即作用的原因。如此，萊氏規定「力量」為實體的構成要素 (le constitutif de la substance)，或是「傾向」(conatus)。物體的運動與靜止只是相對的區別而已，動靜二者原是「力量」的分殊現象形式。

萊氏根據這種實體概念，定立無限多元的實體，特稱「單子」(monads)。他在《單子論》中開頭便說：「單子不外是一種構成複合組織的單純實體；所謂單純 (simple) 意指不具部份。」又說：「單純實體必須存在，因有複合組織存在之故；因為複合組織 (composite) 原不過是單純實體的聚集或集成體 (aggregatum)。」單子既無部份，當然不能具有擴延與形式，亦不可分。只有單子才是「自然的真實原子」或即「事物的要素」(elements of things)。單子除非

由於上帝創造或毀滅，否則就其本身無所謂生滅可言。萊氏反對當時流行著的原子理論，因為原子概念在理論上與「力量」以及連續的力量恆存矛盾不合，無以說明自然宇宙的現象系列。萊氏甚至主張，有了單子（概念）的存在，力量恆存法則可以視為自然律的基礎，亦即成為機械化宇宙現象的第一充足理由（目的論原理）。

　　萊氏又說，每一單子就其內在本質而言，完全異乎其他單子（根據不可辨別者同一律），然而整個宇宙構成多元單子的調和系統（根據調和律）。每一單子有其本身的內在構造與作用法則。但因每一單子具有程度不同的「知覺」(perception) 或表象 (repraesentare)❷，故又能夠程度不同地表象出 (represent) 整個宇宙。單子是宇宙的「活鏡」(le miroir vivant de l'universe)。萊氏決不承認死沈沈的物質，對他來說，宇宙整體乃是充滿內在生命的多元單子的統一秩序，宇宙中的個別單子或即「形上學的點」(metaphysical point) 都從各自的「觀點」反照或表現整個宇宙的美的調和。同時，整個宇宙的調和又是連續性的秩序（根據連續律），從最低層次的單子到最高層次的單子（上帝）之間呈現出連續不斷的「表象」系列。過去曾鼓舞過自然哲學家以及神秘主義者的想像力的所謂「一切在一切之處」(omnia ubique) 這句名言終於在萊氏的單子論思想裡獲得明晰的概念表現。萊氏的單子論體系，一言以蔽之，是一種實體多元論，亦是文得爾班所謂「絕對的活力（生機）論」(absoluter Vitalismus)❸。

　　萊氏所謂單子既是「形上學的點」，故不屬於感覺經驗的現象；單子的概念乃是通過哲學解析 (philosophical analysis) 而形成的。我們所經驗到的只是單子所構成的「集成體」，而非單子本身。單子的原初力量或即所謂「圓極」(entelechy) 規定單子運動變化的根本法則。單子既是實體，故「無窗戶」(windowless)，單子與單子之間不可能有直接的相互作用或影響。但就多元單子所形成的宇宙整體而言，卻呈現著依照神意的預定調和 (preestablished

---

❷　萊氏的「知覺」與「表象」具有特殊涵義。

❸　參閱《近代哲學史》卷一第 478 頁。

harmony) 秩序。個別單子是獨立自主的小宇宙，小宇宙間的對立在大宇宙中通過預定調和獲得多樣的統一，亦即庫撒奴斯 (Cusanus) 所謂「反對之一致」(coincidentia oppositorum)。

依據萊氏的說法，宇宙存在之初，上帝已預定了整個宇宙的調和，俾使每一事物都能依其靈魂與身體的法則自行活動。至於心物之間的相應關係，萊氏襲用機會因論者的兩種鐘錶之喻予以說明。他說，上帝（鐘錶製造者）開始即已適為精製心物兩錶的機械零件，而使兩錶始終保持相應一致的時間，不必中途修補或調節心物相應的同時性。在預定調和說之中，機械論與目的論兩相和諧；或不如說，機械論終於依存目的論的原理。萊氏說：「自然導致恩典，恩典更使自然趨於完善。」萊氏如此揚棄了笛卡兒主義以來的心物平行論立場。

心物二元論的解消又可以從萊氏的「知覺」或「表象」理論獲得說明。萊氏認為每一單子都可從它本身的有限觀點反映或表象出宇宙整體（單子是宇宙活鏡）。這不外是說，每一單子享有一種知覺。他規定知覺為「單子表象出外界事物的內在狀態」。當他主張每一單子有其知覺，萊氏的本意是說，依照預定調和每一單子都能內在地反映周遭環境的變化。這並不必意謂著每一單子的知覺或表象必須伴有一種意識，能意識到表象外界的事實。萊氏按照單子的存在層梯的高低，規定單子的知覺亦有高低不同的程度。低度單子只具「混雜的知覺」，或即「微小知覺」(petites perception)，既不明晰，亦不伴有記憶與意識等作用，譬如植物的「支配性單子」(dominant monad) 或「圓極」(entelecheia)，始終是在睡眠狀態之中。較高程度的知覺則附加了記憶與感覺，動物具有這種較高程度的知覺，動物的支配性單子可特稱為「靈魂」，以別於只具混雜知覺的「裸性單子」(naked monad)。最後，人存在靈魂具有意識作用所隨伴著的知覺，故稱「理性靈魂」或即「精神」，以別於廣義的靈魂。人存在知覺特稱「統覺」(apperception)，萊氏規定其為「對於此一（知覺）內在狀態的意識與反省的知識」。「統覺」概念後來在康德《純粹理性批判》，以「先驗的統覺」重新出現，構成康德知識論的絕對預設。

　　萊氏如此建立連續不斷的知覺系列，而為多元單子鏡照宇宙的基礎，在理論上克服了笛卡兒心物二元之說。對於萊氏而言，宇宙有如生命有機體，因為一切事物乃由非物質的單子或即力量原因所形成。一切存在原是無限連續的單子系列，而以知覺為支配性的單子表徵。單子的實在層次基於知覺的高低程度。至於為何有些單子的知覺程度較低，有些則較高，最後的理由只有訴諸上帝；因為上帝依照完善律預為設定一切事物構成調和的宇宙秩序。

　　人類靈魂或精神具有悟性活動與感性經驗的兩大作用。兩者的對立即是主動性與被動性的對立。悟性具有清晰明瞭的表象，不受外界物體（包括人的身體）的干擾；至於感性則在混雜的知覺狀態，而由外界物體牽制，故是被動的。萊布尼茲據此批判了洛克的非本有觀念說，作者已在萊氏知識論一節論及，茲不贅述。

　　萊氏承認每一單子都有神性，這是因為物質到上帝的階段構成無限連續的單子系列的緣故。單子的知覺程度愈高，愈顯單子的主動性，而在「單子的單子」或即上帝自體呈現出純粹的主動性。萊氏這種見解，基本上沿襲亞里斯多德的理路，亦以潛態、顯態、被動、主動的發展系列說明宇宙的構造。此一理路一直影響到薛陵與黑格爾的形上學，可特稱之為「發展的體系」(System der Entwicklung)。萊氏曾說「實體的作用只有表象與欲求」，而在表象作用之外，假定單子具有「從一個表象移至另一個表象的內在原理」，亦即「欲求」(appétition)，等於平常所說的衝動或傾向。到了「理性的精神」階段，單子的表象作用與欲求作用分別提升而為思維與意志。理性的精神即是自覺精神，不僅僅是「形上學地存續著，同時形成道德上同一的人格」。只有在理性的精神階段，單子才能自覺地表象神與宇宙，認知有關神與宇宙的永恆真理。神與人間雖存在著無限的距離，卻是連續的而非隔斷的。神是人的善良主人，「與人為伴」。理性與信仰彼此調和，而無矛盾。

　　萊氏單子論的發展系列可以綜括如下：

(2)上帝＝單子的單子＝無限的根源單子＝預定調和原理＝究極充足理由原理		
③理性靈魂（精神）	人體	人存在（具有反省的意識以及永恆真理的認知）
②靈　魂	動物體	動物（具有意識的知覺）
①裸性圓極	低級物體（植物體）	劣等生命物質（只具無意識的知覺）
(A)圓極或即支配性單子	(B)身體或即從屬單子	(C)圓極與身體的生命之集成體（受有預定調和的規制）

無限連續的發展系列

(1)有限的被造單子系列

　　萊氏依據單子論觀點，認為物體只是實體的集成體，而非實體本身。「擴延者或即物質不是實體而是實體的集成」(Extensum seu materia non substantia est, sed substantiae)。物體對於我們的精神成為「一種事物」或即現象。物體本身具有擴延且可分割，原是「半精神的」、「因觀察者而異，但互成關係，而為來自同一根據的現象」。由於擴延的物體只是現象（混雜表象）的產物，物體只由感性予以知覺。萊氏據此批判笛卡兒學派的擴延性概念，認為擴延性不是物體的客觀屬性，而是我們表象物體的一種「方式」，故屬現象領域。

　　至於時空亦是相對性的。萊氏反對牛頓的絕對時空理論說，空間只是同時存在的秩序 (an order of co-existence)，時間則是繼起的秩序 (an order of succession)。抽象的空間並不存在，它只不過是一種可能的事物境況關係的秩序觀念而已。同樣地，抽象的時間亦不存在，它只是現象繼起關係的秩序觀念而已。總之，時空觀念是現象性的或觀念性的，雖則時空不等於是假相，因為時空的抽象觀念總有現象關係的客觀基礎。萊氏的時空理論自然與他的連續律具有關聯。我們在康德早期的自然哲學之中❹仍可看出萊氏時空觀的陳跡。

　　根據上述時空的見解，萊氏也否認了絕對運動的存在。物體的本質既在「力

---

❹　譬諸《感性界與叡智界之形式與原理》一書。

量」，靜止也不可能存在。動與靜二者只是外表的相對性現象而已。萊氏此一看法，與他單子即力量原因之說具有密切的理論關聯。

第五節　上帝論

萊氏的上帝是「根源的單純實體」，而與一切被造的或衍生的多元單子有所區別。後者乃是前者的結果或產物，由於神性的連續放射 (les fulgurations continuelles de la divinité) 而產生。在被造的單子所呈現著的「主體」（實體性）、「表象能力」與「欲求能力」，在上帝本身則是無限完全的「權力」，「知慧」（神之悟性）以及「意志」（善意）。萊氏在《辯神論》中將此三種神之屬性擬為三位一體的解釋。神之權力是絕對性的，祂依自己的可能性（本質）而實存著。換言之，在神性之中可能性與現實性完全一致。其他一切實體則依存神而存在。神之悟性是永恆真理的根源所在。至於神之善意是在實現至善。現實世界乃是一切可能存在著的世界之中最好的世界，因為現實世界依照神的預定調和而存在。事實真理的究極根據存乎神的善意，因此充足理由律亦意謂著至善律（偶然律）。萊氏很少直接討論上帝本身的問題，而是專就其與一切單子之間的關係旁敲側擊地處理。事實上，萊氏上帝論的一大部份關涉信仰問題，而非神本身的問題。不過，萊氏本人所作的神存在論證卻值得我們注意。

萊氏的神存在論證大致可分四項：

㈠存在學論證：上帝觀念是最為完全的存在觀念，「真實存在」(existence) 是一種完全。因此真實存在亦須包括在上帝觀念之中。換言之，實存（真實存在）屬於神之本質。因此上帝可規定為必然存在或必然實存著的存在。此一論證實與笛卡兒的「神之本質涵蘊神之存在」的理論無甚殊異。

㈡另一先然論證來自永恆必然的真理的存在事實，原是聖奧古斯丁所首倡的。永恆真理如數學命題，不是人為的虛構，因此需有形上學的根由。我們只有肯定某一絕對必然的形上學主體才能說明永恆真理的存在事實。換言之，上帝必須存在。

㈢萊氏又藉充足理由律，從事實真理的存在推論神之存在。宇宙事物的究極理由必須預設一個必然的實體或即上帝。宇宙事物的連續系列的究極根源必在宇宙整體之外。上帝為宇宙整體存在的唯一理由，而任何神以外的外在理由均不足以說明上帝的實存，因為必然的存在（上帝）形成本身的充足理由。此一論證屬於後然論證，為宇宙論論證的一種。

㈣另一後然論證來自預定調和的前提。多元分殊的單子之間既無交通可言，一切「無窗戶的」單子所構成的完善完美的宇宙調和惟有訴諸一種共同原因才能成立。自然宇宙本身的和諧秩序充分證實了上帝或即絕對完善完美者的存在。

第六節　辯神論

已如上述，上帝始終為了實現至善而活動，因此此一世界必是一切可能的世界之中唯一最好的世界。理論上上帝可以創造不同的世界，但從道德的觀點來說，上帝只能依據完善律創造一切可能世界之中唯一最好的現實世界。然而根據這種樂觀主義的立場，萊氏又如何說明惡的來源問題呢？

為了說明惡的問題，萊氏區分三種不同的惡。「惡可以說是形上學的、物理的、或倫理的。形上學的惡 (metaphysical evil) 只是存乎不完全，物理的惡 (physical evil) 存乎受苦，倫理的惡 (moral evil) 則存乎罪惡。」形上學的惡所以指涉不完全 (imperfection)，乃是由於被造事物的有限性而來。現實存在本身的有限性構成了惡與錯誤的可能來源。上帝原初只意欲著善的存在，然而被造事物的不完全不是依據神之選擇而是基於被造事物的本質，因此上帝只有創造不完全的存在事物。事實上，一切事物不能像上帝一樣地完全。即使現實世界是唯一最好的世界，被造者都必須是不完全的。由此可見，形上學的惡是一切惡的究極根源。

一般地說，萊氏亦如他以前的哲學家，認為惡並沒有能產生它的動力因，因為惡是一種「缺如」(privation) 而已，不具積極的本質。尤其萊氏所舉物理的惡，更是如此。物理的惡只是消極性的，譬諸某一地區的地震或瘟疫，就其

本身而言，算是物理的惡，但就宇宙整體而言，則不過是小小的「缺如」。猶如陰影反使光線更為明亮，物理的惡更能顯出宇宙的調和秩序。何況物理的善多於物理的惡，正足以證實此一世界仍是一切可能世界之中最好的一個。物理的惡亦可看成倫理的惡之必然結果。物理的惡反可成為促進行為實踐的催化劑，俾使受苦的人成就更高的道德價值。萊氏對於物理的惡之解釋，流於強詞奪理。1755 年在葡國里斯本一帶發生強烈的地震，造成無比的災害。法國哲學家伏爾泰為此撰成一部小說《干第得》(*Candide*)，嘲諷萊氏的天真幼稚的樂天觀。

　　至於倫理的惡更與上帝無關。上帝並未意欲倫理的惡存在，祂只准許倫理的惡之可能。倫理的惡之根源是在人類自由意志的濫用，應由人類本身負其全責。倫理的惡之產生是由人類本身不依理性，反而依從混雜表象所導致的結果。總之，倫理的惡與物理的惡兩者的究極存在理由是在形上學的惡，乃以一切被造事物的有限性（不完全性）為唯一的前提。這個世界不是最好的世界，但在一切可能的世界之中是一最好的世界或即最沒有惡的世界；這就是萊氏樂觀主義的根本論旨。

第七節　道德論

　　萊氏道德學說是一種倫理的理性論。他與斯賓諾莎一樣，認為衝動或性向的價值全依規制衝動的表象價值如何。真偽表象的理論區別乃成為決定道德上的正與不正的主要根據。萊氏區分衝動生活的三種形式：⑴從黑暗的無意識表象所產生的「無意識衝動」，⑵以感性經驗的混雜表象為根源的「感性欲望」，以及⑶以清晰明瞭觀念為動機的「有意識的意志」或即「道德意志」。萊氏的自由概念亦極接近斯賓諾莎的說法，他也認為自由即是依從理性；單子所呈現著的清晰明瞭的表象狀態，就是道德意志支配下的自我決定狀態，反之亦然。一切存在的衝動以自我充全為目標，而人類精神的真正充全是在人類表象的清晰明瞭狀態。因此，道德努力的目標在乎精神的啟蒙作用。萊氏此一道德見解一直支配了德國啟蒙運動的理想。「啟蒙你自己，且設法啟蒙你自己的同胞，這樣

人類就有幸福。」此一見解終於成為十八世紀的一般德國人所信奉著的生活智慧了。

第八節　歷史論

萊氏依據調和理論，認為世界始終從自然狀態（機械論）朝向神之恩典進化著（目的論）。人類精神也參與了宇宙調和的實現，精神的調和統一乃是在乎「上帝之城」的建立，即在實現「自然世界之中的道德世界」。所謂「自然的物理王國與恩典的道德王國之間的調和」理念始終指導著萊氏對於人類歷史發展的見解；而萊氏的此一見解後來也影響了康德對於道德與歷史的理念。

第九節　萊布尼茲哲學的意義和影響

由於萊氏哲學沒有形成首尾一貫的體系，萊氏哲學的真正意義可有種種不同的解釋。譬如巴魯濟 (Jean Baruzi) 主張，萊氏基本上是宗教哲學家，志在彰揚上帝的榮光。又如十九世紀德國哲學史家費雪 (Kuno Fischer) 則在萊氏思想之中探尋啟蒙運動的主要精神體現。費氏認為萊氏本人糅合了「理性之時代」(the age of reason) 各方面的思想線索，而予適當的調和，充分表現了理性的啟蒙精神，有別於狹陋的國家主義與宗教的狂信主義。至於文得爾班與義大利觀念論者魯吉爾羅 (Guido de Ruggiero) 則以萊氏為康德哲學的先驅。也有某些學者強調萊氏歷史研究的一面。

再者，羅素等人專從萊氏對於數學、邏輯方面的研究，解釋單子論、結合術、普遍語言或命題計算的構想為萊氏的真正秘教 (esoteric doctrine)，而以萊氏辯神論與道德論等學說為通俗性的哲學 (popular philosophy)。羅素在《萊布尼茲哲學之批判的剖析》(*A Critical Exposition of the Philosophy of Leibniz*) 一書特別指出，萊氏不敢從其理論前提導出邏輯的結論，因為萊氏仍欲維護耶教正統以及倫理的教化。羅素說：「這就是為什麼他的哲學的最好部份是抽象的，而最壞部份則是幾乎關涉人生的理由」（《萊布尼茲哲學之批判的剖析》，第 202

頁)。從羅素的觀點看來，萊布尼茲的最大成就完全在乎後者開導了一條符號邏輯與學術語言統一運動的先河。同時萊氏的單子論也孕育著羅素所倡「邏輯原子論」(logical atomism) 的思想種子。我們不能否認，羅素對於萊氏形上學與數理邏輯的混淆觀念所作的理論澄清具有發揚萊氏邏輯思想的功績。

　　這不等於說，萊氏思想的真正貢獻只限於數理邏輯方面。上面已經提及，萊氏哲學可從不同觀點予以解釋評衡。從整個近代哲學史的發展看來，萊氏的影響極其深廣。正如文得爾班所說，萊氏《人類悟性新論》一書所展開的知識問題對於康德先驗觀念論的建立預鋪了重要的理路。他那道德啟蒙與歷史理論也成為整個十八世紀的文化理念的主要指導原則。最後，若從德國哲學的傳統來說，萊氏可以說是近代德國哲學的開山祖師，自從萊布尼茲開始，德國才有了超越英、法兩國的哲學體系的形成。窩爾夫首先體系化了萊氏哲學，鋪下德國人研究哲學的地盤。後來通過康德而至德國觀念論，德國哲學終臻登峰造極的境界。單就打定德國哲學的發展基礎而言，萊布尼茲之功實不可沒。

第八章　洛　克

第一節　生涯和著作

　　約翰‧洛克 (John Locke, 1632–1704) 是英國古典經驗論的鼻祖，也是近代民主主義的代表性思想家。洛克生在布里斯特爾 (Bristol) 近郊小村，為一法律學者之子。早年就讀牛津，專攻哲學、自然科學以及醫學，尤對培根與笛卡兒的學說潛心研究。洛氏後與謝夫茲貝利伯爵結識，為謝家醫師，且開始與謝伯爵共渡政治浮沈的生活。洛氏一生經歷清教徒革命、王政恢復、名譽革命等激變著的政治鬥爭，終於通過他所奠定的議會民主政治學說，成為名譽革命的理論指導者，同時在哲學、教育、宗教各方面鼓吹自由主義的思想。洛氏主著，首先應舉《人類悟性論》(*An Essay Concerning Human Understanding*) 一書。他在此書首次提出知識論的獨立分科的問題。在政治理論方面，著有《民政前論、後論》(*Two Treatises of Civil Government*)，與《悟性論》同時在 1690 年問世。1693 年出版《教育管見》(*Some Thoughts Concerning Education*)，1695 年刊行有關耶教問題的《基督教之合理性》(*The Reasonableness of Christianity*) 一書。洛氏又有幾篇原以拉丁文撰成的《寬容書簡》(*Letters on Toleration*)。洛氏著書，向以冷靜明晰的問題分析與深入淺出的文體著名，易為一般讀者理解與接受。當他在 1704 年逝世之時，他的著作已在英國學界引起廣大的輿論與思想的影響。英國一般哲學家的理路向來腳踏實地，善於現實經驗分析，且極重視語言表現上的平實簡明。洛克的思想與寫作方式可為典型的代表，故被稱為「常識哲學家」(common-sense philosopher)。

第二節　思想方法及特徵

　　洛克在哲學方面的最大成就，是在嚴密的知識論理念的創設。關於洛克探討知識論問題的原委，可從《人類悟性論》中的〈致讀者書〉(The Epistle to the

Reader) 一篇窺知大概。1671 年某日，洛克友朋曾在洛克家裡聚會，暢談有關道德原理與啟示宗教等問題。討論至於中途，節外生枝，而使眾人感到困難重重，無法獲致共同的結論。於是洛氏重新探索問題所在，終於覺察到，在探求一切其他問題之前，「預需檢查我們的（悟性）能力，同時要分辨出那種對象是我們的悟性所能適切處理，而那種是不能處理的。」誠如《悟性論》的偉大註釋家弗雷莎 (A. C. Frazer) 所說，「洛克要求眾友沈思的，不是存在的大洋，而是有限的人類理知經驗 (the limited intellectual experience of man)。」洛氏提出他的見解之後，眾友全體贊同洛氏所挖掘出來的這個問題。這就是洛克劃時代的名著《人類悟性論》產生的歷史來源。洛氏為了徹底解決他所發現的知識論根本問題，謹慎運思，不輕易發表己見。如此經過十九年的推敲，終在 1690 年正式刊行《人類悟性論》，公諸於世。

洛克在《人類悟性論》序章論及知識論的三大問題，即是關於人類知識的 (1)來源 (original)，(2)精確性 (certainty)，以及(3)範圍 (extent) 如何的根本課題。洛氏同時聲明，他也涉論不具嚴格知識意義的信仰、臆見以及同意的根據與程度如何的問題。洛氏所定立的這類問題首次成為近世知識論的主要研究對象。在這些問題之中，洛氏所最擅長的是有關觀念來源的問題。洛氏規定構成人類知識的對象或內容來自所謂「觀念」(ideas)，如能探知觀念如何而來，無異等於啟開知識論研究的門鎖。

洛氏所謂觀念，迥然異乎柏拉圖式的觀念（形相）。洛氏「觀念」一辭亦可譯為「表象」（英文為 representation，德文則為 Vorstellung）。觀念或即表象，簡單地說，指涉湧現於心中的一切對象或內容而言。洛氏所規定的觀念涵義極其寬泛，舉凡眼前事物的印象（如花草鳥獸等觀念）、心像、幻象（夢中觀念等）、意念、概念（抽象觀念）等等，都可包括在內。洛克所關心的是我們的心靈如何而有觀念的存在：究竟是否生得而有，或是完全來自現實經驗，抑從其他原因而來？洛克自謂，為了探求觀念來源的問題，他所採取的是「歷史的平易方法」(historical, plain method)。據弗雷莎的解釋，洛氏所謂「歷史的」（方

法）不外指謂「觀察時間上所發生過的現象的一種方法，而與從時空抽象而得者予以邏輯地分析的方法有所不同。」換言之，「歷史的平易方法」原是一種心理發生法，循著人類心靈蓄積心中內容的自然發生過程探究觀念的來源問題。因此，洛克知識論的基本方法可以規定為心理學的分析 (psychological analysis) 法。此與現代英國經驗論者如羅素、艾爾等所採取的邏輯分析 (logical analysis) 法大異其趣。我們可以說，洛克乃至休姆的古典經驗論者的方法論基本上是心理主義的或即感覺主義的。十八世紀的一般歐洲啟蒙哲學家喜好心理學的問題，探其淵源，實與洛克式心理主義的知識論探求極有關聯。

黑格爾在《小論理學》序論中嘲笑洛克、康德等知識論者說，他們欲在悟性作用開始之前檢查悟性對象與悟性能力的範圍，無異是在榻榻米上學習游泳技術，無甚意義可言。如此，黑格爾站在辯證法的形上學立場，完全抹殺知識論的獨立自主性。但他對於知識論者所作的批判，原不過是圈外人士的嘲語，並不足以動搖知識論的問題探求者的本來信心。不過，由於洛氏本人過份強調心理學的分析法的結果，雖有見於觀念的來源問題，卻無見於悟性主動能力以及其與知識精確性的關聯問題，可以算是洛克心理學主義的一大理論缺陷。後來巴克萊與休姆二人亦是如此。英國古典經驗論者在方法論以及知識論問題的探索所產生的困難，終在康德先驗哲學獲得初步的解決。

第三節　觀念來源及分類

洛克探索觀念來源所做的第一步澄清工作，乃是檢討所謂本有觀念 (innate ideas) 以及本有原則 (innate principles) 存在與否的問題。洛克對於「本有」一詞的規定不很嚴格，只不過是意謂天生而有。因此，「本有」亦可改譯為「生得」。他所說的本有觀念乃指不待經驗而於人類出生之時早已刻印於我們心中的先然觀念而言。本有原則則是經由本有觀念的聯合所形成的命題，實為一種先於經驗的判斷。他說，邏輯、數學方面的根本原則屬於思辨性的原則，而道德命題則歸屬實踐性的原則。洛氏極力反對本有觀念（原則）說的論點，認為一切觀

念與原則皆非獨立乎經驗而可成立的。換言之，一切觀念與原則皆不外是來自感覺經驗。洛克所舉出的主要理由是，稚童、白痴或蠻人從未知曉矛盾律、同一律等邏輯原則的存在。此類原則雖是必然自明，但非本有。況且所謂本有原則的存在須先假定本有觀念的存在。然而我們心中所具有的一切觀念，諸如書冊筆墨的觀念乃至同一性、量、實體、正義，甚或上帝等觀念，無一不是來自經驗的累積。如果有所謂本有觀念存在，為何人們對於善惡美醜等價值觀念因時因地而異？本有觀念既被否定，本有原則之說亦不攻自破了。數學、邏輯方面的原則亦不過是經驗性的自明原則而已。

由是，洛氏形容人類心靈有如白紙 (tabula rasa) 或是空室 (empty cabinet)，本來一無所有；一切心中觀念的產生不外來自經驗。洛氏更精細地說，所謂經驗，可分兩面，一是「感覺」(sensation)，另一則是反省 (reflection)。感覺觀念即是感官與外界事物性質直接接觸之後第一度在心中刻印而成的外官觀念，諸如白馬觀念、硬板觀念等是。至於反省觀念，則為心靈的種種作用所構成的內官觀念，譬諸記憶、注意、意欲等是。經由反省所得的觀念常較感覺觀念為遲。洛氏如此奠定了著名的「經驗論原則」(principle of empiricism)：「一切人類觀念不外來自感覺或反省」。

洛克通過感覺與反省的心理發生分析，劃分一切觀念為單複二類，可以列舉如下：

㈠單純觀念 (simple ideas)　為最初通過感覺而產生的觀念或後來經由反省作用所獲得的基層觀念，構成人類經驗的始源，具有原初 (original)，不可矯變 (incorrigible) 以及（單純觀念間）相離而無關聯 (discrete) 等性質。洛克又將單純觀念劃分四項：(1)只由一種感覺所構成者——如眼生色，耳生聲，鼻生香，舌生味，身生觸；(2)兩種感覺所協成者——如空間、形狀、動靜、擴延性等乃由視覺與觸覺兩者合成；(3)只由反省所產生者——如記憶、辨別、推理、判斷、信仰等；(4)經由感覺與反省兩者所形成者——譬如快樂、疼痛、力量 (power)、（現實）存在 (existence)、統一性、繼起等是。

㈡複合觀念 (complex ideas)　悟性接納單純觀念之時，仍處被動狀態，而在組合諸般單純觀念為複合觀念之際，逐漸展開主動創發之能事。洛氏又分複合觀念為三項：⑴模式 (modes)——依附實體而有，本無獨立性，可分單純模式 (simple modes) 與混合模式 (mixed modes) 兩種。前者如一打、一百、永恆等，乃由相類似的單純觀念依照量性累加而成，後者如美醜、謀殺、自由等，由不同性質的單純觀念湊合而成。⑵實體 (substance)——又分單一 (single) 實體（如一個人或一隻羊）與集合 (collective) 實體（如一隊兵士或一群山羊）兩種。⑶關係 (relation)——經由觀念之間的相互比較而得，諸如因果、一致性、相異性等是。

作者已經說過，洛氏單複觀念的分析，乃依心靈發生過程的前後關係而來。然而實際經驗是否能如洛氏所說，一開始即有色聲香味觸等單純觀念的明確區別，或是感覺活動開始之時所接納者僅是混然不分，無以名狀的感覺群而已？剎那性感覺或即直接無分別狀態的經驗常是混然模糊的，在知覺或即間接有分別狀態才能分清各種感覺要素，譬如菊花的顏色、大小等等。由此可見，洛克心理主義的分類法，實與經驗事實不甚相符；所謂單純觀念在先，複合觀念在後之說並無實際憑據可言。再者，洛氏的心理學規準較為主觀，故不明確；譬如「力量」、「存在」等觀念究係單純觀念抑係複合觀念，常因各人所持主觀性心理分析的規準而易生歧見。總之，洛克所作單複觀念的區分本來應屬一種邏輯分析，洛氏未及細察，誤將單複觀念的區別看成實際經驗之事，終於混淆心理的事實問題與邏輯的分析問題。心理發生法的缺陷已在洛氏單複觀念的區分見出一端。

第四節　初性次性與實體觀念

初性次性之分原非洛氏所創始，探其淵源，可以溯至近世物理科學的萌芽時期。近世物理科學家如克卜勒、伽利略等為了試行量的還元，曾將外界事物的諸般性質區分而為初性與次性兩類。此種理論可特稱為「初性次性兩橛觀」，

作者已在前面敘及 ❶。

　　因此，我們若能預先了解近世物理科學所建構的量化宇宙觀與數學方法論架構，以及笛卡兒根據機械宇宙觀所建立的心物二元形上學，則不難揣知洛克初性次性兩概觀理論的來龍去脈。洛氏首先判別「觀念」與「性質」兩者涵義的不同：前者為悟性的直接對象，存乎心中；後者則為物體本身所具有的「力量」，而能產生觀念在我們心中。譬如雪球具有一種力量，能於我們心中產生白、冷、圓等觀念，此種力量稱為性質。洛氏規定初性依附物體本身，形成物體的真實性質而無從與之分離，包括硬度 (solidity)、擴延性、形狀 (figure)、動靜、數量、大小等，亦稱物體的原有性質 (original qualities)。專就物體本身而言，本無初性的實在。次性純係初性對於我們感官施與一種力量而產生的感覺性質，如眼耳鼻舌身五官所對應的色聲香味觸即是，亦稱「可感性質」(sensible qualities)。洛克於初性次性之外，又加第三種性質，特稱「力量」(power) 或即「間接可知覺的次性」。譬如日光照射洋蠟，而使我們（第三者）知覺洋蠟之白，或如火之燒鉛，而使我們知覺鉛的液化現象等是。洛氏有時亦將此第三種性質歸屬次性。

　　由於洛克接受笛卡兒的二元論見地，承認心物兩種實體的存在，因此踰越了他原來所建立的經驗論原則，從表象論 (representationism) 立場蛻變而為樸素實在論者 (naive realist)。洛克認為，我們通過感官獲得許多單純觀念，且能注意或發現到若干單純觀念經常伴連在一起，因而易使我們認定此一單純觀念群必屬同一事物，於是組成適切的語辭稱謂該一事物自體。只因我們不以此類單純觀念本身能夠即自存在，故習慣於猜想有一支撐此類單純觀念存在的「托子」(substratum)。洛氏套用了傳統的哲學術語，將此「托子」命名為「實體」。

　　然而洛氏坦白承認，如果有人試為檢查純粹實體的一般概念，不難發覺到，尋獲物質實體真相的希望絕無僅有。我們若問：「次性如色與香如何而來？」洛克即可置答：「來自具有硬度的擴延性物體」；或乾脆答謂：「次性乃因初性的力

---

❶　參照本書第三部第二章。

量而生」。我們若進而追問:「所謂硬度、擴延等初性又如何而來?」洛克對於此問,惟有訴諸物質托子之說強為答辯了。洛克曾藉用了某一印度古代傳說,作為物質實體存在而不可知的比喻,說印度人認為世界的存在依賴一隻大象的支撐,此隻大象又為另隻大烏龜所支撐,至於該大烏龜又為何物所支撐,古印度人的答案是「彼所不得而知之某物」(something he knows not what)。洛氏此一比喻,無異是承認了我們無從獲悉物質實體究係何物。洛氏界定(物質)實體為:「實體觀念無非是對於不能即自存在的(事物)性質而言,充當此類性質的一種不可知的支撐者或即托子。」

　　物質實體的真相雖探知不得,我們對於實體卻可具有特殊觀念,乃由若干有關的單純觀念集合而成。例如「天鵝」的實體觀念實由白色、長頸、紅嘴、黑腿、游泳能力、發聲能力等初性次性所形成的觀念群簇。我們有理由猜測某一共同主體(實體)的存在,俾得保證此觀念群簇的統一完整。至於心靈實體亦是如此。洛氏認為精神實體觀念與物質實體觀念同樣清晰,不容置疑。正如從白色、黑腿、長頸等性質所獲得的單純觀念,可以構成天鵝的實體觀念;我們通過各種精神作用如思考、了解、意欲、記憶、辨別等,亦不難發現此等心靈現象共存於某種隱秘性統一主體之中。如此我們能夠構成此一精神實體的複合觀念。洛克說:「我們對於物體所具有的觀念,乃為擴延而堅硬的實體,能藉衝力傳達運動;而我們所具有的心靈觀念則為另種實體,能作思考活動,且有能藉意志與思想引起物體運動的力量。」又說:「精神實體對於我們並不可知;正與物質實體的不可知毫無殊異。」

第五節　抽象觀念和語意問題

　　洛克亦如其他一般英國哲學家,極其重視語言問題。故在《人類悟性論》卷三專門討論字辭、語法、語意以及抽象觀念的成立等有關語言哲學的幾個重要課題。

　　當我們知覺紅鞋、紅襪、紅衣等紅色事物,如何從中獲取「紅色」的抽象

觀念，而以普遍名辭「紅色」命名呢？所構成的抽象觀念又具何種「意義」
(signification) 呢？洛氏回答說，一般（普遍）觀念乃由抽象作用形成，字辭所
以具有普遍意義，在乎其為普遍觀念的「標誌」(sign)。他說：「從時空環境或
其他任何能夠決定特殊存在性的觀念抽離而得之觀念即是普遍一般者。藉此抽
象方式，此類（普遍）觀念能夠代表更多個體；每一對應普遍觀念之個體歸屬
該一觀念之類種。」如從蘇格拉底、約翰、彼得等各種現實人物捨異求同，抽
繹出人的共同性質，則有「人」(man) 的抽象觀念產生。所謂「普遍者」（共
相）或即「一般者」(general)，乃是「悟性所發明的產品，俾供悟性本身之用，
且能關涉標誌，不論其為字辭或觀念。」任何觀念或字辭本身原亦屬於「特殊
者」(particular)，然而我們所謂普遍字辭或觀念的指謂性意義則是「普遍者」。
譬如牛、羊、人等普遍名辭指涉某類事物，包括所有歸屬該類的個別事物。

　　從洛克對於語言問題的討論，可以看出他始終徘徊在實在論與唯名論的十
字路口，因為他雖承認普遍名辭原是標誌，他又同時承認普遍抽象觀念有其客
觀實在性基礎。洛克所謂抽象觀念，有時為許多個物的總和代表，有時亦指「就
其存在為特殊者，就其指謂性意義則為一般者。」有時甚至說：「它是不完整之
某物，本身不能存在。」然而他未對於上述辭句加以申論，令人難於揣知他的
真正立場。洛氏討論語意問題，有一基本原則：「一切字辭皆代表觀念」(All
words stand for ideas)。換言之，一切名辭皆有所對，有其能為命名對象的本來
實在著的觀念。由此可見，洛氏的實在論論調較為濃厚。尤其他對心物實體存
在的肯認，更足以表現他的實在論立場。

　　洛克深知實體觀念涉及語意問題，故藉兩種（語法的）觀點解釋物質實體
概念的如何成立。洛氏以為構成實體的「實在性本質」(real essence) 者，超乎我
們的感覺經驗，我們只知有其存在，然而無從探悉其為何物。「我們不得而知之
某物」(something we know not what) 一語即指實在性本質而言。至於我們所能認
知或能援用語言予以描述者，則是實體的「名目性本質」(nominal essence)；所
謂具有名目性本質的實體觀念，原是單純觀念集合而成的統一性觀念。洛氏所

劃分的上述兩種實體的本質，實際上類似亞里斯多德在《分析後論》中關於界說問題所曾提出的兩種：本質性界說與名目性（或描述性）界說。洛克在不可知的實體邊緣，發現名目性本質，藉用單純觀念集簇的統合觀念描述實體對於我們知覺主體所顯現的邊緣性相。然而洛氏並不滿足於實體假相（邊緣性相）的描述，乃進而定立物質實體的實在，意在保證單純觀念的統合有其實在基礎，而不致變成散漫無據。然而洛氏何能踰越原有的經驗論原則，肯定隱秘性的實體存在呢？實體既不可知，語意上「實體」一辭不具任何指涉意義，洛氏又何需使用空無內容的「實體」名稱呢？後來巴克萊便是執守洛氏所建立的經驗論原則，徹底澄清了洛氏物質實體之說以及抽象觀念理論的內在困難。

第六節　知識涵義及分類

洛克經驗論的根本立場雖建立在實在論基礎，然而他在《悟性論》卷四討論知識涵義之時，卻能儘予排除實在論色彩。這是由於洛克深知物質實體既不可知，無從成為知識對象的緣故。因此他說：「踰越單純觀念而欲獲得知識，為不可能事。」

洛克首就知識下一定義說：「知識對我而言，不外是我們任何觀念之間所形成的相連一致 (connexion and agreement) 或矛盾不一致 (disagreement and repugnancy) 的知覺。」此一定義太過簡單，令人費解。

洛氏在此所謂「知覺」，按照弗雷莎的解釋，係「對無條件確實者之心的肯定或拒否」，或即經由直覺或論證所得的一種「理性知覺」，頗似一般所謂「心的判斷」(mental judgment)，但仍保持心理學的色彩，不僅指謂邏輯的命題判斷而已。洛氏的原意似乎是說，我們所謂知識只成立乎觀念或表象間的比較關係；兩種觀念間之有否一致乃為構成精確知識的基本要件。對此兩觀念間的一致或矛盾能予肯定或否定等判斷者，方有成為人類知識的可能，否則不是臆見即屬信念，而不具客觀精確的知識性質。

依據上述定義不難看出，洛氏論知識之時，未及省察人類悟性的主動創發

作用，但在觀念之間所成立的一致或矛盾，發現「理性的知覺」作用而已。不但洛氏如此，一般古典經驗論者皆因專就心理學的側面處理經驗知識問題，雖對經驗知識的來源多所暢論，然在知識本身的客觀精確性或普效性的成立根據問題無暇顧及，可謂得之於彼，失之於此。萊布尼茲對於洛克知識論的批判（見〈萊布尼茲〉章）在此實具深刻的意義。後來康德先驗哲學所以抬頭，亦因明鑑英國經驗論者所持心理主義立場的過失，而欲藉諸先驗邏輯立場重新探討人類知識的普效性問題之故。康德在《純粹理性批判》再版導言儼然宣稱：「我們一切知識雖隨經驗而得開始，然此並未意謂知識概皆起於經驗。」康德此語如與上述洛克為首的英國經驗論者處理知識問題的根本方式互相對照，更可尋獲康德知識論的旨趣了。

知識的涵義有了界定，洛克乃進而討論四種知識：

㈠一致性或別異性知識 (knowledge of identity or diversity)　譬如悟性能直接了別白的觀念異乎紅的觀念。又如矛盾律或同一律所謂「A 即是 A」或「同一事物不得同時存在而又不存在」等命題，亦係我們心靈所能直接了別而自明無誤者。洛克認為此種知識所能涉及的範圍與觀念世界的範圍同樣廣大；由於一切單純觀念的同異性極其明顯，因此我們悟性自然得以辨別殊同所在。後來休姆討論抽象觀念，亦曾提及類似看法，說：「一切相異觀念皆可分離」，如此說明所謂「理性之分辨」(distinction of reason)。洛氏又以邏輯或數學之中不待論證的公理或根本原則為屬於此種知識。現代一般邏輯專家或語意學家多已淘汰此一說法。

㈡關係性知識 (relational knowledge)　此一知識成立乎觀念與觀念之間的關係「知覺」；此所謂關係，特指抽象關係，獨立乎時空而存在。譬如「任何三角形的內角之和等於二直角」等命題係由觀念關係的比較所得。依此，一般數學命題構成關係知識的主要部份。關於關係知識的範圍，洛氏認為不易劃定廣狹，因為此一知識的進步，端賴我們明銳與否，而能夠在觀念關係尋出媒介觀念，形成儼無間斷的論證知識。一致性知識與共存性知識本係關係知識，但因

各具特殊知識性質，故另劃分出來。據弗雷莎的解釋，康德的先然綜合判斷應屬此種知識。

　　㈢共存性知識 (knowledge of co-existence)　洛氏以此知識為專屬實體觀念的知識，譬如「鐵對磁性作用具有敏感」即是共存性命題。又如有關黃金的知識，乃成立於黃金不怕火燄的一種內在力量與其他有關的特殊性質（諸如重量、展延、黃色）所構成的共存關係。洛氏所謂共存性知識實際上多指物理學等經驗科學知識而言。正如弗雷莎所釋：「共存性命題所關涉者，乃構成物理學之具體性實體，且由綜合命題所形成者——依據洛克，乃屬後然知識，經由觀察與歸納的一般化而獲得。」至於此種知識的範圍如何，洛氏以為極其有限，因為此一知識形成實體知識的絕大部份，而實體的實在性質究非我們所能探知。

　　㈣實在性知識 (knowledge of real existence)　即指能與任何心中觀念有所對應的事物的實際存在知識。譬如「上帝存在」此一命題指謂神之觀念與某一實在者相應一致。洛氏說：「我們具有自我存在的直覺性知識；具有上帝存在的論證性知識；至於其他任何事物的存在，我們只具感性知識。此一知識（實在性知識）的範圍限於感官所能接觸的對象。」此種知識的成立理論上極有困難，因與洛氏的知識義蘊（知識只成立在觀念之間的一致與否）不相吻合之故。實在論者在知識論方面多倡「一一對應」(one-to-one correspondence) 觀點，洛氏可為例證。洛氏主張心中觀念必有外界事物一一對應，理論上已踰越了經驗論原則。

　　洛氏所列舉的四種知識已如上述，下面論及知識的明證性或精確性的程度如何的問題。洛克大致區分三種精確性不同的知識：

　　㈠直覺性知識 (intuitive knowledge)　我們心靈能藉一種直覺作用直接了別觀念的真實性或諸般觀念的同異關係。此種知識具有不可抗拒的明證性，不待論證而可成立。所謂論證性知識雖如直覺性知識，亦具精確性質，但在論證過程處處需要經由直覺所得的觀念介入其間。洛氏所舉直覺性知識的特例為自我存在的意識，似乎抄襲了笛卡兒「我思我在」之說。

㈡論證性知識 (demonstrative knowledge)　乃藉推論或證明而成立的知識。由於悟性未能直接了別外表上似無關聯的兩種觀念（或兩種命題），故需通過媒介觀念的連結，始能獲取此種知識。譬如（歐幾里得幾何學中）「任何平行線永不相交於一點」的命題即是一例。洛氏認為此種知識的明證性不及直覺性知識之高，且其每一步驟需有直覺的明證確實性觀念為之保證。

㈢（特殊存在的）感性知識 (sensitive knowledge of particular existence)　嚴格地說，此一知識本非具有客觀精確性的知識；但其蓋然性遠超過一般信念或臆見，因此洛克仍然視如（較為低等的）一種知識。洛克認為白天所看見的太陽異乎晚間所想像的太陽；當下嗅出玫瑰馨香與回憶該花馨香有所區別；此皆足以證明感性知識的真實無妄。感性知識關涉外界個別事物的存在，故具實在論的基礎。

洛克的知識涵義與分類，理論上雖已陳舊不堪，但就整個知識論史的發展來看，他的知識分析極具開創之功，不容我們忽視它的歷史價值。

第七節　政治哲學

關於實踐問題，洛克討論過倫理、宗教與政治的問題，其中政治理論關涉西方民主主義理念的發展，值得我們特別重視。

洛克的政治哲學可以說是近代民主思想的早期奠基理論。洛氏站在自由主義的立場，徹底擁護個人自由的基本人權，同時排斥教皇、國王、宗教迫害以及檢閱制度對於個人權限的無謂干涉，乃構想出一套民主主義學說，主張國家對於個人自由的干預應該減至極小限度。美國的〈獨立宣言〉可以說是洛氏政治思想的具體實現。

洛克首先認為，在「自然狀態」之下，互相自由平等的人類依據自然理性各自營生，而無任何無上權威裁決或統制自然人。只有所謂自然法（亦即理性動物的自明道德法則）規制無政府狀態的人類自由與權利。自然理性教示人類應予保存自我以及鄰人的生命，同時教示不可侵犯他人的生命、健康、自由以

及財產。洛氏尤其強調私有財產的權利，因為此一權利成立在個人的勞力上面。一切人在自然狀態成為自我裁判或自然法的執行人。洛氏此說實與霍布斯所謂「人與人為狼豹」的見解迥然相異。

　　然而由於自然狀態下的營生，諸多不便，於是人類逐漸放棄原有的自然權利。為了謀求共同的安全與發展，乃需通過多數的意志，同意 (consent) 在一個政府之下形成一種政體。每一國民則在所由組成的政府制度下擔負依從大多數人的裁決而有的基本義務。洛克似乎認為，大多數人代表共同體的權限，是自明的道理，毋需爭辯。至於所謂絕對君主制度則違反了上述原則，不合「社會契約」(social compact) 的根本要求。洛氏當時並未覺察，有時大多數人的盲目意志及其行為亦有迫害少數人的生存與權益的可能。無論如何，按照社會契約，人民應將個人權力讓與政府，以便建立立法之權，藉以保障個人的財產權益。自由乃意謂著自己能夠處理自己的私有財物，而法律的目的就在保障這種自由的存在與擴張。除此以外的一切自然權利則仍由個人保持。政府代理人民執行的立法權雖是國家最高之權，但非絕對不變；因為人民一旦發現立法權的執行人有違背人民信託的行動之時，仍可隨時更動執行人。因此，全體國民保有這種潛在性的最高權力。換言之，國民的自然權利較諸政府權力，具有優越地位。必要之時，人民可以通過革命推翻既有政府，以便維護人民的自然權利。洛氏此說後來影響了法國與美國的大革命運動的政治思想。

　　另外，洛氏所倡權力分立的主張，對於議會政治的實際發展亦具鉅大的影響。洛氏認為立法權的執行人如果兼有行政權，容易釀成權力上的濫用，因此應予儼然劃分行政與立法兩權。此一權力分立之說足以擁護憲法上的自由，而在十八世紀以後漸生影響的效力，終在美國憲法中體現出來。後來孟德斯鳩在《法之精神》所創導的三權分立（行政、立法、司法）說可在洛克思想之中發現其理論淵源。

　　總之，洛氏政治哲學的基本主張在乎如何適為擁護人類自然權利的問題。尤其國家的機能只許限於保護個人自然權的主張對於宗教寬容與民主主義教育

的運動產生了深邃的影響，乃為十七世紀以後所盛行的自由主義思想的理論濫觴。

第八節　洛克哲學的影響

洛克在哲學方面開創了英國古典經驗論的理路，且為知識論的正宗鼻祖。同時他對心理學的創見終於開拓了觀念聯合 (association of ideas) 研究的領域，而由哈特利 (David Hartley) 與普里斯特利 (Joseph Priestley) 繼續發揮，形成所謂「聯想心理學」的一門學問。

我們甚至可以說，洛克乃是啟蒙運動時期的主要健將，他那自由探討的精神、合理主義論調、權威主義的排拒、以及現實經驗的重視，間接直接地給予法國啟蒙運動（尤其百科全書學派）以深遠的思想影響。在經濟思想方面，法國重農主義者 (physiocrats) 如蓋斯耐 (Francois Quesnay) 的學說與英國亞當‧斯密 (Adam Smith) 的名著《國富論》中，仍可見出洛克影響的跡象。至於政治理論的影響，已如上述，不再重提。

第九章　巴克萊

第一節　生涯和著作

　　十八世紀的英國哲學家巴克萊 (George Berkeley, 1685–1753) 主教生在愛爾蘭基爾克林 (Kilcrene) 地方。十五歲赴都柏林城的三位一體學院研究數學、語言、邏輯與哲學。畢業之後一直留在該學院，從事於宗教工作。1713 年移居倫敦，後又旅行北美，曾在羅德島建立一個學院，但因經費短絀，辦學中輟，歸返英倫。巴氏畢生獻身於社會改良與耶教的傳道，而他哲學思索的根本意圖則在駁斥當時漸漸興隆著的唯物論與無神論的思想傾向，藉以維護神之榮光，恢復正統的耶教信仰。

　　巴氏著作，最重要的有《人類知識原理》(*A Treatise Concerning the Principles of Human Knowledge*) 與《海拉斯與菲羅筊斯對話錄》(*Three Dialogues between Hylas and Philonous*) 二書。另外，《視覺新論》(*An Essay towards a New Theory of Vision*) 與《哲學注釋》(*Philosophical Commentaries*) 等書亦為巴氏主著。

第二節　思想方法及特徵

　　《人類知識原理》有一很長的副題，大意是說，作者欲在本書探討一般科學的錯誤與困難，以及懷疑主義，無神論與反耶教主義的根由。由此可見，巴氏的哲學思索，尤其他的知識論研究，有其實踐性的最後目標。

　　巴克萊在知識論方面，是洛克經驗論的繼承者，然而他對洛克知識論曾予進一步的澄清與批判，終於建立所謂「主觀觀念論」(subjective idealism) 的形上學理論。巴克萊哲學的出發點是：重新修正洛克經驗論原則而為「存在或為被知覺，抑為知覺」(Esse est aut percipi aut percipere)。根據巴氏個人的經驗論原則，他首先所要進行的工作是批判初性次性兩概觀，物質實體存在理論，以

及抽象觀念實在之說。

　　另一方面，巴氏又從語言分析發掘了有關知識論問題的解決線索。巴氏在《原理》序章說：「我只期望人們在說話以及釐定他們語辭的意義之前好好思考一番。」又說：「我所做的重要工作就是除去語辭上的雲霧或面紗」。換言之，巴氏堅信許多哲學家與科學家所發生過的思想謬誤，往往有其更深的病根，經常是由語言的濫用而來。哲學家常常使用某些語辭表現個人的思想，然而在其思想表現之中常可發現語意上的弊病，直接間接影響著整個思路的精確無誤。「物質實體」等語辭的使用可為最佳例證。巴氏因此欲予一種語言治療，清除語言表現上的種種錯誤，藉以導致更為正確的思想。巴氏經驗論原則的前半「存在即是被知覺」(to exist is to be perceived)，亦是巴氏為要澄清「(現實) 存在」(existence) 一辭的意義所援用的語言分析準則。

　　「存在即是被知覺」此一命題乃意謂著，一切事物的現實存在，必須具有指涉意義 (significant reference)，否則「存在」一辭等於空無所指，沒有表現了什麼。這裡所謂存在的指涉意義不外是說，事物的存在必須能被知覺，否則事物不可能存在，或即不能具有任何存在意義 (existential meaning)。舉例來說，「金山」、「鬼精靈」等「事物」所以不具存在意義，乃是因為我們根本無法知覺或經驗到它們的存在。我們對於這類「事物」，可以通過想像或幻覺獲得「宛似性經驗」(as-if experience)，但事實上這種存在經驗只建立在海市蜃樓，沒有實際憑據。巴氏不僅藉用經驗論原則排除了非存在者的存在可能，同時進而澄清現實存在事物本身的存在意義為何。當我們說，眼前桌椅或花草存在著，這些桌椅花草又是如何存在著？有所謂獨立乎知覺經驗而存在著的事物自體嗎？或者一切事物不外是因被知覺而有其存在意義呢？巴氏的回答是，當我們說這一朵花存在著或那一張椅存在著，我們的意思是指我們能夠知覺到花或椅的存在，否則我們根本不能說它們如何存在著。如果事物沒有被我們知覺經驗的可能性，我們又如何說它存在的呢？依據上述「存在」一辭的語意分析，巴氏乃開始了他對初性次性兩橛觀、物質實體存在論、以及抽象觀念實在說的批判了。

第三節　抽象觀念問題

按照巴克萊的解釋，所謂「構劃一種觀念」(to frame an idea) 不外是一種「想像性視覺」(visualizing)，亦即「心眼中之視覺」(seeing in the mind's eyes)，例如在心眼之中想像一隻黑色天鵝或半人半馬等是。既然抽象觀念的構劃形成，亦不外由一種想像性視覺而來，當可追究抽象觀念的視覺內容究竟為何。巴克萊發現，所謂抽象觀念原無任何視覺內容存在，因為抽離一切個別事物的特殊性質之後，所餘留的「實在性本質」或抽象觀念的實際內容殆如空虛，無從構成任何想像性視覺。換言之，抽象觀念本來不具任何客觀實在性的基礎。巴克萊批判洛克說，若將具有可被知覺經驗的個別三角形狀的事物，諸如等腰三角形或鈍角三角形的事物等，全部抽去，我們能否獲得純然抽象而成的「三角形」，能否指出該「三角形」的任何經驗性質或任何客觀實在性呢？

依據巴克萊的經驗論原則，「外界事物的存在即是被知覺」，抽象觀念本身並不能存在。他說：「我不絕對否認有所謂一般觀念，我所否認者，只是一般抽象觀念的存在。」巴氏承認我們能有高度的抽象能力，通過概括作用與複合作用能予虛構各種普遍名辭，而為一般觀念。然而普遍名辭的形成，不即等於有其相應的對象或抽象觀念實際存在著。巴氏進一步說，「一種觀念，就其本身而言，本為特殊者；當它代表同類的其他一切特殊觀念，則成為一般者。」當我們使用「二等邊三角形」此一名辭時，心中所湧現的決不是該名辭所對應的抽象觀念，而是任何特殊的二等邊三角形，具有感覺性質所集合而成的內容，或可描繪，或可想像地知覺，或可當場以手指標示。因此，代表其餘一切同類三角形的某一特殊三角形，乃被用為一種範例；它不指涉任何所以命名的相應的「對象」，而是為了某種目的，某種用處而被設定的。

由此可知，巴氏討論抽象觀念所著重者，乃是語言用處 (linguistic use) 的問題。換言之，抽象觀念存在與否的問題可以還元為語言的約定使用問題。巴氏乃以語意分析專家身份剖析抽象觀念與物質實體問題，明予指出許多哲學問題

所以產生謬誤，主要的原因常是來自語言的濫用。巴克萊說：「我們先將灰塵擦去，然後埋怨我們不能明視」；意謂我們預為檢查所使用的（哲學）語言是否不當，否則沒有資格搬出「我們悟性有自然弱點」、「事物本身模糊不清」等任何外在的藉口，宣稱我們的經驗與知識有限而不完善。巴氏在《人類知識原理》與《對話錄》中以語言治療專家姿態現身說法，乃為開導現代語言分析研究趨向的先驅者。

休姆對於巴克萊所作抽象觀念的批判，幾乎全盤接受，且譽之為「近時文壇最偉大而最有價值的一種發現」。然而巴氏對於抽象觀念問題的討論，多半只從知覺經驗立場予以分析，對於抽象觀念不具客觀實在性的一點，極有澄清之功；他卻未及進而剖析邏輯或數學等形式科學所處理的抽象觀念是如何產生出來的。同時，巴氏認為一切推理是「有關特殊者的推理」(reasoning about particulars)。巴氏此語並不適用於形式科學的推理問題。

第四節　初性次性兩橛觀批判

巴克萊在《海拉斯與菲羅笯斯對話錄》中對於初性次性兩橛觀的批判傾力以赴，其大體論旨可歸納如下：

㈠海拉斯認為次性除因感覺而有的主觀性質部份以外，尚有能夠離心存在的真正性質。例如我們觸及火熱之物而感疼痛，乃係外表的疼熱，真正的熱並不存乎心中，但內在於物體本身。菲羅笯斯駁斥海拉斯此一論點，提出反證說，設將冷熱程度不同的左右兩手同時插入水中，則冷手反而感覺疼熱，熱手則反感冰冷。此類現象，實非由於水本身有冷熱的次性，卻只證明冷熱本不外是心中的感覺而已。其他色聲香味等無不如此。菲羅笯斯（亦即巴克萊）所批判的是，海拉斯所謂表面次性與真實次性的劃分乃是一種沒有理論根據的說法。其實，海拉斯的真實次性原是洛克所謂初性。自是問題有了轉移。

㈡巴克萊藉菲羅笯斯的論難主張，初性亦因感官的相異或感覺場所的變更而表現出主觀相對性。特就擴延性與形狀而言，某小動物視其兩足，與旁觀者

（如人）之所視，畢竟有相對的差異性。又如每人觸及眼前事物所覺硬性與抵抗之感，亦常相對而不一致。其餘運動、靜止等亦是如此。總而言之，洛克所謂初性實與次性無異，亦具相對性或主觀性，何得而稱初性為真實性質，次性則非？

　　海拉斯又藉用了牛頓力學理論，判然劃分擴延性、運動等初性為「可感覺的」與「絕對的」兩類。只有「絕對初性」可以除去可感性質，而從個別形狀、大小、擴延性等抽離出來，故非感覺經驗所能接觸。菲羅筊斯駁斥此說，謂「一切存在皆是個別之物」。換言之，巴氏站在極端唯名論的立場，反對未能經由知覺經驗所徵驗者具有客觀實在性基礎。問題是在：初性觀念是否可自次性觀念抽離，而具有其獨立客觀的實在性呢？

　　巴氏認為擴延性等初性觀念原是通過數量化除法抽繹而成，就其本身而論，並無獨立實在性可言。設若除去蘋果的各種次性如紅色、甜味等，能否仍然知覺擴延性、大小、形狀等等初性的存在？若謂初性內在於事物自體，試問憑藉經驗論原則，能否檢證此一「事實」的確實可靠？巴克萊如此貫徹經驗論原則，乃認為初性、次性也者，皆不外是可感性質；而可感性質只是存乎心中。易言之，此種性質因藉感覺經驗而有存在意義，故可還元而為我們心中之觀念（ideas in our minds）。如此，巴氏乃從洛克騎牆式實在論立場跳出，而在知識論史上首次倡導「主觀觀念論」的學說。

第五節　物質實體觀念批判

　　巴克萊知識論的首要課題可以說是洛克式物質實體觀念的批判，巴氏所作的批判，可從三個側面予以透視：

　　㈠初性次性兩概觀批判所獲得的結論，自然成為洛克物質實體理論的致命傷。次性與初性既無區別，一切關涉外界事物的性質只不過變成感覺性質（sensible qualities），而此感覺性質亦不外是不能離心（離開知覺經驗）存在的心中觀念而已。所謂物質實體也者原是可感性質的湊合，此一實體概念的形成，

只是哲學家如笛卡兒或洛克的把戲，純係一種語言的濫用。

　　㈡次就抽象觀念批判所獲得的結論言，否定抽象觀念的存在可能，亦即等於宣判物質實體不具任何實在性。巴氏認為，洛克以及其他承認物質實體存在的哲學家，皆曾踰越經驗論原則所能適用的範圍。他們援用高度抽象作用，在具體的可感性質集團捨異求同，因而虛構出毫無指謂內容的實體觀念。由於經常慣用「實體」或「物質」等名辭，無形中將原來虛構而成的抽象觀念視如具有客觀的實在性基礎。其實，除去實體的虛構概念，亦不至於影響我們對於外在世界的認知了解。巴氏此說可以說是徹底使用奧坎的剃刀所獲致的自然結論。

　　㈢再就物質實體概念的語意分析言，巴氏以為外在世界的一切物象須被知覺方有存在意義。菲羅笈斯批判海拉斯所謂「存在是一件事，被知覺是另一件事」之說，主張（外界）存在與被知覺原是同一件事。譬如我們對於眼前桌子所能言詮者，只不過是褐色、四方形、三尺高等可感性質的集合而已；除此而外，並無任何方法徵驗此一桌子的存在意義究竟是什麼。因此，「物質（實體）不比金山或半人半獸更有權利主張其本身之存在。」

第六節　主觀觀念論體系

　　有了上述巴克萊知識論的根本認識，我們乃可進而理解巴克萊主觀觀念論體系的整個構造。

　　㈠巴氏經驗論原則「存在或為被知覺，抑為知覺」形成巴氏哲學的絕對預設。就「被知覺」側面言，一切外界事物因被知覺而有存在意義；就「知覺」側面言，知覺主體（心）本身獨立存在，能予把捉不能離心存在的現實事物。

　　㈡如此，巴氏構成了一套文得爾班所謂「精神（主義的）形上學」(spiritualistische Metaphysik)，乃將一切存在者劃分兩類：

　　第一類為物質世界（被知覺存在界）所轄括的一切事物，事物不外是可感性質或可感事物，可感性質又可還元而為依心存在的心中觀念而已。我們可以寫成下面的簡單表式：「物質實體」＝真實事物＝可感性質（的集團）＝被知覺

存在者＝不能離心存在的觀念。簡而言之，物質世界即是觀念世界 ❶。

　　第二類為精神世界（知覺主體世界）所包括的所謂「精神」。精神又分兩種：一是有限知覺主體或即人存在，另一則是永恆知覺主體或即無限精神（神）。巴氏既已預設一切現實事物的存在須被知覺，乃不得不置答下一問題：如果一切有限知覺主體暫離房間，則室內桌椅是否仍具存在意義，抑因不被知覺而即時消失不見？巴氏當然不能接受桌椅忽現忽滅的結論，只好訴諸上帝，解決此一棘手的問題。巴克萊說，當一切有限精神無法知覺桌子或其他任一事物（亦即依心存在的觀念）之時，必須有一永恆知覺主體始終監視或知覺著存在事物（觀念世界），使之蒙獲恆常存在的保證。巴氏另又拉出上帝存在的宇宙論證，說：「有一件事對於每一個人明白無疑：稱為自然傑作之事物，亦即我們所能知覺之觀念或感覺之一大部份，並非我們所創造者，抑或依賴人類意志者。故有某一精神使其產生，因為它們無法靠其本身存在。」人類意志有時也能產生某些觀念，諸如金山或半人半獸。然而此類主觀性觀念只是幻象或虛構之物而已。至於真實事物或即觀念則非有限精神所能捏造，故需預設神之存在，作為一切觀念的第一原因。所謂事物或即觀念，則不過是有限精神藉以了解上帝存在的一種標誌或記號而已。巴氏甚至主張事物間的因果關係應還元為標誌 (sign) 與被標誌者 (the thing signified) 的關係。對於觀念的規律性秩序，上帝才是真正唯一的動力因。這種看法，頗為接近馬爾布蘭西萬有在神論的見地。

第七節　巴克萊哲學的意義和影響

　　我們已經說過，巴克萊所建立的經驗論原則已較洛克更能符合經驗論本身的要求。同時巴氏所開拓的語意分析也一直支配了英國哲學的探求趨向。直至今日，摩爾 (G. E. Moore)、萊爾 (G. Ryle)、艾爾 (A. J. Ayer) 等人無不深受巴氏語意分析理論的影響。

---

❶　所謂「不能離心存在」意指必有知覺主體的知覺經驗關涉，而非意謂一切事物為唯心所造。巴氏「觀念論」所易滋生的誤解多半在此。

　　然在另一方面，巴氏知識論卻留下了若干困難的問題。第一，巴氏否認抽象觀念的實在性基礎，乃是依據他那知覺經驗的分析所獲得的結論。然而專就知覺分析立場，難於處理形式科學的抽象觀念如何成立的問題。其次，巴氏全盤接受笛卡兒心物二元的劃分，因此規定外界事物非物即心。外界事物既不外是可感性質的集合，自無獨立實在性可言。一旦破除了物質實體實在說的迷妄，巴氏只有承認外界存在只是不能離心存在的觀念，或即依靠知覺經驗而存在著的「真實事物」了。巴氏從而搬出永恆知覺主體保證一切觀念的恆常存在。從現代知識論觀點來看，「上帝」一辭屬於存在學領域，原與知識論研究毫無關涉。巴氏由於還原事物而為觀念，終於請出上帝擔保「存在即是被知覺」的原則，無異混淆了存在學與知識論的研究領域。同時，上帝的出現迫使巴克萊知識論的原有絕對預設（亦即經驗論原則）變成附屬性的預設，蓋因「上帝存在」(God exists) 此一命題較原有經驗論原則佔有論理的優位之故。在巴氏哲學之中，設若沒有上帝出現，經驗論原則本身只有失去任何存立根據了。巴氏哲學的最大困難是在「可感性質」的意義設定上面。具有實在論傾向的現代經驗論者如羅素，則定立所謂中立性（非心非物）的「感覺基料」(sense data) 或「感覺原質」(sensibilia)，藉以解決巴氏知識論所留下的難題❷。第三，巴氏接受萊爾所謂「笛卡兒神話」而產生的另一理論困難，即是沒有貫徹經驗論原則，以否認「心靈實體」的客觀實在性根據。巴氏原可採取與物質實體批判相同的步驟，批判超越知覺經驗範圍的心靈實體不具指涉內容。然而巴氏如果否定心靈實體的存在，整個主觀觀念論體系只有重新翻修了。巴氏本人無法擔負這個課題。真正解決巴氏難題而同時貫徹經驗論原則的是，古典經驗論者之中最具實徵精神的大衛‧休姆。

---

❷　參閱《外在世界之知識》與《神秘主義與邏輯》等書。

第十章　休　姆

第一節　生涯和著作

　　蘇格蘭哲學家休姆 (David Hume, 1711–1776) 生在貝維克夏爾 (Berwickshire) 的納茵威爾斯 (Ninewells) 地方。自幼愛好文學與哲學，乃於 1734 年獨赴法國自由研修諸般學問。四年之後，攜帶《人性論》(*A Treatise of Human Nature*) 原稿回國。《人性論》一書分為〈悟性論〉、〈激情論〉與〈道德論〉三卷，初版之時，蒙受惡評，不獲世人理解。1742 年刊行《道德與政治論文集》(*Essays, Moral and Political*)，由於文筆洗鍊，且富機智，奠定了休姆的文壇地位。休氏不久以克里爾將軍的秘書身份旅行歐洲各國。在旅行當中，休氏修改他的處女作《人性論》，壓縮而為《人類悟性探微》(*An Enquiry Concerning Human Understanding*)，1748 年問世之後，漸獲知識界人士的同情與讚賞。同年出版另一著作《道德原理探微》(*An Enquiry Concerning the Principles of Morals*)。休姆自認此書為他的一切著作之中最好而最成功的一部。1752 年出版《政治論》(*Political Discourses*)，亦贏得了一般好評。同年休氏任職愛丁堡法科大學圖書館，利用公餘之暇，研究歷史，而在 1759 年與 1761 年分別出版兩部《英國史》，顯其第一流的史家本色。他在 1755 年完成一部《宗教自然史》(*Natural History of Religion*)，至於著名的《自然宗教對話錄》(*Dialogues Concerning Natural Religion*) 雖在 1752 年撰成，卻在休姆死後的 1779 年才正式問世。休氏在他《自傳》(*My Own Life*) 之中描述自己為「一個氣質溫和的人，能夠調節性癖，具有開放而愉快的幽默感，而在一切感情的表現保持中庸適度」。

第二節　思想方法及特徵

　　在《人性論》中，休姆首先宣稱人性為一切學問的中心，「人之科學

(science of man) 是其他科學的唯一基礎」。休姆尤其舉出關係人性最為深切的學問，包括邏輯、倫理、批評（美學）、與政治學。邏輯關涉人的推理能力及其法則，以及觀念本性；倫理與批評處理人的趣味與情操；政治則探討人在社會中的結合問題。數學、自然哲學與自然宗教所探求者似在人性之外，然而歸根結底亦與人的認知或判斷有關。

　　休姆在《人類悟性探微》開頭便說，「人性科學」(science of human nature) 可從兩大側面予以探索：一是特就人的行為實踐展示德性之美，以便促進人的道德行為；另一則是專事研究人的推理能力，藉以開導人類悟性。前者簡易而明白，為人類的一大部份所喜好；後者精確而深奧，然而為了人的行為能獲原則上的奠基，此種思辨的工作不可或缺。休姆在這裡所說的思辨，特指實地的經驗觀察而言，並不意味著形上學的思辨。他在《探微》的結尾道出一段文字，謂：「吾人相信此類原則之後，走進圖書館……吾人隨手取出一部書籍，例如神性方面抑是經院形上學之書籍；且問：此書是否涉及有關數量之任何抽象性推理？否。是否涉及有關事實問題與存在之任何實驗性推理？否。燒毀該書，蓋因該書所載者，只是詭辯與幻想而已。」休姆此語已成今日邏輯經驗論者所遵奉的天經地義的名言，充分表現休姆反形上學的哲學探求精神。休姆的原意是說，一切具有真正意義的學問，要看是否關涉經驗事實。數學與邏輯等形式科學與經驗事實無關，可當抽象的推理之學而得成立。其他一切關涉經驗事實的學問，則需藉助於實驗性推理 (experimental reasoning) 的方法步驟。除上述兩者以外的任何「偽似之學」應從人類知識的範圍予以驅逐。休姆此一見解，乃與他那「觀念關係」與「事實問題」等兩大命題的區分理論互相吻合，而形成了邏輯經驗論與一般科學之哲學的基本論旨之一。

　　休姆深受牛頓科學方法與洛克經驗論的影響，亦強調了實驗方法的重要性。換言之，休姆認為人性科學雖有別於物理科學，然而基本上實驗方法仍可適用於人類生活的經驗觀察。此種方法亦是歸納性的，注重資料蒐集與比較，而後設法腳踏實地地建構有關人性科學的一般原則。惟有採取這種步驟，才能避免

任何武斷與玄想。

　　不過，休姆所謂實驗的方法，多半仍是一種心理學的分析工作，並未徹底改革了古典經驗論的方法論基礎。不論是在知識論或在道德論的主張，休姆哲學的功力仍是存乎心理學的分析；因此他的理論瑕疵多半來自心理學的分析方法本身所具有的局限性。

第三節　知識論

　　㈠經驗論原則的修正　作者已經論及，經驗論原則為洛克所首次創立，而他「一切人類觀念不外來自感覺或反省」的原則又經巴克萊修正而為「存在或為被知覺抑為知覺」，充分發揮了主觀觀念論與語言分析相互貫通之能事。然而巴氏並未徹底執守經驗論立場，終將存在學原理（上帝）牽入知識論問題之中。到了休姆，經驗論立場才獲得了澄清純化的機會。這就是說，休姆修正經驗論原則而為所謂「印象優位原則」(the principle of the priority of impressions) 或即「觀念可還原性原則」(the principle of the reducibility of ideas)。

　　休姆鑑於洛克所下「觀念」的界說過於寬泛，未予劃分剎那性感覺（直接無分別）與感覺以後的心像（間接有分別）兩者的心理發生過程前後次序，乃設定了「印象」(impression) 一辭，藉以澄清觀念來源的問題。休姆所謂「印象」，即是在人類心靈之中最初出現的一切直接性感覺、激情以及情緒；至於「觀念」，則為來自原初印象的模糊影像。例如兩手觸火，頓感疼熱，此即疼熱印象；若在心中再度湧現疼痛感覺，則已變成觀念而非原初印象了。休姆規定兩者的區別，不在性質，而在強度 (the degree of force or liveliness) 如何而定。疼痛印象直接而強烈，事後成為心中觀念（表象）之時，此一疼熱觀念已減弱了原有的強烈印象。在心理發生過程當中，印象先於觀念而存在，這是由於後者通過回憶或思維再現原初印象於心中而形成的緣故。同時由於觀念原係印象的再現，印象與單純觀念之間存有普遍類似性關係，亦即「一一對應」(one-to-one correspondence) 關係，後者實為前者的摹本 (copies)❶。至於複合印象與複

合觀念之間，休姆未予承認兩者之間的類似性為普遍不變。譬如初次旅行巴黎，而獲巴黎城市的複合印象，事後回憶，心中所再現的（巴黎的）複合觀念常與原來面目有所出入。單純觀念如心中紅色則與初次所見紅色事物的單純印象互相彷彿，所不同者僅是程度上不如原初的紅色印象強烈鮮明罷了。由是可知，一切心中觀念都可以還原到原初印象，原初印象乃成人類經驗知識的第一來源。休姆因而定立《人性論》❷中所謂第一原則：「我們心中初次出現之一切單純觀念皆自單純印象導出，後者與前者彼此相應一致，且前者如實代表後者」。

㈡觀念聯合　對於觀念聯合的問題，洛克曾在《悟性論》卷二第三十三章作一常識性的分析，大意是說，人類知識的構成，首需一種觀念的聯合，此一聯合多半來自悟性的習慣。休姆大致承繼洛克理路，且做進一步的綿密考察，提出諸般觀念的「結合原則」(uniting principle)。他說構成觀念聯合的原則乃是一種「和緩的力量」(gentle force)，真正的原因無從探悉。我們頂多能說此一力量就是這樣存在著的。休姆認為，聯合原則或力量大致可以歸納而為類似性 (resemblance)、（時空）鄰接性 (contiguity in time or place) 與因果性 (cause and effect) 三項。觀念之間具有類似性者，易為想像力所結合安排。同樣地，時空上較有鄰近關係的觀念，也容易使我們慣於連成一群。舉例來說，我們看到牆壁上的肖像畫，容易聯想到與此肖像類似的原有人物；南京的觀念在空間上與上海的觀念具有鄰接性，故易連在一起。至於因果性也是觀念聯合原則的要項，我們另將詳為論介。

㈢命題分類　上述三項觀念聯合的力量或性質，休姆稱為「自然的關係」(natural relations)。在自然關係之中，聯合的自然力量慣於結合種種觀念。休姆另又提出所謂「哲學的關係」(philosophical relations) 一辭，意指悟性主動地比較觀念性質的同異所需藉助的關係，可為知識建構的憑據。休姆舉出七種哲學的關係：(1)類似性 (resemblance)，(2)同一性 (identity)，(3)時空關係 (relations of

---

❶　休姆「單純」一辭，亦如洛克，意指不可分而又不可矯變。

❷　該書牛津版第 4 頁。

time and place)，⑷量數比例 (proportion in quantity or number)，⑸質的程度 (degree in any quality)，⑹矛盾性 (contrariety)，以及⑺因果關係 (causation)。在這七種關係之中，三種自然的關係重現一次，對於休姆來說，這並不是不必要的重現。如以類似性為例，有些觀念的類似性，只依自然力量可以聯合，有些卻需一種較有主動選擇的比較作用才能形成；前者是自然的，後者則屬哲學的關係。我們如將休姆所謂哲學的關係與康德的十二範疇互作比較，似可發現耐人尋味的理論對照。哲學的關係猶如十二範疇，而休姆似已意識到悟性比較觀念同異的主動創發作用，如果再進一步，不難展開康德先驗統覺之說。然而休姆始終停留在心理學主義 (psychologism) 立場，未能開拓此一理路，實在令人嘆惜。

　　不過，休姆卻在命題分類有一極其重要的理論貢獻。他在《探微》第四節嘗分人類理性的對象或即真理命題為兩類：「觀念關係」(relations of ideas) 與「事實問題」(matters of fact)。休姆說，前者包括幾何學、代數以及算術等形式科學的判斷或命題，亦即具有直觀確實性或論證確實性的任何主張。「此類命題僅由思想的運用而被發現，毋須依賴宇宙中之任何存在者。」換言之，此類命題毫不涉及經驗事實，只屬知性思維的範域。後者則屬經驗事實的領域，准許事實矛盾性的存在可能。譬如「太陽明天會東升」與「不會東升」的兩個命題，具有事實的矛盾性，但兩者所表達的事實皆有發生可能，有待未來的經驗檢證。英國邏輯經驗論者艾爾在《語言、真理與邏輯》的初版序言接受休姆的命題分類，且改寫成為分析命題與綜合命題。前者包括一切數學、邏輯等形式科學的先然命題，等於套套絡基（現多譯為套套邏輯），必然確實而與經驗事實無關。後者則因涉及經驗事實，故具假設性與蓋然性，亦稱後然命題。由是休姆以及一般邏輯經驗論者不能同意康德所謂「先然綜合命題」的成立可能。我們如果比照《人性論》中的七種哲學的關係與《探微》中的兩大命題分類，不難看出，前者一律可以分別歸屬兩大命題的任何一種。類似性、矛盾性、質與量的四種關係屬於「觀念關係」，不必通過經驗的檢證。其中前三種關係直觀地確實，毋

需論證，量數比例的關係則需經由論證才可成立。至於同一性、時空關係與因果性則因涉及現實經驗，應屬「事實問題❸」。休姆主張，「一切有關事實問題的推論似可建立在因果關係上面」。換言之，一切經驗事實的問題最後可以歸諸因果關係的成立問題。為了徹底說明此一問題，休姆幾乎耗去《人性論》卷一的泰半篇幅進行因果關係觀念的語意分析。

　　㈣因果概念分析　休姆的因果分析理論首先考察原因與結果之間所能構成的關係要件。休姆所發現的第一種關係成素是「鄰接性」。他的理由是，遠處事物常被原因鎖鏈所聯成，如果層層探索，可以看出因果之間應有鄰接性關係存在。兩種時空上距離極遠的事物很難說是形成一種因果關係。不過有些現代批評家曾經指出，就我們三百年來具有高度理論發展的物理科學而言，鄰接性並不必是因果關係的構成要素。綳格 (Mario Bunge) 在《因果性》(Causality) 一書❹主張：「原因與鄰近運動或鄰接性是兩種邏輯上獨立的範疇；因果性或與鄰接性不致相背，但不必涵攝後者」。休姆又舉出「繼起」(succession) 或即（原因在）時間上的優先 (priority in time) 為第二種因果關係成素。他說設使某種原因與結果同時發生，後者又與其所產生的結果同時發生，如此則一切事象共時存在，終必導致時間消滅的荒謬結果出來。然而有人指出，繼起關係並不必是因果概念的要件。休姆本人也承認了這一點。休姆所最關心的卻是第三種成素，即是所謂「必然連結性」(necessary connection) 關係。休姆認為如果有所謂因果關係儼然存在，必然連結性應是唯一不可或缺的本質性要件了。

　　所謂必然連結性的意義，可從「任一事物必有原因」(Everything must have a cause) 或「任何結果必然地預設原因（的存在）」(Every effect necessarily presupposes a cause) 等命題獲得理解。休姆認為現象系列之中是否存在著必然的因果關係，惟有通過實地的知覺經驗才可檢證，至於一切形上學的解釋應予

❸　「同一性」意指經驗事物的現象系列的同一性，不得誤為邏輯意義的同一性。自我的同一性即是一例。下面將再論及。

❹　參閱該書第 62 頁。

徹底排除。他同時主張，我們決不能在事物自體（的性質）之中尋找因果觀念的原初印象。休姆提醒我們，原初印象的究極來源為何，「完全不是人類理性所能解釋」；洛克所謂「不可知實體」，抑或巴克萊所謂上帝，若就經驗論立場言，都是無權充當產生感覺印象的真正原因。我們所應採取的探求步驟，乃是還元一切事物而為印象與觀念，而在印象系列之中直接檢查有否因果必然連結性的關係印象存在著。

休姆認為，當我們觀察到某種事件 C 與另種事件 E 時常構成極有規律的生起次序，我們可在兩者之間發現一種所謂「經常伴連性」(constant conjunction) 關係。例如每每觸及火焰，經常感到疼熱。然而經常伴連性仍是概然之辭，不即等於必然連結性。「僅從任何過去印象的反覆，即使至於無限，亦決不能產生任何必然連結的原初觀念❺。」我們過去或可經驗到一萬萬次 A 球碰撞 B 球而使 B 球向前運動的經常伴連性事例，然而我們無由推論此一經驗事例永恆如此發生。我們無論在經驗上或在邏輯上決不能證明，經常伴連關係的無限累積可以變成必然連結關係。問題是在，為何我們有了兩種事件經常伴連的印象，就會產生必然連結性的關係觀念？如果原無因果必然性存在著，我們為何能有所謂因果關係觀念甚或因果原則的產生事實？

為了說明此一課題，休姆訴諸他所擅長的心理學的解釋，藉用「習慣」(habit or custom) 說明因果觀念的來由。休姆說：「因此我們在心中所感覺到的這種連結性，或即想像力從一件事物到它的伴隨後件所作的習慣性轉移作用，就是我所以形成力量或必然連結性觀念的感覺或印象❻。」休姆以為，我們如果經常觀察兩種事件反覆出現的規律性次序，便在心中藉諸想像作用產生一種「習慣性期待」(customary expectation)，相信此二事件仍必再度伴連出現，甚或無限次地必然出現。此一期待乃構成了我們對於因果必然性關係存在的「自然信仰」(natural belief)。換言之，心理的必然性期待感取代了經驗事實的必然

---

❺　《人性論》，第 88 頁。

❻　《探微》，第 75 頁。

性關係。休姆並不是否認了因果原則的存在，他只是通過（心理學的）語言分析澄清因果必然性觀念的原義，藉以掃蕩傳統形上學所獨斷地信奉著的因果原則理論。誠如艾爾所說，休姆所作的因果觀念分析，可以看成一種語意分析的工作。「他（休姆）常被人指控他否定了因果性，實際上他只關涉如何界定因果性（的涵義）罷了」（《語言、真理與邏輯》，第 54 頁）。

㈤外界物體存在問題　休姆亦如巴克萊，否認物質實體的存在，而從語意分析觀點規定實體觀念為「想像力所結合而成的單純觀念集群」。我們為了指涉此一觀念集群的實際方便，巧立「實體」一辭代表有關的觀念集群；實體觀念乃是一種虛構性的語辭。然而休姆不得不解釋究有何種原因促使我們相信物體本身的獨立及繼續的存在。物體雖時時變化著，我們何以相信物體具有所謂（前後）同一性的存在事實呢？

為了說明這個問題，休姆提出物體同一性的兩種特徵，一是「恆久性」(constancy)，另一是「凝著性」(coherence)。我們眼前看到的山水草木始終以同樣秩序顯現出來；我們閉上眼睛，片刻之後再看山水草木，仍是無甚變化。我們由是有一恆常類似的外界物體的存在印象。再就物體的凝著性而言，物體雖有位置與性質的變化，然而在變化之中亦存在著物體凝著的樣型。一小時前所看到的房間之火，此刻再看之時火已熄滅，這兩種有關火焰的不同印象在很多類似場合常是如此，兩種前後印象有規律地相互依賴，顯出物體在變化之中凝著一貫的特性。外界物體的恆久性與凝著性能使有關物體的印象集群累積在記憶之中，再經想像力連結有關的印象集群，乃可建立所謂外界物體獨立而繼續存在的自然信仰。我們不能證明外界物體獨立同一，我們只能信以為是。

㈥精神實體觀念批判　休姆認為「知覺是否依存物質實體或精神實體」的問題不具認知意義，因對此一問題我們無從獲得任何適當可靠的答案。首先，依據「觀念可還原性原則」，我們須問精神實體觀念能否還原而為原初印象。然而我們對於心靈本身的活動所獲得的諸般印象彼此分離相異，每一印象皆獨立自存，毋需藉助任何不可知「某物」支撐印象的實在。我們只對知覺本身具有

完全觀念，實體則與知覺全然不同，因之我們不能具有任何實體觀念。

　　休姆矢口否認我們具有能與知覺判斷區別出來的自我觀念或「人格同一性」(personal identity) 觀念。設若我們能有此種清晰明瞭的自我觀念，則其原初印象究竟來自何處呢？休姆說：「然而自我或人格不是任何一種印象，而是諸般印象所指涉者。如果任一印象產生自我觀念，則此印象須在我們整個生活過程中始終保持繼續不變；蓋因自我也者，原被認為如此存在之故。但是我們卻無法發現常恆不變之印象。疼痛與快樂，悲傷與愉悅，情感與感覺相互承續出現，不可同時存在。因此之故，自我觀念決不能從任何印象導出；此種觀念未嘗存在❼。」我們對於所謂自我所具有的印象或觀念，經常只是流變不居而分離相異的各種分殊知覺的集團而已；譬諸冷熱、明暗、愛憎、樂苦等等知覺。我們無由自知覺系列抽離所謂「自我」，而為印象知覺變化系列的托子或即精神實體。休姆分析自我觀念的結果，終於認定所謂人格的同一不變本不外是形形色色分離相異著的知覺捆束或集合 (a bundle of collection of different perceptions)，甚或所謂諸般知覺互繼互現的一種戲場。他說：「心靈是一戲場，形形色色之知覺前後出現於此；流逝，再流逝，滑過，湊合成為無限花樣之姿態情狀。既無單一性，亦無多樣中之統一……❽。」

　　休姆批判精神實體觀念之後，進而說明此一觀念產生的來由。既然我們明知精神實體觀念無法來自印象知覺，亦非一種獨立自存之物，為何仍將「單一性」與「同一性」加諸所謂「心靈」呢？休姆對此問題又採取了心理學的解釋說，我們由於記憶作用，能於心中重現一連串過去知覺的影像，產生諸般知覺之間的類似關係。想像力乃依觀念聯合作用將原來斷斷續續的知覺之流連成一片，終能構成自我統一觀念，此乃虛構性的精神實體所以產生的心理學的原委。設若除去此種「虛構」(fiction)，則一切有關自我同一性的問題即時失其可能解決的線索，而只變成休姆所謂「文法上的，而非哲學的問題❾」了。易言之，

❼　《人性論》，第 251–252 頁。

❽　《人性論》，第 253 頁。

休姆經過一番精神實體的語意分析，所獲致的最後結論乃是：自我統一與否，或即精神實體存在與否，不是真正的哲學問題，而是語言問題。此種見地頗為接近目前流行英倫的日常語言解析學派的基本論旨。單從休姆對於精神實體的語意分析亦不難窺見，英國解析學派的哲學探求方式深受休姆實證論及語意規準理論的影響。

　　然而休姆自己卻因破除自我統一觀念而深感惶惑不安。因為自我一旦化為知覺之流或即印象捆束，則與我們一般實踐上的信仰不合。且就理論上言，印象捆束所形成的漫無統一的「自我」概念無法說明我們何以能夠論及知覺之流或印象的聚合；如無高度的自我統一作用，我們又何能知悉剎那變化著的知覺系列可以構成知覺之流呢？休姆的自我理論乃是他的知識哲學必然的結論，無從變更修正，除非休姆除開心理學的方法以外，附帶採用其他補助性的探求方式。然而這並不是心理主義的經驗論所能解決的課題；我們如從康德先驗哲學立場考查休姆之說，格外能夠理解到休姆理論的長短了。

第四節　宗教論

　　休姆幼年在喀爾文新教環境下成長，不久自動放棄了該教教義。他對宗教的興趣多半屬於旁觀性質，雖然承認宗教在人類生活之中所扮演的重要角色，他卻以為宗教的影響並非完全有益。休姆在《宗教自然史》敘述各種宗教的形態，按循多神論到一神論的自然發展，指摘宗教本身所曾產生的弊端，譬諸神人之間的利益交換、狂信、頑迷褊狹、排斥異端、武斷等等。不過休姆尚能劃清真實宗教與迷信或狂信的分際，雖則他對宗教未予特別表示同情或讚許。休姆自己認為，宗教的起源在乎災害恐懼感或福祉期望感等人類本有的激情。在多神論時期，諸神都不外是擬人化而成的產物。到了一神論時期，諸神觀念漸被澄清淘汰，而有超越神性的觀念興起。不久便有一種精神要求，欲以普遍理性支持宗教信仰。宗教的理性化傾向催生神學的建立，尤其上帝存在論證的欲

❾　《人性論》，第 262 頁。

求終於應運而生。

　　休姆曾在《探微》第十一節藉用對話中的主角道出：「神存在之唯一主要論證來自自然秩序。」換言之，神存在論證所唯一可能成立者只有後然（經驗性）論證。當我們看到某一精巧作品，必定推論此一作品絕非偶然產生；必須預有一個藝術家或工匠的計劃與藍圖，而後方有精巧作品創造的可能。宇宙現象亦是如此。環顧我們周遭的自然現象，既富調和之美，又具整合秩序，猶似一座精美作品。作品必須預設原來作者，同樣地，此設計完善完美的自然宇宙亦必假定有一聰慧絕倫的設計者甚或創造者。此種神存在論證可特稱之為「設計論證」(argument from design)。

　　休姆對於設計論證的詳細討論，載諸《自然宗教對話錄》一書。休姆藉用書中一主角弗哀洛之語，批判所謂設計論證原不過是一種經驗的類推(empirical analogy) 而已，不具任何邏輯的必然性，畢竟不能算是論證。弗哀洛的論點大致如下：⑴我們對於渺無邊際的宇宙系統只具零星不完整的知識，何能據此推論宇宙整體如同一座機器裝置，富於規律與和諧？⑵如果上帝是宇宙的原因，則此「原因」有何涵義？如果不能說是經驗性的，那又是什麼？⑶即使我們承認宇宙彰顯某種秩序，同時承認該秩序有其起源或原因，亦不可能有任何理由假定只有設計論證所認許的唯一秩序存在。例如植物與動物所展示的生殖原則亦是一種秩序；我們與其比擬自然宇宙為機械裝置或藝術作品，何若援用經驗的類比，將自然本身的起源歸諸一種生殖活動呢？依此，設計論證所承認的宇宙秩序並非唯一的秩序。⑷即使我們承認宇宙的原因為某一心靈（精神），理性仍可假定該一原因的前因存在。我們或是根據無限後退原則，層層探溯原因的原因，如此原因系列終無所止；抑或承認人類本身的愚昧無知，只滿足於現象系列的關係說明，而不必訴諸超越經驗界的特殊原因。無論如何，宇宙設計師的存在並不是絕對必然的。⑸宇宙設計神理論無法圓滿解釋惡的問題。我們如何能夠調和人類的不幸或自然的災害與完美設計者所構劃的宇宙秩序呢？惡之存在乃是積極的事實，惡之本身應屬自然秩序的一部份。或是承認神

性慈善,而對惡之存在事實負責,但無力阻止惡之產生;抑是承認神性的全能,雖能阻止惡之產生,但不願表示慈悲而負責到底。如屬前者,則上帝為非全能者,若屬後者,則為非慈善者。休姆此說與萊布尼茲《辯神論》恰成極其有趣的理論對立。(6)設計論證頂多只能推出設計神,不能論證兼為物質因的創造神。

休姆最後的結論是:任何神存在的合理化論證皆不可能;任何神存在論證的結局終歸幻滅,而徒勞無功。休姆所謂「哲學的懷疑論」志在指出,全知全能的永恆存在信仰非屬理性之事,惟有破除宗教理性化的迷妄,方可還原出真正信仰的本來面目。休姆此說實與康德對於理性神學三大神存在論證所作的批判異曲同工,因為康德撰著《純粹理性批判》的主要意圖之一,乃在「論盡知識,俾便保留信仰之路」(Ich musste also das Wissen aufheben, um zum Glauben Platz zu bekommen),兩者都致力於理性與信仰、自然與天啟、或經驗界與超自然界之間易於滋生的一切混淆,藉以確保信仰本身的純粹獨立。不過休姆對於宗教信仰的態度不及康德的積極熱誠,始終挾帶人本主義甚或功利主義的色彩。

第五節 道德論

休姆的道德哲學理論建立在情感優位 (primacy of feeling) 的根本立場上面。休姆曾在《人性論》卷二主張:「理性即是而且應該只是激情的奴隸,除了聽從激情以外決不能擅負其他職責」(《人性論‧卷二》,第 415 頁)。由此可見,休姆討論知識問題,諸如觀念聯合、命題分類、因果概念、乃至自我觀念等等,乃是為了澄清理性功能的限制性,俾便建立情感優位的人性科學。他在《探微》開頭又稱人性科學為「道德哲學」(moral philosophy)。休姆的原意是說,我們常自以為理性萬能,其實細查起來,可以發現問題重重,因果關係觀念與自我同一性觀念便是最好的例證。知識問題既是如此,在關涉行為實踐的道德哲學領域,更可見出理性依從情感的事實。理性能予反省或論辯有關道德的問題與抉擇,然而道德也者,畢竟是成立在道德的感情甚或情操上面,推理並不是最後的決定力量。他說我們應予承認,指導我們行為實踐的道德原理基

本上是依據我們心靈的自然性向，而非全依理性本身的規定。

　　依據此一見地，休姆開始對於激情作一綿密的分類。所謂「激情」(passions) 乃是心靈生活分殊作用的總稱，包括情緒、情感、感受、甚至情操等等。休姆規定激情為「次生印象」(secondary impressions) 或即「反省性印象」，以別於剎那性感覺所獲得的「感覺性印象」或即原初印象。次生印象的形成，有時是直接來自原初印象，有些則是經由觀念的介入其間而來。譬如身體上的疼痛感覺是接觸外界事物所產生的原初印象，恐懼則是來自原初的疼痛印象而形成的激情或即次生印象。諾曼‧坎‧斯密士 (Norman Kemp Smith) 的《大衛休姆之哲學》(*The Philosophy of David Hume*) 第五、七兩章分別列有知覺與激情分類表，譯載如下：

(1)知覺分類表

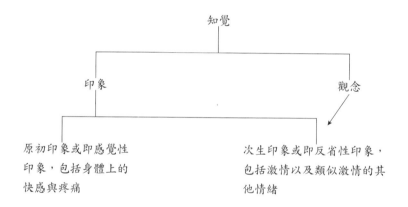

(2)激情分類表

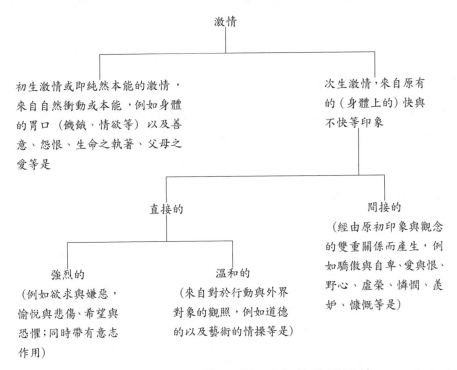

激情

初生激情或即純然本能的激情，
來自自然衝動或本能，例如身體
的胃口（饑餓、情欲等）以及善
意、怨恨、生命之執著、父母之
愛等是

次生激情，來自原有
的（身體上的）快與
不快等印象

直接的

間接的
(經由原初印象與觀念
的雙重關係而產生，例
如驕傲與自卑、愛與恨、
野心、虛榮、憐憫、羨
妒、慷慨等是)

強烈的
(例如欲求與嫌惡，
愉悅與悲傷、希望與
恐懼；同時帶有意志
作用)

溫和的
(來自對於行動與外界
對象的觀照，例如道德
的以及藝術的情操等是)

　　休姆的激情分類充分顯出他那「心理主義的原子論」(psychological atomism) 立場，即是援用心理學的方法儘予化除複雜的情緒生活為單純的構成要素，而以儘少的基本原則說明行為實踐的一切機動構造。我們不能否認，休姆這個見解是有決定論的成份在內的。不過，休姆同時認為人的意志自由與否，涉及自由的語意設定如何的問題。換言之，他似乎常把自由問題看成語言上的問題。

　　站在反理性主義的立場，休姆始終堅持人的性向與激情乃是人類行為的根源。更具體地說，人的原初印象如快與不快等感覺，是社會倫理的決定性因素。在公共生活裡所形成的善惡評價或褒貶 (approbation or disapprobation) 規準，探其始源，有其「快與不快」的人性根據。由此可知，休姆的倫理說受有快樂主義的原則支配。所謂理性無法單獨規定道德判斷的形成。休姆在此有一倫理學

上的理論貢獻，這就是說，他主張我們無由通過行為實踐的「實然」(is) 記述
「應然」(ought) 的道德評價原理。純由理性本身規定而成的道德原則並不適用
於現實的行為實踐問題。

休姆說：「倫理性與其說是基於判斷，不如說是由於感覺感受而形成的。」
德性使人引起舒適的印象，惡德則引起不舒適的印象。所謂道德情操原是對於
人類行為或性格的褒貶之情。這並不是說，道德情操只是隨意的或相對的，因
為休姆主張一般道德情操來自一切人類生來共通的傾向，由於人類心靈的原初
構造大體相同，自然形成感覺與感情方面的根本一致性。是故我們不能踰越自
然人性的範圍，擅自搬出純然理性的規範，套到經驗性的行為實踐上面。

休姆又以為，我們對於人類行為的究極目的不能賦予任何合理化的解釋。
一個人喜歡運動或許由於他要保持健康；他所以要保持健康，亦可能由於他嫌
惡疾病給他的不快之感。我們如果窮問為何嫌惡不快之感或即疼痛感覺，最後
的回答是不可能的，因為這無異是超越了人性的事實範圍。由此看來，休姆的
道德理論亦有自然主義的傾向。

再者，休姆論及社會倫理的成立問題時，極其強調所謂「功利性」(utility)
的特質。舉例來說，善意與慷慨經常成為人們讚揚的對象，這是由於此類德性
「有用」(useful) 的緣故。其他諸如慈悲、善良、友好、感激、厚道、分際等等
社會倫理概念多是建立在功利性的基礎上面。這並不是說，功利性只是一種自
私或自愛的表現。譬以善意為例，善意常是無關心的 (disinterested)，而為人類
生來愛好群居或社交的自然表現，並不特指偏私的有用性而言。我們不能追問
為何我們會有所謂人情或同胞感等社會性的感情。我們只能經驗此一人性的自
然原理。休姆又說，由於人類生來的同情感，他人的幸福與不幸自然影響我們
本身的情緒生活。這並不來自我們的自愛，而是自然的性向。

然而休姆又說：「公共的功利性是正義的唯一來源。」換言之，正義是一種
「人為的」德性。一切正義的建立有其自利的動機，公共的功利性亦可看成自
利的擴大。因此他不承認有所謂正義的永恆律法。自利與社會的功利性都是人

的固有性向，交織而成種種社會倫理。正義則不過是人所制定的義務概念，俾便維持公共生活的安寧秩序。休姆此說成為他對政治與經濟方面的見解的理論根據。

第六節　休姆哲學的意義和影響

休姆所欲建立的人性科學並未完全成功，這是由於：(1)他只根據已知的人性事實經驗地歸納而成若干基本原理，然而沒有充分使用他那「實驗的方法」，發現所有的經驗資料，俾便建立有關人性的經驗科學基礎；(2)休姆的經驗論始終採用心理學的分析，難於建立客觀的理論規準；(3)尤其他那心理主義的原子論雖善於解剖人性的複雜機制為單純的構成要素，然而難免產生心靈分化的理論困難，無由說明精神統一作用的問題；(4)心理主義的原子論在知識論方面所產生的難題是，知識普效性的問題無法獲得圓滿的解釋。洛克直至休姆的古典經驗論者始終未能針對人類悟性的主動創發功能進行精深的探求，因此有見於知識來源與範圍的問題，而無見於知識的客觀精確性問題，未嘗不是此派最大的理論瑕疵。

然而休姆在知識論史上最偉大的貢獻是在徹底貫徹經驗論的根本主張，剖析因果關係觀念與精神實體概念的語意秘密，同時修正了經驗論原則，而使洛克所開拓的觀念來源問題獲得進一步的澄清深化。尤其因果分析的結論刺激了許多物理科學家與哲學家重新探討因果原則的成立問題，而為今日一般科學經驗論者所遵奉的基本論旨之一。休姆對於「觀念關係」與「事實問題」的分類更是成為邏輯實證論者所謂命題二分法（分析命題與綜合命題或即必然命題與蓋然命題）的原初理論基礎。

在哲學史上有一公認的史實是，休姆對於康德先驗哲學的思想影響。康德曾在《未來形上學序論》的序言中明予承認，休姆曾經打斷了他那「獨斷的夢眠」(dogmatischer Schlummer)，使他導致思辨哲學的嶄新探求方向。康德尤其指出，休姆因果分析的課題使他感到因果概念的「先然」意義極有重新挖掘的

必要。由是可知，康德所以能夠匯合理性論與經驗論兩大思潮而入先驗觀念論的汪洋理海，休姆實有點醒之功。

　　又就倫理學方面說，休姆的道德感說充分發揮了快樂主義、自然主義乃至功利主義的特色。此一理路不但在當時引起廣大的影響，同時對於十九世紀英國功利主義的道德理論亦有開拓之功。休姆老友亞當‧斯密的倫理與經濟的見解固然與休姆思想具有密切關聯，後來邊沁 (J. Bentham) 與彌爾 (J. S. Mill) 父子的倫理說與社會思想更可以在休姆哲學中發現到理論的幼苗 ❿。

---

❿　想要進一步鑽研英國古典經驗論的讀者，不妨翻閱拙著〈英國經驗論基本問題之剖析與批評〉，已以臺灣大學《文史哲學報》第十四期中的一篇論文刊行。

第十一章　啟蒙運動時期

　　「啟蒙」（英 enlightenment，德 Aufklärung，法 illumination）一辭的涵義，大體上說，乃意謂著通過理性或即自然之光啟導在封建陋習與宗教傳統下被無知、俗信或教義所支配著的一般民眾的蒙昧，同時普及自由思想、科學知識以及批判的精神，而使人們自覺人存在本身的尊嚴與獨立。這裡所謂啟蒙思潮，乃是專指在十八世紀的德、法一帶所醞釀著的思想運動。此一時代，可稱之為「理性時代」(The Age of Reason)。十八世紀的啟蒙運動與其說是一種哲學主潮，不如說是一件文化史上的大事，因為啟蒙哲學家們的探求動機並不在乎建立個人獨特的思想體系，卻是在乎創造能予具現自由與理性等理念的大眾化時代。一般地說，他們常將反宗教的（現世的）與反形上學的（科學的）思考方式應用到自然探求與社會認識的問題。同時企圖通過啟蒙思想的普及除去社會的不自由與不平等現象。這種見解早在洛克的自由主義理論出現，經過伏爾泰與孟德斯鳩等人移植到法國，終於形成急進的民主政治思想運動，威脅了路易王朝「朕即國家」的專制政體的維繫，而直接間接成為推動 1789 年法國大革命的思想潛力。伏、孟二氏稍後，百科全書學派展開了第二期的法國啟蒙思潮，貫徹科學的自然主義態度，產生了感覺論、機械論、實證論甚至唯物論等思想。尤其狄德羅與達朗貝爾兩人集合大批百科全書家 (encyclopédistes) 編纂十七卷《百科全書》，在法國文化史上奠定了極其重要的里程碑。最後又有狄爾果與貢多塞等人的歷史哲學思想，帶來所謂歷史的「進步觀念」(the idea of progress)，刺激了歐洲人對於人類歷史的意義探討。就法國啟蒙運動整體而論，基本理論方面多取科學的自然主義立場，倫理方面則取相對主義的理性道德觀甚或功利主義，而在宗教方面則多半反對既成耶教的啟示信仰，而代之以理神論、自然宗教甚或無神論的主張。所謂「理神論」(deism) 乃是一種合理主義的宗教觀，除去反理性的神秘要素，謀求耶教觀念與近代的科學合理性的調和一致，且常依據倫理規範的要求設定神之信仰，故與標榜耶教的歷史啟示與教義的教會正

統發生尖銳的對立。

　　法國啟蒙思想不久波及德意志地方。然而由於當時的德意志仍未能形成統一的近世國家規模，反呈現著封建諸侯的割據狀態；因此法國啟蒙運動所具有的社會改革的熱情卻沒有傳染到德意志地方。大致說來，當時的德國啟蒙思潮基本上仍帶一種形上學的傾向。萊布尼茲所開拓的德國哲學經由窩爾夫的體系化傳播到德意志各地，形成極大的思想勢力。在倫理方面，多半顯現個人生活的理性化傾向，甚少論及社會倫理的問題；門得爾遜的「通俗哲學」可為例證。不過德國啟蒙思潮所蘊含著的問題逐漸構成更深的理性反省的基礎，終在康德哲學有了德國觀念論的開花結實，奠定了德國哲學的優越傳統。以下分為法、德啟蒙哲學兩節，列舉若干主要的啟蒙思潮的代表性哲學家，逐一論介他們的基本思想。

第一節　法國啟蒙哲學

　　㈠伏爾泰 (Voltaire, 1694–1778)　早享諷刺詩人、悲劇詩人盛譽的伏爾泰，由於個人某種紛爭，離法赴英。他在英倫潛心研究牛頓的自然哲學與洛克的經驗論，頗驚異於當時英國的政體與社會制度的進步情形。歸國之後，開始旺盛的文筆活動，名聲四播，而被各國王侯名士稱譽之為「時代的最高叡智」。伏氏一方面積極地支持百科全書學派的啟蒙運動，另一方面為了在耶教狂信與宗教偏見下犧牲的人們挺身鬥爭，極力抨擊當時的教會制度與教義的頑迷褊狹。伏氏在思想上反對耶教二元論世界觀，欲在現實社會裡結合牛頓的自然科學認識與人本主義的倫理。然而伏氏並不因為攻擊教會的橫暴與宗教的偏見而採取無神論的唯物論主張。他從社會的功利立場設定神之存在；到了晚年更脫離了功利論立場，而將理論的懷疑濾升而為實踐的確信，且依據了倫理實踐的要求建立神論的宗教信仰。伏氏一生的思想勞作象徵著路易十四死後的法國時代動向，史家常稱十八世紀的前半葉為「伏爾泰的時代」。

　　㈡孟德斯鳩 (Montesquieu, 1689–1755)　孟德斯鳩男爵代表法國絕對主義

末期的貴族階級，為一卓越的法律學家。孟氏曾以二十年的長期研究發表《法之精神》(*De l'esprit des lois*)。該書援用歷史法學的、比較法學的、以及法律社會學的最新方法展開三權分立說與立憲君主制論等轟動當時歐洲的政治思想。他也協力參與《百科全書》的編纂工作。孟氏學說對於 1789 年的大革命思想影響甚鉅，但對 1793 年左右的政治思想則未發生作用。

㈢拉美都里 (La Mettrie, 1709–1751)　係啟蒙運動的早期唯物論健將，著有《人即機械》(*L'homme-machine*) 一書。拉氏主張一切精神存在只是肉體的副產，正如雙足具有「步行的肌肉」，腦髓亦具「思維的肌肉」。換言之，一切心靈作用皆可還元而為腦髓（物質）的隨伴現象。人類所以優越於一般動物，只是由於人的腦髓較為發達，且受有教育的緣故。唯物論的自然結論，在倫理上是快樂主義，乃以物質的享樂為人生的最高目標。在宗教上則表現為徹底的無神論，否定神之存在與靈魂不朽之說。拉氏甚至主張，只有實踐唯物論的學說才能獲取真正的幸福，宗教反而對於人類生活成為最有害的阻礙力量。

㈣貢狄亞克 (Condillac, 1714–1780)　他是法國最初的感覺論者。從洛克經驗論出發，在《人類認知起源試論》(1746) 一書否定本有觀念的存在，同時貫徹了知識起源在乎感覺的主張。1754 年出版主著《感覺論》(*Traité des sensations*)，克服洛克感覺與反省並存的二元性觀點，從感覺的絕對優位立場統一地說明人類的一切精神生活。貢氏將人喻為大理石像，順次在大理石像上附加嗅、聽、味、視、觸等五官感覺，而使石像內部產生感覺變化。依照同理，人類精神能力的一切（注意、反省、判斷、推理、記憶等）亦被視為感覺的變形。由於貢氏採取極端的感覺論立場，故未進而主張唯物論，還元感覺對象的本質為物質存在本身。貢氏亦曾參加《百科全書》的編撰，而為啟蒙思潮的前進代表。貢氏並不倡導無神論思想，但承認了意志的自由與神性的存在。不過貢氏將感覺論的知識論援用到社會或道德等問題之時，產生與多爾巴克或葉爾維修斯等唯物論者的學說一脈相通的理論要素。

㈤葉爾維修斯 (Helvétius, 1715–1771)　葉氏曾研究過洛克經驗論與貢狄亞

克感覺論，且以絕對王政下的小官吏身份親身體驗到民生疾苦的實相，終於建立戰鬥性的唯物論思想。他反對笛卡兒以來的思辨形上學，而從唯物論的知識論出發，以快不快等感覺與自利的觀點說明一切人類行為體系。同時指摘當時的封建經濟關係的矛盾所在，而以社會環境的改革為人類教育的必需前提。在倫理方面，葉氏以官能上的快感滿足為道德原理，規定自利自愛為一切精神活動的原動力量。主著包括《精神論》與《論人之能力與教育》二書，極具影響。

㈥狄德羅 (Diderot, 1713–1784)　為《百科全書》主要編纂者之一。狄氏的哲學思想可在《關於自然解釋之思索》與《達朗貝爾之夢》二書窺知大要。狄氏從古典經驗論轉到機械論的唯物論立場，以具有感性的極微物質為分子，規定其為感覺（人類知識根源）的基礎。

㈦達朗貝爾 (D'Alembert, 1717–1783)　亦係《百科全書》的主編之一。他在代數方面發現達朗貝爾定理，且為解析力學的創始者，亦有氣象方面的論著。1751 年撰成〈百科全書序論〉，由於政府當局對於《百科全書》編纂工作的抑壓，終在 1759 年與狄德羅分手，脫離了《百科全書》的工作。哲學上達氏具有懷疑論與實證論傾向，倡導科學之哲學的探求理路。在道德學方面大體採取自然法學之說，對於歷史則取人類進步的觀念。

㈧多爾巴克 (D'Holbach, 1723–1789)　原係德意志貴族，歸化法國而寓居巴黎，在家裡經常開設文化沙龍，而與狄德羅、拉美都里等進步的自由思想家時常交遊，逐漸建立個人的唯物論思想。他的主著《自然體系》(Systéme de la nature) 一書體系化了當時的一切進步思想。他在第一部標定無神論與唯物論立場，而在第二部論及神之問題。他從自然本身的認識出發，規定自然為永恆必然地運動著的物質總和；且從感覺論的知識論觀點說明人類行為的唯一動機為利害關係。由於多氏無法克服機械論的唯物論，終於否定了人的自由意志而陷於極端的宿命論見地。多氏主張道德世界亦如物理世界，依從嚴密的因果律，而所謂道德上的愛、憎與利己之心等皆可還元而為引力、斥力與惰性等機械的原理。對於此一因果律的無知，乃是構成社會腐敗的根源。多氏理論無從正面

把握人存在的社會性與歷史性，終於肯定了人的自殺。

　　㈨貢多塞 (Condorcet, 1743–1794)　貢氏為啟蒙思想家中唯一活到大革命之後，且親身參加大革命運動的歷史哲學家。主著《人類精神進步之歷史展望素描》(1795) 一書嘗分人類歷史的發展為十個階段，而在最後一個階段論及人類精神的未來進步，極富樂觀主義的無限進步觀。

　　㈩盧梭 (Jean-Jacques Rousseau, 1712–1778)　盧梭係法國啟蒙哲學運動之中最重要的天才思想家。三十歲到巴黎，而與狄德羅等交往，開始吸收新時代的知識。1750 年以〈學藝論〉一篇贏獲了科學院徵文冠軍，一夜成名。盧氏主著包括《人類不平等起源論》(1755)、《社會契約論》(1762)、《愛彌兒》(1762)、《懺悔錄》(1789)、《孤獨散步者的夢想》(1782) 等書。盧梭的主權在民說、自由平等理論，以及愛國思想等曾予美、法兩國的大革命以理論的奠基。同時社會主義、人格主義、永久和平的理想、人本主義教育理論、浪漫主義、告白體文學、民眾藝術等等近代歐洲文化理念及其運動都可尋出盧梭思想的影響。

　　盧氏在〈學藝論〉中極力批判人為的墮落性文明，高唱「復歸自然」的口號。又在《不平等論》主張人類不平等與奴隸狀態的存在理由來自私有財產的社會制度，如此掘發社會罪惡的禍源所在。依據上述觀點，盧氏倡導一種形成「社會中的自然人」之說，通過道德人格的建立，重新探索人存在的本然地位。在《社會契約論》中盧氏奠定基於立法權優位的人民主權思想，配以社會契約之說，堅決主張理想的共和制度為人在自然的、精神的奴隸狀態之中解放自己的必需條件。在《愛彌兒》這部教育小說中，盧梭反對天主教的原罪之概念，而代之以「自然善性」(bonté naturelle) 的原理。盧氏儼然反對灌注式的教育方針，標榜「消極教育」之說，認為教育的真正目標在乎儘予除去足以妨礙被教育者的個性發展與能力發揮的任何因素。在宗教思想方面，他表現了稍帶神秘主義色彩的自然宗教論調，承認人類天生而有自然的宗教感情。但他對於教會權力、啟示與奇蹟等反理性的宗教要素則予猛烈的抨擊。他在哲學史上所據有的地位不能算高，然就整個近代歐洲的文化發展潮流來看，盧梭的存在乃是十

八世紀的時代象徵。

第二節　德國啟蒙哲學

㈠窩爾夫 (Christian Wolff, 1679–1754)　窩氏係德國啟蒙運動時期的哲學指導者，經過其師萊布尼茲的推薦，就任哈勒大學數學教授，後又講授物理學與哲學。窩氏開始使用德國語文以替代拉丁文，對於德國哲學以及一般文化上的影響極其宏深。窩氏哲學無甚獨創之處，多是屬於萊布尼茲思想的體系化與組織化工作。康德原屬窩爾夫學派，後來卻超克了窩爾夫理性主義的獨斷論理路。

㈡列興 (Lessing, 1729–1781)　劇作家，批評家以及啟蒙思想家。主張信仰的自由，人格的獨立，與人類的進步。他在《人類的教育》一書考察宗教的發展階段，建立所謂「理性的基督教」，同時致力於道德的啟蒙。

㈢門得爾遜 (Moses Mendelssohn, 1729–1786)　係「通俗哲學」一派的主將，屬於窩爾夫學派。門氏反對宗教上的信仰差異侵害人民的平等，而擁護了信仰的自由。他同時認為，哲學的本來課題不外是在對於常人信以為真的上帝存在與靈魂不朽等信念賦與最嚴密的理性論證。他說世界的一切存在只是人存在的手段，且從所謂超越的合目的性論證神之存在與偉大。他又仿照資爾查 (Sulzer)之說，在思維與意志之外，附加感情能力，開拓精神能力三分說的理路。

㈣哈曼 (Hamann, 1730–1788)　享有「北方博士」的綽號，與耶可比一樣，倡導耶教的信仰哲學。他認為我們不能經由悟性把握絕對者，惟有主觀的確固信念才是真理的究極規準。自然與歷史皆不外是神之啟示；為了獲取真實的生活，我們必須生活在上帝信仰之中。

㈤赫爾德 (Herder, 1744–1803)　著有《人類歷史哲學之考察》一書，展開龐大的歷史解釋理論。在哲學方面曾受康德的感化，然而站在信仰優位立場反對康德的理性主義。赫氏的基本思想可以說是頗具神秘主義色彩的一種耶教人本主義的哲學。他對德意志民族的精神文化，尤其語言與詩，充分表現高度的

理解，而對年輕的歌德以及黑格爾等給與深刻的精神啟導。

　　德國啟蒙思潮在文化史上奠定了德國精神發展的初步文化地盤，同時刺激了歌德、諾瓦里斯、薛列格兄弟、提克等人所形成的狂飆運動或浪漫文學思潮。康德亦屬啟蒙哲學的時代，然而康德後來打破啟蒙思潮的思想限制，獨自開拓了一條先驗觀念論的創造性思想。康德的出現，無異是象徵了啟蒙思潮的結束與德國觀念論的開始，在哲學史上展開了光芒萬丈的一頁。

第十二章　康　德

第一節　生涯和著作

　　康德 (Immanuel Kant, 1724–1804) 生在哥尼希堡 (Königsberg)，為一製革工人之子。康德的父母都是虔誠派 (Pietismus) 的篤信者，因此他自幼即受此派精神的薰陶。1740 年康德開始在當地的大學攻讀神學、哲學與自然哲學，尤其在克努尊 (Martin Knutzen) 教授指導之下研修萊布尼茲、窩爾夫學派的哲學思想。1746 年大學畢業之後，曾在家鄉各處充當家庭教師。1755 年回到母校任教，到了 1770 年才正式升為邏輯與形上學的教授。康德一生的外在生活極其單純樸素，足跡未離鄉土，日常起居如同時鐘般的井然有序。曾有一次，康德耽讀盧梭的教育小說而竟忘卻當日的生活程序，在哲學史上成為有名的軼事。

　　康德在 1781 年所出版的《純粹理性批判》(*Kritik der reinen Vernunft*) 可以說是奠定了康德先驗哲學的里程碑。在此書問世之前，康德的思想發展大致曾有三次的轉變。第一期從 1755 年到 1762 年之間，康德仍在萊布尼茲一派的形上學思想影響之下，可特稱之為獨斷論的時期。他在 1755 年出版《一般自然史與天體理論》，應用牛頓的力學論及太陽系的構造起源，在科學史上形成了所謂「康德、拉布拉斯之星雲說」。於此時期，康德在自然哲學方面儘予接受牛頓式的力學機械觀，而在探討自然宇宙的形上學基礎之時，他又遵循了萊布尼茲的單子論觀點。1755 年的《形上學認識之第一原理新釋》，1756 年的《物理的單子論》，以及 1759 年的《樂天觀之探討》等書，乃是代表第一期思想的主要著作。第二期的年代是在 1762 年與 1769 年之間，康德漸對前期的理性形上學見解開始懷疑，同時受了英國經驗論（尤其休姆）與盧梭的人性觀的影響。在 1763 年的一篇論文〈神存在論證之唯一可能證明根據〉之中康德曾說：「確信神之存在雖是必然之事，證明祂的存在卻無甚需要。」又在 1764 年的論文裡，康德主張形上學的探求亦應採用牛頓自然哲學所使用的方法，即從確實的經驗

出發，逐步形成普遍的原則。他在 1766 年通過一篇〈視靈者之夢〉，批判心靈學者所標榜的靈界知識為一種夢想，同時否定傳統形上學對於上帝與精神的一切主張有其理論根據。康德如此否定形上學的認識客觀性之後，終將形上學的關心問題擺在實踐的信仰基礎上面。然而 1770–1781 年的一段時期，康德又逐漸回到理性形上學的建立問題。此一時期可以稱為「批判哲學」(kritische philosophie) 的準備時期。他在 1770 年所發表的教授就職論文《感性界與叡智界之形式與原理》(*De mundi sensibilis atque intelligibilis forma et principiis*) 之中劃分感性界與叡智界；前者是自然科學的認知所關涉的世界，後者則為柏拉圖式的形上學認知之固有對象領域。換言之，感性界是對應於認知主體的「現象」(Erscheinungen) 世界，叡智界則是超越現象而自體存在著的所謂「物自體」或即「物如」(Ding-an-sich) 的世界。他在該論文之中，還醞釀著異乎第一期的時空觀念。康德似乎不再把時空視如實體之間的客觀秩序，而是看成人的感覺直觀性形式。如此康德首次奠定了時空主觀性或觀念性的主張。不過，他在此篇論文主張叡智界的存在，這又表示康德仍未完全脫離萊布尼茲哲學的羈絆。

　　自 1781 年開始，康德建立了決定性的先驗哲學立場。著名的三大批判書基本上依據知、情、意的三分法分別討論理論哲學、實踐哲學與美學（及目的論）的問題。1783 年所出版的《未來形上學序論》(*Prolegomena zu einer jeden künftigen Metaphysik*) 乃是簡化艱澀難解的《純粹理性批判》的一部導論。康德在 1787 年印行《純粹理性批判》的再版，儘予排除初版所使用的心理學的說明方式，改成更富於（先驗）邏輯色彩的解釋。1785 年出版《道德形上學原論》(*Grundlegung zur Metaphysik der Sitten*)。康德在此書中首次展示他對道德哲學的根本理念，同時為了 1788 年問世的《實踐理性批判》(*Kritik der praktischen Vernunft*) 做一體系化的鋪基工作。《實踐理性批判》的出現，更使世人明瞭康德《純粹理性批判》的真正意義。1790 年所問世的《判斷力批判》(*Kritik der Urteilskraft*) 則從美學問題的探求設法溝通第一批判書所關涉的機械化自然宇宙（物理科學的對象）與第二批判書所建立的道德、自由與信仰的超越世界（道

德形上學的對象）之間所形成的一道鴻溝。

　　在自然哲學方面，康德曾在 1786 年出版《自然哲學之形上學原理》(*Metaphysische Anfangsgründe der Naturwissenschaft*)。在宗教哲學方面又著有一部《純粹理性範圍內之宗教》(*Die Religion innerhalb der Grenzen der blossen Vernunft*)，曾在 1793 年出版。1797 年撰成〈法律論之形上學原理〉與〈德性論之形上學原理〉，合成一部《道德形上學》(*Metaphysik der Sitten*)。其他又有《人性學》、《邏輯》、《地理學》、《教育學》等著作。小篇論文則有〈永久和平論〉、〈啟蒙論〉等，亦予後世思想以莫大的影響。

第二節　思想方法及特徵

　　康德哲學的轉捩點可以說是在休姆的懷疑主義所引起的「獨斷論的久夢之覺醒」上面。康德閱讀休姆著作的德譯本後，深深感到，傳統形上學的迷妄與無謂的爭論反使號稱「一切科學之女王」的形上學本身還比一般科學知識（尤其物理科學）更是欠缺嚴密學的性格，而成人們質疑的對象。因此康德接受經驗論者的主張，認為一切知識應「隨」(mit) 經驗而有。這就是說，一切人類知識必有內容或對象，所關涉著的內容必須來自現實經驗，否則無由形成知識。然而康德並不以為，英國經驗論者如休姆所主張的見解足以說明知識為何而有「普效性」(Allgeimeingültigkeit) 或即客觀精確性的問題。經驗論者有見於知識的經驗來源，而無見於知識的成立根據。由是可知，休姆對於康德的影響有積極的與消極的兩面：積極地說，休姆促使康德覺醒到，傳統形上學的凌空式玄想無補於精確知識的建構與擴張，惟有現實經驗才能形成人類悟性探討的對象；消極地說，休姆的懷疑主義論調無異宣判知識普效性的不可能，這使康德更進一步認清休姆的理論限制所在。換言之，康德接受了休姆的理論挑激之後，設法解決休姆所無力解答的哲學課題：以歐幾里得的幾何學與牛頓的物理科學理論為最佳典範的人類知識有其高度的普效性或必然性，既已成為不可否認的「事實問題」(quid facti)，我們又如何解決知識普效性的「權利問題」(quid juris)

呢？康德所特別注意的一件事是，休姆徹底批判了因果必然性概念之後，終將因果觀念還原而為心理學的問題（習慣性期待），而使物理學家所援用的因果原則頓失任何理論根據。康德的先驗觀念論便是重新保證科學知識的普效性與因果原則的先驗必然性的一種思想探險。

　　康德雖然承認一切人類知識必隨經驗而起，但卻否認知識一概來「自」(aus) 經驗。通過感性與外界對象的接觸所獲得的經驗內容雜亂而無秩序，無由即時構成客觀真確的知識。知識的成立有待我們悟性的主動創發作用，按照悟性本身的普遍規則適為組織蕪雜的經驗表象，建構而為一套先然的認知。知識的根本條件並不在乎感覺經驗的實際內容（質料），而是在乎悟性的建構能力（形式）。因此，康德扭轉了洛克以來實在論的知識論立場，倡導所謂「先驗觀念論」(transzendentaler Idealismus) 理路，且將己功喻為「哥白尼式的轉向」(Kopernikanische Wendung)。康德以為，洛克等人（實在論者）一向假定我們的知識必須符應知識的對象，這種企圖無異抹殺了知識普效性的重要課題。我們若要徹底解決此一課題，應如哥白尼的天文學革命（天動說轉為地動說）一樣，倒過來說「對象必須符應我們的知識」(die Gegenstände müssen sich nach unserem Erkenntnis richten)。一切知識必是先然的知識，具有經驗內容而又獨立乎經驗而存在。我們在此應予分辨「先驗的」(transzendental) 與「超越的」(transzendent) 二辭的殊異所在：後者指謂超越現實經驗，傳統形上學的研究對象，諸如上帝、靈魂等等，應屬「超越的」領域；前者具有康德哲學的獨特意義，乃指知識論上建構經驗內容而為客觀真確知識的一種不待經驗的要素而言，純屬悟性本身的形式條件。因此「先驗」幾與「先然」(a priori) 一辭意義相等。所謂「先驗的方法」，是要通過知識的性質分析，判明知識的價值在乎普效性或客觀真確性，從而審查普效性所由成立的基礎。康德又稱他的方法為「批判的方法」(kritische Methode)。

　　知識所以具有普效性，乃是由於知識本身所涵攝的一切有關判斷都是具有獨立乎經驗的先然客觀條件的緣故。康德為了闡明知識本身的判斷形式，曾就

「分析」與「綜合」的對立以及「先然」與「後然」的對立，區分四種判斷或命題。「分析的」與「綜合的」判斷對立，基於判斷形式的主賓關係。在分析判斷裡，賓辭的意義完全涵攝在主辭之中，可從主辭直接抽繹出來。至於綜合判斷，則其賓辭的意義不涵攝在主辭之中，而是附加到主辭上面而有的。如用康德本人的例示說明，「一切物體都有擴延性」屬於分析判斷，因為擴延性可從物體概念本身抽出。分析判斷不能增加新的知識，康德又稱「解釋性判斷」(Erläuterungsurteil)。「物體皆有重量」則屬綜合判斷，因為重量的意義原不涵攝在物體之中，而是附加的結果。綜合判斷因能增加新的知識，又稱「擴充性判斷」(Ergänzungsurteil)。康德自己在此所舉的例示，並不精當，因為「有擴延性」或「有重量」等賓辭涵不涵攝在「物體」（主辭）之中，可以看成語意上的約定問題。我們可用更適當的例子予以說明。譬如「紅花是一種花」這個命題之中，花的概念（賓辭）顯然可從紅花概念（主辭）抽繹出來，且無增加新知識的可能，故稱分析判斷。「這本書是他的」這個命題表示，書籍所有人的概念（賓）並不在書（主）中，命題本身給予我們新的認知，故稱綜合判斷。至於所謂「先然」與「後然」之別，要看判斷形式是否摻雜實際經驗要素而定。後然判斷是經驗性的。先然判斷是不待經驗，獨立乎經驗而成立著的，乃為保證普效性與必然性的基本條件。

康德依據「分析的」與「綜合的」以及「先然的」與「後然的」兩種對立，互相組合而為下列四種判斷：⑴先然分析判斷，⑵後然分析判斷，⑶先然綜合判斷，以及⑷後然綜合判斷。這四種判斷之中，第二種實際上不能存在，因為所謂分析判斷的賓辭乃從主辭的分析而來，毋需主辭概念以外的任何新的經驗，故不能稱為後然。換言之，「分析的」與「後然的」二者在概念上是矛盾而不兩立的。至於第四種判斷，是關於我們日常經驗上的事實判斷，譬如「我看到了一隻貓」或「昨日黃昏太陽西沒」，只與個人的主觀知覺有關，並不能構成普效必然的知識。再如先然分析判斷，雖具普效性與必然性，但不能有知識的擴充可能，故與我們所要討論的知識問題無關。康德知識論所最關心的是第三種「先

然綜合判斷如何可能？」(Wie sind synthetische Urteile a priori möglich?) 的問題。一般邏輯經驗論者不能承認康德「先然綜合判斷」形式的存在可能。他們多半採取命題二分法，主張一切判斷只可分為「先然的」（或即休姆所謂「觀念關係」）與「概然的」（或即休姆所謂「事實問題」）兩種。康德的先然分析判斷與後然綜合判斷分別等於上述二者。他們尤其批判康德對於數學知識的見解。康德說一切數學知識如 7+5=12 乃屬先然綜合判斷，因為「12」的數量概念無法從「7」與「5」二者的概念分析抽得，而是附加而成的。邏輯經驗論者多半主張數學與邏輯等形式科學的命題形式乃是一種套套絡基（現多譯為套套邏輯），或即恆真命題形式。他們同時反對康德的判斷形式分類，認為康德只知亞氏邏輯以來基於主賓關係的判斷分類，從現代符號邏輯的觀點來看，應予淘汰。

　　康德認為，一切數學與物理科學知識所以具有客觀真確性且有知識擴充的可能，乃是由於此類知識係由先然綜合判斷所構成的緣故。於是康德知識論一一探討下列四大課題：(1)純粹數學如何可能？(2)純粹自然科學如何可能？(3)當做自然傾向 (metaphysica naturalis) 的形上學如何可能？(4)當做學問的形上學如何可能？按照康德之說，一切知識必須具有先然綜合判斷的形式。據此，傳統形上學所探求的超越經驗的哲學問題，豈非建立在空中樓閣，而無知識價值可言？

　　為要了解康德對於形上學成立與否的獨特見解，首需分辨康德所謂「理論理性」(theoretische Vernunft) 與「實踐理性」(praktische Vernunft) 的義蘊。康德哲學自始至終堅持人類理性具有兩大分殊功能：理論理性能在感性界中發揮悟性創發作用，建構經驗內容而為客觀知識體系，對於理論理性而言，自然宇宙形成機械化的因果秩序；至於實踐理性則在叡智界（超感性界）中依據人類精神本身的要求創造倫理、自由、宗教等等價值體系，藉以點化現前的經驗世界而導向所謂「目的王國」(ein Reich der Zwecke)。因此，作者認為《純粹理性批判》的撰著乃是基於以下兩大動機：

　　㈠首先康德欲予徹底澄清知識或學問 (Wissenschaft) 的涵義，通過理論理性

的探索，建立一套知識哲學或即今日所謂科學之哲學，闡明知識普效性的權利問題。同時藉諸先驗觀念論的知識論觀點，揭穿傳統形上學的底細，批判上帝、自由、不朽等超越經驗的諸般理念無由構成理論知識的真正內容。

　　㈡這並不等於說，傳統形上學所探求的課題毫無研究價值。康德那句著名之語：「論盡知識，俾便保留信仰之路」，不外是說理論知識與實踐信仰的兩大領域應予儼然劃清，以便不致產生問題混淆或領域干犯的錯誤。只有站在「實踐理性之優位」(Primat der praktischen Vernunft) 立場，我們才能重新建立屬於實踐信仰層域的形上學。更具體地說，康德解消傳統的「實在形上學」而為實踐理性所要求的一種「道德形上學」(Metaphysik der Sitten)。

第三節　純粹理性批判（知識哲學）

　　康德《純粹理性批判》的主要部份稱為先驗原理論，分成先驗感覺論與先驗邏輯兩大部門。感覺論剖析時空形式的先驗意義，藉以闡釋數學知識的成立基礎。先驗邏輯又分先驗分析論與先驗辯證論。前者演繹一套十二範疇論與圖式論，藉以說明自然科學如何具有普效性的權利問題。後者則專事批判傳統形上學的迷妄舛誤，從而導出實踐理性優位的結論。

　　㈠時空論　康德所以在感覺論中特就時空形式剖析一切經驗的直觀之中所伴隨著的先驗要素，乃是由於他深信著數學知識的成立基礎端在時空形式的緣故。康德的時空解釋 (Erörterung) 分成形上學的與先驗的兩種。

　　所謂形上學的解釋，乃是論證時間與空間都是「純粹直觀形式」(reine Anschauungsform)，而具先驗的意義。歸納康德的時空形式剖析，可以獲得下列結論：⑴時間與空間皆非從任何外界經驗抽繹而成的經驗性概念；時空表象毫不關涉經驗，反為一切經驗所以可能的要件。⑵這就是說，時空乃是必然的先然表象，而為經驗的直觀之基礎。經驗的直觀如「我看到一朵白花」或「昨天下午火山爆發」等等皆需預設時空的存在，否則我們無從獲得任何經驗。然而時空不等於是實際的經驗內容，時空只是必然伴隨任何經驗的直觀之先然條

件而已。⑶時空是感性直觀的純粹形式，而不是表示經驗事物間之關係的一般概念。我們只能表象一個整體的時空，不能就時空本身作一上下位概念的分類，因為時空只是形式，不具經驗內容之故。⑷這也就是說，時空都是無可限制的所與之量 (eine unendliche gegebene Grösse)，無由形成一種概念；概念需有限定，而不能包含無限的所與之量。

由是得知，時空形式是先驗性的，獨立乎任何實際經驗表象。根據這個結論，康德在時空的先驗解釋之中，闡明時空形式能使數學命題成為先然的或即普效必然的命題。康德認為幾何學是一種（抽象性）圖形的形式科學，建立在空間的純粹形式上面，故有先驗的知識意義。再就時間而言，算術乃是依據時間形式而成立的，因為數之計算必須假定時間的繼起秩序。康德以為，時間是一切內外現象的先然形式條件，空間則只形成外界現象的純粹形式，較諸時間的功能更有限制。不但一切外界現象必須預設時間形式才有產生的可能，我們對於一切外界現象的認知亦必表現而為時間形式之中的內在意識的事實。時間形式的此一特色對於康德知識論極其重要，關涉下面所將敘及的圖式論問題。

康德規定時空形式的根本性格為一種所謂「先驗的觀念性」(transzendentale Idealität)。時空形式本身不具獨立的實在性，它們原是我們經驗的直觀所預設著的純然主觀的條件，如果我們將一切經驗內容抽去，所剩下的只是我們藉以支持經驗的直觀成立的時空主觀條件而已。因此時空並不具有絕對的實在性，時空不能獨立乎外界現象以及我們的內在經驗而即自存在。然而這不等於說，時空只是一種主觀的幻象。時空形式是能使現象成立為我們經驗內容的先然條件。康德自經驗現象分離時空形式，予以單獨處理，乃是為了證明時空形式有其先驗的要素，實際上時空形式原是當做能使外界事物顯現而為經驗現象的不可或缺的要件。因此，康德又稱時空具有所謂「經驗的實在性」(empirische Realität)。

康德時空論的本來課題，只是在乎探求數學知識如何具有客觀真確性的根據，故將時空視如純粹直觀形式或主觀的「關係原理」(Ordnungsprinzip)。作者

在此順便指出，今日有不少數理邏輯專家與科學哲學家懷疑甚或批判康德所謂「幾何學基於空間，算術基於時間而得成立」之說。康德以後有所謂非歐幾里得幾何學的發展，此種幾何學，是否符合康德先驗觀念論的空間理論，值得商榷。又，設若懷德海與羅素在《數學原理》之中所主張的「數學可以還原而為邏輯」之說有其理論根據，則康德的時空論與數學論就需要一番徹底的修正或檢討了。再者，從現代物理科學（如相對論）立場來說，康德時空論是否可以成立，亦需一番批判性的探討。

　　㈡範疇論　康德認為知識的成立需藉感性（直觀）與悟性（思維）的兩種心靈能力的協力合作。直觀是表示接納性 (Rezeptivität)，而思維則表示自發性 (Spontaneität)。設若只有直觀，則我們僅能獲得雜亂無章的知識材料（經驗內容）而不能構成統一的知識體系。又若只有思維，我們雖能具備建構知識的統一形式，但缺任何經驗內容。於是康德宣稱：「不具內容的思維是空虛的，不具概念的直觀是盲目的」(Gedanken ohne Inhalt sind leer; Anschauungen ohne Begriffe sind blind)。此一名言亦可視如康德超克理性論與經驗論而同時著重（思維）形式與（知識）材料的思想結晶。關於感性部份，我們已在時空論中敘及。這並不是說數學知識只需感性能力即可成立。不過由於康德深知自然科學是構成性 (konstruktiv) 的知識，關涉外界經驗，因此特就悟性的統一形式解析自然科學成立的根據。康德認為悟性的統一形式就是所謂「範疇」(Kategorien)。

　　康德又稱範疇為「純粹悟性概念」(reine Verstandesbegriffe)，乃是思維的先然形式，而使一切思維的認識成為可能。通過感性直觀所獲得的經驗表象蕪雜而無統一，有了悟性自創的範疇理網套上經驗表象，可以建構具有組織的嚴密知識。康德認為一切思維都可藉用邏輯的判斷形式表現出來。邏輯的判斷形式本身是先驗的思維形式，如果能獲判斷形式的完整分類，也就不難發現與之相應的一切悟性範疇。康德根據亞里斯多德以來的形式邏輯，很有自信地列出一張判斷形式表，同時依據此表一一導出悟性的範疇。康德特稱他的邏輯（觀點）為一種「先驗邏輯」(transzendentale Logik)。

作者依照徐密特 (Raymund Schmidt) 所編輯的《純粹理性批判》（1930 年版），譯載康德原製的判斷表（該版第 110 頁）與範疇表（該版第 118 頁）如下❶：

康德自己堅信上述十二範疇足以概括一切認知作用的先然形式。屬於量

❶　不少康德學者認為分量範疇中的「單一性」與「全體性」應予換位，以分別配合全稱命題與單稱命題的形式。

(Quantität) 與質 (Qualität) 的六種範疇是數學性的，至於關係 (Relation) 與樣態 (Modalität) 的範疇則是力學性的。大體上每一大類的第三項可以說是前二項的綜合，而第一項與第二項又互相對立。譬就第二大類（性質）而言，「人是動物」為肯定判斷，從肯定判斷可以導出能夠決定經驗事實之實有的「實在性」範疇。「人不是鬼」為否定判斷，由此可以導出能夠決定經驗事實之非有的「否定性」範疇。至於「人是非鬼」屬於無限判斷，由此可以導出能夠限定經驗事實的「限制性」範疇；此一範疇同時關涉實在性與否定性的兩面，乃為後二者的一種綜合。不過在康德的範疇表中每一大類的三項範疇還是並排著的。後來費希特藉用辯證法重新貫穿康德的範疇表而為動態的根本原則。到了黑格爾，更進一步演成汎論理主義的辯證法，把康德的範疇表依照正反合的論理級序連串起來。

許多學者曾經批判康德的範疇論說，十二範疇的說法過份泥於形式，又極煩瑣晦澀。不過康德範疇論的真正旨趣並不在乎範疇的多寡，而是在乎範疇的先驗意義。康德認為有了範疇的形式，悟性才能有效地統一綜合種種經驗內容而為具有形式規模的普效性知識。

康德曾在《未來形上學序論》中舉例說明範疇理網的應用意義。他說日常生活上的一般「知覺性判斷」(Wahrnehmungsurteil)，如「日光照射石頭，石頭溫暖了」，乃是依據各人主觀的感覺經驗而成立的，只具主觀的確實性意義。至於所謂「經驗性判斷」(Erfahrungsurteil)，如「日光曬暖石頭」，則是一種表示客觀真確的知識意義，毋需藉諸個人的實際知覺而得成立。由於此一經驗性判斷是建立在因果性範疇之上，故有強制我們接受而為真確無誤的一種性格。休姆已經說過，經驗事實之中不可能發現任何因果必然性，然而休姆訴諸習慣性期待的說法，終不能解釋自然科學知識的普效性問題。康德通過範疇論的建立，乃可主張科學知識所關涉著的因果必然性原屬悟性主觀的先然形式，而使外界經驗能夠經由悟性範疇的統攝安排，形成客觀真確的知識體系。

然而悟性思維的「主觀」條件如何能使經驗內容變成「客觀」真確的知識

呢？康德對於此一課題的解決絞盡腦汁，終在意識的統一作用一點獲得先驗觀念論的解釋線索。

康德從笛卡兒所謂「我思」(Ich denke) 的思維作用出發，提升「我思」的意義而為超乎個人主觀的根源意識作用。換言之，康德以為 (當做理性動物的) 人類意識對於經驗的認知能有一種「自我意識之先驗的統一」(transzendentale Einheit des Selbstbewusstseins)，可特稱之為「先驗的統覺」(transzendentale Apperzeption) 或即純粹的根源統覺。我們應該注意，康德所謂先驗的統覺並非指謂笛卡兒式的精神實體。先驗的統覺只是康德為了說明知識的普效性與必然性而不得不提出來的一種知識論的絕對預設而已。康德既已扭轉知識論的根本立場，主張知識的成立基礎不在外界對象，而在悟性主觀的自發性思維形式 (範疇)，為了徹底解釋知識的客觀性統一問題，康德最後惟有訴諸上述先驗的統覺 (意識的根源統一作用) 了。先驗的統覺既非一種形上學的實在，亦非個人的主觀意識作用，而是能夠超越個人意識作用而不具有實體意義的「認知主體」。此一知識論的「主體」，康德又稱之為「意識一般」(Bewusstsein überhaupt)。

㈢圖式論 (Schematismus)　康德說：「統覺原理是人類知識的整個領域之中最高的原理。」然而我們並不是能從經驗現象的感性接納，當下統一經驗內容而為嚴密知識的。經驗內容之構成嚴密統一的知識，有其具體的步驟，康德分為三段：⑴在感性層次，需有對於直觀之中的雜多經驗表象的「領受」(Apprehension) 綜合作用；⑵在想像力層次，需有配合某些心靈規則的「再生」(Reproduktion) 綜合作用，通過「領受」的過濾獲有初步綜合整理的經驗表象，又因想像力中的再生作用初具先驗的性質；⑶在統覺層次，通過概念中的「再認」(Rekognition) 綜合作用，終可建構原有的經驗材料而為具有先驗形式的知識內容。

康德特就能夠媒介感性 (直觀) 與悟性 (思維) 的想像力作用作一較詳的說明。他說平常所理解的想像力，只不過是如實再現原有經驗事實的心靈能力而已。然在先驗的統覺之中所謂的想像力，則是人類心靈本身自動創發的一種

「生產的想像力」(produktive Einbildungskraft)，乃屬先驗心理學的範域。

　　為了進一步具體說明媒介現象（材料）與範疇（形式）二者的心靈作用，康德展開了先驗圖式論的理論。他說範疇理網之包攝雜多現象，必須通過時間（內官形式）的先驗條件才是可能。所謂概念的「圖式」(Schema)，乃是想像力在時間形式之中所產生的。時間形式一方面關涉感性直觀，另一方面又與範疇同具純粹性或先然性，故為圖式的基礎。圖式論則指構成圖式的操作步驟而言。康德認為圖式論是「藏在人類心靈深處的一種藝術」。圖式與心像 (Bild) 應儼予區別：後者為經驗性的，前者則是悟性的先驗性圖型。康德配合範疇四類的分類方式提出以下四種圖式：⑴「數量」圖式是時間系列之中所產生的；⑵「性質」（或內容程度的）圖式是時間內容的產品；⑶「關係」圖式（常恆、原因、必然的同時性）是時間秩序的產品；⑷「樣態」圖式則是時間之總括所產生的。

　　㈣科學知識的根本原理　康德的圖式論解決了範疇理網如何具體地應用到經驗現象的課題。康德進而說明如何能從範疇表演繹出支配一切特殊科學（尤指物理科學）理論建構的根本原理體系。康德按照範疇的四分法，逐一列出以下四類根本原理：

　　⑴「直觀之公理」(Axiome der Anschaunng)：一切直觀是擴延的量。此一原理的成立基於範疇表中的分量概念。一切科學探求的對象預設此一原理，否則無從通過時空形式進行經驗的直觀，接納知識材料。

　　⑵「知覺之預料」(Antizipationen der Wahrnehmung)：在一切現象之中，感覺對象或即現實事物具有內涵的量或即質度。此一原理係自性質範疇演繹而成，意謂任何知覺經驗必須預設經驗對象有其若干程度的實質內容。

　　⑶「經驗之類比」(Analogien der Erfahrung)：經驗必須通過知覺之必然連結性表象才成可能。自然科學的理論建構端賴悟性能將經驗現象組織而為必然連結的表象體系。換言之，因果性概念乃成最為重要的悟性範疇。無怪乎叔本華在《意欲與表象之世界》補遺之中批判康德範疇理論，而只保留了因果性範

疇，認為只有此一範疇才是一切思維形式的基礎。此一原理再分為三種類比法則：(A)在一切現象變化之中，實體恆存不變；實體之量在自然之中無有增減（實體恆存法則）；(B)一切變化依從因果連結律而發生（時間中之繼起法則）；(C)可在空間被知覺為同時存在著的一切實體完全具有相互作用（共存法則）。

(4)「一般經驗性思維之設準」(Die Postulate des empirischen Denkens überhaupt)：依照可能性、現實性與必然性三種範疇分別可以成立以下三種法則：(A)能與經驗的形式條件（亦即直觀及概念之條件）相應一致者是可能的；(B)能與經驗的實質條件（亦即感覺）連結一起者是現實的；(C)能與現實者連結一起而依從經驗的一般條件者是必然的。

前二類原理關涉經驗事物之質與量的關係，康德稱之為數學的原理；後二類則關涉經驗事物的存在狀態，故稱之為力學的原理。事實上第三類原理（尤其依從因果律的時間中之繼起法則）才是關涉物理科學的探求最為深切的根本原理。康德所列舉的根本原理，可以說是對於牛頓的古典物理學賦與成立基礎的一種「科學之哲學」理論。許多科學家與哲學家認為康德時空論預設歐幾里得幾何學的存在而得成立，至於上述自然科學的根本原理論亦是預設牛頓古典物理學的存在而形成的學說；若從康德以後的數學以及物理科學知識的驚人發展來看，他的理論已是落伍而無根據的陳論。此種批判只具片面的道理，無由全盤推翻康德的理論。舉例來說，羅素曾在《人類知識》(*Human Knowledge*) 第九章所提出的五種科學推理之設準不妨看成康德原理表（尤指第三類）的理論改造。由此看來，康德原理表仍有不少耐人探索的理論價值存在著。

(五)物自體概念　康德站在先驗觀念論立場，主張人類悟性只能通過時空直觀形式與範疇理網而予經驗現象以一種體系的秩序化，如此得以建構種種知識。然而這不等於說，悟性所能把握的經驗現象即不外是事物自身。設若一切事物原是唯心所造，外在世界的一切豈不等於悟性所構劃的認知對象？康德為了不致陷於「夢幻觀念論」的窘境，預設了所謂「物自體」的存在，「雖不可知，但可思維」(unerkennbar, aber denkbar)，俾便保證外在世界的經驗現象不致變成虛

妄不真。康德預設物自體概念的動機，乍見之下，類似洛克定立不可知物質實體的意圖。然而兩者的根本立場迥然不同。洛克物質實體如果撤廢，整個洛克知識論體系隨即動搖；因為他的知識論建立在樸素實在論基礎之上，一切心中觀念必須與外界實在一一對應之故。康德則不然，他即使不設定物自體的可能存在，他那先驗觀念論的知識哲學本身仍可保持鞏固完整。我們所應理解的是，康德知識論的根本課題是在知識的客觀真確性問題如何可能的問題，而不是經驗知識的來源問題。不過康德為了冰釋對他的觀念論所可能產生的任何誤解，提出物自體概念，而使悟性的認知對象（現象）有其客觀的實在性根據。由是，康德的先驗觀念論乃成立於以下兩大絕對預設：(1)就形式側面言，先驗的統覺通過意識一般的綜合作用，能使一切經驗材料過濾而為具有統一性與普效性的知識體系；(2)就質料側面言，一切外界現象有其實在的根源，亦即物自體，又稱「理體」(noumenon)，或稱「先驗的客體」(transzendentale Objekt)。康德堅持，悟性（理論理性）所構成的科學知識只在現象界的範圍以內有效，悟性如果踰越知識的界限，擅以超感性的物自體為能予認識的對象，則是悟性的一種越權。傳統形上學所以常被稱為獨斷論，乃基於此。哲學史家多稱康德此一見解為一種「不可知主義」(Agnostizismus)。

　　對於康德物自體概念的義蘊，可有種種不同的解釋。物自體或可視如超越現象的叡智世界，則幾近乎柏拉圖的形相界，但此恐非合乎康德的原意。我們亦可以將物自體看成不可認知但能對於經驗的直觀顯現而為現象的事物自體。依此，物自體無異等於產生現象的本體或原因。然而原因乃是悟性的一種範疇，範疇的援用只能限於現象界域，若謂物自體是現象原因，豈非矛盾？康德當時就遭遇到了耶可比的嚴厲批判。耶氏指出：「若無物自體的假定，則不能進康德哲學之門；但因此一假定，我們又不能停留在康德哲學之中。」我們或可依照康德對於「理體」的界說，將物自體視為一種表示知識界限的消極性概念。康德說：「理體概念只是一種限制性概念 (Grenzbegriff)，它的功用是在束縛感性的自負；故具消極的使用意義而已。但它不是肆意的虛構之物；它與感性的界

限連成一起，雖則它不能在感性範圍之外肯定任何積極的事物❷。」

　　康德的物自體概念所產生的理論困難，後來由德國觀念論者逐一超克。費希特解消物自體於「絕對自我」之中。薛陵則把握之為知的直觀。黑格爾更進一步主張物自體為思維的抽象產物，亦即「思維事物」(Gedankending)，而批判了康德所堅信著的（知識論的）悟性界限之說。新康德學派則除去了物自體概念，藉以貫徹觀念論立場。尤其柯亨 (A. Cohen) 不以物自體為實在，但視之為知識目標的經驗全體。換言之，柯氏解釋物自體為可能解決的課題 (Aufgabe) 或是可能實現的體系理念（目的概念）；如此自然整體乃成體系化的界限觀念。

　　康德本人似乎亦視物自體為超感性的「無制約者」(das Unbedingte)，只受自由概念的支配。據此，康德承認人類的形上學欲求或絕對者的希求，而將超越理論理性的物自體（本體）轉成「理念」(Idee) 的問題。康德甚且站在實踐的自覺立場，把握物自體為（積極意義的）純粹意志本身。依照此一解釋，物自體的意義乃從客體轉化而至主體側面，可規定為實踐理性的自覺內容。康德對於物自體的此一積極性概念未予徹底的探討，只留下了一絲理論線索而已。費希特乃發揮了這個線索，開拓一道浪漫主義的觀念論理路。

　　㈥理性心理學批判　《純粹理性批判》的先驗辯證論部份論及傳統形上學的根本概念，並予澄清與批判。他稱一般形上學的認知對象為「理性理念」(Vernunftidee)。此類理念本來不能成為理論理性的對象，因無任何實在內容之故。康德逐一批判此類理念在理論上的虛幻無義之後，提升它們而為實踐理性的信仰對象，終於宣稱唯一可以成立的形上學為實踐理性所建構的「道德形上學」。

　　康德對於傳統形上學的批判，可分理性心理學、理性宇宙論與理性神學的三大部份。三者的對象（理性理念）各為「心靈」(Seele)、「世界」(Welt) 與「神性」(Gottheit)，皆是不受任何經驗性制約的「無制約者」。他在理性心理學中指出，形上學家對於心靈存在所作的論證，邏輯上犯有所謂「純粹理性的論

❷　《純粹理性批判》，B 311。

過」(Paralogismus der reinen Vernunft)。理性心理學規定心靈（在分量上）是單一，（在性質上）是單純，（在關係上）是實體，（在樣態上）是與空間之中的可能對象相關聯著的。所謂論過，乃是意味著（具有）「四辭的論過」。這就是說，形上學家以三段論式論證上述心靈實體及其屬性之時，於其三段論式的推論過程援用形式上同一而事實上（前後意義）不同的媒辭，故生推論的謬誤。譬如在論證心靈實體的存在之時，形式上只有「實體」此一媒辭，然而在實體一辭之中同時混淆著（當做思維一般形式的）觀念性與（當做客觀存在的）實在性兩種意義。我們不能從主觀的意識作用本身直接證明具有實體意義的自我之存在。康德所謂先驗的統覺並不是這裡所說的心靈實體，前者只是知識論的絕對預設，而非形上學的實在。由是可知，古來形上學的靈魂論（如靈魂之不朽）在理論理性的領域只是一種玄想，不具任何成立的論據。這不是說康德否認了靈魂的存在，他只澄清了心靈實體問題超越知識範圍這個理論事實而已。康德認為心靈理念雖就知識的構成側面來說，沒有認知意義，但可視如一種當做指示經驗知識的界限與目標的規制性 (regulativ) 概念。

㈦理性宇宙論批判　傳統形上學的另一主要課題即是有關世界整體的理論。康德的組織癖又迫使他藉用範疇四分法提出四組所謂純粹理性的「二律背反」(Antinomie) 或即「正反兩論」。世界整體關涉經驗現象，但又超越個別經驗現象。我們對於世界整體的問題，可從兩種不同的觀點建立正論 (These) 與反論 (Antithese)，在邏輯上互相對立。康德的四組二律背反的主要內容可以列舉如下：

⑴就分量方面言，可有兩論對立：世界在時間上有其始源，在空間上則是有限（正論）；世界在時間上是無始無限，在空間上亦是無有限制（反論）。

⑵就性質方面言，可有兩論對立：世界的一切（複合）事物乃由不可再分的極微（原子）構成（正論）；世界的一切事物非由極微（原子）構成，世界（內之事物）可以無限地分割（反論）。

⑶就關係方面言，可有兩論對立：在世界之中除了機械因果律之外必有另

一無制約的自由原因（正論）；世界的一切事物皆依自然本身的因果律生滅變化，無有例外，亦無任何所謂自由當做原因（反論）。

　　(4)就樣態方面言，可有兩論對立：在世界中有不受制約的絕對必然者存在，或為世界之部份，抑為世界之原因（正論）；在世界中決無絕對必然者存在，亦不可能存在於世界之外，而為世界之原因（反論）。

　　以上四組二律背反，大致地說，形上學家主張正論之為是，而經驗論者或一般科學家則以反論為是。如果單獨討論正論或反論，各有各的見地❸。康德稱呼前二組為「數學的二律背反」，正反兩論在邏輯上不許兩立，因為兩者同時涉及經驗世界整體之故。他稱後二組為「力學的二律背反」，正反兩論可以兩立，因為兩者關涉不同的世界：正論關涉超感性的世界，反論則只關涉經驗世界的整體。換言之，後二組的正反兩論的討論對象彼此不同，故不相矛盾。第三組二律背反尤其值得我們注意，因為該組的正論原是把世界看成物自體而附加自由概念的一種主張，反論則是機械論的觀點。自由概念的問題已在此處顯出理論端倪，康德撰著《實踐理性批判》之時才真正解決了此一問題。至於第四組的二律背反涉及絕對必然者的概念，若將此一概念引伸，即可導致神性存在的（論證）問題，亦即理性神學所探討的首要課題。

　　(八)理性神學批判　理性神學的首要課題是有關上帝存在的合理化論證。康德特稱神之理念為「先驗的理想」(das transzendentale Ideal)，因為神之理念在一切先驗的理念之中最具個體性意義，故有此稱。康德將傳統形上學家的上帝存在論證大別而為以下三種：

　　(1)存在學論證 (ontologischer Beweis)：中世紀的安塞爾姆，近代的笛卡兒與萊布尼茲，可以說是援用此一論證的顯著代表。此一論證欲就上帝（全知全能而完善完美者）概念析出存在性 (existence) 出來。上帝既是完善完美，不得不涵攝存在性，故上帝存在著。問題是在，從可能性無由推論現實性，觀念上的存在不即等於真實的存在。康德藉用貨幣的比喻說，想像中的百元與實際上

---

❸　康德一一列舉正、反兩論的證明，於此從略。

的百元雖具同樣的概念涵義，然而前者只是可能的，後者才是實際存在著的。存在學論證始終是在可能的或觀念的存在界中兜圈子：如不預設當做完善完美者的上帝實在著，此一論證無法成立；如預設了上帝的存在，也就毋需任何證明了。

⑵宇宙論論證 (kosmologischer Beweis)：此一論證首先設定下列前提：如有任何事物存在著，則一絕對必然者亦必存在（蓋因任一事物為被制約的偶然存在，而非自因存在之故）。然後據此推論：現在（譬如說）至少有我存在著，故絕對必然者（上帝）必須存在。萊布尼茲根據充足理由律層層推溯事物存在的根源，最後推出無制約的上帝，作為創造宇宙事物的主宰，可為此一論證的佳例。康德批判了宇宙論論證援用「因果性」範疇於超越感性世界範圍的事件。「因果性」範疇的使用既局限於現象界，此一論證自是於理矛盾而不能成立。第三、第四兩組的二律背反的正論關涉宇宙論論證。然而上述二組的反論既與正論可以兩立，則宇宙論論證無異喪失嚴密的推論意義了。

⑶物理神學論證 (physiko-theologischer Beweis)：此一論證乃由下列步驟形成：在世界之中我們到處可見顯現偉大智慧而合乎目的秩序的表徵；此合目的的秩序決非世界事物自我安排而成，而是先有一個他者預為選擇與設計而成的；故有崇高而聰慧的原因存在，通過「自由」彰顯世界而為和諧規律的秩序；此一原因即不外是全知全能而完善完美的上帝自體。然而此一論證已由休姆指出，只是一種類比 (analogy) 而非嚴格的推論。同時此一論證頂多只能搬出設計神，不能證明創造神。

總之，康德認為物理神學論證需要預設宇宙論論證才能成立，而宇宙論論證又須預設存在學論證方可成立。然而存在學論證頂多「證明」了上帝的可能存在，而未真正論證神之真實存在。康德說：「存在並非真實的賓辭 (Sein ist offenbar kein reales Prädikat)。它不是某物概念而附加到一件事物的概念上的」（《純粹理性批判》，B 626）。例如「神是全能」(Gott ist allmächtig) 這個命題之中，「是」(ist) 字只代表著判斷繫辭 (copula)，不具任何真實存在意義；故從上

帝的全知全能與完善完美不能導出真實存在性。

　　康德堅決主張，上帝存在論證的產生與理論謬誤，原是傳統形上學家未予明分理論理性與實踐理性而濫用理論理性於超感性界的理念探求的結果。我們雖然不能論證神之存在，卻可站在實踐理性優位立場，從道德形上學的角度重新探求上帝問題。同時，上帝理念雖然不是理論知識的「構成性原理」，但可視如一種「規制性原理」，激發甚或指導我們尋求經驗事物的關聯與自然本身的整序。其他先驗的理念也具備著這種規制性的意義，當做知識探求的指標。

第四節　實踐理性批判（道德哲學）

　　「純粹理性」一辭為康德哲學的中心概念，理性之上所以冠加「純粹」，乃是表示獨立乎經驗而有普效必然的功能之理性本身。先驗哲學的真諦，首在挖掘知識體系的建構之中可能先然存在著的理論理性之純粹形式條件；次在澄清經驗知識的界限之後，開拓道德形上學之路，專就道德意志與法則之中可能先然存在著的實踐理性之純粹形式條件予以探討。因此，嚴格地說，第一批判與第二批判二書應予分別詳稱「純粹理論理性批判」與「純粹實踐理性批判❹」。

　　康德對於「理性❺」一辭的用法廣狹多義，可從下表窺其一斑：

```
                                    〔後然的感覺〕
                    ┌ 感性──先然的（時空）純粹直觀            ┐
        ┌ 理論理性 │ （廣義）悟性 ┌ （狹義）悟性（概念能力） │ （廣義）
（最廣義）│ （認知能力）│    ‖       │ 判斷力（判斷能力）        │ 理性(2)
理性(1) │          └ （狹義）理性(3)└ （最狹義）理性(4)（推理能力）┘
        └ 實踐理性（意志能力）──先然的
```

　　據此可知，曾在理論理性（認知能力）範圍所被否認為不具任何成立根據的諸般超乎經驗的理念（心靈、自由、神性），終由實踐理性（意志能力）的直

❹　康德本人在《道德形上學原論》的〈序言〉中偶亦提及上述二辭。

❺　理性依據先然原理的認知能力，特稱之為純粹理性。又，判斷力雖係理論理性之一種，然在《判斷力批判》一書之中具有溝通理論理性與實踐理性的特殊功能。

接肯認，獲取道德形上學的價值意義。康德承認，人存在本身具有一種與生俱來的形上學的欲求或傾向，能予探求神之存在，尋覓絕對永恆的心靈境界，以及發現善惡的價值概念等等形上學的問題。這種形上學的欲求雖不能發展成為理論理性的嚴密知識，卻是實踐理性的信仰來源。康德主張，惟有通過人類心靈本身的要求所建立而成的道德形上學，才能徹底解決超感性的道德法則如何可能成立的問題。

實踐理性的首要課題，是要發現道德的根本善之純粹形式條件。善的形式條件不受經驗的制約，故不能從行為的結果獲得，而是要在行為實踐的內在價值之中尋出。康德發現只有「善的意志」(der gute Wille) 本身才能具有這種不受經驗制約的內在價值。行為的道德價值具有三大要素：⑴純然來自義務 (Pflicht)，而非來自外在的好惡傾向；⑵純粹義務性的行為是被意志上的形式原理所規定，決不帶有後然的動機；⑶義務是「法則的尊敬所導致的行為必然性」。康德道德哲學的動機論與「形式主義」(Formalismus) 在此已可窺見一斑。

為了解釋「為義務而義務」的道德意義，康德分辨箴規 (Maxime) 與道德法則 (Gesetz der Sittlichkeit) 的區別：前者是個人主觀的日常的行為原理，後者則是對於當做「理性者一般」(alle vernünftige Wesen überhaupt) 的人存在本身具有強制性與普效性的客觀行為原理。道德法則決不摻雜任何經驗因素（如好、惡、功利、個人主觀的生活目的），而是依據善的意志建立而成的形式法則，故有「應然」(Sollen) 的特性。康德的一句名言「汝能（踐行），蓋因汝應（踐行）」(Du kannst, denn du sollst)，可以據此獲得理解。

一切道德法則皆以命令形式存在著，且是以康德所謂「定言命令」(kategorischer Imperativ) 的形式而存在著。為要了解此一命令的意義，我們不妨比較其與「假言命令」(hypothetischer Imperativ) 的殊異所在。後者如「你如欲為出色的哲學家，你應採取這些研究步驟」，或如「你欲望幸福，因此你應實踐這些行為」等語所示，乃是建立在特殊目的（獲得個人幸福、實現平日抱負等等）與特殊手段之間的關係，不具任何道德意義。前者則沒有附帶任何經驗性

的因素，純然是先然的形式命令，施諸一切理性者而皆準。如果摻雜了經驗性的因素，任何實踐法則或命令不再可能具有先然的形式條件，反有分殊不同的個人主見產生，從而不能獲得普遍一致的道德意義了。道德法則既以定言命令形式成立，故是「自律」(Autonomie) 的。這就是說，人之善的意志本身規律自己或約束自己，為義務而義務地踐行道德法則的命令。意志的「他律」(Heteronomie) 則指意志依據意志以外的因素而活動，譬如意志為了獲得官能的快樂所實踐的行為，是他律的行為。按照康德的形式主義觀點來說，任何快樂主義與功利主義只建立了他律性的道德理論，因此缺失先然而普效的道德意義。

　　由於道德的法則是一種定言命令，客觀而必然，因此康德導出以下第一範式：「你的行為實踐應使你的意志箴規同時兌現而為普遍法則」。換言之，個人行為的主觀原理需具客觀必然的普效性，始能獲得道德意義。第二範式則是稍改第一範式而成：「你的行為實踐應使你的行為箴規通過你的意志而成為普遍的自然法」。康德的第三範式更為著名，乃以一切理性者為唯一具有絕對價值的人格目的，而非手段。此一範式的內容是：「你的行為實踐應以你的人格以及任何他者的人格之中的人性視如目的，永不視如手段。」康德所謂「目的王國」，乃是基於當做目的的人格價值與尊嚴 (Würde) 而構想出來的理念。

　　由是可知，一切理性者的意志本身實為道德法則的普遍立法者。意志的自律乃成道德的最高原理。康德曾在《實踐理性批判》之中列出一表，列舉各種傳統道德原理之中以實質規定意志的實踐性根基，且一一批評這些道德原理由

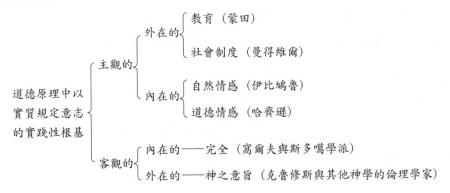

於缺失形式條件，無由構成實踐理性的先然普效性意義。

康德雖對客觀的實踐性奠基如「完全」與「神之意旨」寄予相當的理論同情，然而認為此種奠基仍然著重實質的道德內容，無法導出全然自律的道德法則。康德說，道德法則「不是什麼制裁，卻是每一自由意志的內在的根本法則」。意志的自律本身彰顯出自由的存在。人存在置身於兩種不同的世界：在感性界中人類營求個體的生存，援用理論理性構劃知識體系；在超感性界或叡智界中則依實踐理性的自我規定能夠創造道德的王國，充分發揮理性者的人格價值。自由即不外是定言命令所以成立的根本條件。康德在第二批判書中仿照第一批判書的範疇表編造有關善惡概念的自由範疇表，列舉如下：

(1)量 {
A. 主觀的——依照箴規（個人意志的動機）
B. 客觀的——依照原理（訓條）
C. 主觀兼客觀的先然自由原理（法則）
}

(2)質 {
A. 行為的實踐規則（強令）
B. 不行為的實踐規則（禁止）
C. 例外的實踐規則（例外）
}

(3)關係 {
A. 對人格性的關係
B. 對（個人）人格狀態的關係
C. 個人與他人狀態的交互關係
}

(4)樣態 {
A. 許可與禁止
B. 義務與反義務
C. 完全義務與不完全義務
}

自由的存在並不能在理論上獲得證明，我們只能夠在實踐上通過意志的自律彰顯自由的理念而已。換言之，自由理念是康德所謂「純粹實踐理性之設準」(Postulate der reinen praktischen Vernunft) 之一，其餘的兩個設準分別為靈魂的不朽與上帝理念。康德所以提出「設準」之說，原是為了解釋德福合一的可能性問題。我們在經驗界中時常體驗到道德與幸福不易合致的生活事實。如在人間善人遭殃而惡人享福的事實屢見不鮮。佛教所謂「善有善報，惡有惡報」之說在感性界中並不必然成立。康德的三大設準，主要是為了「保證」實踐理性

所自律而成的道德法則具有永恆的實踐可能性，同時為了「兌現」德福合一的願望而設立的。三大設準雖不能證明，但依人心的要求而有最高的實踐性意義。康德說：「這類設準便是『不朽』，積極的『自由』（即指屬於叡智界中的一個主體的原因），和『上帝的存在』。第一設準來自實踐的必要條件，俾便能有常恆的時間圓滿實現道德法則；第二設準來自一個必要前提，而使意志離脫感性界而獨立，能依叡智的法則以決定自己，意即意志非為自由不可；第三設準來自叡智界的必要條件，通過超絕獨立的善或即上帝存在的前提，俾使最高福善有所存在❻。」如此，理論理性所曾否定的（靈魂）不朽，（意志）自由與上帝（存在）等三大理念通過實踐理性的三大設準，重新成為康德道德哲學的根本信念了。《實踐理性批判》有一著名的結語，說：「仰瞻天上的炳朗日星，俯撫心中的道德法則；我們對此二者愈是靜省深思，愈是新增驚嘆與敬畏之感。」康德此語充分表現了他對道德法則的絕對肯定與無條件遵從的實踐精神。

　　康德義務至上的形式倫理學特稱「嚴肅主義」(Rigorismus)。信奉康德哲學的詩人席勒 (F. Schiller) 曾作一首諷刺詩譏誚康德峻嚴之過。席勒先用學生的口吻請問康德說：「吾事吾友，出於至誠，奉役服勞，不免有情。基於此故，疑懼實深，恐吾情動，德性不成。」又設康德的答覆說：「我今告汝，唯一方策，憎恨爾友，爾乃成德。規律所命，竭力奉行，奉行時際，得存惡心。」誠然，康德過份強調為義務而義務的自律行為才能具有道德價值。然而康德道德哲學的本來用意，只在設法尋出行為實踐之中的先然形式條件，藉以建立具有純粹實踐理性的客觀普效性的道德法則。這不等於說康德忽略了自然的道德感情，康德推重對於道德法則的尊敬之情一點可為例證。康德曾經仔細研究過英國哲學家哈齊遜 (F. Hutcheson)，謝夫茲貝里 (Lord Shaftesbury) 等人的道德感說，決不可能因為過份強調義務至上的結果，完全排拒助長屬善的行為實踐的任何自然之情。

---

❻　譯自佛爾蘭特 (K. Vorländer) 所編《實踐理性批判》第九版第 152 頁。

第五節　判斷力批判（美學與目的論）

　　康德到目前為止，已經分別解決理論理性與實踐理性的個別功能及其適用的領域：前者能藉純粹悟性概念理網網羅經驗現象而為合（因果）法則性的 (gesetzmässig) 理論知識，以表現出感性界中的人存在性；後者則依意志的自律性建立諸般自由範疇以及（形式的）道德法則，以表現出叡智界中的人存在性。然而道德的行為實踐乃是要在經驗界中圓現自由主體的目的王國理想❼，則經驗界與叡智界間不可不有一道溝通的橋樑，否則在自然之中如何能夠彰顯自由與目的？第三批判書或即《判斷力批判》乃是應此需要而撰成的。康德完全接受特騰斯 (J. N. Tetens) 以來的知情意三分之說，分別規定理論理性（特指悟性）、判斷力、以及實踐理性為知情意三方面的分殊心靈能力；同時規定判斷力的先驗原理為自然之形式的合目的性原理，如此通過判斷力的研究尋出溝通自然與自由的藝術世界以及自然的合目的性意義，終於完成了先驗哲學的體系化夙願。他在《判斷力批判》序論的結尾列表提示先驗哲學體系的綱維，譯載如下：

心靈能力整體	（分殊）認知能力	先然原理	適用所在
認識能力	悟性 (Verstand)	合法則性	自然
快與不快之感情	判斷力 (Urteilskraft)	合目的性	藝術
意志能力	理性 (Vernunft)	究極目的	自由

　　所謂「判斷力」，意指「包攝特殊者於普遍者的思維能力」而言。康德又分判斷力為兩類：「規定的」(bestimmend) 判斷力是使特殊者隸屬於既有的普遍者（共相、規則、原理、法則等）之下，普通的判斷皆屬此類；至於「反省的」(reflektierend) 判斷力，則在既有的特殊者中發現普遍概念，以便包攝特殊者。換言之，反省的判斷是對特殊者賦與一種依據感情的滿足與否的價值。

　　康德說：「自然之形式的合目的性原理是判斷力的先驗原理」。這就是說，

---

❼　此亦成為康德歷史哲學的根本概念。

自然的合目的性原理是一種屬於判斷力的規制性原理，只有主觀的效用意義。自然宇宙的個別現象是受悟性範疇所構劃的必然法則所支配著的，然而我們又可通過反省的判斷力把自然整體看成「宛如」(als ob) 具有合目的性的叡智自由體，如此形成自然之「客觀」的目的論。康德在此不是搬出任何實在意義的形上學原理，卻是藉用價值感情而在自然整體「發現」叡智的意義，俾使自然與自由兩界有所聯繫。康德又有一種結合自然與主觀的目的之方法；這一部份特稱美學或藝術論，屬於「美的判斷力批判」。上述自然之「客觀」的目的論部份則構成第三批判書的後半部研究對象，屬於「目的論的判斷力批判」。

　　藝術論的主要對象是美的本質意義問題。康德特稱有關美感的判斷為「趣味判斷」(Geschmacksurteil)。按照先驗分析論的範疇分類法，康德在此亦分美為四類，且予一一探討：

　　⑴性質：趣味是完全依據「無關心」(ohne alles Interesse) 的滿足與否判斷對象或其表象方式的能力；美是這種滿足的對象。

　　康德分辨「舒適」(das Angenehme)、「善」(das Gute) 與「美」(das Schöne) 的差異性說，前二者常是使我們抱有一種關心（欲求、敬畏等）的對象。美則不然，完全脫離任何關心，獨立乎利欲之念與道德之感而自由自在地成為觀賞的對象。

　　⑵分量：美是不依概念，而能夠被表象為普遍的滿足之對象。美的普效性與普遍的傳達性是建立在主觀的感情，我們要使他人承認我們所認為的美，惟有通過勸告或傾訴的辦法，邏輯般的客觀普效性並不適用於美感的情形。

　　⑶關係：美是對象的合目的性形式，但是美感並不具有一種（特定）目的的表象。這就是說，美本身是自由純粹的美。至於為了某種目的而存在著的美則稱「附庸美」(abhängende Schönheit)。當我們判斷一朵花很美之時，並不附隨一種目的，故屬自由美；當我們判斷某建築物為美，建築物中常存著某種特定目的（如實用）的概念，故屬附庸美。

　　⑷樣態：美是不依概念，而能夠被認為必然滿足的對象。美的必然性在理

論上不是客觀，而是主觀的，當我們說某件事物很美，這種美感預設了一種一般原理，而我們所下的特殊判斷則成該原理的「範例」。美的必然性原理不是邏輯性的，而是建立在「共通感」(Gemeinsinn) 上面，依據共通感的前提，美的主觀必然性就被認為是客觀的。

簡而言之，康德所規定的美，性質上是無關心的滿足 (das Wohlgefallen ohne alles Interesse) 對象，分量上是主觀的普遍性 (die subjektive Allgemeinheit) 對象；關係上是無目的的合目的性 (Zweckmässigkeit ohne Zweck) 對象；樣態上是範例的必然性 (exemplarische Notwendigkeit) 對象。

康德討論美之本質時，儘予排除道德因素。這不等於說，他完全分開了藝術與道德的界域。康德特別在美感分析之後，詳作「崇高」(das Erhabene) 的分析，藉以顯示崇高美中所具有的道德意義。崇高分為兩種：「數學的崇高」是無法比較地絕大 (schlechthin gross)，譬諸羅馬的聖彼得教堂或是埃及金字塔，旁邊的一切事物比較之下顯得渺小；「力學的崇高」是具有威力 (Gewalt) 的自然景象，譬諸密佈著的黑雲，爆發著的火山，強烈的暴風，以及起伏著的怒濤等是。崇高能使我們引起敬畏的感情，自然所以顯為崇高，乃是由於自然景象反使我們感到人的（道德）使命遠比自然本身更為崇高之故。

康德也嘗試了藝術的一般分類，大致分為語言藝術（雄辯術與詩歌），造形藝術（繪畫、彫刻、建築、園藝等）與音樂三種。同時他把「天才」(Genie) 界定而為「天生的心靈稟質，藉此自然賦與藝術的規則」。換言之，天才具有獨創的精神 (Geist)，能夠生產藝術規則，而使他人模仿接受。他說只有藝術家才合此種天才的規定，學問家不能算是天才❽。

康德雖然承認藝術具有獨立的領域，不過他亦主張藝術有助於道德的遷升。他說：「美是倫理性之象徵」(Symbol der Sittlichkeit)。又說：「趣味基本上是對於道德觀念的感性實例之判斷能力」。美與善之間有一種類比存在：兩者皆能使人即刻感到愉快。美的感情與趣味判斷更能聯繫感性界的經驗與叡智界的自由，

---

❽　也許康德本人過份謙虛，不敢自稱天才。其實，學問的進步亦有賴乎學問的天才。

崇高美所引起的敬畏之情可為例證。

　　上面敘及自然對象之主觀的美的合目的性。但是自然事物之間亦可構成合目的性的相互關係，康德另闢「目的論的判斷力批判」一門予以考察此一客觀的合目的性問題。

　　康德首先規定了內、外兩種客觀的（實質的）合目的性。外在的合目的性只顯示著某一事物對於另一事物有用，故是相對的。譬如馴鹿群居北極一帶，有一外在的目的性，乃成為愛斯基摩人的食用對象。至於內在的合目的性則意謂著，有機動物的各個部份既是手段又是目的；在生殖過程之中自然的有機體產生自己的類種，在生長過程之中產生個體的自己，而在形成過程之中，個體的各部份又產生每一部份本身。在內在的合目的性中，事物本身體現「自然目的」(Naturzweck)，就事物本身而言，是絕對意義的合目的性，不像外在的合目的性那樣，只成立在事物與事物的外在關係之上。譬如馴鹿就牠本身而言，成為自己的自然目的。這就是說，馴鹿本身成為有機的整體，其中每一部份相互依存，皆為有機的整體而存在。康德定立了有機物的內在合目的性原理，謂：「自然之有機的產物乃是一種在它本身之中一切交互成為目的與手段者。」此一原理是從有機物的觀察而來，而在自然機械觀之上建立自然有機體的目的論觀點，以便說明自然整體的合目的性構造。然此原理只是一種反省的判斷力之規制性理念，不得與自然科學的構成性原理混淆不清。根據合目的性原理，我們乃可超克世界兩概觀（感性界與叡智界之分），而將自然視如目的展現之體系，在自然之中彰顯超感性的究極目的意義。不過康德提醒我們，目的論的判斷雖有助於溝通現象界與叡智界，卻不能形成獨斷的形上學之基礎，因為合目的性原理只不過是主觀的規制性原理而已。康德如此調和了傳統形上學所無法解決的機械論與目的論之間的對立課題：一方面通過構成的（客觀的）原理概念保證自然科學研究所需憑藉的機械論觀點，另一方面又通過規制的（主觀的）原理概念建立目的論觀點，當做我們理解自然整體的指導原則。我們甚至可以進而建立有神論觀點，在自然的合目的性中尋出設計自然宇宙的最高原因或即

上帝。然而有神論與目的論皆非能在理論上獲得論證，卻是成為我們所憧憬著的實踐性理念❾。

第六節　康德哲學的意義和影響

康德哲學的主要成就，大致可以歸納而為下列幾點：⑴揚棄理性論與經驗論的邊見，建立先驗觀念論的思想體系；⑵在哲學史上首次剖析「先然形式條件」的意義，且通過時空形式與範疇理網的探討建立一種「科學之哲學」，藉以解釋歐幾里得幾何學與牛頓物理學等既成科學知識如何而有普效性與必然性的權利根據問題；⑶儼予劃分理論理性與實踐理性的層域，一方面揚棄了傳統形上學的獨斷論立場，另一方面通過實踐理性的自我規定重新發現靈魂不朽、意志自由與神之存在等先驗理念的道德形上學意義；⑷站在意志自律立場，開拓形式倫理學的研究領域；⑸在哲學史上首次正式奠定美學的研究基礎，而使美學發展成為一門獨立的價值之學；⑹通過合目的性概念的探討，機械論與目的論的兩種觀點終獲高度的調和統一。

在康德的晚年，先驗哲學開始風靡了整個德意志的思想界，而對德國哲學本身的發展極具深遠的影響。作者不能在此詳為列舉一切康德以後受過先驗哲學影響的哲學家以及哲學學派。下面提出其中舉舉大者，藉以證示康德哲學在哲學史上的不朽價值。

㈠德國觀念論可以說是獨斷地超克先驗哲學課題的理論成果。首先，費希特化除了理論理性與實踐理性之分，純就實踐理性的意志自發性立場解消康德二元論，完成主觀觀念論（或主意主義）的思想體系。「一切存在者即不外是自我」一語乃成費氏的體系原理，而將康德物自體概念予以摒除。費氏主觀觀念論導致薛陵的客觀觀念論，最後發展而為黑格爾的絕對觀念論，終於形成十九世紀中葉以前的德國哲學主潮。

❾　由於篇幅所限，康德的宗教論、歷史論與法律論等，一概省去不論。余又蓀氏所譯《康德與現代哲學》臺灣商務版第十章載有簡明扼要的論介，可供參閱。

㈡德國觀念論發展到了十九世紀後半期，原有思想勢力逐漸衰微，叔本華的非合理主義、費爾巴哈的感覺主義，甚至自然主義、懷疑論、唯物論等思想，分別衝擊觀念論的要害，一時呈現德國思想界中五花八門的混亂狀態。1865 年斯特拉斯堡的哲學教授李普曼撰成《康德及其支流》(*Kant und die Epigonen*) 一書，反覆強調「回到康德」(Zurück zu Kant) 的口號，極力主張康德的批判精神的復興。朗格 (F. A. Lange) 與傑勒等人同樣主張，哲學應予恢復原有的嚴密學性格，而依康德的批判主義重新發掘哲學原理的定位。他們多半放棄了體系構築的野心，而以經驗科學的批判與奠基以及方法論的探求為哲學的本然職能，如此確保哲學的存在理由以及哲學對於諸般科學的獨立性優位立場。德國哲學史上所謂新康德學派 (Neukantianer) 乃應運而生，釀成十九世紀後半期乃至二十世紀初葉的哲學主流。新康德學派大致可分前後二期。在第一期，此派的研究重點擺在學問探求之經驗性限制以及存在學（物自體的認知）之否定等課題上面，帶有經驗論的色彩。到了後期的新康德學派，逐漸捨離前期的主觀主義與心理主義，而依批判的、先驗的理路發掘康德哲學的真義。同時知識批判的探求逐漸發展擴大，產生文化一般的先驗批判課題。西南學派以文得爾班、里克特 (H. Rickert)、拉斯克 (E. Lask) 等人為中心，劃分自然科學與文化科學的對象領域，遵循康德的先驗哲學精神，建立所謂「價值規範之學」，欲就真善美等價值意識，探索普效性的權利意義。至於馬堡學派，則以柯亨 (A. Cohen)、納托爾普 (P. Natorp)、卡西勒 (E. Cassirer) 等人為代表，發展康德的「構成主義」理路，倡導動性的純粹（學的）思維之一元論，一律否定概念與直觀或思維與感覺等二元的區別。他們認為，學問的認知乃是純粹思維「根源地產生」客觀（學的）世界的無限動行過程。當做嚴密學的哲學應是普遍的理論理性對於成為客觀的構成世界的可能根據的「法則」所踐行的自覺活動。這就是此派所解釋的「先驗方法」之真義。他們多半偏重《純粹理性批判》的先驗感覺論與先驗分析論（數學的自然科學），認為是理想的嚴密學典範。除了正規的新康德學派以外，十九世紀後半期以後，德國曾經出現了一大批第一流的哲學家及其學

說，包括狄爾泰 (W. Dilthey) 的解釋學與精神科學方法論，辛麥爾 (G. Simmel) 的形式社會學與歷史文化理念，黎爾 (A. Riehl) 的實在論的批判主義，以及弗哀因格 (H. Vaihinger) 的實效論的宛似哲學 (Die Philosophie des Als ob) 等等，無一未受康德的思想洗禮。

　　㈢從二十世紀初葉起，胡塞爾的現象學逐漸形成一股強有力的哲學方法論思潮，而胡氏本人在中年以後的現象學思想似乎深受康德「先驗的統覺」概念的影響。胡氏高弟海德格 (M. Heidegger) 著有《康德與形上學問題》一書，從他對於康德哲學的獨特解釋，不難窺知兩者的思想關聯。今日與海德格同為德國實存哲學耆宿的雅斯帕斯，從他的哲學思想，尤其「包攝者」(das Umgreifende) 概念，亦可見出康德哲學影響的一斑。

　　由是可知，康德實為德國哲學的真正開拓者，德國哲學所以能在世界哲學史上佔有不可磨滅的價值與地位，康德應居首功。

第十三章　費希特

第一節　生涯和著作

費希特 (J. G. Fichte, 1762–1814) 生在清貧的麻織工人家庭。1780 年進入耶拿大學神學院，不久轉到萊布濟希大學，研修法律、語言與哲學，尤對斯賓諾莎傾心鑽研。1784 年以後在薩克森各地擔任家庭教師，曾因貧窮企圖自殺。1790 年開始接觸康德哲學，且在翌年赴哥尼希堡拜訪康德。費氏將費時一週撰成的處女作《啟示之批判試論》(*Versuch einer Kritik aller Offenbarung*) 獻與康德，經由康德的介紹，在 1792 年以匿名正式出版。該書試從實踐理性導出一切啟示的可能性，世人多誤認為康德自作。1794 年費氏接受耶拿大學的聘請，就任哲學教授，且在同年出版《全知識學基礎論》(*Grundlage der gesamten Wissenschaftslehre*)，於此奠定了自己的哲學體系。1796 年與 1798 年分別出版《自然權限之基礎》(*Grundlage des Naturrechts*) 與《倫理學體系》(*Das System der Sittenlehre*)，逐步展開了克服康德二元論難題的統一性原理。1798 年因撰一篇有關耶教的論文，主張神即世界的道德秩序，引起了有名的無神論論爭。當時薩克森侯國政府以無神論罪名控告費氏，威瑪政府終對前者讓步，迫使費氏離開耶拿大學，轉赴柏林。他在柏林，時與薛列格 (Schlegel) 兄弟、西萊爾馬赫、諾瓦里斯等浪漫派健將交遊。從此費氏思想漸有改變，逐漸傾向宗教的神秘主義。1807–1808 年，他在法國軍隊佔領柏林的緊張局勢下，公開演講著名的《告德國國民書》(*Reden an die deutsche Nation*)，強調通過教育的根本改革才有重建德意志的希望。1809 年柏林大學創立，費氏就任哲學系主任教授，翌年被選為第一任該校校長。拿破崙攻俄失敗（1812 年）之後，德國各地的解放戰爭應時爆發，費氏亦熱心參與了各種有關的活動。費氏之妻在看護傷兵之時染患傷寒，妻雖病癒，卻傳染到費氏本人，終於不治而死。

費氏主著除開上述各書之外，尚有《人之使命》(*Bestimmung des*

Menschen)、《淨福生活之引導》(*Die Anweisung zum seligen Leben*) 與《現代之特徵》(*Grundzüge des gegenwärtigen Zeitalters*) 等書。

第二節　思想方法及特徵

費希特的哲學可以說是一種主觀觀念論的見地。他貫徹了康德的觀念論理路，全然捨棄物自體的概念，同時解消理論理性與實踐理性的區分，還元而為絕對理性的根源活動。費氏特稱此一絕對自我的根源活動為「事行」(Tathandlung)。自我的存在乃是基於自我本身的自我定立；在自我之中自我定立的活動 (Handlung) 實與活動的結果 (Tat) 一般無二。惟獨自我存在著，一切意識事實 (Tatsache) 之根柢即不外是事行或即絕對理性之根源活動；而所謂外物對於自我的限制，原不過是自我本身的自我限制而已。費氏觀念論的根本主題即在於此。費氏哲學又可稱為「倫理的觀念論」，因為有一強烈的倫理的關心自始至終支配著他的哲學思想。

費氏首先區別兩種哲學的根本立場：獨斷論 (Dogmatismus) 與觀念論 (Idealismus)。前者從物自體的絕對預設出發，主張物自體在意識之外，而限制著自我意識的活動；後者則從「自我自體」(Ich an sich) 的絕對預設出發，否認任何自我意識與知性所不能把握的物自體存在著。前者認為，所謂經驗乃是物自體限制意識活動所形成的結果；後者則堅稱，不但經驗，甚至物自體亦不過是自我之所產，離開絕對理性不可能有物自體的客觀存在。費氏承認，理論上無法絕對地決斷孰是孰非，真正的抉擇根據純然在乎「傾向與關心」(Neigung und Interesse) 的究極規定如何。費氏說：「最高的關心或即其他一切關心的根據，乃是對於我們自己的關心。哲學家的情形亦是如此」。獨斷論者的原理可以說是為了他們自己的一種對於事物的信仰，然而獨斷論者的自我關心與信仰是間接性的，因為他們藉用物自體的存在支撐零亂的自我存在。費氏又說：「一個人選擇何種哲學，端看他是那一種人」。若就傾向與關心的究極規準而言，觀念論要比獨斷論更具直接性的自我關心。同時，自我存在於意識之中，而物自體

也者，歸根結底亦不外是自我所構劃之物。獨斷論直是一種唯物論，不易自圓其說。獨斷論為了說明表象或觀念的發生，最後訴諸對象自體的存在，然而對象自體（物自體）的定立，既需預設構劃對象自體概念的知性存在，獨斷論只有解消自己而為觀念論了。

依據上述看法，費氏規定斯賓諾莎哲學為最典型的獨斷論，至於他自己的哲學則是貫徹康德先驗觀念論的必然結論。費氏甚至宣稱他的體系原與康德哲學無殊，康德所謂物自體的存在並非基於康德的原意。他說：「除非康德明予聲明，他從物自體的印象導出感覺，或說感覺應從存在於我們之外的先驗對象獲得證明，否則註釋家對於康德（自己的）解釋不可置信。設若康德果真聲明過這個意思，我就認為《純粹理性批判》不是有意識地構想出來的著作，而是偶然的產品了」。對於費氏的曲解，康德儼然提出抗議說，《純粹理性批判》的學說應照原來字義予以理解。由是可知，費氏觀念論乃是超克康德哲學的某種理論限制（物自體的定立、兩種理性層域的劃分等）的一種思想探險。就康德的立場來說，當然無法欣然接受費氏主觀觀念論對於先驗觀念論的揚棄超克了。

費氏「知識學」(Wissenschaftslehre) 的建立乃是基於上述主觀觀念論立場，以自我為根本原理，而從自我演繹其他的一切。費氏所謂自我，非指個別自我，而是超越個別自我的普遍性自我或即「絕對自我」(das absolute Ich)。我們如欲理解費氏觀念論的真諦，首先應予區別自我性與個體性，或純粹我與經驗我的概念差異性。絕對自我即是康德「先驗的統覺」形上學化之後所形成的純粹意識的事行（根源活動）本身。自我一方面定立自己，同時導出一切「非我」(Nicht-Ich)。他的知識學是要提示能予演繹一切命題的最高原則，而此最高原則必須就其本身絕對確實。概括地說，費氏知識學的架構是由三大原則組成：第一個絕對的原則乃從自我出發（自我即是自我）；第二原則定立與自我對立的物或非我；而在第三原則之中自我再度定立自己，而與物或非我互相對立。費氏此一方法（定立──反立──綜合，These－Antithese－Synthese）乃是綜合與分析兩種方法的結合，而為後來黑格爾正反合辯證法的原始楷模。費氏的辯證

法以絕對自我的根源活動為唯一出發點，逐一演繹哲學的一般根本概念。康德並排式的十二範疇到了費氏知識學體系之中終被貫穿起來。

費氏知識學分為三大部份：⑴全知識學的根本原則；⑵理論學的基礎；⑶實踐學的基礎。我們在下一節裡專就他的知識學作一簡要的論介。

第三節　理論哲學（知識學）

㈠全知識學的根本原則　如上所述，費氏知識學體系的根本原則，共分為三，其中之一為絕對地無制約者，其他二者則為相對地無制約者。

⑴絕對地最初而無制約的原則存乎一切意識作用的根柢，表現而為事行本身。此一原則在邏輯上說，即不外是同一律 (A=A)。即使除去意識的一切經驗性規定，此一原則仍必存留，決不可能排除。此一原則是意識的根源事實，必須普遍地承認。它是自由的事行，故是無制約的。A=A 的命題只不過是說，A 如存在，A 必存在。因此所定立的不是命題的內容而是命題的形式。我們在此並未定立 A 的存在，只是定立形式上無制約的 A 而已。如果再從內容上說，A=A 亦可表現而為自我 = 自我的命題。換言之，此一原則只不過定立了一切定立作用以前的自我本身，而彰顯出說明經驗性意識的一切事實的究極根據。自我本身的自我定立論理上優先於一切判斷作用。（邏輯上的）同一律乃是緣乎自我 = 自我而獲成立的根據❶。簡而言之，知識學的第一原則即不外是：「我在」(Ich bin)。形上學地說，我們可從知識學的第一原則獲得「實在性」的範疇。

⑵第二原則在形式上是無制約，但在內容上是受制約的。如同第一原則，第二原則既不能證明，亦無由從其他命題導出，可以表現之為「非 A 不是 A」。此原則在內容上所以受有制約，乃是由於非 A 的定立預設著 A 的定立。在第一原則，事行的形式是定立，在第二原則則是反定立 (Gegensetzen)。第一原則的命題形式是：「自我根源地且絕對地定立自己之存在」(Das Ich setzt ursprünglich

---

❶　於此費氏之說，實與形式邏輯的立場迥然相異。從費氏觀點說，理論上知識學應優先於形式邏輯，而為後者的成立基礎。

und schlechthin seineigenes Sein）。至於第二原則的命題形式則是：「非我絕對地（定立而）為自我的反立」(Dem Ich wird schlechthin ein Nicht-Ich entgegengesetzt)。純粹意識的事行是統一性的根源活動，一方面定立自己本身，同時也在自我本身之中定立非我與之對立。第二原則亦可表現之為「非我不是自我」。在邏輯上第二原則形成矛盾律，而在形上學上則構成「否定性」的範疇。

(3)第三原則只在內容上是無制約，在形式上則是受制約的。此一原則因被上述兩大原則所規定，故可獲得證明。第三原則的命題形式是：「自我在自我之中對於可分的自我反立可分的非我」(Ich setzt im Ich dem teilbaren Ich ein teilbaren Nicht-Ich entgegen)。第三原則所欲解決的課題是，設法融合前二原則之中所存在著的自我與非我之間的矛盾關係。在一方面，沒有非我的定立，純粹自我的自我定立便空虛無著。在另一方面，非我只在自我或意識自體之中才有定立的可能。換言之，自我須被非我否定，同時因為非我的反立成立於自我之中，故又否定非我。自我與非我互相否定的結果是：「非 A 是 A❷。」如要解消足以破壞意識同一性的此一矛盾，必須在意識同一性中揚棄完全對立的自我與非我，而使二者交互限制對方。因此自我在第三原則階段的事行即是限制(Schranke) 的活動。在形上學上，第三原則可以構成「限制性」的範疇，而在此一範疇之中已潛在著量的範疇。換言之，在「限制性」範疇之中，除了「實在性」與「否定性」之外，還存在著「可分性」(Teilbarkeit)、「量之能力」(Quantitätsfähigkeit) 等概念。由是，「A 部份地為非 A，非 A 部份地為 A」。在邏輯上可以獲得理由律。具體地說，可以成立「關係的理由」(Beziehungsgrund) 與「區別的理由」(Unterscheidungsgrund)。

上述三大原則形成全知識學的根本命題，表現出絕對自我的事行步驟。在自我與非我相互限制的命題之中，同時涵蘊著以下兩個命題：

❷　蓋因自我定立非我以否定自己，被否定之自我並不被真正否定。換言之，自我又被否定，又不被否定。

⒜自我定立自己而為非我所限制者 (Das Ich setzt sich selbst, als beschränkt durch das Nicht-Ich.)；於此自我採取認知態度。

⒝自我定立非我為自我所限制者 (Das Ich setzt das Nicht-Ich, als beschränkt durch das Ich.)；於此自我採取行為態度。

據此，⒜命題成為一切理論之學的基礎，⒝命題則是一切實踐之學的基礎。我們於此不難看出，⒜、⒝兩大命題分別與康德《純粹理性批判》及《實踐理性批判》有所對應。不過費氏揚棄了理論理性與實踐理性的區別，而以絕對自我的根源活動說明一切理論知識與行為實踐所依據著的（知識學）根本原理。尤就⒜命題言，康德所承認的「只可思維而不可認知」的物自體，在費氏體系之中已不再是超越意識的自體存在，而是自我所定立的非我而已。雖在知識的構成過程之中非我（物自體）始終限制著意識活動，非我畢竟需由自我定立之為自我之反立，才有所謂限制自我的意義可言。完全獨立乎意識的事行而存在著的物自體（概念），對於費氏來說，乃是矛盾而不可能的。我們甚至可以進一步說，費氏站在主意主義立場，還原理論理性而為實踐理性，而以理性本身的事行歸諸實踐性的（意識）根源活動。因此他說：「決非理論的能力使實踐的能力成為可能，而是後者使前者成為可能。單有理性自體只不過是實踐性的，惟有援用（理性）自己的法則到限制（理性）自己的非我之時，才變成理論性的」（參閱《全知識學基礎論》第二部）。根源地說，自我定立（自我）自己，乃屬具有絕對主動性 (absolute Tätigkeit) 的實踐理性的事行。自我另又定立非我以便限制自我事行之時，則有理論理性的活動產生。費氏知識學的意圖，不外是在最抽象地定立一切理論的與實踐的人存在（意識）事行而為根本原理的理論嘗試。

㈡理論學的基礎　已如上述，理論的知識學之根本綜合是「自我定立自己而為非我所限制者」的命題。如果分析此一命題，不難發現其中交互對立著的兩個新的從屬命題：

⑴非我（主動地）定立自我（於此自我成為被動者）。然而一切活動不外來

自自我，因此：

　　⑵自我（依其絕對主動性）限制（自我）自己。

　　自我在此具有同時是主動而又是被動的一種矛盾，對於此一矛盾的新的綜合，可以通過「可分性」概念獲得解決。換言之，在「自我部份地限制（自己），部份地被限制」這個命題之中，上面兩個從屬命題終被融消綜合。更精確地說，自我愈是在自己之中定立實在性的部份，亦愈是在非我之中定立否定性的部份；同時，自我愈是在非我之中定立實在性的部份，愈是在自己之中定立否定性的部份。由此可獲「交互限制」(Wechselbestimmung) 或即「交互作用」的範疇，乃與康德關係範疇的第三種對應。至於「因果性」與「實體性」的範疇亦可藉此演繹出來。自我定立非我為限制自我（活動）的主動者時，主動者歸屬於原因或即根源實在 (Ur-Realität)；被動者則歸屬於結果。結合兩者之時，則稱作用 (Wirkung)。然而自我本身又絕對主動地定立自己，非我的限制自我，其實只是自我限制自己的活動。換言之，根源地存在著的實體是自我本身，而在自我（唯一實體）之中一切可能的偶有性或可能的實在亦被定立起來。純粹自我本身才是絕對地無限，至於「我思」、「我踐行」等則已（與非我實際對立而）具一種限制的意義。由是可見，費氏之說基本上是斯賓諾莎主義；誠如耶可比所標稱的，費希特哲學乃是（顛倒了的）觀念論的斯賓諾莎主義。

　　費氏討論自我與非我的關係，分別從獨斷的實在論（質的實在論）與獨斷的觀念論（質的觀念論）兩種立場予以說明，而後又以自己所謂「批判的觀念論」綜合二者。他說，獨斷的實在論從因果性概念出發，主張被動的自我具有能夠限制它的（非我的）實在性根據。獨斷的觀念論則從實體性概念出發，認為自我的被動只是減量的主動，有其觀念性根據。前者主張必須預設非我的獨立性實在（物自體）；後者宣稱非我的一切實在性是自我「讓與」(übertragen) 的結果。費氏所提出的批判的觀念論（量的觀念論）則取二者之間的中道，認為對於自我的活動，產生（亦有自我所附加的力量在內的）被反定立的障礙 (Anstoss)，而使自我活動有所曲折，反射自我本身的活動。此一障礙意謂著擴

充著的自我活動又被趕回自我本身，結果產生自我本身之限制。所謂對象或客體 (Objekt) 即不外是自我的活動（主體，Subjekt）遭遇障礙所產生的種種曲折現象。我們把自我的諸般規定投射到外界，表象之為空間之中的物質。因此，費氏所謂經由非我所構成的障礙，大致與康德的物自體相同，只是在費氏學說之中更具內在性（依傍純粹自我的事行）的意義。費氏乃從批判的觀念論立場出發，逐一演繹出媒介乎純粹自我與非我之間的自我的各種主體性活動，諸如感覺、直觀、表象、想像力、感情、悟性、判斷力、以及理性活動等等，同時導出與此些主體性活動相關聯著的空間與時間（直觀之主觀的射影）觀念。

　　㈢實踐學的基礎　費氏在理論之學的基礎部門規定自我為能有表象作用的純粹知性，自我的表象能力只有預設自我外部的障礙才具意義。然而自我本身，就其事行而言，應是主動地定立自己的絕對者。我們如何解決絕對自我與知性自我（預設非我之障礙的有限自我）之間的矛盾呢？費氏現在從實踐之學的奠基立場可以綜合此一自我本身的矛盾性了。費氏主張，絕對自我既是絕對的事行，而非被動的，我們只有肯認障礙所由產生的未知的非我，原是自我所規定而成立的。理論的自我在非我之中，有與之對立的限制或障礙，自我應從實踐的自我立場廢棄這種限制，而將非我再度吸收到自己之中，使之變成絕對自我的主動性的自我限制。康德所謂實踐理性的優位到了費氏主觀觀念論體系之中，乃被奉為真理正朔，解消理論自我而為實踐自我（絕對自我）的分化事行。

　　從理論世界轉到實踐世界之必然性的形成，乃是基於絕對（實踐的）自我與有限（理論的）自我之不一致。在實踐世界之中這種不一致並未完全消滅，因為行為實踐亦不過是克服非我之限制或障礙的無限努力 (ein unendliches Streben) 過程而已。絕對自我始終有一超越現實世界而建設理想世界的固有傾向，但其純粹事行亦必始終定立非我而為限制事行的一種障礙（如感性界的抵抗）。克服障礙的無限努力過程正顯示著，我們在實踐世界之中的使命是永恆而無止境的。費氏的觀念論所以特稱倫理的觀念論，乃基於此。我們如果比較費氏所倡絕對自我定立非我之障礙而無限地超克此一障礙的倫理觀點與實存主義

者沙特所謂「行動與自我參與的倫理」(ethic of action and self-commitment)，不難尋獲理論上的一種親近性了。沙特在《存在與空無》一書之中，以「對自存在」(être-pour-soi) 一辭規定意識作用的存在學本質；「對自存在」即是絕對自由自體，與「即自存在」(être-en-soi) 或即意識以外的一切世界存在對立，而在「即自存在」（世界、境況、障礙、現實存在者）之中始終投企 (projeter) 自己於未來，超克「即自」之限制而創造新的自我與新的境況。沙氏在 1946 年所發表的〈實存主義即是人本主義〉(L'existentialisme est un humanisme) 一篇講稿之中更將原有的現象學的存在學理論推進一步，具現之為一種「實存的倫理」(existential ethics)。對於沙氏實存主義具有慧解的讀者，當可發現他與費希特哲學的思維類似性了。

第四節　實踐哲學

費氏的實踐哲學包括法理論、道德論與宗教論，乃是依據知識學的根本原則演繹而成的思維成果。

在法理論中，費氏主張理性存在者的自由活動須以其他理性存在者為前提，如無一種權限關係，自由的理性存在者的共存共益亦成不可能事。所謂權限關係 (Rechtsverhältnis) 是成立在理性存在者之間的相互限制。換言之，通過他人的自由可能性概念限制自己的自由。法理論的最高原則是：「你應以你所關涉著的其他一切理性存在者（人格）的自由概念限制你的自由」。

知識學所定立的絕對自我，在法理論中分為無數的法的人格。道德論的課題便是對此予以更高的綜合統一。所謂法律是成立在禁止每一人格侵犯他人自由的外在的強制性上面；至於道德本性的形成，則是來自內在的強制性，而與任何外在活動及其目的無涉。道德論的首要課題是要對於同一人格之中所存在著的兩種衝動的內在相剋作一理論的探討與解決。

理性存在者一方面具有為自由而自由的純粹衝動。此一根源衝動乃可導致道德論的形式原理或即絕對的自律原理。然而理性存在者在本性上又對自己定

立非我（意即定立自己而為具有肉體的存在者），故除純粹衝動之外又有與之對立的經驗性的自我保存衝動，亦即不以自由為目的，而以享樂為目的的自然衝動。此種衝動導致實質的幸福主義原理（享樂的追求）。上述兩種對立著的衝動根源上原屬同一衝動，不可偏廢。道德論所要解決的是，如何善導自然衝動，使其隸從純粹衝動。當根源衝動通過（實質的）感性界（事行的障礙），而獲完全的超越解放之時，方有兩者之綜合可言。我們的倫理使命是要積極地面臨感性界的一切可能障礙，逐步實現理性（自我）對於自然（非我）的超克支配。倫理的衝動乃是促成純粹衝動與自然衝動的高度融合的一種無限的精進奮鬥。

費氏據此規定了倫理行為的本質。他說一切行為實踐形成一種系列，而在此一系列的連續之中，自我應予督促自己逐步接近絕對的自由獨立。我們的倫理本分不外是要經常踐行此一系列中的行為。因此，道德論的原理應是：「經常踐行你的本分。」費氏又說：「你應經常依照你對義務的最佳確信予以踐行，或即你應依照良心踐行。這就是我們的行為倫理性的形式條件」。只有依從絕對的應然概念踐行自由行為，理性存在者才能成為絕對的獨立人格。衡量對於義務的確信正確與否的究極規準，端在真理以及確實性的感情。費氏此一說法，仍承襲著康德義務至上的意志自律理論。

至於宗教論方面，費氏亦如康德，乃從道德哲學立場解釋宗教問題。費氏主張，我們設想的神性原不外是「倫理的世界秩序」(die moralische Weltordnung)。世界秩序的信仰已很充全，毋需此種信仰以外的任何信仰。始終活動而進步著的世界秩序即是神性本身，我們既不需要亦不能理解此種神性以外的其他的神。費氏說：「含有倫理的世界秩序這個概念以上的（超越的）神性信仰，令我嫌惡，因對理性的存在極不合適」。具有特殊實體意義的神性概念矛盾而不可能。我們自以為思維能夠遠及真實的神性對象，其實祂原不過是經由思維虛構而成的絕對自我本身的副本罷了。

由是可知，費氏如同康德，幾將宗教與道德視如一般無二，認為兩者皆是對於超感性者的一種把握。唯一的差別是在，前者通過信仰，後者則通過行為

而成立。費氏深信他的宗教理論足以重振漸趨衰敗的宗教精神，同時闡明耶教教義的內在本質。費氏將理性本身的絕對自足而從一切外在束縛徹底解放出來的自由精神境地，稱為「淨福」(Seligkeit)。他說獲致淨福生活的唯一可靠的手段是在義務的真正踐行。宗教的本質乃是在乎具有理性尊嚴的人存在依其道德秩序的信仰，踐履當做道德秩序的指令之一切人間義務。我們的永恆生命的意義即在於此。

第五節　後期的哲學思想

費氏離開耶拿大學之後，思想上有若干顯著的轉變。一方面費氏難於堅持原有的極端觀念論論調，另一方面薛陵的自然哲學的出現，曾經引起費、薛二氏之間的激烈論戰，對於費氏本人的思維方式不無影響。同時種種外在境況的急變，也可能多少刺激了費氏世界觀的根本改變。

一般地說，費氏後期的立場漸從主觀觀念論轉變而為（極富新柏拉圖主義色彩的）客觀汎神論思想。神之概念終於變成費氏哲學的絕對始源與唯一的根本原理。道德的嚴峻性終被宗教的寬大性所取代；生命與愛替代了自我與「應然」（義務之遵奉），而為費氏晚年思想的根本特徵。精銳的知識學辯證法的思辨功夫已經匿跡，而充塞費氏後期的通俗性著作的是一種神秘的象徵表現。他在《淨福生活之引導》一書之中宣稱，他的新思想實與耶教根本教義（尤指〈約翰福音〉）殊途同歸，無甚差異。總而言之，費氏到了晚年，漸失原有思辨哲學家的性格，而以神秘主義的宗教家身份追求超乎理性的永恆生命的境界。

費希特的哲學著作是德國人足以自豪的思想遺產之一。在哲學上，他對後世的直接影響雖遠不及康德與黑格爾二者之宏深，但是他那鼓吹自由精神與倫理實踐的探求態度與高貴人格，正與詩人席勒 (F. Schiller) 一樣，直至今日始終成為一般德國知識青年的愛慕對象。尤其費氏《告德國國民書》曾予德意志各地人民以一種強有力的文化教育的啟導作用，而對德國國民的精神統一與德國文化地盤的奠定，貢獻甚鉅，不容忽視。

第十四章 薛 陵

第一節 生涯和著作

薛陵 (F. W. J. Schelling, 1775–1854) 生在維爾藤堡州的列恩堡地方。他是極其早熟的思想天才，十五歲之時已開始在醒檳根大學神學院研究神學、文獻學、神話學與康德哲學。他在學生時代，曾與黑格爾以及詩人赫爾得林 (F. Hölderlin) 締交甚密。1794 年接觸費希特的哲學論文，同時通過費希特觀念論的思想薰陶，逐漸展開獨自的思想體系。1798 年薛氏應聘赴任耶拿大學哲學副教授。翌年由於費氏離開耶拿，乃接費氏遺職而為正式教授。他在耶拿編輯《思辨物理學雜誌》，又與黑格爾共同發行《哲學批評雜誌》。1803 年轉赴維爾茲堡執教哲學。1807 年又到敏痕歷任科學院院士，造形美術書記主任，敏痕大學教授，以及科學院院長。當薛氏滯留敏痕期間，黑格爾哲學在柏林一帶形成德國哲學的主流。在 1841 年（黑格爾死後十年），薛氏接受柏林研究院的聘請移居柏林，且在柏林大學講授哲學，一時與黑格爾學派形成對峙的局面。

薛陵哲學在本質上是發展性的思想體系，他始終嘗試著新的思想探險，新的體系建設。我們不妨依照十九世紀德國哲學史家希維格勒 (Albert Schwegler) 之說，將薛陵哲學大致分為六期，且循他的思想六期列出每期的代表性著作。在第一期，薛氏思想仍在費希特觀念論理路的籠罩之下，而未充分意識及於獨自的哲學立場。他在此期所發表過的主著包括《哲學一般之形式可能性》(*Über die Möglichkeit einer Form der Philosophie überhaupt*)，《自我論》(*Vom Ich als Prinzip der Philosophie*)，《關於獨斷論與批判主義之哲學書簡》，《自然哲學論》，《論世界靈魂》等書。在第二期，薛氏逐漸區別自然哲學與精神哲學的立場，主著包括《自然哲學體系之最初企劃》(*Erster Entwurf eines Systems der Naturphilosophie*) 與《先驗觀念論體系》(*System des transzendentalen Idealismus*) 二書。到了第三期，薛氏開始採取斯賓諾莎式的「無差別」(Indifferenz) 思想，

屬於此期的主著有:《我的哲學體系之展示》(*Darstellung meines Systems der Philosophie*),《布魯諾》(*Bruno*),與《關於大學研究方法的講義》。薛氏思想到了第四期漸漸帶有神秘主義色彩,傾向新柏拉圖主義,《哲學與宗教》一書可為代表。在第五期,薛氏更進一步嘗試一種貝美 (Jacob Böhme) 式的宇宙誌建構,神秘主義的色彩更形濃厚。著名的《人類自由之本質》(*philosophische Untersuchungen über das Wesen der menschlichen Freiheit und die damit zusammenhängenden Gegenstände*) 與遺稿《世界年》(*Weltalter*) 屬於此期的主著。到了最後一期,薛氏更在某一法國哲學作品的德譯本序文以及《神話哲學》(*Philosophie der Mythologie*)、《啟示哲學》(*Philosophie der Offenbarung*) 等遺稿之中展開所謂「積極哲學」(positive Philosophie) 的思想。

第二節　第一期——費希特觀念論的繼承與超克

薛陵哲學的出發點是費希特主觀觀念論的延伸。他在《哲學一般之形式可能性》中重新提示了費氏根本原則的理論必然性,同時在《自我論》中規定人類知識的究極根據端在自我本身,從而主張一切真正的哲學必須建立在觀念論的立場上面。不過薛氏在《自然哲學論》中,已經顯示了擴充知識學範域而涉論自然哲學課題的一條理論線索;由是依據絕對自我的根源活動演繹出物質乃至人類精神的自然層梯。

薛氏認為物質 (Materie) 概念來自人類精神的直觀本性。精神乃是受制約的力量與不受制約的力量之間的一種統一。類比地說,物質亦是引力 (Attraktion) 與斥力 (Repulsion) 交互作用的一種現實的統一。由是可知,薛氏在此時期所表現著的自然哲學根本思想,仍未脫離觀念論的性格,欲從自我之本質(觀念論地)導出自然或物質。整個宇宙是從一個中心(精神或自我)出發,逐步形成自己,而從自然低層上升高層的有機組織。薛氏於此已表現了「絕對的同一性」(die absolute Identität) 思想的端倪,因為他認為「絕對者」(das Absolute) 從高度的同一性立場調和自然與精神。他說:「自然是可視的精神,精神則是不可視的

自然。因此，我們之內的精神與我們之外的自然所構成的絕對同一性中，存在
著外在自然的可能性問題的解決線索」。依此，薛氏較費希特更能承認自然的客
觀性與獨立生命。同時通過絕對同一性概念，薛氏已打定了超克費希特觀念論
的理論基礎。薛氏據此進而明確區分哲學的兩大側面，亦即自然哲學與先驗哲
學，如此逐步展開獨自的思想體系。

第三節　第二期──自然哲學與精神哲學的區分

　　在《先驗觀念論體系》與《自然哲學體系之最初企劃》之中，薛氏區分哲
學的兩大側面說，一切知識基於主觀（自我或知性）與客觀（自然）的一致，
統合此二側面的方式可分二途。一是以自然為最初的直接所與者，而後探討知
性如何附加到自然本身。換言之，預設自然之後，通過知性而將自然塑成純粹
的思維規定；自然哲學所採取的是此一方式。另一是以主觀或自我為最初的唯
一預設，而後發現客觀如何可從主觀導出；先驗哲學採此理路。後者使實在從
屬於觀念，而前者則從實在說明觀念的原由。上述二途只不過是交互圓現同一
知識的兩極而已，無論是從那一方極出發，終必可臻另一方極。「殊途同歸」四
字正足以表現薛氏的真意。

　　㈠自然哲學　薛氏以為，自然哲學的任務是在現象著的世界諸般法則與形
式之中，完全地表現知性的世界，且從知性世界完全把捉此類法則與形式。簡
而言之，即不外是表現自然世界與觀念世界的同一性。自然哲學的出發點雖是
在乎直接經驗，然而通過知性對於經驗性命題的內在必然性的把握，可以獲得
先然命題。他所理解的自然哲學即是拓深經驗論而形成的無制約（不受經驗制
約）的先然理論。

　　薛氏更以為，所謂「普遍的二元性」(allgemeine Dualität) 是一切自然生產
作用的根本原則。自然哲學的第一原則乃是要在自然之中探討二元性與兩極性
(Polarität)。至於自然哲學的究極目的則是在乎認識包攝主客二者的「絕對的統
一」(absolute Einheit)。自然可以說是絕對統一性的工具，此一工具通過繼起的

現象系列以永恆的方式彰顯絕對的統一，而使我們能在自然之中認識「絕對者」的整體。

薛陵將自然哲學分為三大部份：(1)首需證明自然的最初產物為有機的自然；(2)然後導出無機的自然之諸般條件；(3)最後提示有機體與無機體之間的相互規定。

(1)薛氏依照有機體的三大根本機能區分有機的自然之動行層梯：最高級的有機體（如人）之中，「感覺性」(Sensibilität) 較「感應性」(Irritabilität) 更為優越；在次等的一般動物之中，後者較佔優勢；植物世界則顯出繁殖衝動或即再生作用 (Reproduktionskraft)，上述兩種機能則幾乎消失不見。人類到植物之自然乃是一種有機的組織。

(2)與有機的自然對立的是無機的自然。後者的存在與本質乃被前者的存在與本質所制約。無機體世界也構成為一種自然層級：化學現象（如燃燒）相應於有機體的繁殖衝動；電氣相當於有機世界的感應性；至於無機體活動的最高階段的普遍磁氣則相當於有機體活動的最高階段的感覺性。

(3)再就有機界與無機界的相互規定而言，兩者的差異只成立在客體的自然，真正根源地生產著的自然（絕對者在自然界的根源生產活動）則是超越有機與無機的二者。此一構成兩者之結合的共通原理即是薛氏所謂「普遍有機體」(allgemeiner Organismus) 的理念。電磁氣、感應性、感覺等等自然機能本是同一原動力的不同表現。一切是引力與斥力（如磁氣）、陰陽電（電氣）、生產與所產、擴張與收縮等等兩極性間的衝突與綜合。一切是生命的運動與轉化的過程級次，而統括一切自然生產作用過程的根本原理則是絕對者自身。薛氏自然哲學之中已有絕對者自我展現而為自然的思想幼苗，對於黑格爾依照汎論理的辯證法所構想出來的自然哲學極具影響。不過黑格爾使用「絕對精神」(absoluter Geist) 理念以替代絕對者，同時更發揮了「存在發展之論理」的思維特色。

(二)先驗哲學　先驗哲學或即精神哲學乃是內面化了的自然哲學。薛氏說：

「觀念次序之中的絕對者亦是實在次序之中的絕對者」。因此，在自然哲學之中所探索的客體的生成階層，現在可從先驗觀念論立場視如直觀著的知性主體之連續性發展系列。換言之，薛氏在精神哲學之中所意圖的是一套（人類）意識的發展史體系，於此薛陵本人的先驗觀念論形成了探求同類課題的黑格爾《精神現象學》的思想先驅。薛氏深信，只靠先驗哲學或自然哲學二者之一無由完全表現自然與知性之間的平行關係，惟有綜合二者才能貫通絕對者的思想體系❶。

　　薛陵的先驗哲學分為理論哲學、實踐哲學以及藝術哲學三大部門，分別相應於康德的三大批判書。只是薛氏通過費氏觀念論的洗禮，自始至終以絕對理性的根源活動貫穿整個先驗哲學，故較康德更具形上學的風格。

　　⑴理論哲學　從自我意識（知識的最高原理）出發，依據主要的時期與階段展開自我意識的發展史。此一意識發展的階段即是：感覺→直觀→生產的直觀（產生質料者）→外在直觀與內在直觀（由此導出時空觀念與康德的範疇）→抽象作用（叡智乃能依此區別自己與其所產之物）→絕對的抽象作用或絕對的意志作用。理論哲學所要說明的課題是：事物獨立乎我們而存在於外界，我們的知性如實表象外界事物❷。隨著意志作用的彰顯，實踐哲學的領域乃可據此開拓。

　　⑵實踐哲學　實踐哲學的首要課題是要說明我們依據自由可向客體世界有所行動。在實踐哲學之中，自我已不再是觀照的或無意識的，而是有意識地生產著或實現著的自由行動本身。從自我意識的第一作用，理論哲學的自然客體有所建構發展，從自我意識的第二作用或即自由的自我規定作用產生第二種自然，亦即道德、文化、歷史等人文世界，而為實踐哲學的探求主題。薛陵亦據意志優位立場展開實踐哲學的體系，但理論上未離費希特哲學的窠臼。不過薛氏在實踐哲學的結尾部份論及歷史哲學的問題，頗堪注目。按照薛氏的見解，

---

❶　斯賓諾莎主義的傾向已在此期抬頭，斯賓諾莎的實體概念略等於薛氏的絕對者概念。

❷　薛氏後來援用「無差別」概念揚棄了此期的理論哲學立場。

歷史整體乃是超越主客二者而具更高的統一的絕對者本身逐次彰顯自己的啟示過程。不在個別歷史事件之中，但在整個歷史過程可以證示絕對者的自我啟示與神之實在。薛氏此一歷史哲學理念亦刺激了黑格爾所謂世界精神自我展現而為具體的歷史文化世界的辯證法歷史觀的形成。

⑶藝術哲學　在實踐哲學之中，主客的對立未被徹底揚棄，薛氏乃藉藝術哲學的探討欲予證明，建構客體世界（自然界）的理論活動與展開自由的行為地盤（道德界）的意志活動之間所潛在著的一種「同一性」。康德雖亦通過《判斷力批判》溝通自然界與叡智界之間的懸隔，然因康德始終站在有限者（有限的人類理性我）立場，故對二元世界的超克力不從心。薛氏則從有限者立場轉到無限者（絕對的同一性）立場，自信可以克服康德所未能解決的難題。

薛氏亦如康德，依據目的論原理主張，自然雖是盲目的機械化秩序，但又依從目的，而表現著意識的主觀活動與無意識的客觀活動二者的同一性。自我在自然之中能予直觀同一性所具有著的本質，不過自我在自然之中所能直觀的同一性仍是自我之外的客觀的同一性。自我更須直觀此同一性為自我本身之中的同一性。薛氏規定此種直觀為藝術直觀。自然的生產（生成過程）乃是類似有意識的生產之一種無意識的生產；至於藝術家之美的生產，則是類似無意識的生產之有意識的生產。因此薛氏如同康德，在目的論原理的設定之中附加了美學的理念。薛氏以為，在藝術作品之中叡智完全到達自我直觀的境地，天才的產物或即藝術乃不外是自我本質的完全表現。天才是當做自然 (Natur) 而作用著的叡智 (Intelligenz)，而藝術則能表現無意識活動與意識活動最完全地交互規定著的一種平衡狀態。由是藝術成為哲學的最高工具 (Organ)。或不如說，藝術高於哲學之上，因為藝術能使我們確信絕對者的實在與永恆的啟示，只有在藝術之中所謂「叡智的直觀」(intellektuelle Anschauung) 才具有著絕對的客觀性。理論思維的衝動與行為意志的衝動終在藝術作品之中獲得高度的統一和諧。兩者的對立終被揚棄，而在藝術的直觀之中完成至高無上的自我實現。薛氏於此充分發揮了文得爾班所稱謂的「美的觀念論」(ästhetischer Idealismus) 特質。現

代德國實存哲學家雅斯帕斯 (Karl Jaspers) 在其主著《哲學》(*Philosophie*) 卷三（亦即〈形上學〉）中，規定形上學為一種「暗號文字之讀解」(Lesen der Chiffreschrift)，且視藝術為讀解超越者在世界與人存在中所彰顯著的暗號文字的象徵性表現（第二語言），可以說是發展薛陵藝術哲學的理論成果❸。

第四節　第三期──斯賓諾莎主義的同一哲學體系

《先驗觀念論體系》是薛陵襲用費希特的方法而寫成的最後一部著作。薛氏終於通過此書決然超克費希特的主觀觀念論立場，開始建立獨自的客觀觀念論地盤；且進一步揚棄了「實在的」(das Reale) 與「觀念的」(das Ideale) 兩大有限者側面，而以思維與存在之同一性為唯一的根本原理，充分表現出斯賓諾莎主義的思想趨向。

絕對自我的存在為費希特哲學的絕對預設，它是超乎個人意識的理性我，然而仍是一種有限者，由是產生絕對自我無法徹底揚棄主客對立──自我與非我之兩極性──的理論困難。費氏認為非我的障礙原是絕對自我所定立為能予反立自我本身的對立者，但因絕對自我只是有限的人類理性我，無法說明非我或物自體是否仍可獨立乎絕對自我的定立而存在。絕對自我建構了物自體概念，然而物自體是否唯心所造，或另有實在根據，則非主觀觀念論所能解答。薛陵透徹地了解到費氏觀念論的理論限制，故在一方面繼續拓深費氏哲學可能發展的觀念論理路，另一方面企圖修改費氏絕對自我的概念，藉以徹底超越費氏的有限者立場。這就是說，薛氏提出了「絕對者」或即「絕對理性」(die absolute Vernunft) 的理念，當做實在界與觀念界尚未分化之前的主客融合而無差別的根源同一性原理。絕對（同一）者是薛陵「同一性體系」(Identitätssystem) 的絕對預設，他與斯賓諾莎相同，稱此絕對者為神。如從現實經驗的觀點來說，實與斯氏實體概念甚或厄克哈特等神秘主義者的神性一樣，只屬一種「形上學的空無」。薛氏所理解的絕對者或即絕對理性，乃是絕對同一的無差別者，但潛在著

---

❸　參閱雅斯帕斯《哲學・形上學》第 192–199 頁。

差別化 (Differenzierung) 的可能性。由於絕對者的差別化而有主客的對立或精神與自然之分。絕對者猶如「宇宙磁石」(Weltmagnet)，一旦產生分化與對立，立即顯出兩極性來。

薛氏所理解的有限事物的差異，乃是萬物所含有著的自然與精神兩大（絕對者）側面的量之差別。由於主客二界分別呈現絕對的同一性，故在主客兩者之間沒有質的對立，但具量之差別。在一切存在事物之中主客始終合一，既無純然主觀，亦無獨立的客觀。一切按照實在系列與觀念系列的（量之）優勢如何，而有多元分殊的現實事物。絕對者（無限者）的根本形式是 A=A，至於有限者的根本形式則是 A=B（意即主客比例差別的結合）。絕對的同一性即是絕對的總體或即宇宙自體。絕對的同一性在本質上不論是在宇宙的任何部份都是同一的。由是可知，薛氏同一哲學體系充分表現著斯賓諾莎式的汎神論傾向，已與前期的觀念論理路顯有殊異。作者願以下一圖式表示薛陵的根本見地：宇宙自體可以喻如一條直線，線的中點是 A=A，代表主客未分的絕對同一性。直線兩端分別構成主觀成份較佔優勢的觀念世界與客觀成份較佔優勢的實在世界。前者可表示為 A^+=B，後者則可示如 A=B^+❹。我們可以圖解如下：

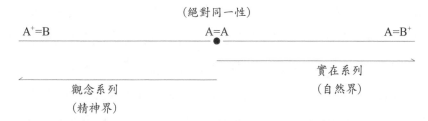

薛陵依據上述理論更具體地說明了實在側面與觀念側面的「展相」(Potenz)。薛氏所云「展相」，乃意謂著主觀性與客觀性的特定的分量差別狀態。實在系列依照下列三種展相展現出來：(1)第一次展相為物質與重力，在此客觀

❹　A 為主觀，B 為客觀，加號表示優勢，等號表示一切存在者兼含主客成份，而從分殊不同的側面顯示同一性。薛氏所以規定絕對者的根本形式為 A=A，乃是由於他未全然放棄觀念論立場，否則按理應予表示之為 AB=AB。

最佔優勢；⑵第二次展相是光 (A^2)，重力為自然之外在直觀，光為內在直觀；⑶第三次展相為光與重力的共同產物，亦即有機體 (A^3)。沒有純粹無雜的無機體存在著，在萬事萬物之中始終內在著主客合一的無差別者。即使是無生命的物質亦因絕對的同一性而潛含著生命的可能性。觀念系列則依另外三種展相發展：⑴反省的展相（知識）；⑵包攝的展相（行為）；⑶反省與包攝的統一者，亦即理性展相。以上三種觀念系列的展相分別顯現而為真（質料塑入形相之中）、善（形相塑入質料之中）、與美（形相與質料之絕對融合）三者。

　　為了認識所謂絕對的同一性，薛氏認為分析法與綜合法皆不敷用，而欲創造一種新的方法。大致說來，薛氏所提示的真正認識的出發點乃是在乎「叡智的直觀」。在叡智的直觀或即理性直觀之中，存在一般以及一切存在者概被視為同一。換言之，叡智的直觀即是絕對的認識（作用），能予直觀絕對的主觀 = 客觀。薛氏甚至使用神秘的口吻說，此一絕對的認識方法存乎絕對者本身之中，無由教導；叡智地直觀無差別者，乃是臻於哲學之道。薛氏又稱此種叡智的直觀方法為「構成」(Konstruktion)，所謂「構成」乃意謂著在一切特殊關係或對象之中顯示絕對者的內在構造。他的直觀方法已表現著一種神秘性的要素，隨著他的思想發展，逐漸深化。神秘的轉向又使薛氏放棄上述構成法，漸從思辨的自然哲學轉到精神哲學。同時，他對絕對者的概念規定亦漸產生變化。由於神秘的轉向，薛氏著重精神側面，漸以觀念性為絕對者的根本規定，以替代無差別的思想。汎神論終於搖身一變而為超越神論，甚至神智論 (Theosophie) 的見地。薛陵的理性思辨於是休止，而與費希特相同，乃從哲學轉向宗教的境界探求。

第五節　第四期——非理性主義

　　薛陵在《哲學與宗教》一書之中強調世界的獨立性，且說由於絕對者的斷離或墮落 (Abfall) 而有世界之產生。從絕對者到現實存在者之間，決無連續性的推移，感性界的起源乃是基於對絕對者的一種飛躍性的完全叛離。世界的產

生即是一種墮罪 (Sündenfall)。叛離絕對者而自主自立的有限者始終渴望著復歸
神性。所謂歷史的究極目的是在贖回叛離墮落之罪，且完成神性的啟示。薛氏
更用新柏拉圖主義的論調說明靈魂從叡智界墮至感性界的罪罰、輪迴與淨化等
過程，展示一種象徵性的神秘思想。宗教與哲學的高度統一理念一直貫穿著此
一時期的全部著作。薛氏甚至主張神之存在為一切經驗的究極根據，所謂學問
只在如實靜觀神性的意義下才具存在價值。

第六節　第五期——貝美式的宇宙誌建構

薛陵與德國近世神秘主義者貝美具有若干共通之點。兩者皆以思辨的認識
為一種（叡智的）直觀，同時混用論理的精確與幻想的馳騁。貝美的根本思想
是在絕對者的自我二分化，乃從無限而不可知解的「元底」(Urgrund) 或即「無
底之底」(Ungrund) 出發，通過「無底之底」對於無限本質的自我感應，彰顯而
為有限的自然基底。薛氏在前期著作之中已將絕對者視如外化自己而後通過精
神的高度統一復歸自己的根本原理。薛氏現在稱呼絕對者為「深淵」
(Abgrund)，即是絕對的黑暗 (Dunkel) 自體，或即「根源的偶然」(Urzufall)。此
一黑暗的無意識的意志本身志向著自我顯在化，乃二分化為實在與觀念，而後
再由二分化的高度融合，回歸神性本身。宇宙即不外是神性在自己之中志向於
自己的一種自我展現。歷史的過程較諸自然的生成，更彰顯出神性的自我啟示，
而所謂神性的自我展現與自我復歸，乃是幽神 (deus implicitus) 通過個體世界的
顯現完全啟示自己為顯神 (deus explicitus) 的發展過程。

薛陵尤其探討人類的自由問題，認為人的自由存乎善與惡之可能性，而善
惡可能性的根據則是在乎：人存在中個體意志與普遍意志的兩大原理有所合一，
但又具有分離的可能。個體意志 (Particularwille) 是叛離神性的黑暗原理，普遍
意志 (Universalwille) 則是神性原理。人類的歷史可以說是一種個體意志與普遍
意志之爭，善惡所交戰著的歷史過程乃構成了世界史的各個時代。基督教正是
世界史的中心點，在此宗教之中愛之原理終與化成人存在自身的惡之原理對峙

抗衡。歷史的究極目標是在個體意志完全隸屬普遍意志，而使神性成為「一切之中的一切」(Alles in Allem)。

<h2 style="text-align:center">第七節　第六期——積極哲學</h2>

薛陵在 1834 年發表一篇序文附在法人庫桑原著《哲學斷簡》的德譯本中，批判黑格爾完全誤解了同一哲學體系的要義，同時聲明他自己的前期體系只不過是構成哲學的消極側面，當另補充積極側面云云，薛氏此語在當時的德國學界引起了極大的反響。1841 年他在柏林授課，亦表示了類似的論旨。他說早年所倡同一哲學的體系誤被黑格爾塑成抽象的論理形式，只屬消極哲學的意義，他日當予補論積極哲學。我們通過他在柏林時期的講義與遺稿，可以窺知所謂積極哲學的內容一斑。大致說來，消極哲學只局限於概念與本質的世界，積極哲學則強調著「實存」(Existenz) 側面。消極哲學只能從最高本質演繹其他本質，或從觀念自體導出其他觀念，卻不能解釋（現）實存（在）的問題。尤其黑格爾的體系始終忽略實存的領域，而在假言世界（可能界）中搬弄概念的思維。積極哲學則要深入實存領域。如以上帝問題為例，消極哲學只就上帝觀念或本質予以概念的探求，積極哲學則直接面對上帝，以上帝為純粹的真實存在（人格神）。惟有通過意志的肯定，才能從消極哲學遷升而至積極哲學。換言之，神性存在的直接肯定乃是基於意志所要求的信仰活動。積極哲學所謂信仰，即指對於創造人與世界且予人類以贖罪機會的人格神的信仰而言，決非指謂費希特的理想道德秩序的信念或是黑格爾的絕對理念的思維預設。由是可知，薛氏對於積極哲學與消極哲學的主要區別多半是在：前者真正關涉宗教（信仰），至於後者則不能與宗教意識與宗教需求同化。積極哲學肯定神之存在為第一原理，同時對於神之存在，能夠通過意志活動的合理性賦予一種經驗性論證。神之存在乃在宗教意識的歷史發展——人對神之需求與神對人的啟示——之中彰顯出來。「積極哲學即是歷史性之哲學」；這就是薛氏晚年傾力探討神話與啟示問題的主要理由。他想通過神話與天啟的研究，展示上帝對人的自我啟示歷程

以及神性救贖的進展。我們在薛氏積極哲學之中已能窺見實存哲學的思想胚胎，
他對實存義蘊以及宗教信仰的躍升——跳躍理性的思辨層域——意義的透視，
實與齊克果的思想頗有一脈相通之處。

第十五章　叔本華

第一節　生涯和著作

悲觀主義者叔本華 (Arthur Schopenhauer, 1788–1860) 生在但澤某一富裕家庭。銀行家的父親盼望其子繼承己業，時常帶著年幼的叔本華到處旅行，以便增廣見聞與世故。父死之後，經過母親（係當時聞名的小說家）的同意，放棄了從商的念頭，改到哥丁根大學研修自然科學、歷史以及哲學，尤其鑽研柏拉圖與康德的著作。1811 年叔氏曾赴柏林參加費希特所開哲學課程的聽講，不甚滿意。1813 年他在耶拿提出學位論文《充足理由律之四大根據》(*Über die vierfache Wurzel des Satzes vom zureichenden Grunde*)，獲得博士頭銜。同年十一月他到威瑪拜訪母親，同時與大詩人歌德結識。從 1814 年到 1818 年之間，叔氏一直住在德雷斯頓城，在此完成他的畢生鉅著《意欲與表象之世界》(*Die Welt als Wille und Vorstellung*)，而在 1819 年正式問世。1820 年叔氏在柏林大學講授哲學，但因黑格爾的威風籠罩當時的柏林學界，叔氏之課無人問津，迫使叔氏憤然離去。1832 年以後叔氏定居法蘭克伏特，直至逝世為止。他在 1841 年出版《倫理學之根本問題》(*Die beiden Grundprobleme der Ethik*) 一書，又在 1844 年再版主著《意欲與表象之世界》，書後附加了五十章補遺。1851 年較為通俗的小論文集《附錄與追加》(*Parerga und Paralipomena*) 問世之後，叔氏因在此書表現一種獨特高超的處世思想，深受世人的讚賞與敬仰。

第二節　充足理由律之四大根據

叔本華曾在《意欲與表象之世界》初版序言之中特別聲明：「閱讀本書之前，須先翻閱（本書的）序論。此篇序論並不包含在本書之中，它在五年以前曾以《充足理由律之四大根據》出版。如未預先熟稔此篇序論，決不可能真正理解本書」。因此，論介叔氏主著所展開著的哲學思想之前，我們首需涉及此篇

博士論文。

　　從此篇論文不難窺知，叔氏思想深受康德的影響。經驗的世界即是現象界，為認知主體的認識對象。因此現象界不外是我們心中的表象 (Vorstellungen) 世界。一切表象之間存在著定常的關聯，所謂知識就是探求此一定常關聯的理論系統。叔氏進而認為，我們必能尋出說明諸般表象之相互關聯的一種充足理由；充足理由律即是規制我們建構對象知識的一般原理。

　　叔氏亦如窩爾夫，規定充足理由律為「任何事物皆有存在理由（根據）」(Nihil est sine ratione cur potius sit quam non sit)。我們的表象在形式上先然地構成合法則的結合，充足理由律即不外是表現此一合法則的結合之根本認知原則。叔氏指摘笛卡兒乃至康德的有關充足理由律的見解不夠精當，同時提出了他自己所發現的四類充足理由律。

　　㈠充足理由律的第一類是「生成理由」(ratio fiendi)。此一理由說明經驗直觀的對象變化及關聯。叔氏遵循康德的觀點說，一切表象之間的生成變化通過時空形式與因果性範疇而被定立。叔氏只保留了康德十二範疇中的因果性範疇，主張一切現象變化皆可通過先然的因果法則獲得統一結合。人類精神在生成理由之中施展悟性或直觀的認識能力，乃為因果性與客觀性之主觀的根源。所謂物質原不過是通過外界對象的直觀所建構而成的因果性概念而已。自然科學（經驗科學）的成立乃是基於生成理由。

　　㈡充足理由律的第二類是「認知理由」(ratio cognoscendi)。此一理由所關涉著的對象是抽象概念。所謂認知乃是基於概念操作的間接性的抽象思維作用，屬於理性的功能，能夠結合概念而構成判斷。判斷作用若依認知理由律而形成，則是真的，反之則偽。此一理由律可表現為矛盾律、排中律等邏輯根本法則，邏輯的成立乃基於此。叔氏已能完全區別原因與結果的關係和理由與歸結的（邏輯涵蘊）關係，分別按配不同的充足理由律（前者屬於生成理由，後者屬於認知理由），實較斯賓諾莎、萊布尼茲等理性論者之說高出一籌。

　　㈢充足理由律的第三類是「存在理由」(ratio essendi)。此類理由的對象包

括「時空等內外二官形式的先然直觀」。存在理由律即是空間或時間的每一部份交互規定的法則，時空形式的純粹直觀據此得以產生。就時間言，此律可表現為不可倒退的繼起法則（算術）；就空間言，此律可表現為每一空間部份相互制約而生位置形式的根本法則（幾何學）。由是可知，此律所關涉的對象即不外是數學對象，數學的成立根據乃在於此。叔氏此說淵源乎康德《純粹理性批判》的先驗感覺論所主張的數學理論。

㈣最後一類則是「行為理由」(ratio agendi)。此類理由的對象只包括「當做認知主體之對象的意志主體」，即指行為主體的人存在而言。行為理由律即是有關「動機賦與」(Motivation) 的法則，規制我們專就行為主體與意志活動的關聯性建構有關行為主體的性格與行為動機的知識。歷史學與一般行為科學的成立乃根基於此。在行為理由律所轄括的範圍以內，意志的自由沒有立足的餘地。

叔氏充足理由律可以說是指涉能夠結合諸般表象的先然要素而言，相當於康德的「純粹直觀」以及範疇之義。不過康、叔二氏之說不盡相同，叔氏摒除因果性以外的其他範疇，可為一大例證。充足理由律所適用的範圍只局限於能夠建構理論知識的現象世界，於此康德第一批判書的根本見地始終支配著叔氏之說。

第三節　意欲與表象之世界

我們從叔氏主著《意欲與表象之世界》的初版序文不難窺知，他的根本思想可以說是揉合康德知識論、柏拉圖的形相論以及印度《奧義書》(*The Upanishads*) 的汎神論而形成的哲學體系；原始佛教的根本教義似亦影響過叔氏的厭世觀與解脫觀。他的時代是德國浪漫主義運動的強盛時期，他與一般浪漫派健將一樣，幾將哲學的思維視如藝術的創造。因此詩與哲學結合的理念也在叔氏主著充分表現出來。叔氏承認人類精神有一所謂「形上學的欲求」(das metaphysische Bedürfnis)，欲就經驗整體展望內在的關聯，曠觀諸般經驗現象的共通性，從而叡智地直觀現象背後的統一性本體（物自體）。由此看來，叔氏亦

如費希特等觀念論者，重新探求康德所未解決的物自體課題，並且強調，哲學的根本課題乃是在乎滿足上述形上學的欲求。純然理論探索的方法不足以把握物自體的真相，惟有通過天才所具有著的叡智的直觀（藝術的直觀）才能直接了透宇宙的根本奧秘。誠如文得爾班所云：「事實上他（叔本華）本人具備著直觀地把握諸般對象的天才直接性與藝術地再現此種直觀的驕幸的能力❶。」

《意欲與表象之世界》共分四部，分別展示認識現象界的知識論，通透世界本質的形上學，暫時解脫之道的美學，以及恆常解脫之道的倫理學。

㈠第一部：知識論的考察

叔本華自任他是康德觀念論的嫡系，亦將世界看成時空與範疇（他只承認因果性的一種）所構成的表象系列。叔氏開頭便道出了他那著名之語：「世界即是我的表象 (Die Welt ist meine Vorstellung)。此乃適應於一切生存著的及認知著的事物，雖則只有人類能予形成反省的抽象的意識。人能如此，他就獲致哲學之智慧」。為了理解叔氏所謂「表象」，我們應予分辨「直觀性表象」(intuitive Vorstellungen) 與「抽象性表象」(abstrakte Vorstellungen)。後者即指概念而言。叔氏本意並不是說，外界的一棵樹木與我對此樹的抽象觀念完全一致。他所說的第一義表象特指直觀性而言，樹木的外表是由知覺主體的我所能感知的存在現象（主觀觀念論立場）。人與動物皆具能予表象個別存在現象的感性及悟性能力，然而只有人類特具理性，能夠構劃抽象概念。

叔本華說：「物質與知性是不可分離的相關者……兩者共同構成表象世界，亦即康德所謂現象」。因此表象世界同時包括知覺主體與被知覺者。正如康德所云，表象世界的整體是經驗地實在著的，且又呈現一種先驗的觀念性。1813 年叔氏在威瑪遇見印度學專家邁爾 (F. Mayer)，通過邁氏的指點，從此潛心鑽研印度思想典籍。叔氏直至逝世為止，經常抱著《奧義書》沈思默想，嘆賞《奧義書》為「生前之安慰，死後之安慰」。由是可知，古印度人的「魔耶」(Māyā)❷之說亦深化了叔氏對於表象世界（現象界）的根本見解。一切經驗個

物，不論主客，概是虛幻，是魔耶。

在表象世界之中所成立的理論知識包括上節所說的數學（依據存在理由律）、邏輯（依據認知理由律）、自然科學（依據生成理由律）、以及歷史學（依據動機賦與的行為理由律）。康德《純粹理性批判》的根本精神於此仍被保持。然而叔氏進一步說，如就本體界言，表象世界亦與夢幻無異（夢幻觀念論），我們理應透過表象世界探索物自體的本質真相。於是叔氏轉移了他的理論觀點，開始討論形上學的課題。

（二）第二部：形上學的考察

在第二部中，哲學的根本原理已不再是「世界即是我的表象」，而是「世界的本質即是意欲」。康德曾說物自體的存在只可思維而不可認知，叔氏則說物自體即指意欲而言。認知主體意識自己的意欲存在的方式與意識外界客體而為表象的方式迥然不同。我們能夠直接意識到意欲自體的存在。譬如我們的快與不快，乃是意識的伸暢（快）抑或受阻的自我意識（不快）。又如我們的肉體活動原是意欲客體化 (Objektivation) 的結果，我們若能直觀及此，則不難發現實在的真相。意欲不是我們的表象，它就是人存在的「自體」(An-sich)。因此意欲不受時空與因果形式的制約。意欲既不依從充足理由律，故是不具根據的自由本體。叔氏推廣「肉體是自我意欲的客體化」理論，認為腦髓、胃腸、性器等等分別是由認知意欲、消化意欲、生殖意欲的自我客體化的自然結果。叔氏甚至進而宣稱，現象界中的一切存在者皆是意欲外在化的結果，不論是在無機物或有機體中處處可以發現經驗上的確證。流水自高而下，磁針指示北方的力量，無一不是宇宙意欲的外在表現。總而言之，世界的本質即是「盲目的生存意欲」(blinder Wille zum Leben)。宇宙的生存意欲（物自體）是盲目的衝動，無限的

---

❷　「魔耶」係印度吠檀多派專用術語，意指幻象或掩飾本體真相的簾障。最高梵是唯一的實在，因與無明結合，顯現了現象世界。從俗諦看，現象界是實有。從真諦看，則不過是魔耶而已，有如魔術師所耍出的幻戲。叔氏「世界即是表象」之說，乃是康德知識論與魔耶觀的奇妙結合。

擴展，永恆的生成。

　　叔氏在此所標榜著的主意主義可以說是極端地發展康德與費希特的意志自律說的形上學理論。同時，《奧義書》與原始佛教所謂「無明」(avidyā) 之說似亦刺激了叔氏主意主義的形上學思想。他的主意主義乃是一種非理性主義，他把生存意欲視為意欲衝動的「絕對非理性」(absolute Unvernunft) 自體，現象界是此一非理性的意欲衝力逐步客體化或外在化的自然產物。意欲客體化的最低層級是重力、不可入性、電氣、化學性質等等自然界的各種力量，而後通過植物界、動物界、乃至人類，盲目的意欲逐漸彰顯而為表象世界。隨著認知主體（人存在）的意識活動，具有主觀客觀、時間空間、多元性、因果性等形式的（高層意義的）現象世界亦終於出現了。永劫前衝著的意欲在每一發展階段分別形成各種不變的「類型」。叔氏稱此不變的根本形式為「理型」或「理念」(Idee)。由於「理念」介乎其間，意欲才能顯在化為個別事物。叔氏此說深受柏拉圖形相論的影響。

　　由於盲目的意欲形成人類生活的根源衝動，人存在始終在欲望的無限追求過程浮沈飄蕩，遭受種種人生的苦惱而難於解脫。從叔氏的主意主義觀點來看，世界是可能存在著的世界之中最壞的世界（最惡觀）。因此我們必須設法厭離現象世界，而獲致解脫境地（厭世觀）。避免人生苦惱的途徑可分兩種：一是藝術的解脫，一是倫理的解脫。

　　㈢第三部：美學的考察

　　藝術的觀照是第一種解脫之道，能使人存在本身暫從意欲的奴役狀態獲得自由的解放。人在藝術觀照之中能夠變成無關心的純粹旁觀者，不致產生欲望的執著而浮沈於生命的苦海。藝術的解脫又與柏拉圖式的理念或即理型相互關聯。理念是現實個物的原型典範，永恆不變的存在形式，只有人類能夠認識理念，而從瞬息生滅的現象世界遷升自己的靈性。理念的認識是不具意欲作用的，純然無意欲的認知主體 (das willenloses Subjekt der Erkenntnis) 能予直觀超越時空與因果律的理念，而「在永恆相下」耽醉於超越主客對立與個體意欲的觀照

生活。理念的直觀認識與此種直觀認識的傳遞，已非學問所能企及，但需依靠
藝術天才的創造作用。

　　一切藝術都有助於理念的彰顯與純粹直觀的傳遞，不過按照意欲客體化的
高低階段可以區分高低不同的藝術價值層級。譬如建築表現重力、硬度等等低
度理念，故是最低的一種藝術。園藝表現較高的理念（植物理念），層級因之稍
高。然後按照彫刻、繪畫、詩文的次序，藝術價值的層級愈來愈高。最高的詩
文藝術乃是悲劇。然而藝術之中至高無上的一種，應推音樂。叔氏所提出的理
由是：其他藝術表現個別理念或即意欲的直接客體化類型，音樂則異乎其他藝
術，展示意欲或即物自體的內在本質。聆聽音樂，能使聽者直透現象基底的實
在自體。尤其不帶歌詞的旋律乃是藝術的最高形態。總之，藝術能使人生的不
安與苦惱暫時獲得解放。

　　㈣第四部：倫理學的考察

　　藝術的觀照生活所以只是暫時的解脫之道，乃是由於藝術的力量仍不足以
徹底滅卻盲目的生存意欲之故。只要意欲衝動存在著，現世的欲望、執著、苦
惱、挫折等等仍會繼續產生而無消滅的可能。意欲的擴張與人生的苦惱構成一
種惡性循環，永無止境。叔氏由是主張，惟有通過根本的意欲否定
(Willensverneinung)，才能真正獲致永恆的解脫。至於自殺行為，不能算是否定
意欲的行為，事實上自殺是一種隱藏著的生存意欲的表現。

　　叔氏在倫理學上提出共苦或即同情 (Mitleid)，當做最為根本的倫理感情。
共苦感的形成來自下面兩種認識：⑴認清世界之惡（最惡觀），解悟一切欲望的
空幻（厭世觀），因為生命 (Leben) 即是苦惱 (Leiden)；⑵體認一切個體之形上
學的本質原是同一的生存意欲。有了上述兩種認識，自可擺脫自我的執著，建
立共苦之感，從而實踐愛與正義。然而共苦或即同情的倫理行為亦如藝術的觀
照生活，只能獲致暫時性的解脫。從解脫哲學的觀點來看，此一倫理行為仍是
一種姑息的手段而已。生存意欲始終與人生苦惱纏在一起，為了徹底的靈性救
濟，唯一可行的辦法是大刀闊斧地斷滅一切意欲衝動，實踐遁世的禁欲苦行，

企臻無意欲的「寂靜無為」(Quietismus) 狀態。因此，叔氏所倡導的人生最高目標乃是在乎意欲的完全滅卻，意欲的否定即不外是人生的諦觀，亦是聖 (Heiligkeit) 與淨福 (Seligkeit) 的解脫境地。叔氏又藉用了佛教名詞說，意欲的否定即是涅槃 (Nirvana)，是人類的完全解脫。叔氏此說極其接近原始佛教的解脫觀，難怪叔氏讚揚佛教是觀念論的、無神論的、厭世主義的最佳宗教了。

意志的絕對否定無異等於「世界的終結」(das End der Welt)。因此叔氏堅決否認任何有關歷史的進步之說。叔氏以為歷史只不過是生存意欲的悲慘而又無意義的展現過程而已。叔氏的世界觀可以說是非歷史性的，他那非理性主義的厭世觀無法承認人類歷史能夠存留理性的痕跡。由此可見，叔氏所以變成反對（開拓歷史哲學理路的）黑格爾泛論理主義最為徹底的反派健將，實非一朝一夕之故。

第四節　叔本華哲學的影響

叔本華的思想對於他以後的德國哲學極有影響。愛德華‧哈爾特曼 (Eduard von Hartmann, 1842–1906) 繼續發揮叔氏主意主義的形上學理論，撰成一部《無意識之哲學》(*Die Philosophie des Unbewusstseins*)，調和叔氏與黑格爾兩者的根本思想。叔氏思想同時刺激了不少德國學者開始注意並研究印度的宗教與哲學。尤其著名的印度學專家杜夷森 (Paul Deussen, 1845–1919) 深受叔氏哲學的薰陶，而在《奧義書》等印度典籍的迻譯與印度哲學思想的系統化工作方面建樹良多。叔氏對於音樂家華格納 (Richard Wagner) 與哲學家尼采 (Friedrich Nietzsche, 1844–1900) 兩人影響之深，已是眾所周知的事實，不必詳述。現代德國的大文豪托瑪斯‧曼 (Thomas Mann) 的文學作品之中，亦可處處發現叔本華思想的陳跡。

第十六章　黑格爾

第一節　生涯和著作

集德國觀念論之大成的十九世紀最重要的形上學家黑格爾 (G. W. F. Hegel, 1770–1831)，生在德國南部的希突特加特 (Stuttgart) 地方。十八歲時進入醍檳根大學研究神學與哲學。大學時代的黑格爾不太引人注目，因為比他年輕五歲的薛陵在當時才情橫溢，壓倒群雄。1793 年大學畢業之後，黑氏曾在各地擔任家庭教師，前後約有三年。家教期間，黑氏特別關心基督教與近代政治問題，撰著有關耶教神學的論文。1907 年諾爾 (Hermann Nohl) 將這些論文編纂而成一部《黑格爾的早年神學論著》(*Hegels theologische Jugendschriften*)。1801 年黑氏獲一教席，開始在耶拿大學講授哲學。同年出版小著《費希特與薛陵之間的哲學體系之差異》(*Differenz des Fichteschen und Schellingschen Systems der Philosophie*)，對於薛陵的同一哲學頗表同意。他又曾與薛氏共同編輯《哲學批評雜誌》，且在該雜誌上發表了若干重要的論文。1806 年，黑氏在耶拿戰役的隆隆砲聲下完成了最初的一部體系化主著《精神現象學》(*Phänomenologie des Geistes*)。1808 年赴紐倫堡的某一高級中學就任校長職位，直至 1816 年為止。他在這段時間裡完成了《哲學導論》(*philosophische Propädeutik*) 與《大論理學》(*Wissenschaft der Logik*)。當薛陵的哲學思辨活動已漸衰微之時，黑氏才開始顯露天才的鋒芒。1816 年黑氏接受海德堡大學的聘請，就任該校哲學教授，而在翌年出版具有黑氏哲學體系楷模的《哲學體系綱要》(*Enzyklopädie der philosophischen Wissenschaften im Grundrisse*)，分成論理學、自然哲學與精神哲學三大部門。1818 年又赴柏林大學接任費希特的教授職位，從此黑氏的聲名開始四播。黑氏又與普魯士政府當局密切聯繫，他的哲學因之終於形成國家公認的哲學，而以普魯士為中心，風靡了整個德國學界。同時又以柏林大學為中心，成立了黑格爾學派，且在 1827 年創辦該一學派的雜誌《學問批評年報》

(*Jahrbücher für wissenschaftliche Kritik*)。黑氏在 1821 年出版《法理哲學綱要》
(*Grundlinien der Philosophie des Rechts*)。1830 年就任柏林大學校長。翌年十一
月 14 日不幸染患霍亂，病逝柏林。黑氏弟子們在他死後立即開始編纂《黑格爾
全集》❶。

　　黑格爾在柏林時期 (1818–1831) 的課內講義幾乎網羅哲學的一切部門，死
後這些課內講義的遺稿構成《宗教哲學》二卷、《藝術哲學》三卷、《哲學史講
義》三卷、《哲學史導論》、以及《歷史哲學》(*Vorlesungen über die Philosophie
der Geschichte*) 等書，皆是德國人足以自豪的精神遺產。黑氏文體不如叔本華
的絢爛多彩，然而他的一切著作無不皆是深邃的哲學思索的直接表現，極具黑
氏特有的文字魅力。

　　黑格爾哲學艱深難懂，尤需適當的參考書籍。據作者所知，斯塔斯所著《黑
格爾的哲學》(*The Philosophy of Hegel*) 與考夫曼 (W. Kaufmann) 新著《黑格爾》
(*Hegel*) 二書極具翻閱價值。

第二節　思想方法及特徵

　　黑格爾哲學的整個體系，誠如狄爾泰 (Wilhelm Dilthey) 在《黑格爾之青年
時代》(*Die Jugendgeschichte Hegels*) 一書之中指出，可以看成一種歷史哲學甚
或文化哲學，企圖通過理性思維的概念規定把握精神發展的歷程。由是歷史理
念的探求乃成黑格爾哲學最主要的中心課題。一般哲學史家通認，「歷史的意
識」之發現是十九世紀最有意義的思想收穫之一，而黑格爾便是首次發揮高度
的思辨反省挖掘歷史意識理念的第一位哲學家。

　　為了把握歷史的發展理念，黑氏建立了所謂「辯證法」(dialectical method)
的方法，通過正反合的三肢論理構造展現概念自體的內在發展歷程。我們已在
費希特的知識學中看出此一方法的初步模型，然而費氏本人並未意識到超越知

---

❶　作者在本章所引用的黑格爾原文，概皆譯自 Glockner 版的《黑氏全集》，共分二
　　十卷。

識學的辯證法意義。黑格爾辯證法的骨幹雖是來自費希特，然而黑氏不像後者，從絕對自我的事行本身定立正反合的三肢，而是針對著一切存在事象的動態發展有機地把握內在的必然關聯性。同時，黑格爾的辯證法乃是一種「存在發展之論理學」(Logik der Seinsentwicklung)，而非形式邏輯。黑氏站在汎論理主義(Panlogismus) 的立場，主張「論理學與形上學一般無二」（參閱《哲學體系綱要》第二十四節）。論理學的根本課題是在提升一切存在事象而為經由概念的把握之普遍存在形式。

我們可以分別就內容、形式以及歷史的三大側面剖示黑氏哲學的一般特徵：

㈠就內容側面言，黑格爾通過早年所體驗到的汎神論（哲學的基督教）思想論理地揚棄了近代市民社會的形成問題。他在青年時代曾經同時關心且鑽研了近代政治經濟的動向與耶教神學：一方面深深地感受到由於近代市民社會的產生而引起的人存在「自我疏隔」(Entfremdung seiner selbst) 的嚴重性；另一方面他又通過斯賓諾莎與基督教的汎神論體驗（神秘主義）逐漸建立「在永恆相下」觀照一切存在事象（自然、精神、歷史、文化等等）的一種絕對主義觀點。黑氏終將這種汎神論體驗固定化為一套合理主義的絕對觀念論 (absoluter Idealismus) 體系，且以辯證法的論理架構概念地把握「絕對精神」(absoluter Geist) 自我展現而為世界存在事象系列的整個發展歷程。如此近代市民社會的形成亦被揚棄而為「世界史」(Weltgeschichte) 的發展契機之一。黑氏曾在《法理哲學》之中所云「凡合理的是現實的，凡現實的是合理的」一語乃是基於他那（論理的）汎神論信念而來。

㈡就形式側面言，黑格爾哲學是繼承亞里斯多德與萊布尼茲的思想系譜──「發展的體系」(Entwicklungssystem)──的主知主義思想。黑氏廢棄了康德實踐理性的優位立場，而以具有「學問性」(Wissenschaftlichkeit) 自覺的哲學思維把握存在全體。他在《精神現象學》序文中說：「真理即是全體 (Das Wahre ist das Ganze)。然而全體不外是通過自我開展而自我完成著的本質。就絕對者而言，絕對者在本質上即是結果，絕對者只在終結之時才具有真理性」。

一切真正的現實（存在）即是理性自體的生成發展，而所謂世界則是絕對者或即概念（理念）本身的辯證法的發展體系。黑格爾所理解的「哲學」，乃是主觀精神（人類意識）對於絕對精神依其論理的自我展現所產生於自己（絕對精神）之中的存在全體予以「注視」(zusehen) 或「（跟後）沈思」(nachdenken) 的概念思維工作。因此，黑格爾哲學可以說是嘗試存在動態之論理化的一種泛論理主義體系。從巴門尼得斯定立「思維與存在一致性原則」以來，黑氏哲學乃是「思辨（形態的）形上學」(speculative metaphysics) 一系之中最後而且規模最大的思想體系。我們據此不難理解，黑氏辯證法為何意謂「存在論理學」，而非一般所說的（形式）邏輯了。

　　㈢就歷史側面言，黑格爾揚棄了費希特主觀觀念論與薛陵客觀觀念論之間的對立關係，而以絕對觀念論完成了德國觀念論（浪漫主義哲學）的思想使命。費希特曾劃除了康德對於理論理性與實踐理性的區分，揚棄康德的先驗統覺概念而為能予定立自己以及反立非我的「絕對自我」，如此徹底發揮了有限者的理性創發性。然而絕對自我既屬有限者立場，只能反立非我而不能解釋非我的實在構造問題。薛陵有鑑於此，乃修改了費氏哲學的絕對預設而為「絕對者」，揚棄了主觀（自我）與客觀（非我）的對立，而從無限者立場解釋自然與精神的絕對同一性。然而薛陵所定立的絕對者只是抽象的無差別者，薛氏無法說明此一抽象的無差別者如何發展而為具體的現實世界。因此之故，薛陵的客觀觀念論終於產生（絕對者與現實世界的）二元論難題。同時，在同一哲學體系之中，精神對於自然完全失去了原有的優位，兩者皆被無差別的絕對者所統一綜合。薛氏的同一哲學終於解消了原有的觀念論立場。薛氏晚年雖然通過神秘主義的體驗與積極哲學的建設克服了此一難題，然而他只不過是從同一哲學躍升而至非理性的宗教實存世界，理論上並未真正解決了同一哲學的根本困難。從哲學史的觀點來說，黑格爾所謂「絕對精神」便是設法揚棄費、薛二氏的觀念論所構劃而成的嶄新理念。黑氏在此最重要的功績，是把絕對者看成「存在之發展」理念，而非抽象的自我同一性自體。因此，黑氏對於歷史世界的發現，決不是

哲學思維的偶然產物，而是絕對精神的理念自我展現的必然結論。

　　黑格爾所云絕對精神，亦稱絕對者，又可稱為（論理學上的）「絕對理念」(absolute Idee)，（世界史上的）「世界精神」(Weltgeist)，或是（耶教汎神論意義的）上帝。絕對者是精神或理念自體，是辯證法的開展歷程的始源，亦是終結。黑氏特別宣稱，真實的絕對者包括一切具象的實在於自己之中，因此絕對者是有限者與無限者的綜合。他在《大論理學》明予區分「惡性無限」(schlechte Unendlichkeit) 與「真性無限」(wahrhafte Unendlichkeit) 的兩種「無限」。前者以對立於有限者而成立，因此仍是「有限的無限者」(das endliche Unendliche)，不能算是真正的無限者。無限者若與有限者對立，即有「惡性無限」產生。依此薛陵的絕對者乃是「惡性無限」的一種，絕對者與有限者之間存在著絕對的懸隔，故而產生絕對者的抽象超越性無由說明現實世界存在構造的原委的難題。黑氏自己的絕對精神則屬「真性無限」，他除去了絕對者的超越性格，而視之為內在於有限者的無限地自我展現著的理念自體。換言之，在黑氏哲學之中，無限者與有限者的對立終被揚棄，有限者是無限者，而無限者亦是有限者。從俗諦看，一切現實存在事象即不外是有限者，多元分殊而變化無端；從真諦看，有限者原不過是無限者自我彰顯出來的存在發展歷程的一切。絕對者或即理念是本、是體，有限者是末、是相。本末是一，體相無分。

　　絕對精神既是有限者與無限者的內在綜合理念，康德以來的所謂物自體與現象界之分，亦隨著失去理論的意義了。現象即是本體，本體亦是現象。具體的存在事象發展系列即是本體的自我展現。黑格爾自己在《精神現象學》序文之中特別強調，我們應予把握絕對者為主體 (Subjekt)，而非實體 (Substanz)。斯賓諾莎式的實體概念雖是內在於有限者的絕對者，但與一切有限者仍然有別；這是由於斯氏只從靜態的存在構造把握絕對者的緣故。真正的絕對者應是主體，通過（直接形態的）「即自存在」(Ansichsein) 與（否定形態的）「對自存在」(Fürsichsein) 之間的分裂與差別，絕對者能予揚棄二者而為「即自＝對自」(an sich und für sich) 的綜合形態。一切存在事象乃是當做主體的絕對者按照上述發

展形態逐次展現自己而又無止境地復歸自己的歷程上的各個契機 (Moment)。

　　黑格爾在《精神現象學》中首次發揮了絕對觀念論的見地，展開一套意識發展的歷史。黑氏現象學是要通過概念的把握記述意識的內在發展層級。現象學的出發點是直接無規定的意識或即「感覺的確實性」(Die sinnliche Gewissheit)，終點則是「絕對知」(Das absolute Wissen)。通過即自與對自之間的矛盾之揚棄（否定之否定→意識之高度綜合）的內在辯證法，意識逐漸自我展現而為更高層次的意識契機。黑氏所記述的意識內在發展系列大致如下：意識（感覺的確實性→知覺→悟性）→自我意識（欲求→對立的自我意識→自我意識的自由）→理性（理論理性→實踐理性→個體的理性）→精神（人倫→教養→道德精神）→宗教（自然宗教→藝術宗教→啟示宗教）→絕對知（絕對精神之自我把握或即哲學，於此主體與客體之合一或思維與實在之一致，終在絕對知中獲得概念的把握）。

　　嚴格地說，《精神現象學》仍不能算是學問性體系，而是黑氏「絕對的方法」初步應用的成果。黑氏哲學的體系化工作，乃從構劃《大論理學》的紐倫堡時期真正開始，而在 1817 年所問世的《哲學體系綱要》終於開花結實，完成了絕對觀念論的思想結晶。

　　依照《哲學體系綱要》的結構，我們可將黑氏體系分成以下三大部門：

　　㈠論理學　黑格爾論理學探求貫穿一切精神與自然之發展系列而具有（非時間性的）論理優位的普遍概念的思維規定或即絕對理念之論理的展現歷程。論理學是抽象的（存在）範疇之學，同時也是形上學。《精神現象學》可以說是論理學體系的預備工作。黑氏論理學從最抽象的直接無規定的概念（「有」或「存在」）開始，而至最具體（包攝一切概念契機）的絕對理念為止，按照辯證法的圖式逐次展開範疇的演繹。論理學是黑氏哲學的根本間架。

　　㈡自然哲學　黑氏自然哲學即不外是自然或即實在世界的內在發展體系。自然是「外在的理念」(äusserliche Idee)，理念將自己外在化為自然。理念要在自己之中經由物質存在的媒介，展現而為現實的精神世界。

㈢精神哲學　黑氏精神哲學是精神的內在發展體系。所謂精神不外是理念經由自我外在化的自然復歸理念自己的存在發展歷程之最高階段，而意謂著自覺（自我意識）著的理念本身。具體地說，精神哲學是在法律、道德、國家、宗教、哲學之中逐步展現著的精神活動的自我認識。

上述三大部門分別相應於黑氏辯證法體系的三大契機。絕對者在最初是不具素材（實質）的純粹思維規定（正），其次是純粹思維（理念）外在化為時空之中的自然或即對自存在（反），最後又是揚棄自然而自覺絕對者之自我展現的現實精神（合）。我們將在以下三節分別論介三大部門的要義。

第三節　論理學
(Logik)

在《大論理學》卷一之中，黑氏表現論理學為「自然以及有限的精神創造以前，存在於永恆本質的神之敘述」。又謂論理學為「自一切感性的具體性解放了的陰影之國或即單純的本質性世界」。論理學通過存在（正）—— 本質（反）——概念（合）的三大階段發展，而在概念層域的最高階段——「絕對理念」——之中完成純粹的理性概念發展體系。在黑氏以前已有若干哲學家（如亞里斯多德、窩爾夫、康德等）嘗試過思維概念或存在範疇的整理工作，然而他們未予完全枚舉一切可能的範疇，亦未按照辯證法的動態發展一一演繹出來。黑氏帶有批判地接受了費希特知識學所展開的方法論，且擴充深化辯證法的方法理念而為一套存在發展之論理學體系，藉以抽象地把握絕對者的自我展現歷程上一切存在契機之間所構成著的內在（思維）關聯。

黑氏論理學最重要的根本概念有二：「否定」(Negation) 與「揚棄」(Aufheben)。否定是概念本身所具有著的內在矛盾性的表現，通過「即自」（正立）的內在矛盾，而有否定「即自」的「對自」（反立）產生。依照黑氏的說法，一切正立（定立）皆含有否定性的因素於自己之中。換言之，一切概念自體有其與己對立的反立契機（對自），而在對立關係之中否定（即自）概念本

身。然而概念之否定，亦是一種定立或肯定；某一概念之否定，決非消極性的純粹空無，但具積極的、具體的意義。這就是說，原有概念（即自）通過否定作用，可以從中產生（內容）更豐富的新概念（即自＝對自）。此一綜合正反兩大契機而為高度的統一性概念的展現作用，即不外是所謂「揚棄」或即「否定之否定」(Negation der Negation)。黑氏「揚棄」一辭，具有⑴否定，⑵提升，以及⑶保存等三種涵義。比如說，「一」是原有的即自概念，有「一」必定產生與之矛盾對立的「多」或「非一」（對自）。「多」之產生，乃意謂著「一」之否定。「一」與「多」的對立關係經由概念自體的否定之否定，終被揚棄而為能予保存「一」與「多」的概念涵義的高層綜合概念。我們可將黑氏辯證法的骨架圖示如下。

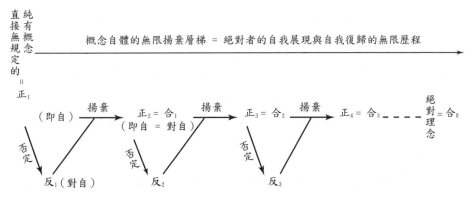

黑氏論理學分為存在論（質→量→質量）、本質論（本質→現象→現實性）與概念論（主觀概念→客觀概念→理念）三大部份。存在論與本質論分別構成處理質、量範疇與關係、樣態範疇的客體論理學。黑氏論理學體系之中的範疇演繹採取動態的內在串聯方式，異乎康德先驗分析論中的並排式範疇理論。至於概念論，則在主觀概念部份構成形式邏輯（概念→判斷→推理），在客觀概念部份形成自然哲學（機械性→化學性→目的性），而在理念部份則構成精神哲學（生命→認識→絕對理念）。概念論（合）是揚棄存在論（正）與本質論（反）二者的真理自體，而所謂「絕對理念」則是「哲學的唯一對象及內容」，亦不外是「一切真理」。以下按照黑氏論理學的原有次序逐一概述。

㈠存在論 (Die Lehre vom Sein)

論理學的開端是在「有」或「存在」(Sein) 的直接而無規定的概念。「純有」(reines Sein) 概念不具任何具象的存在內容，故在自己之中已經含有「空無」(Nichts) 或即「非有」(Nicht-Sein) 的反立契機。「有」與「無」的兩種正反概念絕對地對立而又絕對地同一❷。通過此二者的交互制約而揚棄的結果，產生純粹的「生成」(Werden) 概念。「成」是「有」與「無」綜合而成的統一性真理。自「無」至「有」的移行稱為「發生」(Entstehen)，自「有」至「無」的移行叫做「消滅」(Vergehen)。「有」與「無」皆不外是純然空虛的抽象性；「成」則是最初的具體性，而為運動、生命、行為、歷史等等的根本形式。如此，赫拉克里特斯的萬物流轉概念與巴門尼得斯的「存在」義蘊獲有高度的統一綜合。此一生滅過程沈澱而為單純靜止的存在，即稱「定有」(Dasein)。「定有」是具有性質規定性的「有」，亦稱為「質」(Qualität)。「定有」通過他者（「非定有」）的否定媒介乎自己（「即自定有」），而生「對自有」(Fürsichsein) 概念，「對自有」與自身同一，故是「一」，但因反斥自己以外的他者，故在「一」中已有「多」之契機。眾多的「一」互同互異，故生揚棄「一」與「多」的綜合概念，即是「牽引」(Attraktion) 與「反斥」(Repulsion)。通過「牽引」與「反斥」，「質」移行到「量」(Quantität)。「量」是揚棄「質」差的大小規定性。「量」從普遍而無具體規定的「純量」開始，逐步通過矛盾的對立，產生與之反立的「定量」(Quantum) 或即「量之限定」。「純量」與「定量」的揚棄而綜合的結果，即是「度數」(Grad)。「質」（正）與「量」（反）終被揚棄而為「質量」(Mass) 或即「限度」。存在論在「質量」之無限轉化狀態，結束辯證法的展現歷程。我們可將上述概念展現歷程列表如下：

---

❷　所以是絕對地同一，乃是由於直接無規定的「有」、「無」二者不具任何現實內容之故。

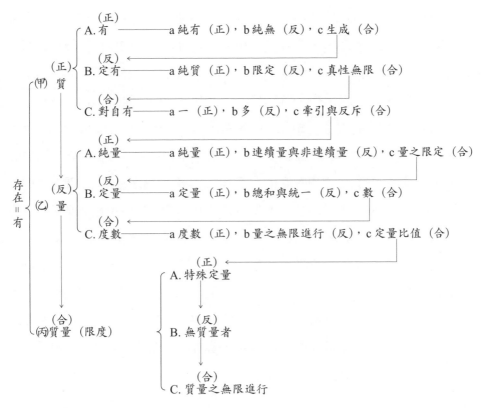

㈡本質論 (Die Lehre vom Wesen)

　　正如被揚棄的「成」是已經生成而有定型的「定有」，被揚棄的「有」亦是已經有過的「有」，即是「本質」。「本質」是已過去的「有」(Wesen ist was gewesen ist)。不過「本質」不必意謂著現實時間上已過去的「有」，而是無時間性的既有之「有」(das Wesen ist das vergangene, aber zeitlos vergangene Sein)。「本質」的德文 Wesen 是從「存在」的過去分詞 gewesen 衍生的字辭。

　　「本質」是「存在」之真實 (Die Wahrheit des Seins ist das Wesen)，故在「本質」之中「有」被否定而消失，如此「本質」顯為「假象」(Schein)。「本質」的諸般範疇通過「本質」的自我內在反射而被一一演繹出來。「本質」顯現 (scheint) 自己的作用，即是「反射」或即「反省」(Reflexion)。黑氏稱呼「本質」的第二群範疇為「反省規定性」(Reflexions-Bestimmungen)。此一規定性乃

以相當於形式邏輯的思維法則的「同一性」、「區別」、「矛盾」為骨幹，然在黑氏辯證法中具有特殊的涵義。以甲＝甲的圖式所表示的同一律，最是空洞不過；「同一性」在自己之中含有「區別」契機才成具體。「同一性」與「區別」的正、反契機所產生的「矛盾」被揚棄為「根據」或即「理由」(Grund) 概念。通過「根據」而生被賦與「根據」的定有，即是「現實存在」或即「實存」(Existenz)。「定有」是直接性的「有」，「實存」則是經由「根據」媒介而成的「有」。隱藏在「根據」之中者能在「實存」之中彰顯出來。由是「實存」即成「現象」(Erscheinung)。「現象」不是直接性的「假象」，而是展現了的「假象」。因之，「本質」轉成與之反立的「現象」，「本質」是現象著的「本質」。在「現象」之中探求世界之「本質」，終可發現恆常不變的「現象法則」。「法則」表現現象界中之多樣的統一，從而形成一種雙重關係。「本質」在此雙重關係（多元與統一，現象界與物自體）之中，構成全體與部份、力與（力之）外化、內部與外部之間的「本質性關係」。從內部與外部的關係之中產生「現實性」(Wirklichkeit) 範疇。「現實性」是本質與實存或內部與外部之統一。黑氏在此所云「現實性」應指「實在」(reality) 之義，而非暫時性的存在。正如《法理哲學·序文》之中「凡合理的是現實的，凡現實的是合理的」(Was vernünftig ist, das ist wirklich; und was wirklich ist, das ist vernünftig.) 一語所表示的，「現實性」乃意謂著「合理的實在性」。通過「現實性」，「本質」深化而為絕對者。由是「現象」成為絕對者在自己之中的「假象」。於此，「絕對者」仍是被規定著的「絕對者」，而非真正絕對的「絕對者」，故需層層展現自己。黑氏於是在「絕對者」範疇之中逐一演繹「可能性」（內在現實性）、「偶有性」（外在現實性）以及「必然性」。如從關係側面剖視「必然性」所支配著的「現實性」相，則可一一尋出「實體性」（實體與屬性）、「因果性」（原因與結果）以及「交互作用」（作用與反作用）等三種「絕對的關係」。此一「絕對的關係」乃相應於康德的（第三類）關係範疇。實體只有通過屬性才能顯現自己，故從實體與屬性的矛盾可以演繹原因與結果的形式。原因消失於結果之中，而結果又轉為原因，如

此有了因果連環，從中產生交互作用的範疇。在交互作用之中，原因已不是在結果之中彰顯自己為原因，而是實現原因自己。由此通過交互作用，「必然性」被提升為自我實現著的「自由」。自因存在的實體轉成自由主體。如此，黑格爾在本質論結束了客體論理學的概念演繹，而轉向於概念論（主體論理學）的問題。

上述本質論的概念發展歷程，可以依照《大論理學》的次序列表如下：

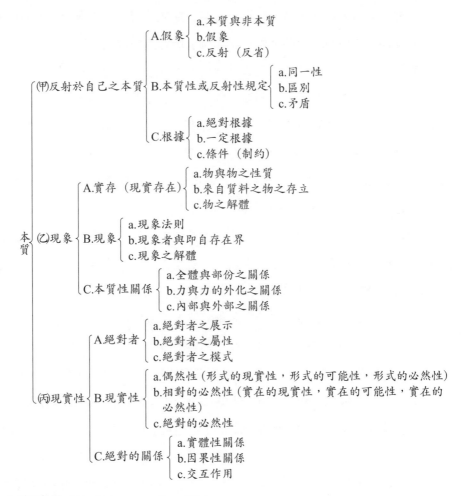

㈢概念論 (Die Lehre vom Begriffe)

在本質論的最後階段，從「必然性」範疇之中顯出「自由」範疇。「自由」

概念形成黑格爾精神哲學的基點。「概念」是揚棄「有」(正)與「本質」(反)的綜合性真理，具有意謂自我展現的自由性義蘊。「概念」是「在自我同一性中，即自且對自地被規定著」，是體系之全體。「概念」以自己為對象；黑氏論理學到達「概念」的階段，乃真正開始絕對者的自我展現。絕對者在「概念」之中認識自己，於此自我認識，絕對者顯現而為純粹主觀性。因此概念論從「主觀性」(Subjektivität) 開始。

「概念」首先以普遍者而存在，普遍者存在於特殊者的根柢，通過普遍者的自我區別，產生有限定的特殊概念。個別概念則是揚棄普遍與特殊二者的真理。普遍者之特殊化為個體，乃是基於概念本身所特有的分割機能而形成的。此一機能即不外是「判斷」。「判斷」成立在附加賓辭於主辭之上，由於概念的自我分割才有「判斷」的產生。「判斷」不是孤立著的，卻是關聯「推理」形式而存在著的。「推理」通過特殊者的媒介，表現普遍者之中的個別概念。

黑氏進而宣稱，「概念」不只成立在主觀性中，而是實在於存在全體之根源。換言之，「客觀性」(Objektivität) 是「概念」之實在化。於是客觀世界(自然宇宙)成為「概念」的自我實現的客觀化歷程。黑氏論理學於此「客觀性」中格外表現了「存在之論理學」性格。客觀世界之存在範疇亦分正、反、合的三大契機：「機械性」、「化學性」與「目的性」。

「概念」的「主觀性」自我客觀化之後，再被揚棄而為「理念」。「理念是即自且對自的真理，是概念與客觀性之絕對的統一❸。」在「理念」中，主觀即是客觀，觀念即是實在，有限者與無限者有所綜合，靈魂與肉體獲致統一❹。「理念」是具有完成意義的展現歷程。首先，「理念」的直接性存在形式乃是「生命」或有機體。活的有機體含有「生命過程」的契機，經由二者之揚棄，個體生命即移行到種族生命——「類種」。與生命客體對立著的「理念」是「認識作用」(Erkennen)。「認識的理念」分化而為認知真理的理論衝動（「真之理

---

❸　《小論理學》，第二一三節。

❹　《小論理學》，第二一四節。

念」）與行為實踐的意志衝動（「善之理念」）。然而認識與意志——真與善——
於此階段未獲完全的綜合。此一綜合只有到達「概念」發展的最後階段——「絕
對理念」，才能完全具現出來。黑格爾說：「惟有絕對的理念才是存在，是永恆
不變的生命，是自我認識著的真理，且是一切真理。它是哲學的唯一對象與內
容❺。」「絕對理念」是絕對者的自我意識，乃不外是黑氏論理學通過辯證法的
行程所展現出來的全部內容。哲學（的思維）也者，即是「絕對理念」（通過人
類意識活動）的自我認識歷程。至於哲學方法，亦是「理念」自體思維自己之
道，乃不外是黑格爾的辯證法論理學。

　　上述概念論的辯證法過程，可以括成表式如下：

---

❺　《大論理學》卷二，第 328 頁。

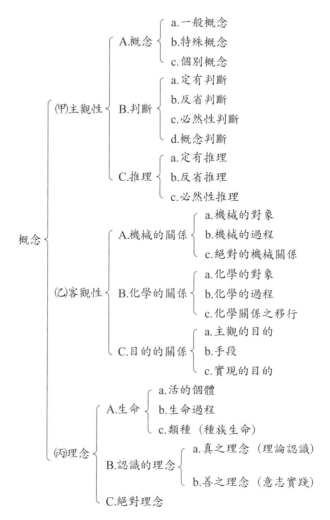

概念
├ (甲)主觀性
│ ├ A.概念
│ │ ├ a.一般概念
│ │ ├ b.特殊概念
│ │ └ c.個別概念
│ ├ B.判斷
│ │ ├ a.定有判斷
│ │ ├ b.反省判斷
│ │ ├ c.必然性判斷
│ │ └ d.概念判斷
│ └ C.推理
│   ├ a.定有推理
│   ├ b.反省推理
│   └ c.必然性推理
├ (乙)客觀性
│ ├ A.機械的關係
│ │ ├ a.機械的對象
│ │ ├ b.機械的過程
│ │ └ c.絕對的機械關係
│ ├ B.化學的關係
│ │ ├ a.化學的對象
│ │ ├ b.化學的過程
│ │ └ c.化學關係之移行
│ └ C.目的的關係
│   ├ a.主觀的目的
│   ├ b.手段
│   └ c.實現的目的
└ (丙)理念
   ├ A.生命
   │ ├ a.活的個體
   │ ├ b.生命過程
   │ └ c.類種（種族生命）
   ├ B.認識的理念
   │ ├ a.真之理念（理論認識）
   │ └ b.善之理念（意志實踐）
   └ C.絕對理念

「理念」外化而為直接的現實世界，亦即自然。從自然回到自己，且經由意識活動而與自己結合著的「理念」自體，則是精神。自然哲學是對於自然全體的思辨性考察，故與分殊經驗科學有所區別。精神哲學則是精神本身的自我認識。

第四節　自然哲學
(Naturphilosophie)

「自然」是「理念」之反立，是「理念」脫落而為「他在」(Anderssein) 的外化形態。自然哲學在黑氏體系之中形成理論上最為脆弱的一環。同時，黑氏對於「自然」的思辨性考察，大都遵從薛陵理路，未予展開獨創而豐饒的思想。

黑氏規定自然哲學的出發點為物質與空間，終點則為通過理性的自我意識衝破自然藩籬的（人存在）精神。自然哲學所要解決的主要課題，是在步步探索物質、空間與人存在精神的兩極性間所存在著的外化理念展現歷程。黑氏認為自然需經以下三個主要階段：

㈠力學 (Mechanik) 階段　物質是自然之「外自有」(Aussersichsein) 或顯在化的最普遍的形態。物質與物質之觀念化的體系即是黑氏所理解的「力學」。黑氏在「力學」部門對於物質世界的一般概念，諸如時空、運動、重力、慣性、衝擊等等，予以思辨的解釋。從物理科學的觀點來說，黑氏的解釋是否中肯，頗有商榷的餘地。

㈡物理學 (Physik) 階段　在力學階段的物質只有量的規定，而無質的個性。物理學的自然則是理念特殊化為具有個性的物體的自然。無機的自然之個物形態及其相互關係乃成物理學的對象。黑氏這裡所理解的物理學應指「思辨的物理學」(spekulative Physik) 而言。電氣、磁氣、光、色彩、凝聚、親和力等分殊物體現象在此一一獲得辯證法的說明。

㈢有機體學 (Organik) 階段　生物的自然是物理學階段的個物或物體之中附加主觀性的規定的有機的自然，而為有機體學的思辨對象。揚棄化學過程中的諸般性質（凝聚力、色彩、透明等等）之後，乃有有機體的生命世界。

以上三個階段分別對應於論理學的「存在」、「本質」與「概念」。生物學的階段又分為三個辯證法的階段：礦物界（地理的自然）、植物界與動物界。到了動物界的有機體，生命才有個體的絕對統一，顯現具體的個別主觀性。動物的

有機體首先具有營養攝取、自由運動、與感覺，較高級的更具有體溫與聲音。在最高層的人存在階段，更有能予把握自己本身的意識甚至精神的萌芽。自然哲學的探求終點形成精神哲學的出發點。

第五節　精神哲學
(Philosophie des Geistes)

「精神」是「理念」通過「理念」外化的「自然」階段而回歸本來的自己的「理念」本身。論理學中的「理念」是「自然」以前的理念，是尚未否定自己、外化自己而為「自然」之「精神」。精神哲學中的「精神」則是「理念」經由自我外化而揚棄為高度內在性的自覺存在。精神哲學又依辯證法的發展分為三個階段：主觀精神（正）、客觀精神（反）、與絕對精神（合）。

㈠主觀精神 (Der subjektive Geist)

主觀精神大體上與普通所理解的精神涵義相若，即指我們自己的心靈、意識、精神而言。黑氏在《精神哲學》規定主觀精神的三段發展如下❻：⑴主觀精神在即自的直接性狀態中形成「心靈」(Seele) 或即「自然精神」(Naturgeist)，而為「人類學」(Anthropologie) 的對象；⑵在對自的分化狀態中形成「意識」(Bewusstsein)，而為精神現象學的對象，黑氏於此所云精神現象學，與 1806 年所出版的《精神現象學》旨趣不盡相同；⑶主觀精神最後在自己之中形成規定自己的「精神」，而為心理學的對象。

⑴人類學　黑氏又分心靈的發展為以下三個階段：⒜在直接的自然規定性中，形成「自然心靈」(natürliche Seele)。此一心靈最受自然條件（諸如氣候、風土）的支配，故常產生人種、身體構造、生活方式、氣質、性格、遺傳、年齡等等方面的基本差異。自然心靈的最高階段是感覺。⒝其次在感覺之中發展出感情的階段，形成「感受心靈」(fühlende Seele)。感情的完成狀態稱為「自我感情」。自我感情是意識的前一階段。⒞心靈的最高階段是「現實心靈」

---

❻　《精神哲學》，第 46 頁。

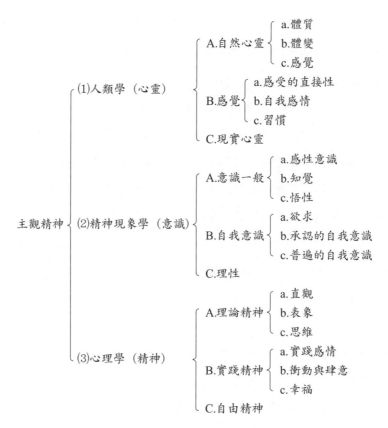

(wirkliche Seele)，此一心靈藉諸形體自由地形成自己，譬如相貌的表現等是。

　　⑵精神現象學　從心靈發展而為意識之後，又有三層辯證法的階段：⑷精神首先只是意識一般，分為感性意識（正）、知覺（反）、以及悟性（合）。意識與其對象形成主客對向關係。⑻意識的第二層域是自我意識，此一意識的對象是自我本身。自我意識由於欲望，而與其他自我意識發生衝突，從中逐漸發現支配與服從之間的中道，揚棄而為普遍的自我意識。⑻普遍的自我意識即不外是理性的萌芽。理性是意識一般與自我意識的統一。理性再進一步即是精神。

　　⑶心理學　精神亦分三個發展階段：⑷精神先是理論精神，通過直觀（正）、表象（反）與思維（合），到達實踐精神的階段。⑻實踐精神或即意志又分實踐感情（正）、衝動與肆意（反）、以及幸福（合）等三個階段，而後揚

棄而為自由精神。⒞精神發展而至自由精神的階段，乃能自覺與自我成長。以自由精神展現出來的，便是形成法律、道德與國家的客觀精神。

㈡客觀精神 (Der objektive Geist)

客觀精神即是潛在著的絕對理念，是精神自體客觀化了的自由性展現形態。在客觀精神的世界所展現著的自由採取一種必然性的形式。自由的必然性即指廣義的法律而言。黑氏規定自由意志的發展過程如下❼：⑴自由意志本身最初是直接性的，乃以個別意志或即人格存在著。人格對於自己的自由所賦予的定有 (Dasein) 即是財產。於此客觀精神首先顯現而為形式的、抽象的法律。⑵自由意志反省於自己之中，而被規定為特殊意志，由此形成主觀意志的法律或即「道德性」(Moralität)。⑶最後自由意志又形成實體的意志，呈現適合自由意志概念的「主體內之現實性」與「必然性之全體性」；此不外是家庭、市民、社會以及國家之中的人倫 (Sittlichkeit)。

⑴法律 (Recht)　個人具有權限且能行使權限之時，稱為法的「人格」(Person)。法律的命令是：「保持自己的人格，同時尊敬他者的人格」。本來各個人格皆有財產等所有權，然因其他人格的存在，而有自由權利之限制。由是發生意志與意志之爭，此一紛爭需經共通意志訂立「契約」(Vertrag) 才有解決的可能。契約關係多半關涉私有財產的問題，而經兩種（或以上的）意志的結合形成法律。特殊意志與普遍意志（法律）之間如有分裂，則產生所謂「非法」(Unrecht)，譬諸民事上的非法、欺詐、犯罪等是。普遍意志的恢復或對非法的否定，即是「刑罰」(Strafe)。黑氏特別維護死刑的存在，認為死刑的廢止乃是一種不甚妥當的措施。

⑵道德 (Moral)　特殊意志與普遍意志的對立如轉移到主體側面，則屬道德課題。道德建立在主體意志的自我規定，故是外在的合法性之否定。道德基於主體意志自由地決定自己的一種良心。只在道德層域之中，我們才要探討意志的動機或即企圖的問題。黑氏區分以下三種契機剖析「道德性」的意義：⒜企

---

❼　《精神哲學》，第 385 頁。

圖 (Vorsatz) 契機：我們在此只考慮到行為主體的內在規定性，追究責任的歸屬問題；(B)意向 (Absicht) 契機：一件行為踐行之後，應就事實評價行為主體的功過；(C)善惡契機：於此，行為依從善之普遍價值而獲評價。善是特殊的主體意志與普遍意志的調和，合乎理性的要求；惡是主體意志對於普遍意志的一種反抗，成立在個人的肆意與非理性上面。

黑氏以自由意志的內在規定性討論道德的成立問題，顯然深受康德與費希特的思想影響。然而黑氏的道德理論始終遷就「揚棄」單獨實存的社會倫理，而忽視了個別行為主體之倫理的抉擇與實踐側面。因此，某些學者批判黑氏哲學體系沒有倫理學成立的餘地。齊克果所開拓的「實存的倫理」乃是超克黑氏難題所形成的道德理論。

(3)人倫　在「道德性」中，良心與抽象的善（義務）仍然對立，未獲調和。兩者之具體的同一性或即主觀的善與客觀的善之高度統一，乃是所謂「人倫」。「人倫」精神的發展分為三個階段：(A)首先以直接的自然精神形式存在，構成婚姻與家族的人倫關係。(B)其次，獨立的個人人格在形式的普遍性中形成一種「市民社會」(bürgerliche Gesellschaft)，藉諸法律制度以及外在的警察秩序獲致一切獨立人格的統一。(C)最後人倫精神發展而為有機的、自覺的現實形態，即是所謂國家。黑氏儼予區別市民社會與國家：在市民社會裡個人是獨立自主的目的，其他一切都是手段；至於國家，則不可能有只追求著個人幸福的獨立人格存在，因在國家之中，全體是目的，個人則是手段。黑氏又說：「國家是自我意識著的人倫實體，是家庭原理與市民社會原理之結合❽。」通過個人利害的揚棄，市民社會發展而為國家，顯現人倫的全體理念。黑氏認為，英國式的世襲君主立憲制度是最好的國家政體。

黑氏對於國家的討論，又分三個步驟：(a)國家最初直接地關係於自己而有國內法或即憲法的形成；(b)其次，國家本身因是特殊的人倫實體，故與其他國家有所來往交涉，而形成所謂對外法（國際法）；(c)然而這些特殊的人倫實體

❽　《精神哲學》，第 409 頁。

（國家）仍不過是精神的普遍理念展現在現實性中的發展契機而已。一切國家通過互引互斥，形成國家的興亡命運，而表現出所謂「世界史」(Weltgeschichte) 的發展歷程。各個民族精神的鬥爭與勝敗，以及「世界精神」從一個民族到另一民族的移行，乃構成了整個世界史的內容。世界史的發展始終與具有支配權勢的民族密切結合。從世界史或即「世界精神」的展現歷程來看，所謂歷史英雄（如拿破崙、亞歷山大）原不過是為了實現更高的精神理念的一種工具罷了。換言之，「世界史的個人」(die welthistorischen Individuen) 原是「理性之詭計」(die List der Vernunft) 所操縱著的傀儡或木偶而已。通過世界史，客觀精神轉升而至絕對精神❾。

黑氏在《歷史哲學》一書區分世界史的發展為：甲、幼兒時代——東方世界；乙、青年時代——希臘世界；丙、壯年時代——羅馬時代；丁、老年時代——日耳曼民族。通過一種辯證法的歷史發展敘述，黑氏頌揚日耳曼民族所代表的近代基督教世界為整個人類歷史的顛峰。黑氏此說充分顯露德國人的民族優越感。下面轉載朱謙之所著《黑格爾的歷史哲學》中的一張圖表，藉以窺知黑氏歷史哲學的要義（中譯本，臺灣商務印書館，第 53 頁，表內文字稍予變更）：

	第一階段	第二階段	第三階段
精神自覺階段	精神自由之自覺還未發生，而為受支配於無自覺之自然性的時代。	精神脫卻自然性而開始進入自由自覺之境界的時代。	發生一般精神的自由之自覺而為以此自覺支配一切的時代。
精神發展階段	精神的幼兒時代	精神的青年時代，精神的壯年時代。	精神的老年時代
民族精神之代表	東方世界	希臘，羅馬	日耳曼民族
自由之階段	個體自由	群體自由	人類自由
論理之階段	正	反	合

❾　一般常將「世界精神」與「絕對精神」視為同一，乃就廣義而言。狹義地說，「世界精神」是展現絕對者理念於世界史上的客觀精神，故屬有限者；「絕對精神」則是唯一的絕對真理，是一切存在之終始，故為包括「世界精神」在內的無限者。

我們根據上述圖表不難看出，黑格爾的整部歷史不外表明：整個世界史的發展乃是人倫精神之展現歷程，亦即「自由」理念的發展程序。

客觀精神
- (1)抽象法——A.財產（所有）、B.契約、C.非法
- (2)道德性——A.企圖與責任、B.意向與福祉、C.善與惡
- (3)人倫
  - A.家庭——a.婚姻、b.家庭生計、c.家庭之解體
  - B.市民社會——a.欲望之體系、b.司法、c.警察與團體
  - C.國家——a.國內法、b.國際法、c.世界史

(三)絕對精神 (Der absolute Geist)

絕對精神展現自己在歷史之中而又超越歷史。它是揚棄主觀精神與客觀精神而復歸自己的絕對理念或即真理自體。絕對精神分為三層發展階段：(1)在客觀的現實性中直接地直觀理念的「藝術」；(2)確信理念為包括個別有限者的絕對無限者的「宗教」；(3)徹底認識理念為絕對者，且為純粹思維與一切現實的「哲學」。絕對精神之哲學即是藝術哲學、宗教哲學與哲學之哲學（絕對的哲學）。絕對精神之哲學所終止之點原是整個黑氏哲學體系所肇始之點，亦即指謂黑氏論理學而言。在黑氏體系之中，論理學即不外是形上學，於此又獲確證。

(1)藝術　絕對精神對於感覺的直觀，以美或藝術的直接性形態展現出來。美是經由感覺媒質（如石、色、語言）展現出來的理念。美具有思想與材料等兩大要素，材料（外型）與思想（內質）的種種組合構成形形色色的藝術形式。在象徵的藝術形式，材料佔有優勢；在古典的藝術形式，內容與形式完全調和；最後在浪漫的藝術形式，思想顯佔優勢，衝破材料的限制。黑氏以東方藝術（印度、埃及）、希臘藝術、以及耶教藝術，分別按配上述三種藝術形式。同時藉此三種藝術形式說明建築、彫刻、繪畫、音樂、詩歌的成立問題。黑氏《藝術哲學》三卷充分發揮了他對藝術一般的獨特見解。

(2)宗教　詩歌構成藝術移行到宗教的過渡階段。在藝術階段，理念內在於感性直觀，而在宗教階段則內在於表象。絕對精神以神之形式顯現於人類表象之中，乃成宗教的本質。一切宗教追求神性與人性之間的統一。黑氏又分宗教的發展為以下三大階段：

⒜在東方的「自然宗教」(Naturreligion)，神被表象之為自然力量或自然之實體，個別的有限者相較之下，直是空無。

⒝「精神的個體性宗教」(Die Religion der geistigen Individualität) 具有更高的神性理念。於此宗教，神性顯現而為主體。⒜在猶太教（崇高的宗教）中，神是富於能力與智慧的主體性；⒝在希臘宗教（美的宗教）中，神性顯為具有彫塑形態的諸神；⒞在羅馬宗教（合目的性宗教）中，神被看成國家的絕對目的。

⒞最後到了基督教（啟示宗教）的階段，神與世界獲致積極的調和。通過耶穌的人格，神性與人性的統一——神人——終獲實現。基督教將神性把握為自我外化（人性化）之後永劫復歸自己的理念自體或三位一體之神。啟示宗教的精神內容與思辨哲學的精神內容原無殊異；只是同一內容，在前者採取表象的故事表現，而後者則採取概念的思維表現而已。

⑶哲學是藝術與宗教的統一　哲學是絕對精神的究極展現，通過「絕對的哲學」（特指黑格爾自己的哲學），絕對精神自覺地思維自己、認識自己。於此，哲學乃以論理學的探求方式出發，由是哲學體系形成一個圓環的全體。始源與終局共存於哲學之中，「真理即是全體」。黑格爾在《哲學史講義》第三卷的結論部份規定哲學史的意義說：「第一，在一切時代曾只有過唯一的哲學，此一哲學在同時代裡所顯現的差異性形成唯一原理的諸般必然的側面；第二，哲學體系的賡續決非偶然，卻表現出此一學問發展之必然的級序 (die notwendige Stufenfolge der Entwickelung dieser Wissenschaft darstellt)；第三，（結束）某一時代的終局哲學乃是此一發展的結果，且是最高的真理形態。因此，終局哲學涵攝前在著的哲學，在自己之中把握一切梯級，而為一切前在哲學所產的結晶❿。」換言之，黑氏通過辯證法的曠觀，最後以自己所奠定的絕對觀念論體系當做整個西方哲學史的「終局哲學」(die letzte Philosophie)，而對一切黑氏以前的哲學體系賦與辯證法的定位。哲學即是哲學史，哲學史的顛峰即是黑格爾哲學；黑格爾哲學又意謂著絕對精神在世界史上通過黑氏融會貫通地展現而成

❿　譯自《哲學史講義》，卷三，第 690–691 頁。

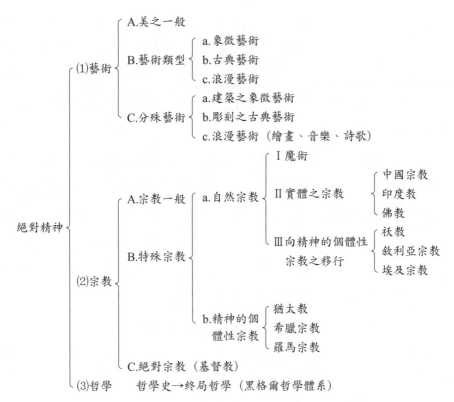

的最高理念境界。這是黑氏所未直接明言，但在內心深處堅決肯定著的永恆信念。

第六節　黑格爾哲學的意義和影響

黑格爾哲學的主要成就，大致可以歸納而為以下幾點：

㈠在西方哲學史上首次通過無可倫比的思辨工夫把握到了歷史的理念，挖深歷史的意識，從而打開歷史哲學的研究領域。

㈡為了歷史哲學的理論展開，黑氏構劃了規模宏偉而綿絡無縫的辯證法論理學，在哲學方法論史上新添一項重要的方法。自古希臘哲學家齊諾創立辯證術以來，中經蘇格拉底、柏拉圖以及中世紀邏輯專家的步步彫琢，已具一種方法論的原始楷模。到了近代哲學，費希特站在主觀觀念論立場，首次建構辯證

法為嚴密的「知識學」方法。黑氏繼續發揮費氏知識學的方法理念，尤將辯證法的本質建立在「矛盾與揚棄」的兩大概念之上。另一方面貫徹了巴門尼得斯所定立的「思維與存在一致性原則」，而將亞里斯多德與萊布尼茲二氏所特有的「存在發展的體系」理念予以拓深，塑入辯證法的間架之中，終於構成所謂「存在發展的論理學」。

㈢歷史理念的把握與辯證法的建立，更使晚年的黑格爾進一步完成哲學史的探求工作。黑氏援用辯證法的展現理念洞察整個西方哲學史的發展歷程，而在哲學概念與哲學問題的歷史發展之中，把握了一種可能存在著的內在關聯甚或內在必然性。從黑格爾開始，「哲學史」一科正式成為哲學研究的主要部門之一；黑氏開導此一哲學史研究之功，實不可沒。十九世紀中葉以後，在德國本土產生過為數不少的第一流哲學史家，足以證實黑氏思想在此一方面的赫赫餘響。著名的希臘哲學史家傑勒，近代哲學史專家厄爾特曼、費雪、以及費雪高弟文得爾班等，無不皆在黑格爾的思想薰陶下完成具有卓越成就的哲學史著述。

㈣黑氏通過絕對觀念論的體系構築，完成了德國觀念論的思想使命，同時徹底解決了柏拉圖以來的西方二元論形上學的根本難題。在近代哲學家中，斯賓諾莎與薛陵二氏，或以「能產的自然」，或以「絕對同一性」，解消了本體與現象之分，然而未能適為聯繫無限者與有限者之間的隔絕關係。到了黑格爾，上述二元論的難題終經汎論理主義的形上學暫獲理論上的解決。

㈤在精神哲學（包括美學、宗教哲學、法理哲學、精神現象學以及一般文化哲學）方面，黑氏隨處閃現創獲豐碩的獨特見解。黑氏遺著《藝術哲學》三卷可為例證。哈佛大學教授艾肯 (H. D. Aiken) 在《意理時代》(*The Age of Ideology*) 一書稱譽該部著作說，「它對美學的影響仍很鉅大」（第 276 頁）。由於篇幅所限，作者在此略為提示，不另一一枚舉例證。

黑格爾所留下的思想功績雖然如此之大，他那汎論理主義的哲學體系卻處處顯現理論的困難與限制，我們可以舉出其中幾點舉舉大者：

㈠黑氏汎論理主義，理網恢恢，密而無漏，構成一種自我閉鎖性的思想體

系，因而易於隨處滋生牽強附會的理論見解。就他論理學的根本構造言，問題尚不嚴重，然而他以辯證法的論理間架嵌納一切自然與精神的發展程序的結果，難免產生各種無謂謬論。黑氏對於東方精神的曲解，對於日耳曼民族的優越狂信，對於諸般既成宗教的高低評價的偏陋等等，可為顯著的例證。

㈡尤其黑氏汎論理主義體系廣大悉備，無所不包；通過存在論理化的有色眼鏡透視經驗現象的結果，動輒歪曲客觀的事實，俾以遷就主觀的理念。黑氏自然哲學的理論所以成為絕對觀念論體系之中最為脆弱的一環，亦是基於此故。由於他那籠罩萬象的思想體系罅隙四見，黑氏死後直至今日，已不再有人嘗試黑格爾式的閉鎖性兼包攝性的偌大體系構築了。據此理解，我們可以說西方古典形上學的發展到了黑氏的思想體系，終於告一結束。1831 年的黑氏之死，象徵著觀念論一系的崩落（事實上黑格爾學派開始四分五裂），同時變成了推動經驗科學與科學的哲學應時興起的預徵。大體地說，英國邊沁與彌爾等人的功利主義理論，法國孔德 (Auguste Comte) 的「實證哲學」(positive philosophy)，馬赫 (Ernst Mach) 與阿維納留斯 (Avenarius) 的「經驗批判論」(empirico-criticism)，以及英國斯賓塞 (Herbert Spencer) 根據達爾文進化論而創設的「綜合哲學」，都可看成絕對觀念論的反動產品。

㈢黑氏雖以辯證法把握了存在發展的歷程動態，但因基本上他與亞里斯多德、斯賓諾莎等傳統形上學家相同，在永恆相下思辨地觀照歷史世界的理念展現，終於拋落了歷史發展的現實具體構造側面。黑氏之後，黑格爾學派中的左派健將費爾巴哈首先批判黑氏哲學為一種變形的神學，從而建立了感覺主義的唯物論，與之對抗。原屬「少壯黑格爾學派」(Junghegelianer) 的馬克思 (Karl Marx) 繼續開拓費氏理路，終於首次奠定了「辯證法唯物論」(dialektischer Materialismus) 與「唯物史觀」(materialistische Geschichtsauffassung) 的學說；表面上似乎充分利用了黑格爾式的辯證法間架，實質上卻顛倒了黑氏觀念論的觀點，而從所謂生產手段與生產關係的根本經濟構造側面解釋人類歷史的發展法則。在歷史哲學與社會哲學方面，馬克思主義終於形成黑格爾觀念論的一大思

想反動了。

　　㈣由於黑格爾站在汎論理主義立場，一面性地解釋宗教與倫理的理念課題，反忽略了單獨實存與宗教、倫理的關聯性，以及黑氏早年曾所一度關心的人存在自我疏隔問題。齊克果所開拓的實存主義乃是在實踐哲學方面激烈抨擊黑格爾的極端合理主義所形成的另一思想反動。齊氏一生對於黑格爾思辨形上學的攻擊不遺餘力，通過所謂「主體性真理」的優位立場，展開一種「質的辯證法」(qualitative dialectic)，藉以重新探索單獨實存的本然義蘊。耶教真理與信仰之弔詭性（宗教）、實存的抉擇（倫理）等實存主義的根本概念、以及人生三階段說等，皆是齊氏超克黑格爾觀念論的一種思想創獲。

　　已如上述，黑格爾以後的西方哲學思潮一時呈現百家爭鳴的迷亂狀態。黑格爾之死亦象徵了西方古典哲學的喪鐘，同時暗示了西方哲學的未來可能發展的趨向。然而遺憾的是，由於篇幅所限，作者只能在此暫時擱筆。他日當另論述黑格爾以後的西方哲學發展大勢，以續本書。

哲學概論　　　　　　　　　　冀劍制／著

　　本書為哲學入門教科書，著重在引發學生對哲學的興趣，希望透過與哲學的簡單接觸，就能吸收養分，轉換成生活的智慧。本書另一項特點是廣泛介紹各種哲學議題，不偏重於任何特定主題，並且在篇首與篇末設計了一些值得討論的問題，訓練學生的思考能力。這本教材的目標，是要讓學生在學習的過程中，發現哲學思考的樂趣與應用價值，讓每個人都能依照自己的思路，汲取智慧的活水，讓生命更有意義。

知識論　　　　　　　　　　彭孟堯／著

　　「求知」是人之所以為人的一項重要特徵，而《知識論》就是人類這種求知活動的菁華。什麼是知識的本質？眼見為憑是否保證了知識的正確性？夢中場景可以成為知識嗎？真正的知識要如何證明呢？本書除了介紹西方傳統的知識論之外，著重在解說當代英美哲學界在知識論領域的研究成果與發展，並引進認知科學及科學哲學的相關研究成果，以輔助並擴充對於知識論各項議題的掌握。

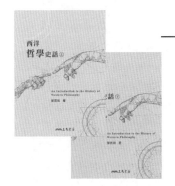

西洋哲學史話（上／下）　　鄔昆如／著

　　本書以編年史的形式，將西洋哲學歷史分為希臘哲學、中世哲學、近代哲學和現代哲學四個部分，清楚地解說每一時期的沿革發展，並選擇數名或數個具代表性的哲學家或思想流派來介紹。在哲學概念的介紹上，作者不以譯本作為材料來源，而是盡量還原原作語言，以期提供全面而完整的西洋哲學史料。以深入淺出的文筆，從繁榮到哲學之死，從黑暗到迎接曙光，帶你一起找到進入西洋哲學的門徑，一窺哲學世界的萬千風貌及深厚底蘊。

倫理學釋論

陳特／著

西方大哲亞里斯多德以為道德教育可分為兩方面：一是培養年輕人的道德習慣；二是使年輕人明白道德的價值，或人之所以要道德的理由。一般的道德教育較強調前者，對於後者卻非常欠缺。本書介紹了一些很基本的倫理學說，在其中，讀者可以看到道德對於個人和社會的各種意義與價值，亦即人之所以要道德的各種理由。希望讀者能透過這些學說，思索並反省道德對於我們的生命可能會產生什麼樣的變化，進而找到新的人生方向與意義。

海德格與胡塞爾現象學

張燦輝／著

海德格被公認為二十世紀最重要的哲學家之一，其《存在與時間》一書更是引領現象學開啟一個新的境界。想要了解海德格哲學，則不能不從他的老師胡塞爾開始講起。本書於一九九六年首次出版，對當時漢語世界剛剛起步的海德格研究，有重要的參考價值。作者層層剖析海德格與胡塞爾這對師生的關係，對於現象學的發展、變化乃至超越與困境，都有淋漓盡致的分析，為漢語世界讀者，開啟一道通往現象學的大門。

邏　輯

林正弘／著

抽象思考的能力與嚴密推理的習慣，是處理複雜事物所不可缺少的。而培養這種能力與習慣最簡便的方法，就是學習邏輯，因為邏輯是直接以推理的規則為其研究的對象，也是思考訓練的一門重要學科。本書是初等符號邏輯的教科書。在內容上，主要包括語句邏輯以及量限邏輯等重要領域，敘述簡潔而緊湊；在方法上，則採用自然演繹法，即一套由前提導出結論的推論規則，因而本書適合初學者入門使用。

硬美學——從柏拉圖到古德曼的七種不流行讀法

劉亞蘭／著

我們或多或少都曾經為了美與藝術背後的哲學問題感到困惑：怎樣才算美？藝術到底是什麼？而觀眾、藝術家與作品之間的三角關係又是什麼？在本書中作者另闢蹊徑，擺脫以往用「唯美」的藝術作品來介紹美學，反而從七個迥異的主題下手，藉由美學與藝術哲學內最「冷硬」、最尖銳的議題來挑動讀者的哲學神經 ，循著七種美學的「不流行讀法」，帶領讀者一窺藝術、美與哲學背後的種種爭論，來一趟「硬」美學之旅！

國家圖書館出版品預行編目資料

西洋哲學史／傅偉勳著.－－修訂四版二刷.－－臺北
市：三民，2022
　　面；　　公分.－－（哲學）

　　ISBN 978-957-14-7068-9　（平裝）
　　1. 西洋哲學史

140.9　　　　　　　　　　　　　　　109021532

👓️ 哲學

西洋哲學史

作　　　者	傅偉勳
發 行 人	劉振強
出 版 者	三民書局股份有限公司
地　　　址	臺北市復興北路 386 號 (復北門市)
	臺北市重慶南路一段 61 號 (重南門市)
電　　　話	(02)25006600
網　　　址	三民網路書店 https://www.sanmin.com.tw
出版日期	初版一刷 1965 年 11 月
	三版四刷 2017 年 1 月
	修訂四版一刷 2021 年 4 月
	修訂四版二刷 2022 年 5 月
書籍編號	S140030
Ｉ Ｓ Ｂ Ｎ	978-957-14-7068-9

🌈 三民書局